VERSTEHEN UND GESTALTEN
F8

Arbeitsbuch für Gymnasien
Ausgabe F

Herausgegeben von Konrad Notzon
Bearbeitet von Wolfgang Bick, Karin Comfere, Christine Debold, Konrad Notzon, Ulrike Paschek, Juliane Quent, Christiane von Schachtmeyer, Christoph Schappert, Eva Schrumpf
Unter Beratung von Ulrike Sheldon und Heinrich Pfuhlmann

Oldenbourg

Liebe Schülerin, lieber Schüler,

hier ist dein neues Arbeitsbuch für das Fach Deutsch: Verstehen und Gestalten 8. Wie es aufgebaut ist, weißt du sicher noch aus den vergangenen Schuljahren; in einer Zeichnung wollen wir dir den Aufbau noch einmal im Überblick zeigen:

Jedes Kapitel beginnt mit einer Doppelseite, den **Startseiten**. Hier kannst du sehen, was dich im jeweiligen Kapitel erwartet.

Jedes Basiskapitel kombiniert ein interessantes **Thema** mit einem **Lernbereich** des Faches Deutsch. Die Inhalte der Basiskapitel sind in der Regel verpflichtend, denn wenn du ein solches Basiskapitel erarbeitet hast, hast du das **Grundwissen** erworben, das du am Ende dieser Jahrgangsstufe beherrschen solltest.

Am Ende eines Basiskapitels wird das **Gelernte** in Stichworten **zusammengefasst** und das **Grundwissen** durch Fettdruck hervorgehoben. **Ideen und Projekte** geben Anregungen zur Weiterarbeit.

Als **Angebot** findest du im Anschluss an jedes Basiskapitel meist zwei Module, die **E·V·A-Seiten**. Mit ihnen kannst du z. B. während der *Intensivierungsstunden* dein Wissen **erweitern**, es trainierend **vertiefen** oder Gelerntes in neuen Zusammenhängen **anwenden**.

Am Schluss des Arbeitsbuchs findest du das **Sachlexikon Deutsch**. Alphabetisch ist hier alles geordnet, was du an **Grundwissen**, **Methoden** und **Arbeitstechniken** brauchst.

Am Ende eines Bandes gibt dir ein **Kleines Autorenlexikon** Informationen zu den Autorinnen und Autoren, deren Texte in den Basiskapiteln abgedruckt sind.

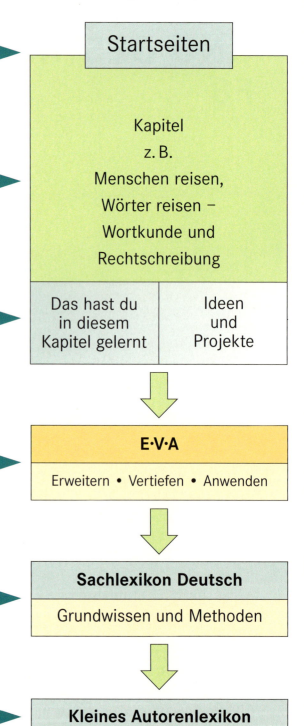

Inhalt

6 Meine ich, was ich sage? Bin ich, was ich trage? – Kommunizieren

8   1. Schuluniform? – Diskutieren und argumentieren
    Diskussionsregeln, These – Argument – Beleg, überzeugende und weniger überzeugende Argumente

10 2. Versteckspiel? – Kommunizieren ohne Worte
    Nonverbale Kommunikation, Körpersprache

14 3. Bauchfrei verboten?! – Gespräche analysieren
    Gesprächsanalyse mittels Rollenspiel und Rolleninterview, Beobachtungsbogen

16 4. Bin ich, was ich trage? – Informieren und präsentieren
    Informationen recherchieren, ordnen; Präsentation planen und durchführen

    Erweitern – Vertiefen – Anwenden
20   Sprachliche Satzverknüpfungen
22   Zuhören

24 Spieglein, Spieglein an der Wand … – Erörtern und Stellung beziehen

26 1. Wer schön sein will … – Eine Erörterung vorbereiten
    1.1 Ist Schönheit gesund? – die Sache klären
    1.2 Alles, was ich weiß – eine Stoffsammlung anlegen
    1.3 Von der Stoffsammlung zur Gliederung
    1.4 Ich halte mich in Form, weil … – Argumente ausgestalten

34 2. „Der Schönheit Macht" – Eine Erörterung schreiben
    2.1 Geschickt einleiten
    2.2 Aufbau und Verknüpfungen
    2.3 Abrundung am Schluss

    Erweitern – Vertiefen – Anwenden
40   Eine Erörterung überarbeiten
42   Stellung nehmen im Anschluss an einen Sachtext

44 Herrscher über Zeit, Raum und Handlung – Kreatives Schreiben

46 1. Alles möglich – kreative Schreibaufgaben
    Ideen entwickeln, Schreibplan erstellen, Texte überarbeiten, Wiederholung indirekte Rede

48 2. Hausierer werden immer dreister – Zu Bildern schreiben
    Sprachliche Phänomene gezielt auswählen

51 3. Ist ein Mord geschehen? – Einen Hypertext schreiben
    Vernetzte Texte lesen und erstellen

    Erweitern – Vertiefen – Anwenden
56   Kreatives Schreiben: Gedichte

58 Wichtige Spuren sichern – Protokoll und Inhaltsangabe

60 1. Spurensicherung im Unterricht – Protokollieren
    Arten des Kriminalromans; Ergebnis-, Verlaufs-, Unterrichtsprotokoll; Mitschreiben für ein Protokoll

64 2. Ermittlungsmethoden vertiefen – Kurzgeschichten untersuchen
    Texte erschließen, Merkmale von Kurzgeschichten

70	3. Spuren bei Erzähltexten sichern – Inhaltsangabe	
	Hauptteil und informierender Einleitungssatz	

Erweitern – Vertiefen – Anwenden

74	Training: Inhaltsangabe von erzählenden Texten
76	Indirekte Rede

78 Menschen reisen, Wörter reisen – Wortkunde und Rechtschreibung

80   1. Internationale Reisende – Fremdwort, Lehnwort, Erbwort
      1.1 Fernreisen – Merkmale von Fremdwörtern
      1.2 Zeitreisen – Lehnwörter und Erbwörter
      1.3 Studien- und Sprachreisen – lateinische und griechische Fremdwörter
      1.4 Reisen mit Niveau – Fremdwörter französischer Herkunft
      1.5 Reisen für Kids und Teenager – englische Wörter

87   2. Vertrautes und Fremdes – Groß- und Kleinschreibung
89   3. Abfahren und unterwegs sein – Getrennt und zusammenschreiben

Erweitern – Vertiefen – Anwenden

92   Zeichensetzung

94 Angst und Aberglaube – Literarische Texte lesen und verstehen

96   1. Der Erlkönig und seine Tochter – Balladen vergleichen
99   2. Hexenfeuer – ein Jugendbuch erarbeiten
      2.1 Verzögertes Lesen
      2.2 Die Rolle des Erzählers
      2.3 Hintergrundwissen Hexerei

Erweitern – Vertiefen – Anwenden

108   Die Rolle des Erzählers
112   Schildern in literarischen Texten

114 Schule anderswo – Sachtexte erschließen und zusammenfassen

116   1. Kinder helfen Kindern – Sachtexte erschließen
      Methoden der Texterschließung, Paraphrasieren; Diagramme, Tabellen, Statistiken lesen
123   2. Das Wichtigste in Kurzform – Inhaltsangabe

Erweitern – Vertiefen – Anwenden

126   Training: Inhaltsangabe von Sachtexten
128   Training: Inhaltsangaben überarbeiten

130 Schwarz auf weiß – Das Medium Zeitung

132   1. Nacktbad tötet Hai – Zeitungen
      1.1 Arten von Tageszeitungen
      1.2 Aufbau und Inhalt einer Zeitung
136   2. Fakten und Meinungen – Journalistische Stilformen
      2.1 Sachlich-informierende Texte
      2.2 Kommentierende Texte

144	3. Ausprobieren – vom Interview zum Bericht	
	Erweitern – Vertiefen – Anwenden	
148	Aktiv und Passiv	
150	Reportage	

152 Alles nur Theater? – Dramatische Texte erschließen

154   1. Alles eingebildet? – szenisch interpretieren
      Leseprobe, Helfer-Ich, Körpersprache, Figurenvorstellung; Text erschließen

159   2. Konfliktreich geht es weiter – Dramatisches in der Komödie
      Grundbegriffe des Dramas/der Komödie

Erweitern – Vertiefen – Anwenden
166   Ein Kurzdrama spielen und schreiben

168 Sepp schwätzt, Hinnerk schnackt – Sprachgeschichte und Mundarten

170   1. Früher sprach man anders – Die Wurzeln unserer Sprache
      1.1 Woher kommen unsere Namen?
      1.2 Eine große Sprachfamilie – indoeuropäisch
      1.3 Was ist nur aus dem Weib geworden? – Bedeutungswandel

176   2. Soafa, Sääf und der Oachkatzlschwoaf – Mundarten
      2.1 Bairisch und andere Dialekte
      2.2 Mundarten in der Literatur

Erweitern – Vertiefen – Anwenden
182   Dialekte in Deutschland

184 Vergänglichkeit und Lebensgenuss – Lyrik im Wandel der Zeit

186   1. Liebe und Tod – Gegensatzpaar in der Lyrik
      Barockes Lebensgefühl, Allegorie, Bildlichkeit in moderner Lyrik

190   2. Weltende – das Sonett
      Sonett: Zusammenhang von Form und Inhalt; Antithetik; Merkmale moderner Lyrik: Chiffre und Collage

194   3. Vanitas-Symbole – das Figurengedicht
      Symbol, Figurengedicht, konkrete Poesie

Erweitern – Vertiefen – Anwenden
198   Die Not des Dreißigjährigen Krieges im *Simplicissimus*

202 Sachlexikon Deutsch

233   Kleines Autorenlexikon
235   Register
238   Textquellenverzeichnis
240   Bildquellenverzeichnis

MEINE ICH, WAS ICH SAGE?
BIN ICH, WAS ICH TRAGE?

Was bedeutet *kommunizieren*?
Welche Möglichkeiten und Formen der Kommunikation gibt es?
Kann man auch ohne Worte kommunizieren?

Kurzer Unterricht mit Minirock

Hannover (dpa) – Wer mit bauchfreiem T-Shirt oder superkurzem Mini-Rock zum Unterricht kommt, kann an einer Gesamtschule bei Hannover zum Umziehen nach
5 Hause geschickt werden. Zunächst werde aber mit den Betroffenen geredet, sagte die Schulleiterin. Sie hatte sich in einem Schreiben an Schüler und Eltern für eine „angemessene Kleidung" ausgesprochen.
10 Die meisten Schüler sind dagegen.

Seid ihr auch der Meinung, dass es Kleidung gibt, die für die Schule nicht „angemessen" ist?
Oder steht ihr auf der Seite derer, die eine Kleiderordnung ablehnen?
Diskutiert und begründet eure Positionen.

Beschreibe die Personen. Wie wirken sie jeweils auf dich?
Welche Eigenschaften würdest du ihnen jeweils zuschreiben?

Kommunizieren

Probiert das Körpersprachenspiel:
Was „spricht" aus den unten aufgeführten Körperhaltungen, der jeweiligen Gestik oder Mimik?

Stelle die jeweilige Haltung mit einer Partnerin oder einem Partner nach und ordne sie einer Bedeutung zu:

KÖRPERHALTUNG

- zurückweichen
- im Sitzen den Oberkörper zurücknehmen (die Distanz vergrößern)
- aufrecht und locker dastehen
- die Füße um die Stuhlbeine schlingen
- auf dem Stuhl herumrutschen
- die Nase rümpfen
- die Arme verschränken
- die Hände vor der Brust falten
- die Augenbrauen anheben
- häufig wegsehen
- die Hände in die Hüften stemmen
- sich die Hände reiben
- mit den Fingern trommeln
- den Mund öffnen
- sich an die Nase fassen

BEDEUTUNG

- Interesse
- Freude
- Sicherheit
- Ablehnung
- Nachdenklichkeit
- Zustimmung
- Erstaunen
- Unsicherheit
- Aggression
- Verlegenheit
- Desinteresse
- ...

Je nach Situation kann es mehrere „richtige" Lösungen geben!

Diskutieren und argumentieren

1. SCHULUNIFORM?
Diskutieren und argumentieren

Text 1 **Aus einer Sitzung des Schulforums am Bertolt-Brecht-Gymnasium**

SCHULLEITERIN (*klopft auf den Tisch*): Gut, jetzt zum nächsten Punkt der Tagesordnung. In den letzten Wochen wurde viel über die Frage einer angemessenen Schulkleidung diskutiert. Die Schulleitung ist der Meinung, dass wir eine verbindliche Regelung brauchen, und schlägt deshalb vor, eine Schuluniform einzuführen.

5 MUTTER (*steht zögernd auf*): Warum eigentlich nicht? Ich habe es ziemlich satt, dass ich für meinen Sohn ständig die neueste Markenkleidung kaufen muss. Was der alles möchte, können wir uns gar nicht leisten! Eine Schuluniform würde das Problem lösen.

VATER (*schüttelt den Kopf*): Na, ich weiß nicht. Da bräuchte man ja mindestens zwei davon und das kann auch ganz schön teuer sein. Ich habe zwei Kinder an dieser Schule.

SCHÜLER: Also wir von der Schülervertretung sind absolut gegen eine Kleiderordnung. Schließlich ist es ein Ausdruck meiner Persönlichkeit, wie ich mich kleide. Keiner von uns ist jeden Tag in derselben Stimmung und entsprechend muss er sich auch anziehen dürfen.

15 SCHÜLERIN: Stimmt! Und stellt euch mal das Bild vor, wenn wir alle in der Pause draußen sind: alle gleich angezogen, mit denselben Klamotten in derselben Farbe. Scheußlich!

MUTTER: Ach, seht euch doch jetzt mal an! Ihr seht doch sowieso alle gleich aus, mit diesen grässlichen Hosen, die man zurzeit trägt. Schüler sollten bei diesem Thema auch eigentlich nichts zu sagen haben.

20 VATER: Ich will jetzt auch mal was sagen! Wir wissen ja, dass in der Schulleitung Fans des englischen Schulsystems sitzen, aber das geht nun wirklich zu weit! Wir können doch unsere Kinder nicht in Uniformen stecken!

SCHULPSYCHOLOGE: Wir sollten sachlich bleiben, bitte. Das Gute an einer Schuluniform wäre, dass nicht mehr gemobbt werden kann gegen die, die sich keine Kleidung nach

25 der neuesten Mode leisten können. Das kommt nämlich leider in letzter Zeit immer häufiger vor.

SCHÜLERIN: Das hat sich ja wohl jeder selbst zuzuschreiben! Wer in vergammelten, ungewaschenen Klamotten auftaucht, ist selber schuld, wenn man über ihn lacht. Meine Nachbarin z. B. trägt immer bauchfreie Tops und sieht

30 darin unmöglich aus.

SCHULLEITERIN: Darum geht es hier aber eigentlich nicht. Wir finden, dass man nicht so gut lernt, wenn man herumsitzt wie am Strand. Angemessene Kleidung zeigt schließlich auch, dass man Respekt vor den anderen

35 und dem Lernort Schule hat.

MUTTER: Außerdem müsstet ihr die Schuluniform ja nur in der Schule tragen. Wie ihr in eurer Freizeit rumlauft, interessiert niemanden.

SCHÜLER: Sollen die Lehrer dann auch eine Schuluniform

40 kriegen? Und wie werden die Dinger überhaupt aussehen, haben wir Schüler da ein Mitspracherecht?

...

Kommunizieren

1a An welchen Stellen verläuft diese Diskussion fair und sachlich, an welchen nicht? Nenne Beispiele aus dem Text.
b Ergänze die Diskussionsregeln in deinem Heft.

2 Überlege, welche Rolle die Körpersprache auf den Verlauf der Diskussion in Text 1 haben kann.
a Weise jedem Diskussionsbeitrag eine passende Regieanweisung zu, z. B. *steht auf, schüttelt den Kopf* etc.
b Vergleicht eure Ideen und sprecht über die unterschiedliche Wirkung. Am besten geht ihr dabei so vor:
 – Entscheidet euch in Gruppen von sechs Personen für die treffendsten Regieanweisungen.
 – Jede Gruppe spielt ihre Fassung vor und die Zuschauer beurteilen, ob das Spiel nach den Regieanweisungen zu den Darstellern und ihren Sprechtexten passt.
 – Diskutiert anschließend: Welche Bedeutung hat Körpersprache in der Kommunikation? Analysiert dazu auch die Körpersprache der zwei Jugendlichen in der Randspalte.

3a Diskutiert selbst darüber, ob an eurer Schule eine Schuluniform eingeführt werden sollte oder nicht. Ein paar Tipps dazu:
 – Ihr könnt für eine spätere Analyse die Diskussion auch mit einem Videogerät aufzeichnen oder eine Beobachtungsgruppe einsetzen, die das Einhalten der Diskussionsregeln überwacht.
 – Setzt für die Diskussion einen Diskussionsleiter ein.
 – Achtet auf die Diskussionsregeln und versucht, ohne zu übertreiben, eure Körpersprache bewusst einzusetzen.
b Ihr könnt auch eine Diskussion als Rollenspiel probieren: Besetzt die Rollen einer Schulpsychologin, eines Elternteils etc. Was ändert sich in diesem Rollenspiel an der Diskussion?

4 Analysiert den Verlauf eurer Diskussion.
a Welchen Einfluss auf das Ergebnis der Diskussion haben
 – die Einhaltung der Diskussionsregeln
 – und Signale der Körpersprache?
b Wie habt ihr euch selbst in der Diskussion verhalten und wie habt ihr das Verhalten der anderen wahrgenommen?
c Wenn es eine Beobachtergruppe gab: Wie unterschieden sich Eigenwahrnehmung und Fremdbeobachtung durch die Beobachter?

5a Du hast dir jetzt schon viele Gedanken zum Thema *Schulkleidung* gemacht.
 – Welchen Standpunkt (These) vertrittst du selbst?
 – Notiere in einer Tabelle Argumente und Gegenargumente.
b Vergleicht eure Aufzeichnungen. Welche Argumente haltet ihr für inhaltlich überzeugend und stichhaltig, welche nicht?

> **Diskussionsregeln:**
> – den anderen ausreden lassen,
> – genau zuhören,
> – sich verständlich ausdrücken,
> – …

Beispiel:

Meine These ist: Schulkleidung ist sinnvoll und sollte eingeführt werden.	
Pro: Für meinen Standpunkt spricht:	**Kontra:** Gegen meinen Standpunkt spricht:
- …	- Mit einer Schuluniform wird die Entwicklung der Individualität des Einzelnen gebremst.
- …	- …

9

6 Überzeugendes oder nicht überzeugendes Argument?
a Ordne den folgenden Beispielsätzen die passende Kennzeichnung zu.
b Formuliere die Beispielsätze so um, dass daraus überzeugende Argumente werden.

Beispielsätze:

(1) Sie wollen nur deshalb eine Schuluniform einführen, weil Sie ein Fan des englischen Schulsystems sind.

(2) Schüler sollten bei diesem Thema auch eigentlich nichts zu sagen haben.

(3) Das hat sich ja wohl jeder selbst zuzuschreiben!

(4) Meine Nachbarin trägt immer bauchfreie Tops und sieht darin unmöglich aus.

Kennzeichnungen:

A) persönliche oder private Einzelfälle

B) Redensarten und so genannte „Gemeinplätze"

C) so genannte „Totschlagargumente", die einen Fortgang der Diskussion unmöglich machen

D) Vorurteile und einseitige Urteile

7 Prüft die folgenden zusammenfassenden Aussagen, korrigiert und ergänzt sie:
Um in einer Diskussion zu bestehen, muss man ...

- ... gründlich über das Thema informiert sein.
- ... einfach alles sofort widerlegen, was die anderen sagen.
- ... besonders schlagfertig sein.
- ... zuhören können.
- ... am besten mehr wissen als die anderen.
- ... die Körpersprache beachten.
- ...

2. VERSTECKSPIEL?
Kommunizieren ohne Worte

Text 2 Jede Deutung nonverbaler Kommunikation kann nicht von der verbalen Kommunikation losgelöst werden. Meist ist das Gesicht des Sprechers, vor allem der Stirn-, Augen- und Mundbereich, am zuverlässigsten für die Beurteilung seiner Stimmung. [...] So können wir aufgrund des visuellen Eindrucks Freude, Überraschung, Wut oder Verachtung
5 ablesen, während Angst eher auditiv, also über das Gehör, wahrgenommen wird. Um die Gefühlslage des anderen zu beurteilen, müssen wir die Gesichtsmuskeln beobachten, beispielsweise ob sie sich anspannen oder ob die Mundzüge weicher werden. Angespannte Gesichtszüge verraten entweder Ärger oder Wut, wohingegen weiche, entspannte Züge als Freundlichkeit und Güte interpretiert werden. Allerdings muss ein Lächeln
10 immer die Augen mit einbeziehen. Ein Mund, der lacht, ohne dass die Augen mitlachen, zeigt ein gekünsteltes und unaufrichtiges Lächeln. Augenbrauen, die in schnellem Tempo gesenkt und gehoben werden, sind das Einverständnis zu sozialer Kontaktaufnahme. Ausdruck für Überraschung und Verwunderung zeigt man, indem man die Augenbrauen hebt und eine Zeit lang gehoben hält. Tränen und Lachen sind Ausdrucksmög-

lichkeiten, von denen wir annehmen, dass sie mit Leichtigkeit zu deuten sind. Tränen sind jedoch Ausdruck für mehrere unterschiedliche Gefühlszustände: für Kummer, Freude und Wut. Lachen kann Zeichen für Freude und Freundlichkeit sein, aber auch für Verachtung und Sarkasmus. Wir können auch lachen, wenn wir ängstlich werden oder wenn wir etwas sehr Unangenehmes erleben. Rund um die Körperhaltung gibt es interessanterweise sehr viele sprachliche Metaphern und Volksweisheiten wie beispielsweise: *mit beiden Beinen auf der Erde stehen* bedeutet Realitätssinn; *einen festen Standpunkt haben* dokumentiert klare und eigentlich unverrückbare Ansichten; *vor jemandem kriechen* heißt eine widerspruchslose, unterwürfige Haltung einnehmen. Das Erste, worauf man sein Augenmerk richten sollte, ist die Gewichtsverlagerung. Steht ein Mensch aufrecht oder ist sein Gesicht vor bzw. hinter das Becken verlagert? Je gerader jemand steht, desto aufrechter ist seine innere Haltung. So ein Mensch ist weder unsicher (Neigung nach vorne) noch überheblich (Neigung nach hinten). [...] Weiterhin ist bedeutungsvoll, ob ein Mensch frei steht oder ob er irgendwo eine Stütze sucht. Es gibt Menschen, die sich immer irgendwo anlehnen müssen. [...] Auch die Körperbewegungen spielen bei der Gesamtinterpretation eine Rolle. Ein vorgeneigter Oberkörper in einem Gespräch signalisiert Aufmerksamkeit oder den Hinweis, dass jemand etwas sagen möchte, er kann aber auch Skepsis ausdrücken. Mit einem demonstrativen Zurücklehnen wird Desinteresse oder Missfallen am Thema angedeutet. [...] Je mehr jemand dafür sorgt, dass er bequem sitzen kann, desto souveräner gibt er sich. Meistens kommt dieses Selbstbewusstsein bei Zuhörern und Beobachtern an. Eine angespannte Sitzhaltung kann jedoch in Kombination mit krampfhaften Fußbewegungen auch bedeuten, dass jemand weg möchte, weil ihn die Unterhaltung eigentlich nicht interessiert. Ein präziser Beobachter kann ein solches Verhalten registrieren und verbal hinterfragen. [...] Auch Gesten bringen unbeabsichtigt Gefühlszustände zum Ausdruck: Fingerspiele oder das Spielen an Gegenständen als Ausdruck von Nervosität, das Umklammern von Dingen als Ausdruck verhaltener Wut, [...] das Hochwerfen der Arme für Begeisterung. Einzelne Gesten können sogar so klar definiert sein, dass sie die verbale Kommunikation punktuell oder vollständig ersetzen. Diese Definitionen müssen natürlich – wie auch Sprache – gelernt werden und sind deswegen auf Gruppen von Menschen oder ganze Kulturkreise beschränkt. Zu dunkle und zu weite Kleidung signalisiert: Hier will sich jemand verstecken bzw. unsichtbar machen. Wer seine Figur ständig verbirgt und immer Schwarz oder Grautöne trägt, versucht, sich zu tarnen. Wer sich grundsätzlich zu extravagant kleidet, will um jeden Preis auffallen. Dahinter kann sich aber auch mangelndes Selbstbewusstsein verstecken. Wer sich bewusst nicht an vorhandene Kleiderordnungen hält, demonstriert seine aufmüpfige, respektlose Haltung. Und unbewusst unangemessene Kleidung zeigt, dass kein Taktgefühl vorhanden ist.

Kommunizieren ohne Worte

1a Kläre die dir unbekannten Wörter dieses Sachtextes mithilfe eines Fremdwörterbuchs oder nutze dein Wissen aus dem Fremdsprachenunterricht.
b Teile den Text in Sinnabschnitte ein und gib diesen passende Überschriften.
c In welche Textabschnitte gehören die folgenden Aussagen?

> – Die äußere Haltung eines Menschen sagt viel über seine innere Haltung aus.
> – Wer seine Augenbrauen schnell bewegt, zeigt, dass er auf den Gesprächspartner zugehen möchte.
> – Durch sein Äußeres kann jemand, der im Grunde nur unsicher ist, provozierend wirken.
> – Aus dem Bereich zwischen Augen und Mund lassen sich die meisten Gefühle ablesen.
> – Nicht immer hat man unter Kontrolle, was man mit Armen und Händen ausdrückt.

d Welche der folgenden Aussagen lassen sich in Text 2 wiederfinden, welche nicht? Stelle die Aussagen richtig, die nicht dem Inhalt des Textes entsprechen.

> – Wenn man die Körpersprache eines Menschen interpretieren möchte, muss man gleichzeitig darauf hören, was er sagt.
> – Wenn ein Mensch Angst hat, kann man das meistens sehen.
> – Tränen können ganz gegensätzliche Gefühle ausdrücken.
> – Es spielt keine Rolle für die Deutung der Kommunikation, ob jemand sich beim Sprechen immer anlehnt.
> – Gesten können Worte ersetzen.
> – In unterschiedlichen Ländern gibt es auch unterschiedliche Arten, etwas durch Körpersprache auszudrücken.

2 Was hältst du von Sprache, Gliederung und Inhalt des Textes (Text 2)?
a Suche Textbeispiele für die Bereiche „Sprache" und „Inhalt", die dein Urteil belegen.
b Suche Textstellen, in denen Behauptungen aufgestellt werden, die euch frag- oder merkwürdig erscheinen, und diskutiert darüber – z. B.: *Wer schwarz trägt, will sich verstecken.*
c Nutze deine Ergebnisse der Texterschließung auch für die Abbildungen auf S. 11. Welche Aussagen über die Körpersprache der dargestellten Personen kannst du treffen?

3 Erstelle auf der Grundlage des Textes eine Mindmap, in deren Mittelpunkt der Begriff *Körpersprache* steht. Vergleicht eure Ergebnisse.

4a In welchen Situationen setzt du die Hände oder den ganzen Körper ein, um das zu unterstreichen, was du sagen willst?
b Kennst du andere Menschen oder Menschen aus anderen Ländern, die besonders häufig oder selten Körpersprache einsetzen? Tauscht eure Erfahrungen und Erinnerungen aus.

5 Es gibt Gesten, die in allen Ländern das Gleiche bedeuten, und solche, die unterschiedliche Bedeutungen haben.
a Informiere dich: Was bedeutet z. B. das Kopfnicken in Griechenland? Der direkte Augenkontakt in islamischen Ländern? Das Abwinken mit der Handfläche nach unten in Afrika?

b Versuche die Bedeutung folgender Gesten herauszufinden. Aus welchem Land könnten sie stammen?
c Welcher gesprochene Satz könnte jeweils zu den dargestellten Gesten passen?

6 Erkläre, was die folgenden Sätze deiner Meinung nach bedeuten:
„Der Körper ist der Übersetzer der Seele ins Sichtbare." (Christian Morgenstern)
„Man kann nicht nicht kommunizieren." (Paul Watzlawick)

7 Versuche einmal, deine Körpersprache bewusst einzusetzen.
a Stell folgende Gefühle pantomimisch dar – die anderen müssen raten.
aggressiv – wütend – drohend – cool – abwartend – ängstlich – unterwürfig – gelangweilt – weich – hart – offen – verschlossen – unentschlossen – durchsetzungsfähig – gespannt – angespannt
b Sprecht über eure Erfahrungen: Wie kann man Gefühle ausdrücken, damit andere sie verstehen?

8 **Ein Mimik-Training:**

– Benenne die Stimmung, die diese Gesichter ausdrücken. Notiere dir jeweils eine Aussage, die zu der Stimmung passt (z. B.: „Ich bin sooo wütend, weil …!").
– Fertige Symbolkarten an, indem du auf einem festen Blatt Papier je eines der Gesichter nachzeichnest.
– Sprich mit lauter Stimme einen Satz, der genau zu einer der Symbolkarten passt, die du dabei hochhältst und dann auch wieder ablegen darfst. Untermale das Ganze mit einer passenden Geste und versuche auch, deine Körperhaltung der Stimmung anzupassen, die du vermitteln möchtest.
– Wähle einen anderen Satz und versuche nun, mit deiner Stimme und deiner Körpersprache eine ganz andere Stimmung als die auf deiner hochgehaltenen Symbolkarte zu vermitteln. Hebe dazu z. B. das fröhliche Gesicht hoch und sprich in grimmigem Ton. Tauscht eure Beobachtungen aus.

3. BAUCHFREI VERBOTEN?!
Gespräche analysieren

1 „Wer mit bauchfreiem T-Shirt oder superkurzem Minirock zum Unterricht kommt, kann zum Umziehen nach Hause geschickt werden." – Versetze dich in die Rolle einer Schulleiterin, die diese Position vertritt.
  a Welche Kleidung wird von der Schulleiterin wohl als „angemessen" empfunden, welche nicht?
  b Überlege, was eine Schulleitung dazu bewegen kann, eine solche Regel aufzustellen.
  c Schreibe anstelle der Schulleiterin den Abschnitt eines Briefes, in dem sie ihre Anordnung begründet.

2a Ihr könnt euch besser in die Rolle der Schulleiterin hineinversetzen, wenn ihr **Rolleninterviews** durchführt. Ergänzt vorher die Liste möglicher Interviewfragen an die Schulleiterin:
  – Wie alt sind Sie?
  – Was tragen Sie gerne, was ist Ihr Kleidungsstil?
  – Welche Kleidung haben Sie getragen, als Sie 14 waren?
  – …
  b Am besten arbeitet ihr in kleinen Gruppen: Eine Schülerin oder ein Schüler übernimmt die Rolle der Schulleiterin, die anderen interviewen sie. Danach wechselt ihr die Rollen.

> **Rolleninterviews** führt man bei Theaterproben durch, damit sich eine Schauspielerin oder ein Schauspieler einer Rolle annähern kann bzw. sich in sie hineinversetzt. Sie oder er setzt sich dazu auf einen Stuhl („hot chair") und beantwortet Interviewfragen aus der Sicht der Figur. Erlaubt sind alle Fragen, die dabei helfen, sich besser in eine Figur hineinzuversetzen.

3 Die Schulleiterin sagt, zunächst werde „mit den Betroffenen geredet".
  a Was ist für ein Gelingen dieses Gesprächs besonders wichtig?
  b Welche Diskussionsregeln (→ Sachlexikon Deutsch) gelten auch für solche Gespräche?

4 Spielt das Gespräch der Schulleiterin mit einer oder mehreren „Betroffenen" als Rollenspiel:
  a Bereitet das Rollenspiel vor, indem ihr überlegt:
    – In welchem Ton (Lautstärke, Sprechtempo, Wortwahl, …) spricht die Schulleiterin?
    – Wie sprechen die Schülerinnen und Schüler?
    – Welches Ergebnis soll das Gespräch haben?
    – …
  b Spielt den anderen euer Gespräch vor. Am besten nehmt ihr es zur genaueren Analyse mit einer Videokamera auf. Achtet bei der Besprechung auf folgende Gesichtspunkte:
    – Gesprächsverlauf und -ergebnis
    – rollengerechtes Gesprächsverhalten
    – Körpersprache und „Ton"
    – Gesprächsregeln
    – Zuhören
    – …

5 Die Schülervertretung hat sich der Meinung der Schulleitung angeschlossen und führt selbst Gespräche mit Schülerinnen und Schülern, die durch ihre besonders „unangemessene" Kleidung auffallen.
  a Bereitet in kleinen Gruppen auch ein solches Gespräch vor und spielt es.
  b Worin unterscheidet es sich von den Unterredungen mit der Schulleiterin?

6 Untersucht eines der Gespräche genauer. Ihr könnt dafür die folgende Hilfe zur Gesprächsanalyse nutzen.
- Übertragt die Tabelle – ohne die bereits eingefügten Beispiele – in eure Hefte, ergänzt, was euch fehlt, und passt die Tabelle euren Bedürfnissen an.
- Am besten beobachtet ihr in verschiedenen Gruppen jeweils einen Gesprächsteilnehmer.

Rolle: *schulleitung* ...	Gesprächsbeginn	Gesprächsverlauf	Gesprächsende
rollengerechtes Gesprächsverhalten	...	...	...
Ziel und Vorgehensweise (Taktik)	...	...	...
Tonfall, Sprechweise	*freundlich*	*wird laut, ...*	*feindselig, ...*
Gesprächsregeln	...	*unterbricht häufig, ...*	...
Körpersprache Gestik, Mimik, Blick, Haltung, ...	...	...	*springt auf, ...*
Zuhören	...	*viel Blickkontakt, ...*	...

7a Beurteilt, wie das Gespräch verlaufen ist: Welche Gründe für das Gelingen oder das Misslingen des Gesprächs könnt ihr feststellen?
b Verändert anschließend das Gespräch so, dass das von euch gewünschte Ergebnis erreicht wird. Ihr könnt dazu auch versuchen, einzelne Elemente eurer Körpersprache zu steuern, soweit euch das möglich ist, z. B. veränderte Sitzposition, kein Verschränken der Arme vor der Brust usw.

4. BIN ICH, WAS ICH TRAGE?
Informieren und präsentieren

Text 3 Der berühmte französische Soziologe Baudrillard hat einmal in einem amüsanten Essay beschrieben, wie es gewesen wäre, wenn am Vorabend der Revolution ein Fremder die Stadt Paris betreten hätte. Er hätte jedermann dechiffrieren können. Er hätte genau erkannt, welche soziale Position jeder, der ihm begegnet wäre, gehabt hätte. Er hätte Edelmänner, Huren und Handwerker auf einen Blick an ihrer Kleidung erkennen können. Warum? Weil jedermann in einer sozial genau geordneten Gesellschaft zunächst einmal durch seine Kleidung gekennzeichnet war. Und diese Ordnung durfte niemand durchbrechen. Es musste eine furchtbar blutige, welterschütternde Revolution kommen, um diese soziale Ordnung für immer und ewig zu zerstören. Für immer und ewig?
Nein. Auch heute noch sind viele um uns herum durch ihre Kleidung gekennzeichnet. Bis auf einige Berufsgruppen sind freilich die Kleiderordnungen aufgehoben. Trotzdem funktioniert in merkwürdiger Weise die soziale Zuordnung von Menschen über das Erkennen und Beurteilen von Kleidern und Accessoires.

1a Kläre die Bedeutung der Fremdwörter und gib Text 3 mit eigenen Worten wieder.
 b Erkläre, wieso auch heute noch Menschen „durch ihre Kleidung gekennzeichnet" sind und warum man Menschen aufgrund ihrer Kleidung beurteilt.
2a Besprecht: Was bedeutet Kleidung für euch? Wonach wählt ihr eure Kleidung morgens aus? Nach welchen Kriterien kauft ihr Kleidungsstücke?
 b Von welchen Faktoren kann es abhängen, welche Kleidung man trägt? Ergänze die Mindmap zu diesem Thema in eurem Heft. Vergleicht und besprecht eure Ergebnisse.

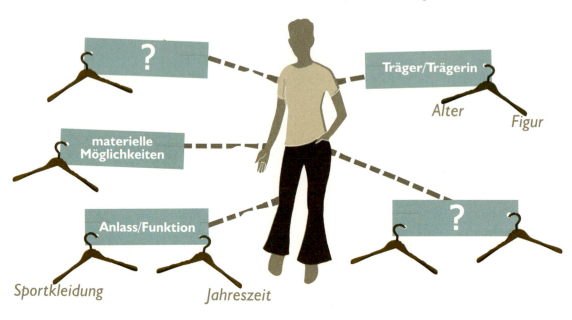

Kommunizieren

Recherchieren: Informationen zusammentragen

3 *Bin ich, was ich trage?* – ein Thema mit verschiedenen Facetten:
Schließt euch in Kleingruppen zusammen, um zu recherchieren und euren Mitschülerinnen und Mitschülern die Ergebnisse zu präsentieren.
Jede Gruppe übernimmt einen Aspekt, der sie besonders interessiert.

4 Mögliche Rechercheaufgaben – euch fällt sicher noch mehr ein:

a Wie sieht es an anderen Schulen, die du kennst, oder in anderen Ländern mit einer Kleiderordnung aus? Beachte dazu auch die folgende afp[1]-Meldung:

> **afp, Kabul. 29.03.2001**
> Die Taliban-Miliz in Afghanistan hat den Turban für Schüler und Studenten zur Pflicht gemacht. Wie es in einem Erlass des Taliban-Führers Mullah Mohammed
> 5 Omar heißt, droht bei Missachtung der Ausschluss von Schule oder Hochschule. „Das Tragen von Turbanen ist eine Tradition des Großen Propheten Mohammed und Teil der afghanischen Kultur", erläu-
> 10 terte ein Sprecher. Bis zur dritten Klasse dürfen die Schüler eine Kappe tragen.

1) **afp:** agence france press; franz. Nachrichtenagentur

b Umfrage: Tragt ihr Markenkleidung? Warum (nicht)?
c Welche Trachten gibt oder gab es in eurer Gegend und welche Bedeutung haben sie?
d Hat sich die Kleidung von Geschäftsfrauen oder anderen Berufsgruppen im Lauf der Zeit verändert?
e T-Shirts mit einem aufgedruckten Slogan: Seit wann gibt es sie, wie haben sie sich verändert?
f Recherchiert: Wie viel Geld geben Jugendliche für Kleidung aus? Vergleicht eure Ergebnisse mit folgender Darstellung, wie viel amerikanische Teenager ausgeben (Juli 2000):

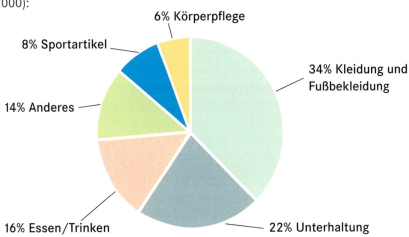

5 Bei einer Präsentation erhalten die Zuhörer mit Unterstützung von Medien auf abwechslungsreiche Weise Informationen zu einem Sachverhalt.
– Sicher habt ihr auch schon Erfahrungen im Präsentieren. Tauscht eure Erfahrungen aus.
– Was ist das Gemeinsame von Referat und Präsentation? Was unterscheidet sie?
– Erläutere, wie man bei einer Präsentation vorgeht und wie man sie aufbaut.
– Beschreibe: Was ist eine gute Präsentation?

Informieren und präsentieren

Die Informationen ordnen

6a Bei den Recherchen seid ihr sicher auf viele unterschiedliche inhaltliche Aspekte gestoßen. Formuliert **das genaue Thema** eurer Präsentation (z. B.: *Schuluniformen in Italien; Was man durch Kleidung ausdrücken kann;* ...) und wählt die dazu geeigneten Informationen aus.

b Ordnet die Informationen, die ihr verwenden wollt, so, dass ihr einen sinnvoll aufgebauten Vortrag daraus gestalten könnt. Notiert in Stichworten
– eine Einleitung, die das Interesse weckt und den Vortrag ankündigt,
– eine übersichtliche Gliederung des Hauptteils,
– einen Schluss, der das Ganze abrundet.

c Jede Gruppe stellt das Thema und den Aufbau am besten auf einem großen Plakat dar. Lasst genügend Platz, um noch Notizen zu Verhaltensweisen der Vortragenden und zu den Medien zu machen, die ihr einsetzen wollt.

Die Präsentation planen und durchführen

7 Die Inhalte einer Präsentation werden dargestellt durch
– eine Referentin oder einen Referenten,
– Präsentationsmedien zur Visualisierung,
– Impulsmedien zur Gestaltung.

a Welche Verhaltensweisen muss die **Referentin** oder der **Referent** beim Vortrag der Präsentation beachten? Ergänzt und besprecht gemeinsam:
– Sprache: Wortwahl, Tempo, Deutlichkeit, ...
– Körpersprache: ...
– Kontakt zu den Zuhörern: ...

b **Präsentationsmedien** sind z. B. Tafel, Flipchart, (Tageslicht-)Projektor, Poster, Computer mit Beamer, ... Mit ihrer Hilfe werden die Inhalte visualisiert, also z. B. der Aufbau dargestellt, Diagramme gezeigt, Zusammenhänge veranschaulicht, ...
Sprecht über Vor- und Nachteile der einzelnen Präsentationsmedien und überlegt, was ihr bei ihrem Einsatz beachten müsst.

c Unter **Impulsmedien** versteht man z. B. Video-Ausschnitte, DVDs, Musik auf CD, Gegenstände, Bilder etc., die zur Gestaltung eingesetzt werden, wenn etwas betont, untermalt oder genauer gezeigt werden soll. Besprecht auch hier, welche Medien sich besonders eignen, wie man sie handhaben sollte und was man bei ihrem Einsatz generell beachten muss.

8a Entscheidet in den Gruppen, auf welche Weise ihr die Inhalte veranschaulichen und gestalten wollt und mithilfe welcher Medien ihr das tun möchtet. Ergänzt euer Plakat entsprechend.

b Erstellt oder beschafft euch das Material, das ihr präsentieren wollt.

9 Besprecht eure Präsentationen, wenn ihr sie gehalten habt. Beachtet dabei besonders die folgenden Punkte:
– Haben die Vortragenden frei gesprochen und ihren Stichwortzettel wirklich nur als Gedächtnisstütze benutzt?
– Haben sie ihre Körpersprache sinnvoll eingesetzt, z. B. zur Unterstreichung besonders wichtiger Stellen?

– Wie ist es ihnen gelungen, zu überprüfen, ob die Zuhörer alles verstehen und dem Vortrag aufmerksam folgen können?
– Welche Medien wurden eingesetzt?
– Hat die Art der visuellen Präsentation zu den Inhalten gepasst?

Am besten fertigt ihr mit diesen Punkten eine Tabelle (Wertungsbogen) an, das erleichtert die Besprechung.

Das hast du in diesem Kapitel gelernt:

– **partnerbezogen sprechen:** Gesprächs- und Diskussionsregeln beachten
– einen Gesprächs- bzw. Diskussionsverlauf analysieren
– überzeugend argumentieren
– **nonverbale Signale:** Körpersprache einsetzen und interpretieren
– ein Rolleninterview vorbereiten und durchführen
– ein Rollenspiel durchführen
– **unterschiedliche Präsentationstechniken anwenden**
– eine Präsentation planen und durchführen

Ideen und Projekte

– Das nebenstehende Bild stammt aus einem „goldenen ABC für Jungfrauen". Formuliere ein „goldenes ABC" für Jugendliche unserer Zeit und illustriere es.

– Führt zur Einarbeitung in verschiedene Themen in kleinen Gruppen **Rechercherallyes** durch. Dabei übernimmt jeweils eine Gruppe die Rolle der Experten und stellt den anderen Aufgaben, die durch Recherche in Bibliotheken oder im Internet beantwortet werden müssen.
– Versucht, **einander** von ernstgemeinten (z. B. neue Pausenregelung) oder unsinnigen Ideen (z. B. Abschaffung der Pausen) **zu überzeugen**, indem ihr abwechselnd möglichst gut und treffend argumentiert. Gewonnen hat der, dessen Partner keine argumentative Entgegnung mehr einfällt.
– Besonderen Spaß macht das **Diskutieren**, wenn man eine **Gerichtsverhandlung** nachstellt. Verteilt die Rollen und spielt die Verhandlung. Es fallen euch sicher Streitfälle aus Jugendbüchern oder dem aktuellen Geschehen ein. Vielleicht könnt ihr mit eurer Lehrerin oder eurem Lehrer auch einmal live im Gerichtssaal dabei sein.
– Begleitend zu **Präsentationen** könnt ihr **Mappen anlegen (Portfolio)**, die eine Übersicht über das Thema, die Gliederung der Präsentation und das verwendete Text-, Folien- und Bildmaterial enthalten, evtl. sogar noch eine Erweiterung oder Vertiefung des Themas. So kann jeder noch einmal nachschlagen.
– Zum Thema *Zuhören* finden sich eine Reihe Spiele und Übungen im Internet. Informiert euch z. B. auf den Homepages der Projekte „Schule des Hörens", „Ganz Ohr Sein" oder „Stiftung Zuhören".

Erweitern · **Vertiefen** · Anwenden

SPRACHLICHE SATZVERKNÜPFUNGEN

Text 1 Wenn ich noch einmal die Wahl hätte, ob ich mich einer Jugendgruppe anschließe oder nicht, würde ich mich sofort wieder dafür entscheiden, weil ich sehr gute Erfahrungen gemacht habe. Obwohl viele sagen, man müsse dadurch auf einen großen Teil seiner freien Zeit verzichten, meine ich, dass die Aktivitäten in solchen Gruppen doch auch
5 immer Freizeit sind. Wir nutzen unsere freie Zeit für viele gemeinsame Unternehmungen, wohingegen andere lieber in den eigenen vier Wänden für sich bleiben. Das ist aber nicht meine Vorstellung von Freizeit, sondern ich mag es, wenn in einer Gruppe gemeinsame Ideen entstehen. Zum Beispiel hatten wir immer viele gute Vorschläge für Feste und fast alle Feste kamen auch sehr gut an. Insofern genieße ich es, in einer Jugend-
10 gruppe zu sein.

1a Bestimme die satzverknüpfenden Konjunktionen und Adverbien in Text 1 und nenne die gedankliche Verbindung, die sie jeweils ausdrücken. Nutze dazu auch die Sachinformation.
 b Trage die Konjunktionen und Adverbien richtig in die Tabelle ein und ergänze die lateinischen Fachbegriffe.
 c Erkläre den Unterschied zwischen einer Konjunktion und einem satzverknüpfenden Adverb. Ein Tipp: Wende die Umstellprobe an und achte auf die Wortstellung im Satz!

2 Ordne die folgenden Konjunktionen und Adverbien in die Tabelle ein und bilde Beispielsätze.

> sofern, ehe, trotzdem, also, als ob, zwar – aber, sooft, weder – noch, obgleich, zumal, außerdem, wie, sonst, auch, sowohl – als auch, indem, danach, darum, deshalb, während, jedoch, doch, aber, bis, seit, falls, damit, infolgedessen

gedankliche Funktion		unterordnende Konjunktion	nebenordnende Konjunktion	Adverbien
Reihung	kopulativ		und, …	…
Art und Weise	…	ohne dass, …		…
Grund	…	da, …	denn, …	…
Gegensatz	adversativ	…	sondern, …	…
Zeit	…	als, …		…
Folge	…	sodass, …		…
Bedingung	…	…		…
Einschränkung	…	wenn auch, …		insofern, …
Zweck, Ziel	…	…		

Grundwissen und Methode

Um Sätze in einem Text logisch miteinander zu verknüpfen, brauchst du **Konjunktionen**. Im Deutschen gibt es **nebenordnende** Konjunktionen, die zwei aneinandergereihte Hauptsätze miteinander verbinden (*Sie tanzte, **denn** sie mochte seinen Gesang.*), und **unterordnende** Konjunktionen, die den Nebensatz einem Hauptsatz oder einem anderen Nebensatz unterordnen (*Er sang, **damit** sie tanzte.*). Auch mit einigen **Adverbien** lässt sich das gedankliche Verhältnis zwischen zwei Sätzen ausdrücken (*Sein Gesang war mitreißend. **Deshalb** tanzte sie.*).

3 Schreibe einen Text mit einer Reihe von Sätzen, die durch Konjunktionen oder Adverbien verbunden sind. Gehe dabei jeweils von Satz x) aus und komme nach mehreren Zwischensätzen bei Satz y) an. Folgendes Muster kann dir dabei helfen – schreibe weiter:

> x0) *Vor einer Woche bin ich die Treppe hinuntergefallen.*
> *Zwischensätze:*
> *Dabei habe ich mir den Arm gebrochen. Weil ich große Schmerzen hatte, kam ich sofort ins Krankenhaus. In meinem Zimmer lag bereits ein Mann, sodass ich nicht alleine war. Noch ehe ich etwas sagen konnte, ...*
> y0) *Heute besitze ich ein nagelneues Fahrrad.*

x1) Als das Baby schrie, wachte sie auf.
y1) Sie freute sich sehr, dass die Fenster blitzblank geputzt waren.
x2) Noch bevor es klingelte, hörte ich die Schritte auf der Treppe.
y2) Keiner bemerkte, dass der Fernseher ausgeschaltet war.

4 Verbinde die folgenden Gedanken so, dass ein kausaler, konditionaler oder konsekutiver Zusammenhang zum Ausdruck kommt. Bilde dazu jeweils mindestens zwei Hauptsätze oder einen Haupt- und einen Nebensatz. Vergleicht und besprecht eure Lösungen.
Beispiel: *Geschwindigkeitsbegrenzung – Zahl der Unfälle*
→ Obwohl es eine Geschwindigkeitsbegrenzung gibt, geht die Zahl der Unfälle nicht zurück.
a) schlechte Note – Hausarrest
b) Begeisterung für die Natur – Skilager entfällt
c) Streitereien auf dem Schulhof – soziale Umgangsformen
d) wenig Taschengeld – Markenkleidung
e) die Augenbrauen anheben – Aufmerksamkeit signalisieren
f) die Atmosphäre entspannen – freundlich lächeln

5a Ergänze Text 2 durch passende kausale, konditionale oder konsekutive Konjunktionen, Adverbien oder andere Formen der Verknüpfung (Wendungen). Der Wortspeicher kann dir dabei helfen.
b Schreibe den Text weiter und achte darauf, deine Gedanken sprachlich sinnvoll zu verknüpfen.

Text 2 **Freizeitbeschäftigung Einkaufen?**

Viele Menschen wissen nicht, was sie mit ihrer Freizeit anfangen sollen. ✻, dass wir heute durch die allgemeine Verkürzung der Arbeitszeit insgesamt mehr freie Zeit zur Verfügung haben als noch vor 15 Jahren. ✻ muss ein Hobby oder eine sinnvolle Beschäftigung gefunden werden, um diese Zeit auszufüllen.

5 Immer mehr Menschen glauben, diesen Sinn im Konsum gefunden zu haben. ✻, dass uns von der Werbung suggeriert wird, wir würden zu glücklicheren Menschen, ✻ wir dieses oder jenes besäßen. ✻, dass schon Jugendliche häufig hoch verschuldet sind. ...

> denn, im Falle ..., einer der Gründe ist ..., falls, die Ursache dafür liegt ..., deswegen, aufgrund, infolgedessen, demnach, also, sodass, eine Folge davon/daraus ist ..., wegen, dies hat die Auswirkung, ..., einen Grund dafür sehe ich in ..., wenn, daher, der/ein Grund dafür ist, ..., sollte ... dann ..., das liegt daran, ..., folglich, in einem solchen Fall ..., verantwortlich dafür ist ..., unter diesen Bedingungen ..., daraus ergibt sich, ..., geht man davon aus, ...

Erweitern · Vertiefen · Anwenden

ZUHÖREN

1a Was bedeutet „zuhören" für dich? Vergleicht eure Definitionen.
 b Kannst du gut zuhören? Warum oder warum nicht?
 c Schreibe auf, was für dich wichtig ist, um gut zuhören zu können. Gelingt dir das z. B. im Klassenraum? Begründe.

2a Erkläre die Unterschiede in der Bedeutung der Verben *lauschen, hören* und *horchen*.
 b Im Französischen gibt es die Verben *écouter* für *zuhören* und *entendre* für *hören*. Kennst du noch andere Sprachen, die diese Unterscheidung treffen?

Zuhören heißt „aktiv zuhören"

3 Entscheide, welche der folgenden Verhaltensweisen typisch für einen „guten" bzw. „schlechten" Zuhörer sind. Die Sachinformation kann dir dabei helfen.

Gute/schlechte Zuhörer …
- *warten nur darauf, selbst etwas sagen zu dürfen;*
- *wissen von vornherein alles besser;*
- *schreiben Wort für Wort alles mit;*
- *halten Blickkontakt;*
- *achten mehr auf Nebensächlichkeiten als auf wesentliche Informationen;*
- *versuchen zu zeigen, dass sie die Gefühle des Redners verstehen;*
- *zeigen durch die Körperhaltung, dass sie intensiv mitdenken;*
- *schalten bei trockenen und schwierigen Gedanken bald ab;*
- *lassen sich beim Zuhören stören und ablenken;*
- *hören langweiligen Rednern nicht lange zu;*
- *picken sich etwas aus dem Gesagten heraus, um zu zeigen, dass sie selbst besser sind;*
- *reden nicht über das gerade Gehörte, sondern über etwas anderes;*
- *lassen den Redner zu Ende sprechen;*
- *urteilen erst, wenn sie alles Wichtige erfahren haben;*
- *erkennen das Wesentliche der jeweiligen Aussage;*
- *vergleichen das Gehörte mit eigenen Erfahrungen;*
- *überlegen, wie sie die Aussagen des Redners bestätigen können;*
- *tun so, als hätten sie alles verstanden, auch wenn vieles unklar bleibt;*
- *gehen im Gespräch auf das zuvor Gehörte ein;*
- *stellen Fragen;*
- *neigen sofort zu Widerspruch;*
- *tun so, als ob sie aufmerksam zuhörten.*

Grundwissen und Methode

Ein schlechter Zuhörer unterscheidet sich vom guten Zuhörer dadurch, dass er ohnehin alles besser weiß und die Pause des Redners nutzt, um selbst zu Wort zu kommen. Ein guter Zuhörer ist jemand, der nicht nur Stichworte aufnimmt, sondern sich mehrere Aussagen des Redners merkt und aus diesen einen neuen, weiterführenden Gedanken entwickeln kann und damit zugleich dem Sprechenden das Gefühl vermittelt, verstanden zu werden. Daher ist ein **guter Zuhörer ein aktiver Zuhörer**.

Kommunizieren

4a Erkläre mit eigenen Worten, warum ein guter Zuhörer ein aktiver Zuhörer ist.
 b Übe diese Fertigkeit, indem du in einem Gespräch in kleinen Gruppen jeden Redebeitrag des anderen zunächst mit eigenen Worten wiedergibst, bevor du ihn beantwortest. Beginne deine Sätze mit „Ich habe dich sagen hören, dass ...", „Du meinst also ..." etc.
 c Achte auf deine Körpersprache oder lass andere beobachten, welche Signale du mit deiner Körpersprache aussendest, z. B. durch Blickkontakte, Körperhaltungen usw.
 d Inwiefern kann aktives Zuhören den Ausgang einer Diskussion oder eines Gesprächs beeinflussen?

5 Seht euch gemeinsam eine Fernsehdiskussion oder Talk-Runde an und beobachtet, wie die einzelnen Gesprächsteilnehmer zuhören. An welchen Stellen scheitert die Kommunikation daran, dass die Gesprächsteilnehmer einander nicht gut genug zuhören?

6 Aktives Zuhören kann sich auch darin zeigen, dass man mitschreibt oder sich Notizen macht. Tauscht eure Erfahrungen aus:
 a In welchen Situationen ist es sinnvoll, mitzuschreiben oder sich Notizen zu machen? Warum?
 b Welche Techniken des Mitschreibens kennt ihr, welche sind besonders nützlich?
 c Welche Probleme ergeben sich beim Mitschreiben und wie sind sie lösbar?

Zuhören heißt „ganz Ohr sein"

7 Zuhören kann auch „ganz Ohr sein" bedeuten. Auch das lässt sich trainieren, z. B. mit einem *Hörspaziergang*:
 a Macht einen Hörspaziergang durch eure Schule. Sprecht hinterher über eure Hörerlebnisse.
 b Mach den Spaziergang ein zweites Mal und nimm dabei Geräusche auf. Lass nach deiner Rückkehr die anderen raten, von welchen Orten in der Schule die Geräusche stammen.

8 Stell eine Hörcollage zusammen, die eine kleine Geschichte erzählt. Geräusche und Töne dafür kannst du aus deiner Umwelt aufnehmen, aber auch aus dem Internet. Suche unter geeigneten Stichwörtern mit einer Suchmaschine. Erzählt gemeinsam die Geschichten nach.

> **Hörspaziergang:** Man lässt sich dabei ganz bewusst, am besten mit verbundenen Augen, auf die Geräusche der Umwelt ein, z. B. das Rauschen eines Baumes, den Ton einer Fahrradklingel ... Dabei lernt man mit der Zeit, verschiedene Klänge voneinander zu unterscheiden, und kann einordnen, welche Klänge man als angenehm oder unangenehm empfindet. Einen Hörspaziergang kann man alleine, in der Gruppe (schweigend!) oder partnerweise machen, wobei ein Partner die Augen verbunden hat und geführt wird.

SPIEGLEIN, SPIEGLEIN AN DER WAND ...

Erkennst du den Satz aus der Überschrift wieder? Vervollständige ihn und erkläre seine Herkunft und Bedeutung.

Schönheitsideale gibt es schon seit der Antike, doch die Vorstellungen von Schönheit haben sich im Laufe der Zeit gewandelt.
Überlegt: Welches Schönheitsideal entsprach welcher Zeit?
Welches Ideal kommt dem heutigen am nächsten? Welche Unterschiede fallen euch auf?

Erörtern und Stellung beziehen

In der griechischen Klassik strebte man nach körperlicher und geistiger Harmonie und suchte eine vollkommene Körperform, die sich durch ausgewogene Proportionen und Haltungen ausdrückt.
In der Renaissance sowie im Barock bevorzugte man mehr und mehr üppige und volle Körper, was als verlockend galt. Dies wurde durch die Kleidermode sowohl bei den Frauen als auch bei den Männern noch verstärkt.
In der Zeit nach dem Zweiten Weltkrieg ließ der Mangel an Nahrungsmitteln einen wohlgenährten Körper als erstrebenswert erscheinen, zeugte dies doch von Reichtum. Es wurden sogar gepolsterte BHs getragen, um dem Körper mehr Fülle zu verleihen.
Auch in den 60er Jahren waren gutgebaute Körper das Ideal. Marilyn Monroe trug Kleidergröße 42.
In den 70er Jahren wurde das extrem schlanke Model Twiggy berühmt. Die Studentenbewegung forderte eine völlige Veränderung der Gesellschaft und die Emanzipationsbewegung der Frauen gewann an Einfluss.

Und heute? Ergänze eine kurze Definition des heutigen Schönheitsideals.
Beurteilt folgende Aussagen zum Thema *Schönheit*, indem ihr auswertet, wie viel Prozent eurer Klasse den einzelnen Aussagen zustimmen. Wertet die Umfrage grafisch aus.

„Ein Junge, der was auf sich hält, macht Bodybuilding!"
„Ein Mädchen ohne Schönheitsoperation spielt leichtfertig mit ihren Chancen!"
„Schönheit ist machbar!"
„Schön ist, was gefällt."
„Wer schön sein will, muss leiden."
„Schönheit ist etwas Individuelles. Jeder ist für jemanden schön."
„Über Geschmack kann man nicht streiten."
„Was schön ist, ist auch gut."
„Schönheit ist eine Sache der Ausstrahlung."

Drei gute Gründe:
Jeder einzelne sucht sich die Aussage aus, die ihn am meisten anspricht. Man kann auch weitere erfinden. Verkündet nun nacheinander euren jeweiligen Standpunkt zum Thema *Schönheit*, indem ihr mindestens drei gute Gründe nennt, die für eure These sprechen. Jeder hat genau eine Minute Redezeit.

Schön ist jemand, wenn ...
a Formuliert das Schönheitsideal eurer Klasse – könnt ihr euch einigen?
b Wodurch wird dieses Schönheitsideal beeinflusst? Wer legt ein Schönheitsideal fest?
c Beurteilt das Schönheitsideal eurer Klasse kritisch: Worin könnten eventuell Gefahren liegen?

1. WER SCHÖN SEIN WILL …
Eine Erörterung vorbereiten

1.1 Ist Schönheit gesund? – die Sache klären

1 Sicherlich habt ihr unterschiedliche Standpunkte zum Thema *Schönheit*. Interessant ist aber auch die Frage, was Menschen alles tun, um einem Schönheitsideal zu entsprechen.
a Tauscht eure Erfahrungen und Kenntnisse dazu aus.
b Besprecht, was mit der Überschrift *Ist Schönheit gesund?* gemeint sein kann und wann man die Frage mit *Ja*, wann vielleicht mit *Nein* beantworten müsste.
c Nehmt zu dem obenstehenden Plakat und seiner Botschaft Stellung. Wie wirkt es auf euch?

Text 1 **Aus einer Meinungsumfrage des Instituts für Demoskopie[1] Allensbach zum Körperbewusstsein:**

Was einem die Natur mitgegeben hat, ist offensichtlich nicht mehr das Maß aller Dinge. Der Wunsch nach Gestaltung wächst – oder ist es der Zwang zur Gestaltung? Das Grundsätzliche daran ist nicht neu. Das Recht auf den eigenen Körper […] war auch früher schon außer Kraft gesetzt, wenn Normen, Schönheitsideale und Konventionen von außen
5 auf den Einzelnen einwirkten. Neu ist in diesem Zusammenhang allenfalls, dass sich Mehrheiten zumindest auf der Ebene ihres rationalen[2] Bewusstseins dagegen wehren. So betont die Mehrheit der Bevölkerung in der Umfrage, dass ihr jegliches Schönheitsideal ziemlich egal sei: „Das spielt für mich überhaupt keine Rolle", befinden 60 Prozent der Bevölkerung in Ost und West.
10 Es bedarf keines psychoanalytischen[3] Theoriegebäudes, um sich zu fragen, ob die Ablehnung von Schönheitsidealen, welche die Mehrheit der Bevölkerung auf der Ebene des rationalen und kritischen Bewusstseins für sich reklamiert[4], mit dem übereinstimmt, was in dieser Gesellschaft von vielen Menschen tatsächlich gelebt wird. […] Auffällig ist immerhin, dass die meisten für sich selbst zwar jede Abhängigkeit von einem vom Zeit-

15 geist definierten Schönheitsideal bestreiten, gleichzeitig aber sehr genau darüber Bescheid wissen, worin das Schönheitsideal heute besteht. [...] Rund 70 Prozent sind sich einig: Für Frauen ist das Schönheitsideal „vor allem schlank", für Männer „muskulös, gut durchtrainiert". Die Mehrheit kritisiert, dass heute ein regelrechter Körperkult
20 getrieben wird. Ein Schönheitsideal gibt es jedoch nicht, wenn niemand sich darum kümmert. Auch ein aktueller Körperkult lässt sich nur kritisieren, wenn die Kultgemeinde groß genug ist, um für eine Zeit als symptomatisch[5] zu stehen.
Zumindest eine Gruppe in unserer Gesellschaft gibt es, die dieser Art
25 Körperkultivierung im größeren Ausmaß positiv gegenübersteht und dies in der Umfrage auch zum Ausdruck bringt: die Jüngeren. 42 Prozent der Unter-Dreißigjährigen plädieren ganz eindeutig dafür, dass man an seinem Körper arbeiten muss: erstens, um fit zu bleiben, zweitens, um beruflichen Erfolg zu haben und drittens, um beim Wettbe-
30 werb der Geschlechter nicht vorzeitig aus dem Rennen geworfen zu werden.
Junge Leute haben deshalb auch am meisten Verständnis, wenn jemand nicht nur Sport oder Bodybuilding treibt, sondern noch einiges mehr tut, um seinen Körper attraktiv zu machen. Wer mit seinem
35 Aussehen nicht zufrieden ist, kann sich durchaus einer Schönheitsoperation unterziehen. [...] Die Mehrzahl der Über-Dreißigjährigen hat dafür eigentlich nur Verständnis, wenn es um die Korrektur einer Verunstaltung nach einem schweren Unfall geht. Die Jüngeren kennen noch andere gute Gründe für Schönheitsoperationen: z. B., wenn man
40 sich ohne eine solche Operation schwertut, einen Partner zu finden. Die erwachsene Bevölkerung findet ein solches Motiv für einen plastisch-chirurgischen Eingriff nur zu 19 Prozent akzeptabel, jüngere Menschen jedoch zu 32 Prozent.

1) **Demoskopie:** Meinungsforschung, -umfrage
2) **rational:** vernünftig
3) **Psychoanalyse:** Verfahren zur Untersuchung und Behandlung seelischer Störungen
4) **reklamieren:** (zurück-)fordern, für sich beanspruchen
5) **symptomatisch:** bezeichnend

2a Erschließe den Sachtext – z. B. nach der *Fünf-Schritt-Lesemethode* (→ Sachlexikon Deutsch).
 b Beantworte anschließend zusammenfassend die Frage: *Was tun Menschen alles, um einem Schönheitsideal zu entsprechen?*
3a Was hast du zu der Frage *Ist Schönheit gesund?* im Text erfahren?
 Was musst du noch wissen, um zu dieser Frage Stellung nehmen zu können?
 b Kläre die Begriffe der Fragestellung mit „Was-ist?"-Fragen, also „Was ist Schönheit?" usw. Schreibe dir „Was-ist?"-Fragen und die dazugehörigen Antworten in zwei Spalten auf.
 c Manchmal muss man gründlicher recherchieren:
   – Welche Möglichkeiten der Informationsbeschaffung kennst du?
   – Schreibe eine dreispaltige Tabelle in dein Heft, in der du links die einzelnen Quellen (z. B. Lexikon) notierst, rechts davon Vor- bzw. Nachteile der Quellen (z. B. Erreichbarkeit, Glaubwürdigkeit, Zuverlässigkeit).

Eine Erörterung vorbereiten

4 Je komplizierter die Fragestellung ist, desto mehr nützt dir ein Fragenfächer: Welche der Fragen aus diesem Fragenfächer brauchst du, um dir über das Thema klarer zu werden, welche sind für das Thema *Ist Schönheit gesund?* nicht so gut geeignet?

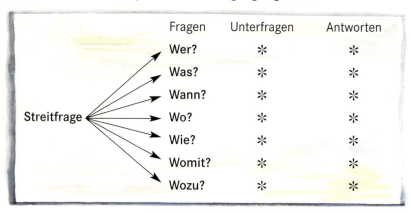

5 Die Frage *Ist Schönheit gesund?* ist eine Entscheidungsfrage, d. h. eine Frage, auf die man mit *Ja* oder mit *Nein* antworten kann.
Entscheide dich für eine der möglichen Antworten und formuliere sie in einem kurzen Satz als These.

6 Die folgenden Sätze fassen zusammen, worum es in diesem Teilkapitel ging. Leider sind die Sätze durcheinandergeraten. Schreibe sie in der richtigen Reihenfolge in dein Heft.

Text 2 A) Meist ist bei einer Erörterung eine Fragestellung vorgegeben (z. B.: „Ist Schönheit gesund?").
B) Indem du dich für eine der möglichen Antworten entscheidest und sie formulierst, bildest du eine **These** (griech. *thesis*: Leitsatz, Behauptung).
C) Wenn du deinen Standpunkt zu einem **Thema** oder einer **Streitfrage** festlegen willst, ist es zunächst nötig, die **Sache** (Thema, Fragegegenstand), um die es geht, zu **klären**.
D) Eine These ist Ausgangspunkt für deine Erörterung.
E) Es ist wichtig, die Fragestellung, z. B. mithilfe eines Fragenfächers, genau zu untersuchen, damit man erfolgreich recherchieren und nach weiteren Informationen suchen kann.
F) Ist ein Thema vorgegeben, lässt sich daraus meist eine Fragestellung entwickeln (z. B. Thema: *Schönheitsoperationen* – Streitfrage: *Sind Schönheitsoperationen sinnvoll?*).
G) Eine Streitfrage ist üblicherweise eine Entscheidungsfrage, auf die man mit *Ja* oder *Nein* antworten kann.

1.2 Alles, was ich weiß – eine Stoffsammlung anlegen

1 **Schritt 1: Argumente sammeln:** Stellt euch vor, ihr habt euch mit dem Thema *Schönheit und Gesundheit* befasst und habt die Frage gestellt: „Sind Schönheitsoperationen zu befürworten?"
Erstellt zunächst – z. B. in einer Tabelle oder einem Cluster – eine Stoffsammlung, indem ihr möglichst viele Argumente sammelt, die für, und möglichst viele, die gegen Schönheitsoperationen sprechen.

Erörtern und Stellung beziehen

> Ein **Tipp:** Ihr könnt dazu auch das folgende Spiel nutzen:
> Ziel des Spiels ist es, möglichst viele Antworten auf die Frage *Sind Schönheitsoperationen zu befürworten?* zu finden.
> Stellt euch im Kreis auf. Ihr braucht einen weichen Ball, den ihr euch in willkürlicher Reihenfolge zuwerft. Wer den Ball hat, muss ein Argument nennen. Das erste Argument sollte für eine positive Beantwortung der Frage sprechen (Pro), das nächste dagegen (Kontra). Dieses Spiel dauert so lange, bis euch keine neuen Argumente mehr einfallen.
> Gleichzeitig sammeln zwei Mitschülerinnen oder Mitschüler an der Tafel (Pro/Kontra) in Stichworten alle Argumente, die euch eingefallen sind.

2 **Schritt 2: Die Stoffsammlung ordnen:** Markiere die inhaltlich zusammengehörigen Argumente mit unterschiedlichen Farben und fasse in einer Mindmap in deinem Heft zusammen, was zusammengehört.

3 **Schritt 3: Die Entscheidung für eine These:** Bevor du weiterarbeitest, musst du dir klar werden, welchen Standpunkt du vertreten willst:
  a Wie entscheidest du dich? Bist du eher für oder eher gegen Schönheitsoperationen? Dein Standpunkt ist die These, die du unterstützt, der Gegenstandpunkt ist die Gegenthese.
  b Welche Argumente aus der Stoffsammlung kannst du zur Stützung deiner These gebrauchen, welche nicht?
  c Wähle die Punkte aus, die zu deiner These passen, ergänze die Stoffsammlung, wenn es nötig ist, und schreibe anschließend alles noch einmal ordentlich und übersichtlich in dein Heft.

4 **Schritt 4: Überprüfung und Erweiterung der geordneten Stoffsammlung:** Wenn du Schwierigkeiten beim Stoffsammeln hattest, bedeutet das, dass du noch nicht gut genug über das Thema informiert bist. Nutze weitere Quellen, z. B. den folgenden Text:

Text 3 Das Trendforschungsinstitut T-Factory hat einige Daten zum Thema „Schönheitskult bei Jugendlichen" herausgegeben. Fazit: Offenbar glauben sehr, sehr viele junge Leute, dass das Äußere am meisten zählt. Hier die Pressemitteilung der T-Factory:
»Von den 800 befragten Jugendlichen im Alter zwischen 11 und 29 Jahren sind fast 80
5 Prozent der Auffassung, dass „Leute, die gut aussehen, leichter Karriere machen". Weitere 60 Prozent geben an, dass für sie „das Aussehen sehr wichtig ist". Über 30 Prozent „halten sich beim Essen zurück, um nicht zu dick zu werden". Um die Toleranz gegenüber Menschen, die dem gängigen Schönheits- und Körperideal nicht entsprechen, ist es nicht zum Besten bestellt. Über 30 Prozent meinen, dass „sich Menschen mit einem hässlichen Kör-
10 per nicht zu leicht bekleidet in der Öffentlichkeit zeigen sollten". Nach und nach scheinen Schönheitsoperationen, vor allem in der weiblichen Zielgruppe, große Akzeptanz zu gewinnen. Fast 17 Prozent der interviewten Mädchen und jungen Frauen können sich vorstellen, „sich einer Schönheits-OP zu unterziehen".
Am größten ist die Zustimmung hier bei den ganz Jungen (11–14 Jahre). Unter ihnen ist
15 ein Fünftel bereit für die Schönheits-OP.«

5a Werte Text 3 grafisch aus, indem du mit den angegebenen Daten eine Tabelle oder ein Diagramm erstellst.
 b Ergänze deine Stoffsammlung mit den neu gewonnenen Informationen.

1.3 Von der Stoffsammlung zur Gliederung

1 Du hast dich für eine These entschieden und deine Stoffsammlung geordnet.
Beurteile die Argumente aus der Stoffsammlung und markiere sie entsprechend:
- Welche sind stärker als andere?
- Welches ist jeweils das stärkste?
- Welche sollten lieber weggelassen werden?
- Fehlt etwas Wichtiges?

> Welche Punkte einer Stoffsammlung am stärksten sind, findet man leichter heraus, wenn man sich eine Tabelle macht. In die linke Spalte schreibt man seine Argumente, in der rechten Spalte versucht man selbst, sie durch Gegenargumente zu entkräften. Je leichter das gelingt, desto schwächer ist das Argument.

2a Überlegt und diskutiert die unterschiedlichen Möglichkeiten in der Klasse:
- In welcher Reihenfolge muss man die Argumente anordnen, um den oder die **Adressaten** von seinem Standpunkt zu überzeugen?
- Ist es besser, vom Unwichtigen zum Wichtigen oder vom Wichtigen zum Unwichtigen zu gehen?

b Suche aus folgenden Tipps die sinnvollen aus und übertrage sie in dein Heft. Ergänze sie, wenn es nötig ist.

> *Bei der Erstellung einer Gliederung (Schreibplan) muss man beachten:*
> - *Das Argument, das beim Adressaten am meisten bewirkt, steht am Schluss.*
> - *Das Argument, das beim Adressaten am meisten bewirkt, steht am Anfang.*
> - *Die Reihenfolge der übrigen Argumente ist egal.*
> - *Die übrigen Argumente sind steigernd angeordnet.*
> - *Argumente mit unerwünschter Wirkung (z. B. Adressat ärgert sich) sollten weggelassen werden.*
> - *Der Adressat sollte durch möglichst viele Argumente in die Enge getrieben werden.*
> - *Weniger ist oft mehr: Einige gut ausgewählte Argumente überzeugen mehr als viele weniger passende.*
> - *...*

3 Die nebenstehende Tabelle enthält eine geordnete Gliederung (Schreibplan) zu der These: *Schönheitsoperationen sind abzulehnen*.
Ergänze sie in deinem Heft, indem du weitere Punkte, die gegen Schönheitsoperationen sprechen, aufnimmst.

Einleitungsgedanke	Einleitung
Ablehnung von Schönheitsoperationen	These
...	Argument 1
...	Argument 2
Schönheitsoperationen sind sehr teuer.	Argument 3
...	Argument 4
Individualität muss erhalten bleiben.	Schluss

Erörtern und Stellung beziehen

4 Eine inhaltlich wohlgeordnete Gliederung wird zu einer formal einheitlichen Gliederung, wenn du einige Regeln beachtest:
– eine einheitliche Nummerierung,
– eine einheitliche Formulierung,
– eine ordentliche äußere Form.
Informiere dich in der folgenden Sachinformation und optimiere deine Gliederung (vgl. Aufgabe 3).

Die äußere Form einer Gliederung

Einheitliche Nummerierung			Gliederungssystem	Erläuterung
(entweder	oder	oder)	(im Nominalstil)	
A	I.	1.	...	Einleitungsgedanke
B	II.	2.	Gründe gegen Schönheitsoperationen	Formulierung der These

I.
  1)
  2)
  3)
	1.
	  a)
	  b)
	  c)
		2.1
		2.1.1
		2.1.2
		...
			...	Argument 1
				Einzelaspekte

II. ...	2. ...	2.2 ...	...	Argument 2 Einzelaspekte
III. ...	3. ...	2.3 ...	Hohe Kosten	Argument 3 ...
IV. ...	4. ...	2.4 ...	...	Argument 4 ...
C	III.	3.	...	Schlussgedanke

Einheitliche Formulierung
Bei der Formulierung unterscheidet man zwischen **Verbalstil** und **Nominalstil**:

Verbalstil: auf das Wesentliche reduzierter Satz, bestehend aus Subjekt, Prädikat und Objekten, z. B.: *Schönheitsoperationen steigern das Selbstbewusstsein.*

Nominalstil: Satz ohne Prädikat, z. B.: *Steigerung des Selbstbewusstseins durch Schönheitsoperationen*

Vom Verbalstil zum Nominalstil gelangt man, wenn man Verben substantiviert/nominalisiert, z. B. *steigern → Steigerung.*
Wenn man eine Gliederung verfasst, sollte man durchgehend **einen** Stil beibehalten und Verbal- und Nominalstil nicht vermischen.

Grundwissen und Methode

5 **Training Verbalstil – Nominalstil:** Ergänze die folgenden Argumente zur These *Die Forderung, Sport zu treiben, ist abzulehnen* und formuliere sie in den Nominalstil um:
– Sportler sind häufig verletzt.
– Ein muskulöser Körper wirkt eher lächerlich.
– Man wirkt durch seinen Charakter, nicht durch seinen Körper attraktiv.

Eine Erörterung vorbereiten

– Sport ist körperlich sehr anstrengend.
– Man kann seine Freizeit sinnvoller gestalten.
– ...

6 Wie könnte ein Befürworter des Sports seine These vertreten? Verfasse hierzu eine Stoffsammlung und anschließend eine inhaltlich und formal gelungene Gliederung.

7 Ergänze die folgende Sachinformation mit den Angaben aus dem Wortspeicher.

Grundwissen und Methode

Zu einer Streitfrage gibt es immer ✳ (**These und Gegenthese**).
Führt man nur die Argumente e i n e r Seite aus ✳, spricht man von einer **einfachen, steigernden** bzw. **linearen Erörterung**.
Es ist auch möglich, beide Seiten ✳ zu beleuchten und sich in einer abschließenden Wertung für ✳ zu entscheiden oder einen ✳ zu finden. Dann spricht man von einer ✳.

Kompromiss – z w e i Positionen – (pro und kontra) – (pro oder kontra) – eine Seite – dialektischen Erörterung

1.4 Ich halte mich in Form, weil ... – Argumente ausgestalten

1 **These**, **Argument** und **Beleg**: Welcher dieser Fachbegriffe gehört zu welcher Erläuterung?
✳ nennt den Standpunkt, den du einnimmst (Behauptung).
✳ macht die Begründung durch Erfahrungen (Beispiele), durch Untersuchungsergebnisse (Fakten), durch Berufung auf Fachleute (Autoritäten, Statistiken) usw. noch überzeugender.
✳ macht klar, womit du deine These begründest oder verteidigst.

> Jedes Argument kann wieder zu einer These werden, z. B.: *Man sollte täglich schwimmen gehen* (= These), *denn Schwimmen ist gesund* (= Argument). → *Schwimmen ist gesund* (These), *denn fast alle Muskeln werden dabei beansprucht* (Argument).

2 Ein **Argument** ausgestalten:
a Erläutere anhand der grafischen Darstellung, was damit gemeint ist.

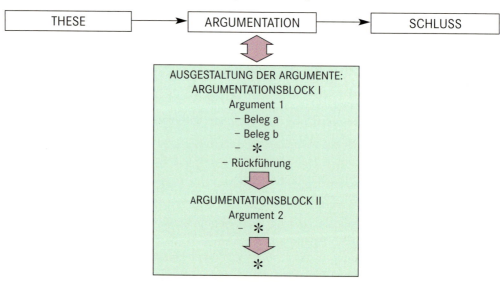

b **Rückführung**: Oft wird die Ausgestaltung eines Arguments mit einer Rückführung abgeschlossen. Ergänze die Worte aus dem Wortspeicher zu einer sinnvollen Erklärung.

Der ✳ zurück zum ✳ des ausgestalteten Arguments ✳ den Kreis, indem noch einmal ausdrücklich genannt wird, was ✳ worden ist. Die Ausgestaltung des Arguments ist damit ✳.

bewiesen – vollständig – schließt – Bezug – Ausgangspunkt

c Erläutere an einem eigenen Beispiel, inwiefern jedes Argument wieder zur These werden kann.

3 Folgende Ausgestaltung (Ausführung) eines Arguments ist in Unordnung geraten. Stelle die richtige Reihenfolge wieder her.

Text 4 **A)** Lernt man z. B. für eine Schulaufgabe oder Klassenarbeit, ist es sicher sinnvoller, rechtzeitig mit dem Lernen zu beginnen und regelmäßig Pausen einzulegen, in denen man sich sportlich betätigt – am besten an der frischen Luft –, als einen Nachmittag vor dem Test den Lernstoff ohne Unterbrechung bis spät in den Abend zu büffeln.

B) Ausreichende Bewegung ist die Voraussetzung dafür, dass Körper, Geist und Seele in einem harmonischen Gleichgewicht stehen, sodass man sich gutfühlt.

C) Jeder, der schon einmal joggen war oder eine andere Sportart betrieben hat, weiß, dass man sich trotz der körperlichen Anstrengung hinterher fit und zufrieden fühlt. Durch die sportliche Betätigung hat man natürlich erstens Stress abgebaut und sich zweitens Ablenkung bzw. Ausgleich von einseitiger geistiger Beschäftigung geschaffen. Dies führt dazu, dass Konzentrationsvermögen und Aufnahmefähigkeit generell wieder gesteigert werden und sich dadurch beispielsweise schulische Leistungen verbessern.

D) Nicht nur das bessere Aussehen und der attraktivere Körper sprechen also für die regelmäßige Ausübung einer Sportart, sondern auch die Tatsache, dass man sich psychisch besser fühlt, geistig leistungsfähiger ist und gesünder lebt, wenn man regelmäßig etwas für sein körperliches Wohlbefinden tut.

4a Verfasse eine Argumentation für das Ausüben deiner Lieblingssportart. Vervollständige dabei den folgenden Gedanken (These – Argumente – Belege – Rückführung).

b Tauscht eure Hefte aus. Überprüft nun gegenseitig, ob ihr jeweils alle vier Bestandteile einer vollständigen Argumentation berücksichtigt habt. Verbessert eure Texte, wenn es nötig ist.

These	Argumente	Belege	Rückführung
Seinen Körper bei ✶ in Form zu halten ist sinnvoll, …	*… denn durch einen schlanken, trainierten Körper wirkt man auf andere Leute oft attraktiv. …*	*…*	*Deshalb …*

5a Erstellt eine Stoffsammlung zu der Frage, ob der Sportunterricht der achten Klassen an eurer Schule gestrichen werden soll. Entscheidet euch für einen Standpunkt (These), ordnet eure Notizen in einer Mindmap und verfasst eine inhaltlich und formal gelungene Gliederung.

b Führt in Partnerarbeit ein Argument zu einem Argumentationsblock (s. Grafik, S. 32) mit allen vier Elementen aus: These – Argumente – Belege – Rückführung.

6 **Belege finden:** Je überzeugender man ein Argument vertreten will, desto wichtiger ist der Beleg. Ein treffendes Beispiel zu geben, ist nur eine Möglichkeit des Belegverfahrens. Ordne die folgenden Beispielsätze dem jeweiligen Belegverfahren zu.
Ein Tipp: Nicht immer lässt sich ein gefundener Beleg eindeutig in eine der angegebenen fünf Kategorien einordnen.

Eine Erörterung schreiben

a) konkretes Beispiel

b) Hinweis auf Folgen

c) überprüfbare Beweise

d) logische Schlüssigkeit

e) Berufung auf Autorität (Statistik, berühmte Person, ...)

Text 5 A) „Schön ist doch eigentlich alles, was man mit Liebe betrachtet", schrieb schon Christian Morgenstern. An diesem Zitat wird deutlich, dass es gar keinen Sinn hat, nach einem allgemeingültigen Schönheitsideal zu streben.

B) Sport wirkt sich positiv auf unsere körperliche Beschaffenheit aus. Regelmäßige körperliche Betätigung kräftigt die Muskulatur, fördert die Durchblutung und regt den Kreislauf an. Es ist allgemein bekannt, dass vor allem Sport, der an der frischen Luft ausgeübt wird, auch unser Immunsystem stärkt und somit z. B. gegen Erkältungskrankheiten vorbeugt.

C) Dass ein durchtrainierter Körper sehr attraktiv ist, liegt doch auf der Hand.

D) Regelmäßige sportliche Aktivität steigert aber nicht nur das geistige Leistungsvermögen, sondern hat außerdem den angenehmen Nebeneffekt, dass man den Anforderungen des Alltags mit besserer Laune und größerer Gelassenheit gegenübersteht.

E) Man muss nur einmal die Jugendlichen innerhalb einer Schulklasse beobachten, die an Übergewicht leiden, und wird feststellen, dass sie sich meist gar nicht in ihrer Haut wohlfühlen und die anderen beneiden.

7 Training: Wähle eine These aus dem Bereich *Schönheit und Gesundheit*, überlege drei Argumente und belege sie nach den genannten fünf verschiedenen Möglichkeiten.

2. „DER SCHÖNHEIT MACHT"
Eine Erörterung schreiben

2.1 Geschickt einleiten

1 Häufig kostet es unnötig viel Zeit, bis man einen gelungenen Einstieg in das zu erörternde Thema gefunden hat. Deshalb solltest du einige Möglichkeiten für interessante Einleitungen kennen.

a Welche Aufgaben kann oder sollte eine Einleitung erfüllen?
Ergänze die Stichpunkte:

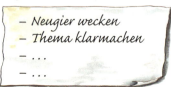
– Neugier wecken
– Thema klarmachen
– ...
– ...

b Auf S. 35 oben siehst du fünf Verfahren, die sich für Einleitungen bewährt haben. Ordne dem jeweiligen Verfahren (1–5) das richtige Beispiel (A–E) zu.

2 Formuliere die zu jedem Einleitungsgedanken passende Streitfrage und die möglichen Argumente.

3 Schreibe fünf verschiedene Einleitungen zum Thema *Warum darf der Sportunterricht der achten Klassen an unserer Schule auf gar keinen Fall gestrichen werden?* nach dem folgenden Muster (S. 35).

Erörtern und Stellung beziehen

A) Meine Freundin meint auf einmal, viel zu dick zu sein, obwohl das meiner Meinung nach gar nicht stimmt. Jetzt hat sie sich in den Kopf gesetzt, eine Schlankheitskur zu machen. Dabei ist sie schon sehr dünn. Man sollte sich wirklich gut überlegen, für wen eine Diät wirklich sinnvoll ist und wem sie eher schadet.

B) Schon bei den alten Griechen galt ein muskulöser Körper als schön und gute Sportler waren sehr angesehene Bürger. Das ist Grund genug zu fragen, ob nicht auch heute jeder seine Muskeln trainieren sollte.

C) 93 Prozent von 1300 befragten amerikanischen und englischen Personalchefs sagten, dass sie lieber die Kollegin mit den längeren Beinen als die mit dem besseren Universitätsabschluss einstellen würden. Haben es schöne Menschen also leichter im Leben?

D) Um die Frage zu beantworten, ob Schönheit gesund ist, muss man sich erst einmal klarmachen, was diese provozierende Frage bedeutet. Natürlich widersprechen sich die Begriffe „Schönheit" und „Gesundheit" zunächst keineswegs, zum Problem kann das Streben nach Schönheit aber werden, wenn darunter die Gesundheit leidet oder gar dafür geopfert wird.

E) „Ich fürchte keine als der Schönheit Macht" – mit diesem Ausspruch gab Friedrich Schiller schon vor über 200 Jahren eine Antwort auf die Frage, ob Schönheit und Attraktivität unser tägliches Leben beeinflussen.

1) aktuelle Statistik/Untersuchung
2) historischer Rückblick
3) Zitat oder Redewendung
4) Erläuterung des Themas
5) konkreter Schreibanlass

2.2 Aufbau und Verknüpfungen

Text 6 Schlankheitskuren, die zum Ziel haben, dem allgemeinen Schönheitsideal zu entsprechen, können stark gesundheitsschädigend sein. Umfragen von Meinungsforschungsinstituten haben ergeben, dass ein Großteil der 9–14-jährigen Mädchen der Auffassung ist, zu dick zu sein, auch wenn dies nach objektiven, medizinischen Kriterien nicht der Fall ist.
Um offensichtlich genauso begehrenswert wie Models oder Filmstars zu sein, machen viele Mädchen bereits im Alter zwischen 12 und 14 Jahren Diäten. Aber nicht nur Mädchen sind betroffen: Auch bei Jungen im Teenageralter kann man dieses Phänomen beobachten, häufig sogar noch radikaler als bei Mädchen. Deswegen aufgepasst: Medizinisch unbegründete Schlankheitskuren bergen nicht unerhebliche Gefahren in sich.
Zunächst muss man festhalten, dass sich der jugendliche Körper gerade zwischen 12 und 14 Jahren im Wachstum befindet und sich naturgemäß noch stark verändert. Eine unangebrachte Diät greift in die natürliche körperliche Entwicklung ein und kann negative Folgen haben. So kann es zu Konzentrationsstörungen, Stimmungsschwankungen, Mangelerscheinungen und Wachstumsstörungen kommen. Fachleute warnen vor allem vor Essstörungen wie Magersucht und Bulimie. Dabei handelt es sich um ernst zu nehmende körperliche und seelische Erkrankungen, die medizinischer Betreuung und Therapie bedürfen. Es ist erwiesenermaßen gesünder, regelmäßig ausgewogene Mahlzeiten zu sich zu nehmen, als über einen langen Zeitraum wenig bis nichts zu essen, um sich dann in einem Anfall von Heißhunger mit Süßigkeiten oder Pommes frites vollzustopfen. Denn eines ist klar: Der menschliche Körper braucht folgende Nährstoffe in maßvoll eingehaltenen Mengen: Eiweiß, Kohlehydrate und – selbstverständlich auch – Fett. Man sollte also besser darauf achten, sich gesund und abwechslungsreich zu ernähren, anstatt sich unangebrachten Schlankheitskuren zu unterziehen und damit gesundheitliche Risiken einzugehen.

Des Weiteren ist es äußerst fragwürdig, ob untergewichtige Frauen tatsächlich mehr Erfolg beim anderen Geschlecht haben, denn welcher Mann will schon eine untergewichtige, essgestörte Frau? Aber auch hier geben Umfragen von Meinungsforschungsinstituten Aufschluss: Die Mehrheit der befragten Männer zwischen 20 und 30 Jahren kann sehr dünnen Frauen offensichtlich nur wenig abgewinnen. An erster Stelle bei der Partnerwahl stehen der Charakter und gemeinsame Interessen, das Aussehen des Körpers ist bei einer langanhaltenden Beziehung eher nachgeordnet. Die befragten Personen gaben sogar überwiegend an, dass sie den Körper ihrer Partnerin in jedem Fall schön fänden, auch wenn er nicht dem allgemeinen Schönheitsideal entspricht. Man kann demnach sehr deutlich zeigen, dass unnötige Schlankheitskuren, die auf mehr Erfolg bei der Partnersuche abzielen, eher das Gegenteil bewirken.

1 In Text 6 sind zwei Argumente ausgestaltet.
a Wie könnte die Streitfrage lauten (Thema der Erörterung) und zu welcher These wird argumentiert?
b Untersuche den Aufbau der Ausgestaltung, indem du inhaltlich die vier Schritte (These – Argumente – Belege – Rückführung) voneinander trennst und sie – im Nominalstil – in eine Tabelle einordnest.
c Welche sprachlichen Signale haben dir bei der Zuordnung geholfen?

Argument 1
– Beleg a)
– Beleg b)
– *
Rückführung
= Argumentationsblock I

Verknüpfung

Argument 2
– Beleg a)
– Beleg b)
– *
= Argumentationsblock II

Verknüpfung

…

These	*
Argument	Gefahr für Gesundheit
Belege	Gefahr durch Essstörungen
Rückführung	*

2 Die ausgeführten Argumente (Argumentationsblöcke) werden **sprachlich und gedanklich miteinander verknüpft**. Suche in Text 6 die entsprechende Wendung, die die Verknüpfung herstellt.
3 Suche weitere sprachliche Mittel zur Einleitung oder Verknüpfung innerhalb der Argumentationsblöcke und ergänze die folgende Tabelle in deinem Heft.

Eine Begründung einleiten	Einen Beleg kennzeichnen
, nämlich …	z. B.
, weil …	Es ist allgemein bekannt, dass …
*	*

4 In Text 6 kannst du sehen, dass man argumentieren kann, ohne dass der Leser erkennt, dass es sich um die persönliche Meinung des Schreibers handelt.
a An welchen Textsignalen kannst du erkennen, dass die Argumentation **unpersönlich** bleibt?
b Formuliere Text 6 zu einer **persönlichen** Argumentation in der Ich-Form um. Wie wirkt der Text jetzt? Und welche Fassung gefällt dir besser?
5a Schreibe aus Text 6 alle Ausdrücke heraus, die Sätze und Gedanken miteinander verbinden. Ordne sie so in eine Tabelle ein, dass klar wird, ob sie
– Argumentationsteile aneinanderfügen,
– eine Gewichtung oder Steigerung erkennen lassen.

b Ordne dann auch die folgenden Ausdrücke richtig zu:

> *Besonders wichtig aber erscheint mir – zweitens – an erster Stelle ist zu nennen – von größter Bedeutung ist – als letztes Argument ist anzuführen – im Übrigen gilt – nicht anders verhält es sich – gewichtiger ist da schon – schließlich – ein weiterer Gesichtspunkt ist – schließlich darf man nicht übersehen – nicht nur – in besonderem Maße gilt – dabei muss auch bedacht werden – zu guter Letzt – wie sieht es jedoch aus mit – vor allem sollte man – außerdem ist es so, dass – einerseits – dazu kommt noch – darüber hinaus muss gesagt werden – auch (ebenso/ebenfalls) – außerdem – wiederum – folglich – denn – zudem lässt sich sagen – zunächst einmal muss man feststellen – somit hat sich gezeigt – an ... kann man dies besonders gut sehen – daher kann man zu der Überzeugung kommen – andererseits – man muss einfach einsehen – die Gründe für/gegen ... sind zwingend – ...*

6 Um Zusammenhänge logisch darzustellen, kann man sich noch eines weiteren Mittels bedienen: Der **Adverbialsatz** kann zwei Aussagen in Beziehung setzen.
a Welche Arten von Adverbialsätzen gibt es? Wenn du unsicher bist, schau im → Sachlexikon Deutsch nach.
b Erkläre die Funktionsweise jedes dieser Adverbialsätze: Temporalsätze stellen ein Zeitverhältnis dar, z. B. *Nachdem die Augenbraue gepierct worden ist, ...*
c Verknüpfe folgende Gedanken durch unterschiedliche Arten von Adverbialsätzen. Wie ändert die von dir gewählte Verknüpfung den Sinn?
– Ein ansprechendes Äußeres ist wichtig. Schöne Menschen werden unbewusst bevorzugt.
– Schönheit hat ihren Preis. Schönheitsoperationen sind sehr teuer.
– Piercings unterstützen die Individualität. Piercings sind gefährlich.

2.3 Abrundung am Schluss

1 Stell dir vor, du hast gegen Piercings Stellung genommen. Am Schluss deiner Erörterung willst du deine Argumentation abrunden, ohne dich sprachlich zu wiederholen oder gar neue Argumente zu nennen. Orientiere dich auch an den beiden Abbildungen. Probiere es aus:
a Beziehe dich auf die These zurück, beginne so: *„Deshalb ..."*
b Fasse deine Argumentation zusammen, beginne mit *„Zusammenfassend ..."*
c Schreibe eine Einleitung und beziehe dich am Schluss darauf zurück.

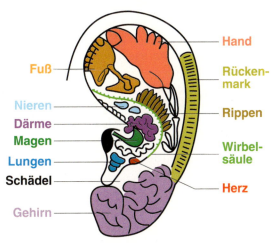

Die grafische Darstellung bezeichnet 12 Punkte im Bereich des Ohrs, deren Reizung durch feine Nadeln im Zusammenhang der Heilmethode der Akupunktur z.B. Störungen oder Schmerzen in den bezeichneten Körperregionen heilend beeinflusst, und zwar ohne Nebenwirkungen. Man geht davon aus, dass sich Verletzungen dieser Reaktionspunkte schädlich auf die betreffenden Körperregionen auswirken. Die tatsächliche Wirksamkeit der (Ohr-)Akupunktur ist allerdings noch nicht endgültig bewiesen.

Eine Erörterung schreiben

Grundwissen und Methode

Einleitung und Schluss umrahmen die eigentliche Argumentation.

Sie sollen in der Gliederung nicht formal nur mit „Einleitung" oder „Schluss", sondern *inhaltlich* (z. B. „Piercings in der Klasse") genannt werden.

Am Ende der **Einleitung**, die Interesse weckt und meist die Tragweite oder Aktualität des Themas beleuchtet, steht in der Regel die Streitfrage, um die es geht (Thema). Sie leitet in den Hauptteil über.

Der **Schluss** rundet die Erörterung ab, er kann z. B. die These wieder aufgreifen, die Argumentation zusammenfassen oder den Bogen zur Einleitung schließen und sich auf sie zurückbeziehen.

2a Bewerte und überarbeite die folgende Einleitung und den folgenden Schluss (Text 8) zum Thema *Haben es schöne Menschen leichter im Leben?* Die Sachinformation kann dir bei der Beurteilung helfen.

b Welche Position (These) vertrittst du?

Text 8

Einleitung: Man spricht mir aus der Seele, wenn man behauptet, dass es schöne Menschen leichter im Leben haben. Das beste Beispiel dafür ist Simone, unsere Klassenschönheit, zu der alle Lehrer nett sind, obwohl sie ziemlich zickig sein kann und dauernd schlechte Noten schreibt. Sie braucht nur zweimal mit den Wimpern zu klimpern und alle machen, was sie will. Dafür hasse ich sie!
Schluss: Es ist also eindeutig bewiesen worden, dass Schönheitsoperationen zu teuer, zu gefährlich und zudem gesundheitsschädlich sind. Deswegen müssen sie verboten werden.

3 **Training:** Suche dir zum Themenbereich *Gesundheit – Schönheit* eine Streitfrage aus, entscheide dich für eine These und schreibe dazu eine einfache, steigernde (lineare) Erörterung. Orientiere dich am **Fahrplan Erörterung**.

Fahrplan Erörterung
– Frage dich, ob du genug weißt, um eine Position sicher zu vertreten. Wenn du noch nicht genügend Informationen hast, um dir eine Meinung zu bilden, dann **recherchiere**.
– Sammle deine Argumente und Belege in einer **Stoffsammlung** und fasse inhaltlich Zusammengehöriges z. B. in einer Mindmap zusammen (Argumente).
– Erstelle eine **Gliederung** (Schreibplan), indem du geeignete Punkte so auswählst und anordnest, dass sie den **Adressaten** überzeugen können. Formuliere abschließend eine formal korrekte Gliederung.
– **Gestalte** die Argumente **aus**, indem du die Schritte der vollständigen Argumentation berücksichtigst: These – Argument – Belege – Rückführung.
– Vergiss nicht, die Gliederung um einen **Einleitungs-** und einen **Schlussgedanken** zu ergänzen.
– **Schreibe** die Erörterung. Überarbeite sie, indem du auch auf die Mittel der sprachlichen Verknüpfung achtest.

Das hast du in diesem Kapitel gelernt:

Eine einfache/lineare Erörterung schreiben:
- eine Streitfrage schriftlich erörtern
- Thesen formulieren
- eine Stoffsammlung verfassen
- eine Gliederung schreiben
- Argumente ausgestalten (ausführen) durch die Schritte: These – Argumente – Belege – Rückführung
- Möglichkeiten der Verknüpfung innerhalb und zwischen ausgeführten Argumenten

Syntax stilistisch angemessen verwenden

Ideen und Projekte

„Was macht einen schönen Menschen aus?" Führt in der Schule – nach Rücksprache mit der Schulleitung – eine **Umfrage** zu diesem Thema durch und wertet die Ergebnisse aus. Präsentiert sie anschließend – in Texten, Bildern, Diagrammen – in einer Ausstellung oder in der Schülerzeitung.

Minidebatte:
Sucht interessante Themen und diskutiert in kleinen Gruppen über eine Streitfrage.
- Bildet dazu zwei Kreise, einen inneren und einen äußeren. Der innere Kreis beginnt mit der Diskussion, der äußere hört nur zu, dann wird abgewechselt.
- Dabei sammelt ihr so viele Argumente wie möglich. Notiert anschließend in Vierergruppen die wichtigsten.
- Nun werden vier Schüler ausgewählt, die das Thema noch einmal vor den anderen diskutieren. Jeweils zwei vertreten das Pro, zwei das Kontra. Lost die Seiten aus.
- Einer nach dem anderen beginnt nun mit einem kurzen Statement (1 Minute), in dem er seinen Standpunkt darlegt („drei gute Gründe").
- Danach wird 10 Minuten zu viert diskutiert. Am Ende gibt noch einmal jeder ein Statement ab (1 Minute). Der letzte Satz sollte lauten: „Deswegen bin ich der Meinung, dass ..." Die Zuhörer beurteilen anschließend die Redner.

Erstellt ein **gemeinsames Wunschbild** vom anderen Geschlecht, vom „idealen Mann" oder der „idealen Frau". Fertigt Collagen aus Zeitungsausschnitten, Plakaten oder Werbematerial an. Bildet nach Geschlechtern getrennte Kleingruppen.
Stellt euer Wunschbild der Klasse vor. Ist es schwer oder leicht, sich auf ein gemeinsames Bild zu einigen? Wobei gab es die größten bzw. die geringsten Meinungsverschiedenheiten? Was ist euch besonders wichtig?

Erweitern · Vertiefen · **Anwenden**

EINE ERÖRTERUNG ÜBERARBEITEN

Checkliste

1 Übertrage folgende Tabelle in dein Heft und ergänze sie. Nutzt sie für die Überarbeitung eurer Erörterungen.

Gliederung	✓ steigernder Aufbau? ✓ logische Nummerierung? ✓ einheitliche Formulierung (Nominal-, Verbalstil)? ✓ …
Einleitung	✓ Möglichkeiten ausgenutzt (aktuelle Untersuchung, Erläuterung des Themas, Schreibanlass usw.)? ✓ motivierender Einstieg ins Thema? ✓ …
Ausgestaltung der Argumente	✓ vollständige Ausgestaltung der Argumente (These – Argumente – Belege – Rückführung)? ✓ Adressat beachtet? ✓ …
Schluss	✓ folgerichtige Schlussfolgerung aus der Argumentation? ✓ Bogen zurück zur Einleitung? ✓ …
gedankliche Verknüpfung	✓ Verknüpfungen zwischen den Argumenten logisch? ✓ Überleitungen, Satzanfänge mit Adverbien, Konjunktionen oder verknüpfenden Ausdrücken? ✓ …
sprachliche Gestaltung	✓ Satzbau: Adverbialsätze genutzt? ✓ Passiv genutzt, Konjunktiv eingesetzt, wo es sinnvoll oder nötig ist? ✓ …

Sprachliche Gestaltung: Modus

2a Wann benutzt man den Konjunktiv I, wann den Konjunktiv II? Nenne Regeln, die dir bekannt sind, und finde Beispiele (→ Sachlexikon Deutsch).
 b Prüft gegenseitig, ob ihr in euren Erörterungen den Konjunktiv richtig verwendet habt.
3 Beim logischen Argumentieren spielen *Konditionalgefüge* (Bedingungsgefüge) eine wichtige Rolle. Das Konditionalgefüge drückt *Wenn-dann-Beziehungen* aus.
 a Zeige an den folgenden Sätzen, wie ein Konditionalgefüge gebildet wird.

> – Wenn jeder Mensch Sport treibt, gibt es kaum noch Kreislauferkrankungen.
> – Wenn jeder Mensch Sport triebe, gäbe es kaum noch Kreislauferkrankungen.
> – Wenn jeder Mensch Sport getrieben hätte, gäbe es heute kaum noch Kreislauferkrankungen.

b Was ist der Unterschied zwischen den drei Sätzen? Achte auf die Aussage und den Modus.
c Formuliere die Sätze so um, dass die Konjunktion wegfällt. Ändert sich dabei die Aussage?

4 Konditionalgefüge drücken auch aus, ob der Sprecher das Eintreten der Bedingung für wahrscheinlich (Realis), für möglich (Potentialis) oder unmöglich (Irrealis) hält.
a Vergleiche dazu Aussage und Verbformen der folgenden Sätze:

> – Wenn man die Risiken von Schönheits-OPs kennt, unterzieht man sich keiner solchen OP freiwillig.
> – Wenn man die Risiken von Schönheits-OPs kennen würde, unterzöge man sich keiner solchen OP freiwillig.
> – Wenn man die Risiken von Schönheits-OPs gekannt hätte, hätte man sich keiner solchen OP freiwillig unterzogen.

b Prüft gegenseitig, ob ihr in euren Erörterungen Konditionalgefüge korrekt verwendet habt.

Sprachliche Gestaltung: Aktiv und Passiv

5a Setze folgende Sätze ins Passiv (→ Sachlexikon Deutsch):

- Wenn ich viel Sport treibe, verbessere ich meine persönliche Kondition.
- Ob Sponsoring im Sport wirklich sinnvoll ist, müssen die Verantwortlichen diskutieren.
- In Tirol verschüttete ein Erdrutsch zwei Häuser, weil Skifahrer den Hang zerstört hatten.

> **Passiv**
> Das **Handlungspassiv** wird aus einer Form von *werden* und dem Partizip II gebildet: *Müsli **wird** meist gern **gegessen**.*
> Das **Zustandspassiv** wird aus einer Form von *sein* und dem Partizip II gebildet: *Ein Teller Müsli **ist** schnell **gegessen**.*

b Was ändert sich jeweils in Aussage oder Wirkung im Vergleich zum Aktiv?
c Probiert aus, welche Sätze bzw. Verben sich ins Passiv setzen lassen und welche nicht. Am besten sagt jeweils einer einen Satz im Aktiv und ruft einen anderen auf, der den Satz umzuformen versucht. Ihr könnt daraus ein Spiel machen und Punkte vergeben.

6 Im Aktiv richtet sich der Blick auf den Handelnden, im Passiv auf den Betroffenen oder die betroffene Sache.
a Erläutere anhand der Beispielsätze aus Aufgabe 5, was mit dieser Aussage gemeint ist.
b Bildet selbst Passivsätze, testet, inwiefern sich die Blickrichtung tatsächlich ändert, und formuliert ein Ergebnis: In welchen Situationen oder Texten ist das Passiv angemessener, in welchen die Form des Aktivs?

7 Wende die Passivprobe an: Setze in deiner Erörterung Sätze oder Abschnitte ins Passiv und prüfe die Wirkung: Welche Sätze willst du im Passiv stehen lassen?

8 „Das Passiv eignet sich besonders gut für eine Argumentation." – Diskutiert, ob diese Aussage zutrifft.

Erweitern · Vertiefen · Anwenden

STELLUNG NEHMEN IM ANSCHLUSS AN EINEN SACHTEXT

Text 1 **Tätowierungen – voll im Trend**

Früher dachte man bei Tätowierungen an alte Seebären mit Rauschebart und einem Anker auf dem Arm. In den letzten Jahren sind die Zeichen, Bilder oder Schriftzüge auf der Haut salonfähig geworden. Viele trendbewusste Teens und Erwachsene – vom Normalo bis zum Rockstar – überlegen mittlerweile, sich ein solches Bildchen stechen zu
5 lassen. Häufig blitzen chinesische Schriftzeichen und Tribals, das sind geschwungene Muster, aus Hüfthosen hervor, wenn sie den Bereich über dem Po zieren. Doch auch die Schulterblätter, den Nacken, den Fußknöchel oder die Arme hat die Kunst, die unter die Haut geht, längst erobert.
[...]

10 **Drum prüfe, wer sich ewig bindet**
Wer sich tätowieren lassen will, muss volljährig sein oder die Einverständniserklärung der Erziehungsberechtigten haben. Das mag lästig klingen, hat aber seinen Sinn: Eine Tätowierung ist kein Kleidungsstück, das man je nach Belieben an- und ausziehen kann. Es wird einen das ganze Leben lang begleiten, denn trotz moderner Lasertechnik lassen
15 sich Tattoos noch nicht vollständig entfernen. Außerdem ist das Stechen ein sehr teurer und zeitintensiver Vorgang. Man sollte sich also gründlich über Stelle und Motiv Gedanken machen und mehr als eine Nacht darüber schlafen. Bestes Beispiel ist die Geschichte des Schauspielers Johnny Depp, der sich im Liebesrausch den Namen seiner damaligen Freundin samt Liebesschwur („Winona Forever") auf den Oberarm tätowieren ließ. Die
20 Liebe der beiden war jedoch nicht für immer. Einzige Rettung: Das Tattoo wurde umgestochen. Jetzt ziert Depps Oberarm ein Herz mit der Aufschrift „Vino Forever" („Wein für immer") ...

Der Morgen danach
Wer sich für eine Tätowierung entscheidet, sollte sich gut über die Nachsorge informie-
25 ren und auch medizinische Risiken ausschließen. Eine Tätowierung muss in der ersten Zeit wie eine Verbrennung behandelt werden. Keine austrocknenden oder alkoholhaltigen Substanzen auftragen! Auch Vaseline ist tabu: Sie fettet die Haut zwar, aber sie kann die Farben verlaufen lassen. Vier bis sechs Wochen musst du nach dem Stechen auf Solarium, Sonne, Schwimmbäder, heiße Bäder oder vergnügliche Stunden im Whirlpool ver-
30 zichten. Außerdem sollte keine Kleidung getragen werden, die zu eng am Tattoo anliegt. Es kann zu Juckreiz kommen, aber: Kratzen verboten! Bei falscher Pflege und Komplikationen kann es zu Bläschen, nässenden Wunden und Ödemen kommen – und die trägt doch keiner gerne spazieren. Auch geschwollene Lymphknoten (sitzen beispielsweise am Hals) können ein Hinweis darauf sein, dass du und dein Tattoo sich nicht vertragen.

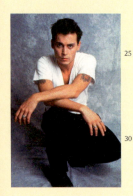

35 **Farbenprächtig?**
Viele Tätowierfarben enthalten toxische und Krebs erregende Stoffe. Vor allem bei Rot- und Gelbtönen ist Vorsicht geboten. Da wird die Rose schnell zum roten Tuch für den Organismus! Gelbe Farben können zusammen mit UV-Einstrahlung eine phototoxische Reaktion auslösen: Ekzeme bilden sich. Viele Farben enthalten Kadmium (CD), ein hoch-
40 giftiges Schwermetall.

Henna – alles Bio?
Hennatätowierungen sind beliebt, da die Hennafarbe nur in die oberste Hautschicht gebracht wird und nach wenigen Wochen verblasst. Doch leider kann ein Henna-Tattoo auch Folgen für die Ewigkeit haben: Fast alle Henna-Malereien enthalten Paraphenylendiamin (PPD), ein Stoff, der für eine intensivere Farbe und schnellere Trocknung des Bildes sorgt. Als Folge können allergische Reaktionen [...] auftreten, die du den Rest deines Lebens mit dir rumträgst, wie klinische Studien bewiesen haben.

1 Habt ihr selbst auch Tattoos? Erzählt von euren Erfahrungen damit oder befragt Freundinnen und Freunde.

2 Text 1 stammt von der Homepage einer Krankenkasse. Um mit ihm zu arbeiten, scannst du ihn am besten ein oder kopierst ihn.
a Worum geht es in diesem Text und zu welchem Ergebnis kommt der Verfasser?
b An wen richtet sich der Text? Woran kannst du das erkennen?

3 Wenn du zu der *Sache*, um die es in dem Sachtext geht, Stellung nehmen willst, brauchst du Argumente und Belege (→ Sachlexikon Deutsch).
a Häufig sind Eltern und Jugendliche geteilter Meinung, wenn es um das Thema *Tattoos* geht. Suche aus dem Text Gründe heraus, die jemand, der gegen Tätowierungen ist, vorbringen könnte, und trage sie in eine Tabelle ein.
b Liefert der Text auch Befürwortern von Tätowierungen Argumente? Trage sie ebenfalls in deine Tabelle ein.
c Der Text dient dir als Grundlage für eine Stoffsammlung. Kennst du weitere Argumente und Belege? Ergänze die Tabelle in deinem Heft und markiere, was zusammengehört.

Pro	Beispiel/Beleg	Kontra	Beispiel/Beleg
✷	✷	✷	✷
✷	✷	✷	✷

4 Jetzt musst du dich entscheiden, erst dann kannst du die Stellungnahme ausgestalten:
a Welche Meinung vertrittst du selbst zum Thema *Ist es sinnvoll, sich mit Tattoos zu schmücken?*? Formuliere deine These für eine Erörterung.
b Verfasse eine Gliederung aus deiner tabellarischen Stoffsammlung.
c Schreibe eine Einleitung, aus der z. B. hervorgeht, dass du durch den Text aus dem Internet auf das Thema aufmerksam gemacht worden bist.
d Gestalte die Argumente aus:
Argument 1 – Beleg a) – Beleg b) ... – Rückführung usw.
e Gestalte einen Schluss, der sowohl deine Meinung zum Thema als auch eine Bezugnahme auf den Text erkennen lässt.

5 Besprecht eure Ergebnisse – z. B. in Schreibkonferenzen – und überarbeitet eure Stellungnahmen (Erörterungen).

6 Probiere am Schluss eine neue Form der Stellungnahme aus, eine Erörterung, die Pro- und Kontra-Argumente berücksichtigt:
– Zuerst argumentierst du für die eine Seite, dann für die andere und am Schluss entscheidest du dich begründet.
– Besprecht eure Ergebnisse: Was findet ihr bereits gelungen, was noch nicht? Welche Rolle spielte der Text bei dieser Erörterung?

HERRSCHER ÜBER ZEIT, RAUM UND HANDLUNG

Wenn man etwas schreiben möchte, ist der Anfang oftmals besonders schwer, weil man noch nicht richtig „warmgelaufen" ist. Wie beim Sport sind hier Aufwärmübungen hilfreich. Wählt aus den folgenden Angeboten mindestens zwei Übungen aus. Natürlich könnt ihr auch später die noch nicht genutzten Möglichkeiten ausprobieren.

Reihum-Gedichte schreiben
– Setzt euch in einen Kreis und nehmt einen Zettel und einen Stift.
– Jeder schreibt nun zu einer ersten vorgegebenen Verszeile,
   z. B. *Wenn ich in den Himmel schaue, ...* ,
   zwei weitere Verse. Falls ihr Reime vereinbart, schreibst du einen Vers, der sich reimt, sowie eine dritte Verszeile mit einem neuen Reim.
   (z. B. *... Mir ein Schloss aus Träumen baue, Fühl ich mich gelöst und frei;*)
– Falte das Papier dann so, dass nur noch die letzte Zeile zu lesen ist, und gib es deiner Nachbarin oder deinem Nachbarn weiter; sie setzen das Gedicht genauso fort.

Kreatives Schreiben

Reihum-Geschichten schreiben
– Jeder schreibt zu der ersten vorgegebenen Textzeile (z. B. *Es schien ein völlig normaler Tag zu werden, bis zu dem Moment, als Carla die Milch aus dem Kühlschrank nahm ...*) drei weitere Sätze, faltet das Papier so, dass nur noch die letzte Zeile bzw. der letzte Satz sichtbar ist, und gibt das Blatt weiter.
– Jeder weitere Schreiber hat nun jeweils drei Minuten Zeit, die Geschichten, die er erhält, mit drei passenden Sätzen weiterzuschreiben. Eurer Fantasie sind dabei keine Grenzen gesetzt ...

Hörgeschichten schreiben
Schreibe einen Text über eine kurze Busfahrt, bei der lediglich alle Geräusche wiedergegeben werden, die zu hören sind.

Telefongespräch
– Erfindet jeweils eine Person und schreibt deren Namen, Alter, Beruf und Charaktereigenschaften auf einen Zettel. Mischt eure Zettel und verteilt sie.
– Schreibt nun in Partnerarbeit einen Dialog eurer beiden Personen, den diese am Telefon führen könnten.
– Oder: Schreibt ein Telefongespräch, bei dem man nur einen Gesprächspartner hört. Tauscht eure Zettel aus und ergänzt jeweils den fehlenden Sprechtext.

Comic-Mix
– Kopiert Bilder aus verschiedenen Comic-Heften und entfernt Texte und Sprechblasen. Mischt die Bilder und verteilt sie neu.
– Erstellt nun in Partnerarbeit einen neuen Comic: Klebt die Bilder in neuer Reihenfolge auf einen Zettel und ergänzt eigene Sprechblasen und Texte.

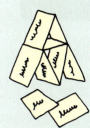

Wortgerüst
– Schreibe deinen Vornamen (für Fortgeschrittene: Vor- und Nachnamen) untereinander auf ein Blatt und denk dir zu den einzelnen Buchstaben jeweils ein beliebiges Wort aus.
– Tauscht eure Zettel. Nun hat jeder 15 Minuten Zeit, die Wörter in der vorgegebenen Reihenfolge zu einem Text zu verknüpfen.
– Oder: Jeder schreibt zehn beliebige Substantive/Nomen und Adjektive auf verschiedene Zettel. Mischt eure Zettel und zieht daraus das Wortgerüst für eine kurze Geschichte.

Kreative Schreibaufgaben

1. ALLES IST MÖGLICH – kreative Schreibaufgaben

1a Tauscht eure Gedanken zu diesem Zitat aus.
 b Diskutiert: Was versteht ihr unter *Kreativität* und *kreativem Schreiben*?

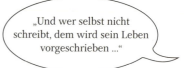
„Und wer selbst nicht schreibt, dem wird sein Leben vorgeschrieben ..."

Ideen entwickeln

2 **Möglichkeiten-Geschichten:** Text 1 beginnt mit einer alltäglichen Situation, bei der drei mögliche Fortsetzungen angegeben werden:
 A) Es passiert nichts Außergewöhnliches.
 B) Es treten Komplikationen auf.
 C) Es geschieht etwas Unwahrscheinliches.
 a Entscheide dich für eine der Varianten und schreibe eine interessante kleine Geschichte dazu.
 b Besprecht anschließend eure Geschichten: Welche Schreibideen gefallen euch am besten?

Text 1 *Ausgangssituation:* Du wirfst Geld in einen Getränkeautomaten.
 Mögliche Fortsetzungen:
 A) Ein Becher fällt auf das Gitter und der gewünschte Kakao läuft hinein.
 B) Ein Becher fällt auf das Gitter, Kakao läuft hinein, aber der Kakaostrahl versiegt nicht.
 5 Dein Becher läuft über und der Kakao läuft immer weiter ...
 C) Du hörst eine Koboldstimme aus dem Gerät. Er bittet dich darum, ihn zu befreien, da er die eintönige Arbeit des Kaffee-, Tee- und Kakaokochens leid sei. Er verspricht, dir einen Wunsch dafür zu erfüllen.

3a Entwerft Vorlagen für weitere Möglichkeiten-Geschichten. Schreibt eine Ausgangssituation und drei mögliche Fortsetzungen auf einen Zettel. Mischt eure Vorschläge und zieht jeweils eine Aufgabe.
 b Lest eure Aufgaben vor. Die Klasse stimmt darüber ab, welche Fortsetzung sie hören möchte.
 c Besprecht, welche Merkmale Schreibideen haben müssen, damit sie euch als Lesern gefallen.

Schreibplan

4 **Detektivgeschichten erfinden:** Probiert folgenden Weg zu einer Detektivgeschichte aus:
a Jeder notiert Angaben zu den folgenden Stichworten:
   – Ort und Zeit der Handlung
   – Tat und Opfer (z. B. Einbruch in Schmuckgeschäft; Juwelier Paul Diamond)
   – Steckbrief von vier Tatverdächtigen (mit möglichem Motiv)
   – Detektiv bzw. Detektivteam
b Mischt eure Zettel. Jeder zieht nun den **Handlungsentwurf** einer Geschichte.
c Konkretisiere die Steckbriefe der Figuren durch zusätzliche Angaben.
   – Wie sehen die Figuren aus? Kannst du sie zeichnen?
   – Welche besonderen Charakterzüge besitzen sie jeweils? Welche Stärken und Schwächen haben sie?
   – Unter welchen Lebensumständen leben sie?
d Lege einen Täter und das Motiv für seine Tat fest.
e Sammle – z. B. in einer Mindmap – Ideen für eine mögliche Handlung.
f Erinnert euch und besprecht: Wie kommt man von einer Ideensammlung zu einem Schreibplan?

5 Kathrin hat folgenden Schreibplan erstellt:

> – Juwelier Paul Diamond (selbst in Geldschwierigkeiten) entdeckt am Morgen, dass wertvolle Juwelen aus seinem Geschäft gestohlen wurden (Alarmanlage nicht losgegangen, keine Einbruchsspuren).
> – Er ruft die Polizei; Spurensicherung findet keine Hinweise.
> – Polizei vermutet Versicherungsbetrug; Diamond engagiert Detektiv Peter Becker.
> – Becker befragt vier ehemalige Angestellte, darunter den Täter.
> – Spannung für den Leser: Alle haben ein Motiv, alle könnten es gewesen sein.
> – Becker findet zusätzliche Indizien, die ihn zu dem Täter führen.
> – Täter wird überführt.

a An welchen Stellen könnte der Schreibplan noch genauer sein? Überarbeite ihn entsprechend.
b Schreibe auf der Grundlage deines Schreibplans eine Detektivgeschichte.
c Besprecht eure Ergebnisse: Was gefällt euch gut und was könnte noch verbessert werden?

Überarbeiten

6 **Blick in die Zukunft**
   Denkst du auch manchmal darüber nach, was dir die Zukunft bringen wird? Wirst du vielleicht ein Superstar – Schauspieler, Musiker oder ein berühmter Schriftsteller? Wirst du eine Familie haben, in New York leben oder zum Mond reisen?
a Schreibe deinen Lebenslauf so, als würdest du aus der Zukunft auf die Vergangenheit zurückblicken. Beginne mit dem Satz: „*Nach der Schulzeit beschloss ich ...*" Wenn du möchtest, kannst du übertreiben und dir eine außergewöhnliche Zukunft ausmalen!
b Zeichne ein Bild oder fertige eine Collage zu deiner Geschichte an. Vielleicht sieht man dich darauf im Kreise deiner Enkelkinder oder bei einem besonderen Ereignis in deinem Leben.

Zu Bildern schreiben

7 Lest eure Geschichten vor, besprecht sie in einer Schreibkonferenz und überarbeitet sie.

8 Beim Überarbeiten sollte man auch darauf achten, ob sprachliche Mittel, wie z. B. die Verwendung von direkter oder indirekter Rede, gezielt eingesetzt wurden.

a Tauscht eure Erfahrungen aus: Welche Wirkung kann man mit dem Einsatz von direkter Rede erzielen?

b Sammelt Beispiele für die Verwendung von direkter oder indirekter Rede in euren Geschichten. Besprecht die jeweilige Wirkung, indem ihr Vergleichstexte erstellt, also z. B. die direkte Rede weglasst.

c Überprüft, ob sich die Wirkung der Geschichte verbessert, wenn man direkte oder indirekte Rede ergänzt.

> **Tipps zur Schreibkonferenz**
> – Schreibe deinen Text für die Überarbeitung möglichst am Computer.
> – Drucke ihn mittig auf die Seite, sodass rundherum ausreichend Platz für Kommentare bleibt.
> – Setzt euch in 6er-Gruppen zusammen und gebt eure Texte reihum weiter. Jeder schreibt Fragen, Anregungen und Kommentare zu Aufbau, Inhalt und sprachlicher Gestaltung an den Rand. Dabei kann man sich auch auf Bemerkungen der anderen Kritiker beziehen.
> – Überarbeite deine Geschichte, indem du die Anmerkungen aufgreifst, die dir sinnvoll erscheinen.

9 Zur Wiederholung der indirekten Rede:

a Tauscht eure Geschichten aus und gebt die erste halbe Textseite so in indirekter Rede wieder, als hätte euch der entsprechende Verfasser in der Zukunft von seinem Leben erzählt: *„Er/Sie sagte, nach der Schulzeit habe er/sie beschlossen …"*

b Unterstreiche alle Konjunktivformen und überprüfe, ob du die Ersatzformen korrekt verwendet hast (→ Sachlexikon Deutsch).

10a Wie sähe deine Zukunft aus, wenn du in einigen Jahren den Auftrag erhalten würdest, das erste Feriencamp auf dem Mars zu planen? Schreibe deine Ideen auf und achte darauf, dass du Konjunktiv-II-Formen verwendest.

b Tauscht eure Texte aus. Unterstreicht alle Konjunktivformen und überprüft, ob die Regeln für die Anwendung der Ersatzform „würde" beachtet wurden (→ Sachlexikon Deutsch).

c Setze die ersten drei Sätze deines Textes in den Indikativ Präsens, Futur und Präteritum. Beschreibe die unterschiedliche Aussage des Textes.

2. HAUSIERER WERDEN IMMER DREISTER
Zu Bildern schreiben

1 In Bilderwitzen verbergen sich häufig kurze Geschichten. Begründe, ob und inwieweit das auf Abb. 1 zutrifft.

2 Lass dich von Abb. 1 zum Schreiben anregen. Welche **Schreibideen** fallen dir dazu ein?
– Du kannst ein Gedicht schreiben (z. B. mit dem Wortspiel Wahl/Wal),
– eine Geschichte erzählen (z. B. über das Chaos bei der Zubereitung des Fisches in der Küche),
– den inneren Monolog des Gastes aufschreiben (z. B. könnte er sich daran erinnern, was an diesem Tag sonst noch alles schiefgegangen ist),
– …

Abb. 1

Kreatives Schreiben

Abb. 2

Abb. 3

Abb. 4

Abb. 5

3a Wie wirken die Bilder auf dich? Welche Stimmung wird vermittelt? Notiere erste Eindrücke und Assoziationen, also alle spontanen Gedanken, die dir beim Betrachten einfallen.
 b Beschreibe die Bilder möglichst genau, um keine wichtigen Details zu übersehen: Was ist zu sehen, wie sieht es aus und welche Wirkung entsteht?
 c Überlege **Schreibideen** für eine interessante Geschichte zu einem der Bilder. Tauscht euch aus: Ist eure Schreibidee interessant, kann sie eine lesenswerte Geschichte ergeben?
 d Erstelle dazu einen **Schreibplan**. Die folgenden Fragen können dir dabei helfen:
   – Welche Figuren sollen vorkommen?
   – Soll die Handlung in der Vergangenheit, Gegenwart oder Zukunft spielen?
   – Willst du in der Ich-Form oder in der Er-/Sie-Form schreiben?
   – Wie willst du die Geschichte aufbauen (z. B. Pointe am Schluss)?
   – ...
 e **Schreibt eure Geschichten auf**, lest sie euch vor, besprecht sie in der Klasse oder in einer Schreibkonferenz und **überarbeitet** sie anschließend, bis sie euch gut gefallen.

4 Auch der Schreibprofi Eugen Egner, der als Autor und Zeichner u. a. für *Die Sendung mit der Maus* gearbeitet hat, hat einen Text zu einem der Bilder geschrieben:
 a Lies zunächst die Überschrift seiner Geschichte (Text 2). Zu welchem Bild könnte sie passen?
 b Betrachtet die vier Bilder (Abb. 2–5), während eure Lehrerin oder euer Lehrer Text 2 vorliest. Tauscht eure Vermutungen aus: Welches Bild war Egners Schreibvorlage?

Zu Bildern schreiben

Text 2 **Hausierer werden immer dreister**   EUGEN EGNER

Vorbei sind die Zeiten, als man Vertreter auf den ersten Blick (zum Beispiel Staubsauger-
vertreter an ihren hochgehaltenen Staubsaugern) erkennen konnte. Weil mit der Zeit
kein Mensch mehr die Türe geöffnet hat, haben sich die Vertreter dieser Zunft bemer-
kenswerte Tricks einfallen lassen. Zu trauriger Berühmtheit gelangte etwa ein Seifen-
5 und Spülmaschinenhausierer aus Kassel, welcher, als Märchenprinz verkleidet, ehrbaren
Leuten weismachen wollte, er käme, um die minderjährige Tochter des Hauses zu heiraten. Kaum hatte man ihn hereingelassen, ließ er die Maske fallen und interessierte sich
einen Dreck für die Tochter. Stattdessen machte er sich mit seinen Produkten über
Abwasch und Schmutzwäsche her. Das war schon ein starkes Stück. Aber der auf diesem
10 Bild dargestellte Versicherungsvertreter übertrifft in puncto Raffinesse der Verkleidung
ja wohl alles bisher Dagewesene.

5 Eugen Egner hat sich natürlich von Abb. 2 zum Schreiben anregen lassen. Stell dir vor, ein
Leser von Text 2 kennt Abb. 2 nicht. Welches Bild würde er sich vorstellen oder dazu malen?

6 Begründe, inwiefern Egner kreativ geschrieben hat. Nutze die folgende Sachinformation.

Grundwissen und Methode

Kreativ schreiben
Wenn du kreativ schreibst, bist du „Herrscher über Zeit, Raum und Handlung". Du kannst
dich in deiner Fantasie in jede beliebige Zeit, an jeden beliebigen Ort und in jede beliebige Situation versetzen. Du kannst die Grenzen der Logik überschreiten und auch die formale Gestaltung deines Textes frei bestimmen. Gerade ungewöhnliche, verrückte Einfälle
führen dabei häufig zu einer interessanten Geschichte! Manchmal benötigt man jedoch
konkrete Schreibanlässe, um seine Fantasie anzuregen, z. B. eine interessante Schreibaufgabe, ein Bild oder Musik.

7a Überlege dir eine Geschichte zu einem der anderen Bilder. Lass deiner Fantasie freien Lauf!
b Lest eure Geschichten vor: Wer hatte die ungewöhnlichste Idee? Wer hat am interessantesten oder eindrucksvollsten geschrieben?
c Nutzt Hinweise aus der Klasse zu einer Optimierung eurer Texte.

Sprachliche Gestaltungsmittel gezielt auswählen

8 Eugen Egner hat noch zu anderen Bildern Geschichten geschrieben. Beschreibe das Bild,
das als Vorlage für Text 3 gedient haben könnte. Vielleicht kannst du es ja sogar malen.

Text 3 **Sommerabend**   EUGEN EGNER

Den ganzen Tag über ist es furchtbar heiß gewesen. Am Abend liegt die Temperatur erschöpft am
Boden. Die Menschen ergreifen ihre Wohnungs-
einrichtungen und strömen ins Freie. Dort setzen
5 sie sofort Kreissägen, Stereoanlagen, Kettensägen,
Motorräder, Rasenmäher, Schlagbohrmaschinen,
Fernsehgeräte und andere Höllenmaschinen in
Gang. Bis zum frühen Morgen wird dazu aus Lei-
beskräften geschrien. Da traut sich keine vernünf-
10 tige Kreatur heraus.

Egner hätte auch schreiben können:

Text 4 **Sommerabend**

Den ganzen Tag über ist es heiß gewesen. Am Abend wird es kühler. Die
Menschen nehmen etwas zur Unterhaltung mit und setzen sich ins Freie. Dort
5 arbeiten sie, hören Musik, schauen
Fernsehen oder fahren Motorrad. Bis
zum frühen Morgen machen sie Lärm.
Da traut sich kein Tier heraus.

9a Beschreibe die unterschiedliche Wirkung der Texte 3 und 4.
b Vergleiche die sprachliche Gestaltung. Nenne sprachliche Gestaltungsmittel, die Egner ausgewählt hat, um die entsprechende Wirkung zu erzielen.
Achte insbesondere auf sprachliche Bilder sowie auf die Reihenfolge und Auswahl von Substantiven/Nomen.

10a Gestalte einen kurzen Text aus folgenden Stichworten: *erster Ferientag – es regnet – Langeweile – Freunde verreist – Zeit vergeht langsam.*
Setze dabei sprachliche Bilder und die Auswahl deiner Worte bewusst so ein, dass der Text entweder lustig, übertrieben oder dramatisch wirkt.
b Vergleicht eure Ergebnisse und besprecht die Wirkung der sprachlichen Gestaltung.

11 Bringt Bilder von anderen Künstlern (auch selbstgemalte!) und Fotos mit in den Unterricht.
a Welche Bildvorlagen regen deine Fantasie an, welche eher weniger?
b Suche eine ansprechende Bildvorlage aus und schreibe einen kreativen Text dazu. Gehe dabei nach den gelernten Schritten vor:
– das Bild als **Schreibanlass** genau betrachten, erste Eindrücke/Assoziationen notieren,
– eine **Schreibidee** entwickeln (Figuren?, Handlung?, Erzählform?, …),
– einen **Schreibplan** erstellen (Aufbau, Reihenfolge, …) und die **Geschichte aufschreiben**,
– **sprachliche Gestaltungsmittel** gezielt auswählen,
– die Texte in **Schreibkonferenzen** überarbeiten.

3. IST EIN MORD GESCHEHEN?
Einen Hypertext schreiben

Text 5

Kriminalroman, Gattung der → erzählenden Literatur, in deren Mittelpunkt eine verbrecherische Tat und deren Aufdeckung steht, besonders in der Form des → Detektivromans. Erster erfolgreicher Autor war → E. A. Poe, dann folgten → die Sherlock-Holmes-Geschichten von → Sir Arthur Conan Doyle.

1a Beschreibe anhand des Lexikonauszugs, wie man in Nachschlagewerken nähere Informationen zu einem Stichwort finden und nutzen kann. Achte auf die Bedeutung der Pfeile.
b Schreibe den Lexikonartikel als Mindmap.
c Könnte man Informationstexte in Nachschlagewerken auch auf diese Weise darstellen? Was spricht dafür, was dagegen?

2a Tauscht eure Erfahrungen aus: Wie sucht ihr im Internet Informationen? Gebt ihr erst den Oberbegriff (z. B. *Kriminalroman*) in eine Suchmaschine ein oder eher die Unterbegriffe?
b Wo liegen nach eurer Erfahrung Vorteile und wo Nachteile der Internetsuche im Vergleich zum Lexikon?

3 Eine 8. Klasse hat nähere Informationen zum Oberbegriff *Kriminalroman* zusammengetragen (Text 6) und auf einem Plakat mit Karten und Verbindungslinien übersichtlich dargestellt.
a Beschreibe mithilfe der folgenden Sachinformation und von Text 6,
– was der Lexikonartikel mit einem entsprechenden Artikel im Computer gemeinsam hat
– und wie vernetzte Texte im Computer „funktionieren".
b Ergänzt anschließend das Plakat. Schreibt Karten zu markierten Begriffen, die noch nicht erklärt sind.

Einen Hypertext schreiben

Grundwissen und Methode

Vernetzte Texte: Link und Hyperlink
Auch im Computer können Texte wie im Lexikon mit anderen vernetzt werden. In einem solchen Text, **Hypertext** genannt, sind Begriffe markiert, zu denen man durch Anklicken an anderer Stelle weitere Informationen finden kann. Diese markierten Verweise nennt man **Link** oder **Hyperlink** (Verknüpfung). Sie sind meist farbig vom Gesamttext abgehoben. Klickt man einen Link an, ruft man eine andere Datei (interner Link) oder Webseite (externer Link) auf. Die meisten Schreibprogramme ermöglichen es dir, selbst einen Hypertext mit Links zu weiteren Informationen zu erstellen (z. B. über *EINFÜGEN* → *HYPERLINK*).

Text 6

Kriminalroman
Kriminalromane gehören zur Gattung der Epik. Im Mittelpunkt steht ein Verbrechen (Motiv, Ausführung, Entdeckung, Aufdeckung, Verurteilung des Verbrechers).
Eine besondere Form des Kriminalromans ist der Detektivroman. Erster erfolgreicher Autor von Detektivgeschichten war E. A. Poe, dann folgten die Sherlock-Holmes-Geschichten von Sir Arthur Conan Doyle.

Sherlock Holmes
Eine der bekanntesten Detektivgestalten ist die von Sir Arthur Conan Doyle erfundene Figur des **Sherlock Holmes**. Mit seinem Freund und Partner Dr. Watson, der die Geschichten in der Ich-Erzählperspektive erzählt, löst er geheimnisvolle Fälle.

Edgar Allan Poe
Edgar Allan Poe wurde 1809 in Boston geboren und starb 1849 unter bis heute ungeklärten Umständen. Er schrieb vor allem fantastische Erzählungen (z. B. Der Untergang des Hauses Usher), aber auch Detektivgeschichten (z. B. Der Doppelmord in der Rue Morgue).
Poes Leben war durch Schicksalsschläge geprägt. Der Vater verließ schon früh die Familie, Poes Mutter starb 1812 an Schwindsucht. Poe wurde zwar von dem reichen, kinderlosen Ehepaar Allan adoptiert (daher das „Allan" in seinem Namen), erhielt aber kein Erbe, da der Stiefvater die frühe schriftstellerische Begeisterung Poes nicht teilte und erfolglos versuchte, ihn nach seinen Vorstellungen zu erziehen.

Epik
Epische Literatur, d. h. erzählende Literatur, gehört neben Lyrik und Dramatik zu den drei Grundgattungen dichterischer Gestaltungsmöglichkeiten.

Detektivroman
Der Detektivroman ist eine besondere Form des Kriminalromans, …

Sir Arthur Conan Doyle

4 Einen Hypertext erstellen

a Schreibe aus Text 7 Wörter, Ausdrücke und Begriffe heraus, die du mit Zusatzinformationen verknüpfen (verlinken) möchtest. Z. B. wäre ein Link zu *Baker Street 221b* denkbar oder zu *Dr. Thorneycroft Huxtable* (Steckbrief, Lebensgeschichte, Auszug aus seinem Tagebuch, Foto etc.).

b Schreibe nun wie in Text 6 die Zusatzinformationen auf Karten und erstelle ein Plakat.

c Einfacher geht es so: Tippe Text 7 in eine Datei oder scanne ihn ein, füge an den entsprechenden Stellen Links ein und erstelle die Zusatzinformationen, die durch den Link angewählt werden.

d Testet gegenseitig eure Verlinkungen: Findet man sich als Leser gut zurecht?

Text 7 Spuren im Moor   SIR ARTHUR CONAN DOYLE

Weiß Gott, es gab manchen dramatischen Auftritt und Abgang auf unserer kleinen Privatbühne in der Baker Street 221b; keinen jedoch von solcher überraschenden Plötzlichkeit – soweit mich die Erinnerung nicht trügt – wie das erste Auftauchen Dr. Thorneycroft Huxtables. Seine Visitenkarte, die viel zu klein schien, um die Fülle seiner akademischen
5 Auszeichnungen zu tragen, als da sind Master of Arts, Doktor der Philosophie und so weiter ..., diese Karte eilte ihm nur um Sekunden voraus. Denn schon erschien er selbst: so groß, so prächtig, so ehrfurchtgebietend, dass er als die Verkörperung der Selbstsicherheit vor uns stand. Und doch, kaum war die Tür hinter ihm ins Schloss gefallen, da taumelte er vorwärts gegen den Tisch, an dem er zu Boden glitt, und die majestätische
10 Gestalt lag mit dem Gesicht nach unten regungslos auf dem Bärenfell vor unserem Kamin.
Wir waren beide aufgesprungen und starrten ein paar Augenblicke in ungläubigem Staunen auf dieses wuchtige menschliche Wrack, das von gefährlichen Stürmen auf dem weiten Meer des Lebens Zeugnis gab. Dann eilten Holmes mit einem Kissen für seinen Kopf
15 und ich mit einem Glas Brandy herbei.
Die schweren, bleichen Züge waren von Sorgen gekennzeichnet, die Tränensäcke unter den geschlossenen Augen verfärbt und der schlaffe Mund zog sich in den Winkeln schmerzlich nach unten. Kragen und Hemd zeigten den Schmutz eines langen Tages. Die Wangen waren unrasiert und das Haar stand wirr um einen wohlgeformten Kopf. Kurz,
20 ein schwer geschlagener Mann lag vor uns.
„Was fehlt ihm, Watson?", fragte Holmes.
„Völlige Erschöpfung – vielleicht noch mehr Hunger und Müdigkeit", sagte ich, während ich ihm den Puls fühlte, durch den der Lebensstrom nur schwach und zögerlich floss.
„Hier, eine Rückfahrkarte aus Mackleton, Nordengland", sagte Holmes, indem er sie aus
25 der Westentasche des Ohnmächtigen zog.
„Wir haben noch nicht einmal zwölf Uhr, er muss also sehr zeitig aufgebrochen sein."
Die Augenlider begannen zu zucken und dann starrte uns ein Paar leere Augen an. Einen Moment später richtete sich der Mann auf und sein Gesicht färbte sich rot vor Scham.
30 „Verzeihen Sie bitte diese Schwäche, Mr. Holmes, ich bin etwas überanstrengt. Vielen Dank. Wenn ich vielleicht ein Glas Milch und einen Zwieback haben dürfte, dann bin ich bestimmt wieder ganz hergestellt. Ich kam persönlich her, um sicher zu sein, dass sie mich zurückbegleiten. Sehen Sie, ich fürchtete, kein Telegramm würde Sie von der Dringlichkeit meines Falles überzeugen."

Einen Hypertext schreiben

35 „Wenn Sie sich jetzt etwas besser fühlen –"
„Oh, ich bin wieder ganz in Ordnung. Ich verstehe gar nicht, wie das geschehen konnte. Mr. Holmes, ich möchte, dass Sie mich mit dem nächsten Zug nach Mackleton begleiten."
Mein Freund schüttelte den Kopf.
„Mein Freund, Dr. Watson, wird Ihnen bestätigen, dass wir zurzeit mit Arbeit überhäuft
40 sind, Sir. Ich stecke mitten in dem Fall um die Ferrers-Dokumente, außerdem soll der Abergavenny-Mord zur Verhandlung kommen. Im Augenblick könnte mich wirklich nur etwas ganz außergewöhnlich Wichtiges aus London herauslocken."

5a Wie ist Text 8 aufgebaut? Handelt es sich ebenfalls um einen Hypertext mit Hyperlinks? Erkläre, wie er „funktioniert".
 b Welche Hinweise erhältst du über die Handlung und die zu bewältigenden Aufgaben?
 c Setzt den Text – am besten in Gruppen – fort, tauscht die Fortsetzungen aus und prüft, ob sie „funktionieren" können.

Text 8 **Der Hexenmeister vom flammenden Berg** (Auszug)
STEVE JACKSON/IAN LIVINGSTONE

75
Du setzt dich nieder, um dich von dem schweren Kampf auszuruhen. Wenn du willst, kannst du etwas essen. Du stemmst den Edelstein aus der reglosen Statue. Er wiegt schwer in deiner Hand; sein Wert beträgt 50 Goldstücke. Du steckst ihn in deinen Rucksack. Als du die Statue genauer in Augenschein nimmst, entdeckst du, dass sich eine Platte des Brustpanzers gelockert hat. Du schiebst sie beiseite und stößt dahinter auf einen kleinen Schlüssel mit der Nummer 111. Lächelnd steckst du den Schlüssel ein und machst dich auf den Weg zurück zur Kreuzung. Zuvor darfst du dir 3 Glückspunkte für den wertvollen Fund gutschreiben. Weiter bei **93**.

76
Du kommst zu einer weiteren Gabelung. Ein Pfeil an der Wand zeigt nordwärts und du entschließt dich, in diese Richtung zu gehen […]. Weiter bei **244**.

77
Nachdem du dem schmalen Gang einige Meter gefolgt bist, kommst du an eine Gabelung, wo du entweder nach Westen oder nach Osten gehen kannst. In der Nordwand ist eine kleine Felsnische im Gestein, wo du dich ausruhen und von deinen Vorräten essen kannst, ohne gesehen zu werden. Wenn du willst, kannst du hier ausruhen. Danach kannst du entweder nach Osten (weiter bei **345**) oder nach Westen (weiter bei **18**) gehen.

78
Der Gang endet an einer massiven Holztür, die in eisernen Angeln hängt. Als du das Ohr an die Tür legst, hörst du seltsames Gemurmel und Geklapper, das von Töpfen und Deckeln herrühren könnte. Was immer sich hinter dieser Tür verbirgt, es müssen jedenfalls mehrere Wesen sein. Willst du hineingehen (weiter bei **159**) oder umkehren (weiter bei **237**)?

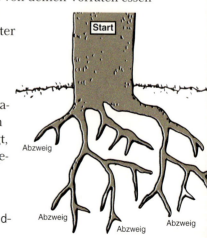

6 Schreibt – am besten in Gruppen – eine ähnliche fantastische Geschichte, in der sich der Leser zwischen verschiedenen Handlungsalternativen entscheiden muss.

Erstellt dazu zunächst einen Schreibplan mit genauen Vernetzungshinweisen. Die folgende Anleitung kann euch dabei helfen:
- Zählt die Anzahl eurer Handlungsalternativen und nummeriert sie durch.
- Beginnt nun mit dem Schreiben. Ein genauer Schreibplan ermöglicht euch stets einen Überblick, wo ihr euch gerade befindet.
- Wenn ihr am Computer schreibt, könnt ihr euren Text verlinken, sodass eure Leser nicht nachschlagen müssen, sondern anklicken können, wo sie weiterlesen wollen.

7a Auch die Detektivgeschichte *Spuren im Moor* (Text 7) könnt ihr fortsetzen, indem ihr wie in Text 8 vorgeht: Welche weiteren Handlungsverläufe wären denkbar, welche Alternativen könnten den Lesern geboten werden? Probiert es aus und geht wie in Aufgabe 6 vor.

b Möglich ist es z. B. auch, dass der Leser am Schluss das Verbrechen selbst aufklären soll und dazu vorher entsprechende Hinweise in den Links suchen muss.
Das ist viel Arbeit, aber es macht Spaß und ihr findet bestimmt viele interessierte Leser.
Ein **Tipp**: Wenn ihr die Originalgeschichte kennt, ist es viel leichter!

Das hast du in diesem Kapitel gelernt:

- freies Gestalten: Formen kreativen Schreibens
- Methodik des Schreibens: Schreibanlass, Schreibidee, Schreibplan, Gestaltung und Überarbeitung (Schreibkonferenz)
- interpretierendes Gestalten: Texte weiterschreiben
- Schreiben eines Hypertextes und kreative Gestaltungsmöglichkeiten eines Hypertextes

Ideen und Projekte

Ausgeloste Geschichten
Jeder schreibt folgende Angaben auf Zettel, die ihr anschließend in unterschiedliche Behälter werft:
Ort: Beschreibt, wo die Handlung spielen soll.
Zeit: Findet die Handlung in der Gegenwart, Zukunft oder Vergangenheit statt? Über welchen Zeitraum soll sie sich erstrecken?
Figuren: Schreibt einen kurzen Steckbrief zu der Hauptfigur. Erwähnt auch deren „Beruf" (Hier sind sowohl alltägliche Berufe, wie z. B. Lehrer, als auch ungewöhnliche Betätigungen, wie z. B. Ritter, reizvoll).
Thema: Worum soll es in der Geschichte gehen (Abenteuer?, Liebe?, Mord?, Gespenster?, ...)
Ziehe aus jedem Behälter einen Zettel und schreibe eine Geschichte dazu.

Eröffnet ein **Literaturcafé** – vielleicht einmal wöchentlich in einem Klassenraum –, in dem geschrieben wird (z. B. zu Musik), aber auch Texte ausgestellt und vorgelesen werden.

Malt Bilder oder sammelt interessante Fotos und Bilder von Skulpturen und Gemälden. Schreibt dazu Geschichten und wählt jeweils einen Text von jeder Schülerin und jedem Schüler für ein **Geschichtenbuch** aus. Setzt die Texte neben die dazugehörigen Bildvorlagen.

Erstellt ein **Hypertextmärchen** für Schülerinnen und Schüler aus unteren Klassen, mit dem sie den Umgang mit Hypertexten üben können.

Organisiert einen **Schreibwettbewerb** an eurer Schule. Aufgabe könnte es z. B. sein, zu einer interessanten Schreibanregung oder zu einem Bild zu schreiben. Die Siegergeschichte könnte in der Schülerzeitung veröffentlicht werden.

Erweitern · Vertiefen · Anwenden

KREATIVES SCHREIBEN: Gedichte

Text 1 **Wörter**   Horst Bienek

　　　　Wörter
　　　meine Fallschirme
　　　　mit euch
　　　　springe
5　　　　　ich
　　　　　ab
　　ich fürchte nicht die Tiefe
　　　wer euch richtig
　　　　　öffnet
10　　　　schwebt

1a Wie beschreibt das lyrische Ich seinen Umgang mit Sprache? Welche Bilder werden verwendet und welche Assoziationen verbindest du damit?
b Beschreibe die Aufforderung an den Leser, die dieses Gedicht beinhaltet. Was wird ihm versprochen?
c Woran erkennst du, dass es sich bei diesem Text um ein Gedicht handelt?

2 „Jeder kann Gedichte schreiben!"
Nehmt zu der Aussage Stellung. Tauscht eure Erfahrungen mit dem Schreiben von Gedichten aus.

Schritt 1:
Eine Textvorlage schreiben

3 Mit der folgenden Methode, dem **sprachlichen Verdichten**, kannst auch du ausdrucksstarke Gedichte schreiben. Dabei wird ein Text auf die für den Sinn wichtigsten Wörter und Formulierungen reduziert und in Versen aufgeschrieben.
Stell dir vor, du besuchst das Oktoberfest in München:
– Was siehst du und was hörst du?
– Was riechst du?
– Schmeckst du etwas (z. B. Bratwurst, Brezen oder ein Getränk)?
– Wie fühlst du dich und was empfindest du?
– Was denkst du?

4 Gestalte deine Stichworte zu ganzen Sätzen aus. Schildere die Situation möglichst genau und anschaulich (z. B. durch bildhafte Ausdrücke, ausschmückende Adjektive etc.).

Schritt 2:
Text kürzen und sprachlich verdichten

5 Du hast nun eine Textgrundlage, die sprachlich verdichtet werden muss, um zu einem wirkungsvollen Gedicht zu werden.
Übe das zunächst an Text 2, bevor du es mit deiner eigenen Textgrundlage probierst:
a Welche Situation wird in Text 2 geschildert? Welche Eindrücke entsprechen deinen eigenen Erfahrungen?
b Nenne Beispiele für eine anschauliche, bilderreiche und abwechslungsreiche Wortwahl. An welchen Stellen hast du Verbesserungsvorschläge?

Text 2 Buntes Scheinwerferlicht verwandelt den Nachthimmel in ein Netzdach von Farben. Darunter drängen sich staunende, erwartungsvolle Gesichter. Bratwurstduft überall. Jungs in Jeansjacken stehen in Grüppchen herum und schauen den Mädchen nach. In dunklen Ecken wird geknutscht. Menschen mit Riesenaffen und blauen Elefanten unter
5 dem Arm hasten vorbei. „Jedes Los ein Gewinn!" Kinder schauen mit offenen Mündern und aufgerissenen Augen auf die blinkenden und glitzernden Karussells. Ich werde in eine Traumwelt gezogen, lasse mich in der Menschenmenge treiben. Langsam steigen

mir Duftfetzen von gebrannten Mandeln in die Nase, süßer, gerösteter Zucker. Es entsteht ein angenehmer Duftteppich, der sich über der Menge ausbreitet. Die blechernen Stimmen der Losverkäufer drängen zum Kauf.

6a Verdichte die Eindrücke aus Text 2 zu einem „Situationsbild", das höchstens die Hälfte der Wörter enthält. Wie mit einem Fotoapparat, der auch Gerüche und Geräusche aufnehmen kann, greifst du Momentaufnahmen aus dem Gesamtgeschehen heraus, die alle Sinne ansprechen. So könntest du vorgehen:
- Ordne deine Einzelbeobachtungen und konzentriere sie auf einen für dich wichtigen Gesamteindruck.
- Streiche Unwichtiges und beschränke dich auf Charakteristisches.
- Lass jedes überflüssige Wort weg bzw. ersetze es durch treffendere Ausdrücke und sprachliche Bilder, die beim Leser möglichst die von dir gewünschten Assoziationen hervorrufen.

b Vergleicht anschließend eure Ergebnisse: Was ist besonders gut gelungen? Was ließe sich noch verbessern?

7 Welche Beobachtungen und Eindrücke sind bei Text 3 im Vergleich zu Text 2 weggefallen, welche hinzugefügt worden?

Text 3 Der Nachthimmel – ein Farbennetz.
Große Kinderaugen, staunende Gesichter, Liebespaare, Menschenmengen.
Duftfetzen von gebrannten Mandeln und Bratwurst – ein angenehmer Duftteppich.
Riesenaffen und blaue Elefanten hasten vorbei.
Blinkende Karussells entführen mich in eine Traumwelt.

8a Verdichte nun Text 3 noch weiter zu einem stimmungsvollen Gedicht, indem du erneut kürzt bzw. treffendere Ausdrücke und sprachliche Bilder einsetzt.

Schritt 3: Versgrenzen festsetzen

b Schreibe dein Ergebnis in Versform auf. Ein besonders wichtiges Wort kann dabei auch allein in einer Zeile stehen. Finde einen treffenden Titel zu dem Gedicht.

9 Die Klasse 8a hat Text 2 unter dem Titel *Bratwurst* sprachlich verdichtet.
a Beurteile das Ergebnis. Was hältst du für gelungen, was würdest du noch weiter verändern?
b Sind die Versgrenzen sinnvoll gesetzt? Probiere andere Varianten aus und vergleiche die unterschiedliche Wirkung.

Text 4
Bratwurst
Gefangen
In einem Netz aus Farben.
Umhüllt von einem Duftteppich aus Mandeln
und Bratwurst.
Blaue Elefanten fahren Karussell.
Inmitten der Menschen genieße
Ich
Den Traum.
Senf

10a Verdichte nun deine eigene Textvorlage aus Aufgabe 4 in den drei Schritten zu einem Gedicht.
b Stellt eure Ergebnisse der Klasse vor. Welches Gedicht gefällt euch am besten? Warum?

WICHTIGE SPUREN SICHERN

Lest ihr gerne Krimis? Tauscht euch aus: Was fasziniert euch, was gefällt euch nicht daran?

Brose ist wieder da! RAINER CRUMMENERL

Dieser Montag beginnt für Kommissar Hell mit einer außerordentlichen Überraschung. Das Telefon klingelt und eine kratzige Stimme fragt: „Kommissar Hell?"

„Ja, mit wem spreche ich?"

5 „Das tut nichts zur Sache. Passen Sie jetzt lieber gut auf. Ich habe eine Information für Sie. Brose ist wieder da. Lerchenweg 15. Im Haus seiner Schwester." Dann klickt es in der Leitung. Der Anrufer hat aufgelegt. [...] Hell greift in seine Schreibtischschublade und pickt sich aus einem Tütchen fünf oder sechs grüne Gummibärchen heraus. Dann denkt er über den Anruf
10 nach. Brose? Nein, dieser Name sagt ihm nichts.

Aber der Kommissar hat ja einen Computer! Minuten später ist er schlauer. Der „Fall Brose" liegt schon über sieben Monate zurück. Damals war Hell noch gar nicht in der Stadt. Brose hatte sich als Trickbetrüger hervorgetan. Vor allem ältere und hilflose Menschen waren seine Opfer. Brose, er nannte
15 sich auch Heiland oder Engel, besuchte sie unter irgendwelchen Vorwänden in ihren Wohnungen und beraubte sie. Als ihm der Boden unter den Füßen zu heiß wurde, tauchte er unter. Jetzt also ist Brose wieder da!

Hell überlegt nicht lange. Klar, der Mann muss so schnell wie möglich festgenommen und überführt werden. Aber was passiert, wenn die Information
20 des anonymen Anrufers falsch ist? Blamieren möchte Hell sich natürlich nicht. [...]

Der Lerchenweg liegt in einer hübschen Gegend. „Zumpel" steht am Haus mit der Nr. 15. Hell klingelt. Eine ältere Frau öffnet die Tür. Sie hat kurze graue Haare und misstrauische Augen. Der Kommissar stellt sich vor und
25 bittet, eintreten zu dürfen. Die Frau zögert zunächst, dann sagt sie: „Wenn es denn sein muss! Kommen Sie herein. Ich gehe voraus."

Auszug aus einem Unterrichtsprotokoll:

[...] als Frau Huff bei der Besprechung immer wieder nachfragte, erklärte Tobi, dass Kommissar Hell wohl durch das Kaffeekochen stutzig geworden sei. Uta meinte hingegen, dass sich Frau Zumpel, die Schwester des Verbrechers, durch ihr unfreundliches Verhalten verdächtig gemacht habe. Anne und Nils fanden diese Aussagen jedoch nicht überzeugend [...].

Wozu müssen Polizisten Spuren sichern?
In welchen Situationen dient ein **Protokoll** der „Spurensicherung"?
Welche weiteren Zusammenhänge fallen dir ein, in denen Protokolle wichtige Informationen festhalten?

Protokoll und Inhaltsangabe

In der Diele schaut sich Hell aufmerksam um. Zwei Türen stehen offen. Die eine führt in den Keller. Licht dringt herauf. Die andere gehört zum Wohnzimmer. Hell wirft einen Blick hinein. Der Fernseher läuft. Den Tisch
30 schmückt eine Vase mit frischen Blumen.
„Setzen wir uns in die Küche", sagt die Frau. „Ich mache mir gerade einen Kaffee." Sie stellt eine zweite Tasse für Hell auf den Tisch. Die Kaffeemaschine blubbert schon. Der Kommissar schnuppert begierig.
„Sie leben alleine hier?", fragt er freundlich.
35 „Das steht doch in Ihren Akten", entgegnet die Frau unerwartet scharf, „aber um was geht es eigentlich?"
„Um Ihren Bruder. Wann haben Sie zuletzt von ihm gehört?"
Wütend guckt die Frau den Kommissar an. „Fängt das schon wieder an?" [...]
„Sie halten nicht viel von Ihrem ..."
40 „Ich habe keinen Bruder mehr", unterbricht ihn die Frau, „und dabei bleibt's auch." Sie schenkt sich eine Tasse Kaffee ein und wirft einen kurzen Blick auf den Kommissar. „Ja, also, das war's dann wohl. [...] Der Karli ist nicht hier im Haus. Gucken Sie doch nach, wenn Sie mir nicht glauben!"
Die Frau reißt die Kellertür auf und macht das Licht an. „Wollen Sie hier
45 beginnen?", fragt sie höhnisch. Dann schiebt sie den Kommissar ins Wohnzimmer. „Oder sitzt er vielleicht vor dem Fernseher?"
Hell schüttelt den Kopf. „Entschuldigen Sie die Störung", sagt er ruhig und verlässt das Haus. Der Kommissar geht nur ein paar Schritte die Straße hinunter. Dann zieht er sein Handy aus der Manteltasche und fordert
50 einen Streifenwagen an. „Ich glaube, wir können uns den Brose holen", sagt er, „Lerchenweg 15. Im Haus seiner Schwester."

Frage an euch als Detektive: Was war Kommissar Hell im Haus von Frau Zumpel aufgefallen? Ergänze die beiden unvollständigen Sätze – falls du weißt, wie Kommissar Hell dem Verbrecher auf die Spur gekommen ist.

In der Kriminalgeschichte „Brose ist wieder da!" von Rainer Crummenerl geht es darum, dass Kommissar Hell den flüchtigen Verbrecher Brose in der Wohnung von dessen Schwester aufspürt.
Als der Kommissar durch einen anonymen Anruf den Hinweis erhält, dass sich Brose bei seiner Schwester versteckt halte, kann er mit diesem Namen zunächst nichts anfangen. Aus dem Polizeicomputer erfährt er jedoch, dass es sich bei Brose um einen flüchtigen Trickbetrüger handelt. Um sicherzugehen, dass er keiner Fehlinformation aufgesessen ist, beschließt Hell, zunächst allein in der Wohnung von Frau Zumpel, Broses Schwester, nach dem Rechten zu sehen. Zwar wird er ... Beim Weggehen fällt dem Kommissar allerdings auf, dass ...

Welche „Spuren" sichert eine **Inhaltsangabe** oder Textzusammenfassung?

1. SPURENSICHERUNG IM UNTERRICHT
Protokollieren

Text 1 **Auszug aus einem Unterrichtsprotokoll**

Theodor-Fontane-Gymnasium
Protokoll der Deutschstunde, Klasse 8f
22.09.20..., 9.30–10.15
Anwesend: 27 Schüler/innen der 8f und Frau Huff. Abwesend: Julian Lange (krank)
5 Protokollantin: Anja Maywald

Tagesordnung:
Thema der Stunde: Einführung in die Unterrichtseinheit „Kriminalgeschichten"
1. Unterrichtsgespräch: eigene Erfahrungen mit Krimis
2. Besprechung der Kriminalgeschichte „Brose ist wieder da!" von Rainer Crummenerl
10 a) Vortragen des Textes, Klärung von Verständnisfragen
b) Gruppenarbeit und Präsentation: Spannung erzeugende Gestaltungsmittel des Textes
3. Vergleich der Geschichte mit eigenen Krimi-Erfahrungen
4. Hausaufgabe zur nächsten Stunde

[...]

15 zu TOP 2: Besprechung der Kriminalgeschichte „Brose ist wieder da!" von Rainer Crummenerl
a) Obwohl Jasmin ziemlich erkältet ist, liest sie den Text sehr betont vor. Im anschließenden Unterrichtsgespräch geht es vor allem um die Frage, wie Kommissar Hell herausgefunden hat, dass der gesuchte „Brose" sich wirklich im Haus seiner Schwester aufhält. Nach einigen nicht überzeugenden Versuchen findet Martina schließlich heraus, dass bei der Ankunft Hells die Keller-
20 tür offen stehe und Licht zu sehen sei und dass beim Weggehen des Kommissars Frau Zumpel die nun plötzlich geschlossene Tür aufreiße. Da Hell sie keinen Augenblick aus den Augen gelassen hat, muss also jemand anders die Tür geschlossen haben. Hierin liege des Rätsels Lösung.
b) In der anschließenden Gruppenarbeit geht es darum, herauszuarbeiten, wodurch die Spannung auf die Lösung des Falles eigentlich entsteht. Nach einer Viertelstunde präsentieren die
25 Gruppen ihre Ergebnisse, die Frau Huff an der Tafel festhält (s. Anlage: Tafelbild). Die erste Gruppe (Thomas, Christian, Martin, Karsten und Niki) stellt vor allem heraus, dass Spannung durch den Aufbau entstanden ist: Zunächst werden die Ausgangssituation, dann Hintergrundinformationen dargestellt, damit der Leser weiß, wer Brose ist. Spannung entstehe, weil sich Hell nicht blamieren wolle und ganz allein in das Haus der Schwester gehe. Mit dem Kommis-
30 sar zusammen forscht nun der Leser gespannt nach Anzeichen für die Anwesenheit des Betrügers. Gruppe 2 (Jessica, Benedikt, Barbara, Jannik und Theresa) ergänzt, dass die Spannung insgesamt durch die Rätselsituation entstehe. Der Leser weiß genauso viel wie der Kommissar und kann sich beim Kombinieren mit ihm messen. Nicht umsonst heiße der Kommissar ja auch „Hell". Die anderen Gruppen bestätigen die bisherigen Ergebnisse und weisen noch auf das
35 auffällige Verhalten der Frau Zumpel hin, die irgendwie aufgedreht wirke.

[...]

Unterschrift: *Anja Maywald*

1a Welchem Zweck dient ein Unterrichtsprotokoll?
b Beschreibe Form und Aufbau des Protokolls.
c Was soll die Protokollantin mit ihrer Unterschrift bescheinigen?

Protokoll und Inhaltsangabe

2 Untersuche den Protokollauszug (Text 1) zum Tagesordnungspunkt (TOP) 2 genauer:
a **Informationsgehalt:** An welchen Stellen fehlt es an wünschenswerten Informationen? Was ist überflüssig? Wo könnte gekürzt werden?
b **Reihenfolge:** Wie wird das Thema bzw. die zentrale Fragestellung der Stunde deutlich gemacht? Untersuche die Reihenfolge der Unterrichtsschritte sowie die Besprechungsergebnisse hinsichtlich einer klaren Darstellung.
c **Sprachliche Gestaltung:** Prüfe, ob die zu TOP 2 verwendeten Modi und Tempora richtig gebraucht sind. Was bewirkt die indirekte Rede?

3 Überarbeite und ergänze das Protokoll. Nutze dazu auch die folgende Sachinformation.
a Streiche Überflüssiges und verbessere das Protokoll sprachlich.
b Überlege dir, wie die Unterrichtsstunde zu den Tagesordnungspunkten 1 und 3–4 verlaufen sein könnte, und ergänze das Protokoll entsprechend.

Protokoll

Während sich **Ergebnisprotokolle** vor allem auf die sachlich korrekte Wiedergabe von Besprechungs*ergebnissen* (z. B. Abstimmungsergebnisse oder Beschlüsse) konzentrieren, halten **Verlaufsprotokolle** auch den genauen Verlauf einer Diskussion oder Besprechung fest.

Das **Unterrichtsprotokoll** stellt eine Mischform dar, da es neben den Ergebnissen auch die **Unterrichtsschritte** und damit **den „roten Faden" der Stunde** dokumentiert.
Genau festgelegte und immer zu beachtende Formalia sind:
- das **Papierformat:** z. B. DIN A4, einseitig beschriebene Blätter, Vorgaben für den Satzspiegel (bei Handschrift: linksbündig; bei PC: Blocksatz);
- der **Protokollkopf:** Wie jedes Protokoll hat auch das Unterrichtsprotokoll einen „Kopf" mit den wichtigsten Daten (Ort/Schule; Name der Veranstaltung; Zeit; Anwesende, Abwesende; Protokollant/-in);
- die **Angabe der Tagesordnung in Punkten:** In der Regel folgt nach dem Thema bzw. der Fragestellung der Stunde eine Tagesordnung, die sich an den Unterrichtsschritten orientiert;
- die **Ausführung der Tagesordnungspunkte:** Der Aufbau des Protokolls ist durch die Tagesordnung vorgegeben. Neben den Unterrichtsschritten (z. B. Erarbeitungsphase) werden auch die Unterrichtsformen (z. B. Gruppenarbeit), Leitfragen der Stunde, Zwischenergebnisse sowie Stundenergebnis und Hausaufgabe benannt, sodass der „rote Faden" der Stunde nachvollziehbar ist;
- die **Unterschrift der Verfasserin / des Verfassers.**

- **Wichtige Beiträge** werden **in indirekter Rede** wiedergegeben. Unwichtige Einzelheiten und Einzelbeiträge, die für den Fortgang der Stunde nicht wesentlich waren, werden nicht erwähnt.
- **Tempus** des Unterrichtsprotokolls ist das **Präsens**, denn das Protokoll „vergegenwärtigt" die Unterrichtsstunde.

Grundwissen und Methode

4 Basis eines guten Protokolls ist eine **effektive Mitschrift.** Probiert einen Mitschreib-Test:
a Lest den folgenden Text mit verteilten Rollen vor. Alle anderen haben die Aufgabe, für ein Stundenprotokoll mitzuschreiben. Sie hören nur zu und lesen nicht mit.
b Vergleicht anschließend eure Mitschriften, am besten tauscht ihr sie untereinander aus und kommentiert sie am Rand: Werden die Zusammenhänge und Ergebnisse deutlich?
c Besprecht:
– Welche Probleme hattet ihr beim Mitschreiben? Wie kann man sie lösen?
– Kennt ihr verschiedene Mitschreibtechniken? Gebt euch gegenseitig Tipps.

Text 2 **Aus einem Unterrichtsgespräch in der 8f**

FRAU HUFF: Nachdem wir in den letzten Stunden Kriminalgeschichten gelesen und analysiert haben, soll es in dieser Stunde um zwei Fragen gehen. Erstens: Welche verschiedenen Arten von Kriminalgeschichten gibt es überhaupt? Zweitens: Welche Krimis werden gern gelesen? Zu diesen Fragen solltet ihr ja recherchieren. Sandra und
5 Nelli, denkt ihr bitte daran, mitzuschreiben? Ihr seid mit dem Protokoll dran. Beginnen wir mit der Frage nach den Arten von Kriminalgeschichten. Was habt ihr herausgefunden?

DENNIS: Den Kriminalroman, der fast alles in der richtigen Reihenfolge erzählt, vom Auffinden der Leiche bis zur Aufklärung des Mordes.
10 FRAU HUFF: Richtig.

MARIA: Den Thriller. Im Thriller wird meistens ein schon bekannter Täter verfolgt und gefasst. Im Thriller gibt es oft auch Agenten und Spione.

DANIEL: Ja, oder eine Verschwörung. Ich habe z. B. gerade das „Sakrileg" gelesen, da kam eine Verschwörung vor, die bis in das Mittelalter zurückreichte. Das war krass.
15 TINA: Ich lese gerade „Die Akte" von John Grisham. Da ist eine ganz harmlose Studentin die Hauptfigur, die kommt einer Verschwörung auf die Spur, die was mit Umweltverschmutzung zu tun hat. Total spannend.

MARCO: Außerdem gibt es noch die Detektivromane, in denen Detektive die Verbrechen aufklären, z. B. Hercule Poirot, Sherlock Holmes oder Inspector Jury.
20 SEBASTIAN: Oder die drei Fragezeichen oder TKKG!

MARISA: Es gibt aber auch weibliche Detektive! Miss Marple oder Kay Scarpetta!

ELENA: Ich hab gelesen, dass die ersten Krimis Detektivgeschichten waren, bei denen es um das „whodunit" ging, also nur darum, wer es getan hatte. Modernere Krimis beschäftigen sich häufiger auch mit dem Seelenleben von Tätern und Detektiven, also
25 um das „whydunit".

JENNIFER: Ich habe im Internet eine Seite von Krimifans gefunden, die nannten noch viel mehr Krimisorten, z. B. Locked-room-mystery-Romane, Cozy-Krimis oder Rätselkrimis.

FRAU HUFF: Kannst du erklären, was man darunter versteht?

JENNIFER: So ganz klar ist mir das auch nicht, aber Cozy-Krimis, dahinter stand in Klam-
30 mern Häkel- oder Landhauskrimis. Ich glaube, damit sind so altmodische, harmlose Krimis wie die mit Miss Marple gemeint. Bei den Locked-room-mystery-Romanen geht es um Morde, die in einem abgeschlossenen Raum spielen und bei denen einer der Zeugen gleichzeitig der Täter sein muss. Rätselkrimis sind welche zum Mitraten, z. B. die Kommissar-Kugelblitz-Geschichten.
35 FRAU HUFF: Prima. Ihr habt vor allem noch einmal viele Beispiele für die einzelnen Formen genannt, besonders für die Detektivgeschichten, die ja auch sehr häufig und beliebt sind. Sandra und Nelli, ich hoffe, ihr seid gut mitgekommen?

SANDRA: Naja, es geht so.

5 Sandra und Nelli haben sich zum Unterrichtsgespräch Notizen gemacht, aber manches ist noch nicht geglückt.
a Beschreibe zuerst das Vorgehen und vergleiche die beiden Mitschriften genauer:
– Enthalten sie die wichtigsten Informationen? Was ist überflüssig? Was fehlt?
– Sind die Mitschriften übersichtlich und gut lesbar?
– Kann man mit ihrer Hilfe den Inhalt der Stunde rekonstruieren?
b Notiere jeweils drei Tipps: Worauf kommt es beim Mitschreiben an?

Protokoll und Inhaltsangabe

Text 3A Sandra

Deutschstunde vom 24.10. ...
Unterrichtsgespräch (alle) / Fragestellungen
Fr. Huff:
1. Welche versch. Arten von Krimis gibt es?
2. Welche Krimis werden gerne gelesen?

zu 1)
Denis: Kriminalroman → richtige Reihenfolge
Maria/ Thriller → Verfolgung e. bek. Tä-
Daniel/ ters; auch Agenten u. Spione; Ver-
Tina schwörung   z.B. „Sakrileg"
Marco: Detektivromane → Aufkl. d. Verbre-
chens durch Detektive   Hercule Poirot
Elena: Abgrenzung in Detektivromanen   Sherlock Holmes
→ whodunit ↔ whydonit   Täter an sich ↔
Jennifer: a) Locked-room-mystery Romane   Seelenleben Täter
(Morde in verschl. Raum; Zeuge
= Täter)   (Internetrecherche)
b) Cozykrimis (Landhaus-/ Häkel-
krimis)
c) Rätselkrimis (Krimis zum Mitra-
ten)

zu 2)
Thriller: „Sakrileg" (Daniel), „Akte" (Tina)   → Frage von Fr.
Detektive: Hercule Poirot, Sherlock Holmes,   Huff eigentlich
Inspector Jury (Marco); Miss Marple, Kay   nicht richtig beant-
Scarpetta (Marisa)   wortet (nur Bsple.,
keine persönl. Vor-
lieben genannt)

Text 3B Nelli

Kriminalgeschichten gelesen, analysiert   24. 10. ...

1. Welche versch. Arten v. Kriminalgeschichten
2. Wer liest Krimis – welche Krimis gern gelesen?

Arten von Kriminalgeschichten?
Kriminalroman: Merkmale: richtige Reihenfolge vom Finden Leiche bis Aufklärung
Thriller: Merkmale Verfolgung e. bek. Täters, u. Agenten u. Spione.   noch mehr Merkmale?
u. Verschwörung, z.B. „Sakrileg" → bis in das Mittelalter.
z. B. „Die Akte" J. Grisham. Studentin Hauptfigur, Verschwörung u. Umweltverschmutzung   Krass!!!
Detektivromane – Detektiv klärt Tat auf. z.B. Hercule Poirot, Inspektor Jury. Oder die ??? oder TKKG!   Spannend!!!!

6 Probiere unterschiedliche Formen des Mitschreibens aus und entwickle deine eigene Form.

Text 4 Folienabschrift: Stundenergebnis

> „Krimi": **Sammelbezeichnung** für Erzählungen, Romane, Filme:
> – Handlung um ein Verbrechen herum
> – unterteilbar in drei Schritte: *Vorgeschichte*, der *Fall* selbst, die *Aufklärung*
> – problemorientierte Krimis: Einbeziehung von sozialem Umfeld oder innerem Konflikt des Täters oder Detektivs
>
> **Grundsätzlich drei Arten von Krimis:**
> – **Kriminalroman**, meist chronologisch erzählt bis zur Aufklärung
> – **Detektivroman**, Detektiv deckt Zusammenhänge auf und entlarvt Täter
> – **Thriller**, spannungs- und actionreich, Verfolgung eines meist bekannten Täters
>
> **Mischformen**, z. B.:
> – **Agenten-** oder **Spionagegeschichten**: Tätigkeit von Geheimdiensten
> – **Gerichtskrimis**: Aufklärung, d.h. die Entlarvung des Täters, in spektakulärer Gerichtsszene
> – **Rätselkrimi**: Sonderform des Detektivromans, Leser informiert wie Detektiv, kann selbst den rätselhaften Fall lösen oder falschen Spuren folgen

7 Text 4 enthält als Folienabschrift das Stundenergebnis zu der Frage: Welche verschiedenen Arten von Kriminalgeschichten gibt es überhaupt? Nutze die Informationen in den Texten 2–4 für ein Protokoll der Stunde:
a Überlege zunächst, wie es zu diesem Ergebnis gekommen sein könnte, und halte in Stichworten fest, in welchen Schritten und in welchen Unterrichtsformen die Stunde verlaufen sein könnte.
b Schreibe das Protokoll so, dass die Unterrichtsschritte und Unterrichtsformen ebenso wie der „rote Faden" der Stunde deutlich werden.
c Ergänze auch den Kopf und den Schluss des Protokolls.
d Welche Tagesordnung lässt sich aus deinem Protokoll ableiten? Besprecht, welche Funktion solch eine Tagesordnung hat und inwiefern sie für das Protokoll einer Unterrichtsstunde hilfreich ist.

8 In Verlaufsprotokollen kann auch das Präteritum verwendet werden, in Ergebnisprotokollen wird immer das Präsens benutzt.
a Erkläre aus Inhalt und Funktion der Protokollarten, warum ein unterschiedlicher Tempusgebrauch möglich ist.
b Besprecht, welches Tempus für Unterrichtsprotokolle sinnvoll ist.

9 Du kennst selbst sicherlich unterschiedliche Krimis – als Buch oder als Film:
a Ordne sie in die in Text 4 genannten Krimi-Arten ein. Wo ergeben sich Schwierigkeiten?
b Wie würdest du den Text von Rainer Crummenerl einordnen?

2. ERMITTLUNGSMETHODEN VERTIEFEN
Kurzgeschichten untersuchen

Text 5 **Eis** Helga M. Novak

Ein junger Mann geht durch eine Grünanlage. In einer Hand trägt er ein Eis. Er lutscht. Das Eis schmilzt. Das Eis rutscht an dem Stiel hin und her. Der junge Mann lutscht heftig, er bleibt vor einer Bank stehen. Auf der Bank sitzt ein Herr und liest eine Zeitung. Der junge Mann bleibt vor dem Herrn stehen und lutscht.

5 Der Herr sieht von seiner Zeitung auf. Das Eis fällt in den Sand. Der junge Mann sagt, was denken Sie jetzt von mir?
Der Herr sagt erstaunt, ich? Von Ihnen? Gar nichts.
Der junge Mann zeigt auf das Eis und sagt, mir ist doch eben das Eis runtergefallen, haben Sie da nicht gedacht, so ein Trottel?

10 Der Herr sagt, aber nein. Das habe ich nicht gedacht. Es kann schließlich jedem einmal das Eis runterfallen.
Der junge Mann sagt, ach so, ich tue Ihnen leid. Sie brauchen mich nicht zu trösten. Sie denken wohl, ich kann mir kein zweites Eis kaufen. Sie halten mich für einen Habenichts. Der Herr faltet seine Zeitung zusammen. Er sagt, junger Mann, warum regen Sie

15 sich auf? Meinetwegen können Sie soviel Eis essen, wie Sie wollen. Machen Sie überhaupt, was Sie wollen. Er faltet die Zeitung wieder auseinander.
Der junge Mann tritt von einem Fuß auf den anderen. Er sagt, das ist es eben. Ich mache, was ich will. Mich nageln Sie nicht fest. Ich mache genau, was ich will. Was sagen Sie dazu?

20 Der Herr liest wieder in der Zeitung.
Der junge Mann sagt laut, jetzt verachten Sie mich. Bloß, weil ich mache, was ich will. Ich bin kein Duckmäuser. Was denken Sie jetzt von mir?

Der Herr ist böse.
Er sagt, lassen Sie mich in Ruhe. Gehen Sie weiter. Ihre Mutter hätte Sie öfter verhauen
25 sollen. Das denke ich jetzt von Ihnen.
Der junge Mann lächelt. Er sagt, da haben Sie Recht.
Der Herr steht auf und geht.
Der junge Mann läuft hinterher und hält ihn am Ärmel fest. Er sagt hastig, aber meine Mutter war ja viel zu weich. Glauben Sie mir, sie konnte mir nichts abschlagen. Wenn ich
30 nach Hause kam, sagte sie zu mir, mein Prinzchen, du bist schon wieder so schmutzig. Ich sagte, die anderen haben nach mir geworfen. Darauf sie, du sollst dich deiner Haut wehren. Lass dir nicht alles gefallen. Dann ich, ich habe angefangen. Darauf sie, pfui das hast du nicht nötig. Der Stärkere braucht nicht anzufangen. Dann ich, ich habe gar nicht angefangen. Die anderen haben gespuckt. Darauf sie, wenn du nicht lernst, dich durch-
35 zusetzen, weiß ich nicht, was aus dir werden soll. Stellen Sie sich vor, sie hat mich gefragt, was willst du denn mal werden, wenn du groß bist? Neger, habe ich gesagt. Darauf sie, wie ungezogen du wieder bist.
Der Herr hat sich losgemacht.
Der junge Mann ruft, da habe ich ihr was in den Tee getan. Was denken Sie jetzt?

1 Erarbeitet anhand der folgenden Fragen gemeinsam oder in Gruppen den Text und haltet Verlauf und Ergebnisse in einem **Unterrichtsprotokoll** fest.

2 Worum geht es in dieser Geschichte? Ist Text 3 eine Kriminalgeschichte? Begründet eure Auffassung anhand des Textes.

3 Erschließt den Text mithilfe der folgenden, euch schon bekannten **Techniken**:

a **Fragen klären, Textverständnis überprüfen:**
– Besprecht Fragen, die sich nach dem Lesen des Textes ergeben.
– Welche Fragen lassen sich durch genaues Lesen beantworten (z. B.: *Weshalb bestätigt der junge Mann die Behauptung, seine Mutter hätte ihn öfter verhauen sollen?*)?
Welche Fragen bleiben unbeantwortet? Besprecht mögliche Deutungen.
– Inwiefern trägt die Überschrift zum Verständnis des Textes bei?

b **Handlungsverlauf:**
– Gebt den Verlauf der Geschichte – mündlich oder als Textzusammenfassung – mit eigenen Worten wieder.
– Was erfahren wir über Ort und Zeit des Geschehens?

c **Handlungsschritte:**
– In welche Sinnabschnitte kann man den Text unterteilen?
Teil 1 (Zeile ✱ bis ✱): *harmloser Beginn: heruntergefallenes Eis sorgt für Gesprächsanlass zwischen dem jungen Mann und dem Herrn*
Teil 2 (Zeile ✱ bis ✱): *überraschende Entwicklung: …*

d **Figuren:**
– Was erfährt der Leser über Situation und Lebensumstände der beiden Figuren? Und wie verhalten sie sich jeweils?
– Welche Motive sind für das Handeln der Figuren jeweils erkennbar? (*Wichtig beim jungen Mann: Rolle der Mutter, die …*)
– Charakterisiert die Figuren: Was ist jeweils das Typische an ihnen? (*Der Herr will sich nicht in ein Gespräch verwickeln lassen, weil …*)

e **Äußere und innere Handlung:**
– Gibt es im Text nur äußere Handlung (das sieht der Leser „von außen") oder findet ihr auch innere Handlung (da wird über „das Innere", über Gedanken und Gefühle, erzählt)?

Kurzgeschichten untersuchen

f Sprachliche Gestaltungsmittel:
Untersucht Auffälligkeiten in der sprachlichen Gestaltung des Textes, z. B. Besonderheiten des Satzbaus oder der Wortwahl. Probiert z. B. aus, wie sich die Wirkung des Textes ändert, wenn ihr ihn in längeren Sätzen formuliert: *Ein junger Mann, der in einer Hand ein Eis trägt, an dem er lutscht, geht durch eine Grünanlage. Da das Eis schmilzt, rutscht es an dem Stiel hin und her, und der junge Mann lutscht heftig, als er vor einer Bank stehen bleibt, auf der ein Herr sitzt und eine Zeitung liest. …*

g Erzähler:
Was lässt sich über Rolle und Verhalten des Erzählers sagen? (→ Sachlexikon Deutsch)

4 Fasst die wesentlichen Ergebnisse eurer Texterschließung zusammen:
a *Was* wird im Text *wie* und mit *welcher Wirkung* erzählt?
b Formuliert die mögliche Aussage des Textes in einem Satz.

5 „Kurzgeschichten untersuchen" – aber was genau ist eigentlich eine Kurzgeschichte?
a Setze in die Lücken der Sachinformation die passende Ergänzung ein.
b Prüfe „Brose ist wieder da!" von Crummenerl (S. 58f.): Welche Merkmale einer Kurzgeschichte treffen auf die Erzählung zu, welche nicht?

Grundwissen und Methode

(1) lassen sich nicht nur nach ihrem Inhalt unterscheiden (z. B. in Kriminal-, Science-Fiction- oder Abenteuererzählungen), sondern auch nach ihrer Länge oder ihrer Bauform. So gibt es neben Novellen und Romanen z. B. **Kurzgeschichten**.
Meist wird **eine besondere Situation** im Leben eines Menschen erzählt. (2) erweisen sich dabei plötzlich als **krisenhafte Wendepunkte im Leben der Hauptfigur**. Zumeist wird der Leser zu **Beginn** (3) in eine bereits laufende Handlung hineinversetzt.
Der Erzähler wertet und kommentiert das Geschehen in der Regel nicht. Dadurch bietet die Kurzgeschichte meist auch (4) an. Das weitere Geschehen, also der **Schluss**, (5). Der Leser kann (6).

---

(1) *Theaterstücke/erzählende Texte/Romane*
(2) *Alltagssituationen/Schicksalsschläge/Menschen*
(3) *ausführlich/anschaulich/unvermittelt*
(4) *keine eindeutige Lösung oder Deutung/deutliche Hinweise auf eine Deutung/ Hilfen zum Verständnis der Handlung*
(5) *klärt die Situation/bleibt meist offen/enthält Textsignale für die Konfliktlösung*
(6) *eine völlig beliebige Lösung erfinden/selbst über Lösungsmöglichkeiten des Konflikts nachdenken/nur frustriert rätseln, was die Geschichte eigentlich aussagen soll*

Text 6   Wasserdichtes Alibi   Alfred Müller-Felsenburg

Maximilian Mott zog langsam die Vorhänge zu. Er ließ sich Zeit, viel Zeit. Dann schaute er auf seine Armbanduhr. Frau Schmitt hatte ihn offensichtlich gesehen. Sie sah stets alles, was geschah. Was blieb einer alten, fast unbeweglichen Frau anderes, als Tag und Nacht aus dem Fenster zu starren und das Dasein jüngerer Leute zu beobachten? Filme
5 fremder Leben in Vielzahl mussten bruchstückhaft an ihren Augen vorübergezogen sein. Mott war es recht so. Die Nachbarin sollte genau wissen, was an dem Abend in seiner Wohnung geschah. Er brauchte für diesen nebligen 15. November eine unverdächtige, unbestechliche Augenzeugin wie Frau Schmitt, die kaum schlief, weil Altersbeschwerden sie spät, sehr spät zu Bett gehen ließen.
10 Mott lächelte. Dann probierte er nochmals alles aus. Er schaltete das Uhrwerk ein, stellte den Zeiger auf eine festgelegte Ziffer und wartete. Fünf Minuten. Aus der Ecke seines

Zimmers kam die Pappscheibe hervor. Lautlos glitten die Rollen über das Seil. Dann ertönte plötzlich ein Geräusch. Als wenn jemand im Zimmer umherginge. Die Pappscheibe, geschnitten wie die Silhouette eines Mannes, bewegte sich vorwärts, blieb plötzlich stehen, genau vor dem Fenster, verharrte eine kurze Weile, zog weiter. Der Lampenschimmer fiel genau darauf. Von der anderen Straßenseite her, das wusste Mott, musste es wie der Schatten eines Menschen wirken. Husten. Lautes Husten. Der Apparat funktionierte. Vom Tonband kamen die Laute eines Mannes, der allein in einem Raum ist. Dazwischen Wasserrauschen, Tassengeklirr. Nicht zu laut, nicht zu leise. Die dünnen Wände ließen dennoch alles durch. Übliche Hellhörigkeit einer Wohnung, die jeder in Kauf zu nehmen hat, der auf eine Mietwohnung angewiesen ist. Dann erlosch die Deckenbeleuchtung. Es dauerte einen Moment, ehe der Fernseher sich automatisch einschaltete. „Meine Damen und Herren ..."

Mott hielt inne, schaltete das Programm zurück. Dann blickte er wieder auf die Uhr. In einer halben Stunde konnte er verschwinden. Inzwischen packte er eine Tasche mit Arbeitsgeräten voll, legte Mantel, Mütze, Handschuhe bereit. Noch einen Blick auf die Uhr. Es war soweit. Er betrat sein Schlafzimmer. Es lag im toten Winkel des Hauses. Ohne große Mühe gelangte er mit einem knappen Sprung auf die kleine Wiese. Danach zog er mit dem Haken das Fenster zu, lauschte gespannt, nickte lächelnd und verschwand hinter den Büschen.

Der Nebel begünstigte sein Vorhaben. Heute konnte nichts schiefgehen. Alle Risiken waren ausgeschaltet. Er dachte an sein vorfabriziertes Alibi. Diesmal kriegten ihn die Polypen nicht dran. Er war sicher. Hundertprozentig.

Um Mitternacht hatte er sein Ziel erreicht. Eine Viertelstunde benötigte er. Länger durfte der Einbruch nicht dauern. Das Fernsehprogramm endete gegen 0.30 Uhr. Danach bewegte sich die Pappscheibe noch zweimal in einem Zeitraum von zwanzig Minuten. Also musste Mott spätestens eine Stunde nach Mitternacht wieder in seiner Wohnung sein. Mit oder ohne Beute.

Er duckte sich in den Schatten der Tür. Der Juwelierladen lag günstig. Äußerst günstig. Hinter dem Geschäftshaus verlor sich die Straße aus der Stadt. Ein kleiner Waldgürtel war in etwa hundert Metern gegen den diesigen Hintergrund nicht mehr zu erblicken. Aber Mott kannte sein Revier. Lange genug hatte er herumbaldowert. Er setzte den Glasschneider an, zog einen Halbkreis. Die Haftmasse her! Behutsam, ohne jeglichen Laut, löste er das Glas, griff nach rechts und fühlte den Draht. Diese Sicherung hielt einen Mott niemals auf. Ohne Zögern arbeitete er. Dann machte es leise „klick". Geschafft, dachte Mott. Ich habe es geschafft.

In diesem Augenblick kam das Auto. Ein dunkler Mercedes. Kennzeichen? D–HL–1235. Mott ließ sich zusammensinken. Der Wagen verschwand heulend um die Kurve. Motts Augen hatten gesehen. Genug gesehen. Ihn fröstelte auf einmal. Der große Boss unterwegs? Er war es. Kein Zweifel. Ausgerechnet an diesem Abend und an diesem Ort. Mott kannte den Boss. Aber er mochte ihn nicht. Er arbeitete grundsätzlich ohne Partner. Belling jedoch hatte stets einen Haufen um sich. Drehte die großen Dinger. War bislang nur einmal geschnappt worden. Im Klingelpütz waren Mott und Belling aufeinandergetroffen. Als Mott Kalfaktor gewesen war. Damals, vor drei Jahren. Seitdem ging Mott Belling aus dem Weg.

Es war nichts geschehen. Nein, nichts. Aber es schien besser zu sein, nicht dort umherzuwieseln, wo Belling auftauchte. Ach, was! Fort mit Schaden. Mott ließ die Taschenlampe aufblitzen und betrat das Geschäft. Fünf Minuten verloren. Die holte er wieder auf. Der Lichtschein wanderte über die Verkaufstische. Hier war nichts zu finden. Die Sore, die

Mott brauchte, lag im Hinterzimmer. Genau nach Plan öffnete er den Tresor. Kein Kunststück für einen begabten Schlosser. Und Mott war begabt. Jedes Mal überfiel ihn erneut dieser prickelnde Rausch, wenn sich verschlossene Türen für ihn öffneten. Bargeld. Schön. Schmuck. Mott wählte mit Bedacht. Nicht zu viel, nicht zu wenig. „Wer Maximilian heißt, sollte Maß halten. Schon sein Name macht ihn verdächtig!", sagte er sich sein Sprichwort vor.

Mott verließ den Laden. Die Dunkelheit umfing ihn.

Die heiße Ware musste noch in dieser Stunde an den richtigen Mann gebracht werden. Mott kannte den besten Mann auf diesem Gebiet. Er hatte eine Sonderabmachung mit ihm getroffen. Ein verschnürtes Päckchen fiel in den Schlitz eines Hausbriefkastens. Das Geld wanderte in einen Briefumschlag. Adresse: Frau W. Klein, Düsseldorf, Lindenstraße 295. Der nächste Briefkasten stand auf dem geplanten Rückweg. Leerung: 11 Uhr vormittags.

Die Uhr schlug einmal, als Mott das Fenster seines Schlafzimmers leise hinter sich zuzog. Der Pappkamerad beendete gerade einen Gang. Maximilian beseitigte alle Spuren sorgfältig. Das Tonband verbrannte im Herd. Mott liebte altmodische Öfen. Sie brachten ihm manchen Nutzen. Dafür nahm er das Schleppen von Kohlen gern in Kauf.

Am Nachmittag des 16. November läutete es an seiner Tür.

„Sie, Oberinspektor?"

Motts Gesicht war ein einziges Fragezeichen. Das war nicht einmal geheuchelt. Es konnte keine Panne gegeben haben.

„Darf ich reinkommen?"

Mott nickte nur verblüfft.

„Haben Sie Zeit für mich, Max?"

„Natürlich, Oberinspektor. Für'n alten Bekannten immer. Was haben Sie auf'm Lager?"

„'ne ganze Menge, Max. Ich darf doch Max sagen? Oder legen Sie Wert darauf, Herr Mott genannt zu werden?"

„Brechen Sie sich man nur keine Verzierungen ab. An Höflichkeit bei Ihnen in dieser Form könnte ich mich gar nicht mehr gewöhnen, Herr Oberinspektor!"

Mott war unruhig. Was stimmte nicht? Irgendetwas musste schiefgelaufen sein. Aber was?

„Max, der Bruch am Wäldchen da oben war Ihre Arbeit. Ich kenne Ihre Handschrift. Sie haben den Laden ausgeräumt. Jede Wette!"

Max schüttelte nur den Kopf. Dann sagte er: „Immer soll ich die Touren gedreht haben. Geben Sie niemals Ruhe?"

„Kommen Sie mit, Max. Die Sache hat einen dicken Haken."

Im Dienstzimmer nahm der Beamte Max in die Mache. Zwei Stunden lang. Mott spielte den Empörten. Er mimte den Unschuldigen gekonnt. Inzwischen kehrten zwei weitere Beamte ins Kommissariat zurück. Sie winkten den Oberinspektor aus seinem Zimmer.

„Nichts zu machen. Sein Alibi ist wasserdicht. Die Nachbarn sagen, dass er gestern Abend die Wohnung nicht verlassen hat. Eine alte Frau hat sogar mehrfach seinen Schatten beobachtet. Von der gegenüberliegenden Straßenseite aus. Zuverlässige Frau. Er muss am Bildschirm gesessen haben. Wir könnten ihn mal nach dem Programm fragen."

Mott gab erschöpfende Auskunft. Dass einige Wiederholungssendungen am Samstagabend gelaufen waren, hatte er vorher gewusst. Den Inhalt der Filme kannte er.

Der Oberinspektor war verzweifelt.

„Max, Sie waren es. Da beißt keine Maus den Faden ab. Wie Sie's gedreht haben, weiß ich nicht. Sie sind mir auch nicht wichtig. Dass ein Juwelier beklaut wird, davon geht die

Welt nicht unter. Aber gestern ist noch was anderes passiert. Ein Kind ist entführt worden. Fabrikant Schneiters Tochter. Drei Jahre alt. Die Lösegeldforderung liegt schon auf
110 dem Tisch. Wir wissen, dass der Kidnapper mit 'nem Mercedes geflitzt ist. Sogar, welche Richtung er genommen hat. Am Laden, nein, kurz vor dem Laden, wo Sie gearbeitet haben, hat er was verloren. Er muss vorbeigefahren sein, als Sie dort waren. Über den Daumen gepeilt, war das etwa die Zeit, als der Laden geräumt wurde. Sie haben doch immer den gleichen Zeitplan, Max. Wir rechnen damit, dass Sie den Wagen gesehen
115 haben. Vielleicht wissen Sie mehr. Ihre Augen sind ausgezeichnet. Das weiß ich. Also, Max, was ist? Ein Kind, ein Mädchen, ein kleines Mädchen. Das kriegen die Eltern nie mehr zu sehen, wenn wir nicht rechtzeitig eine Spur finden."
Hm, das hat Belling gezaubert. Kindesentführung. Mott zog die Stirn in Falten. Max, sei helle. Red jetzt bloß keinen Stuss. Wenn du red'st, dann hängste drin, dicke drin. Die
120 Bullen lassen dich nicht laufen, weil du ein kleines Mädchen gerettet hast. Die lassen dich brummen. Kriegst vielleicht ein paar Jährchen weniger. Aber was macht Belling, wenn er aus'm Knast wieder draußen ist? Und seine Bande killt dich vorher, wenn sie dich erwischt. Max, mach Fliege, verdufte, red kein Wort. Es ist alles Essig. [...]
Der Oberinspektor sah auf Mott. Dann hob er die Hand, ließ sie wieder fallen: „Max, wir
125 können Ihnen nichts nachweisen. Wenn Sie was sagen, sitzen Sie in der Tinte. Nicht so dick wie gewöhnlich. Aber das Kind!"
Was geht mich der Balg von so einem dusseligen Kapitalisten an? Intensiv dachte Max nur selten nach. Es sei denn, er hatte was vor. Nur nichts zugeben. Wer hilft mir denn? Dass ich nicht grinse. Jetzt kommt der Polyp auf die menschliche Tour. Vor Jahren hat er
130 mir mal eine reingehauen. Da habe ich die Engel singen hören. Jetzt will er nur den dicken Mann spielen, der einen Kidnapper fängt. Und mich lässt er sowieso in der Bredullje sitzen. Ne, Max, gib nicht zu, gar nicht.
Laut sagte Mott: „Sie haben kein Recht, mich festzuhalten. Ich war zu Hause und damit Schluss! Wär' ich schuldig, hätt' ich bestimmt nach'm Anwalt geschrien. Hab' ich das? Ne!
135 Na, also. Und das Mädchen tut mir leid, Oberinspektor, können Sie mir glauben. Aber was nicht ist, das ist eben nicht. Kann ich jetzt gehen?"
Der Beamte nickte.
„Ich kann Sie nicht halten, Herr Mott. Gehen Sie bitte. Übrigens, Sie brauchen keine Angst zu haben, noch einmal von mir belästigt zu werden. Ich gebe den Fall ab, bin demnächst
140 in Pension. Aber Sie sind kein kleiner Ganove, Herr Mott. Sie gehören zu den ganz Großen. Zu den Supergroßen. Gehen Sie, gehen Sie schnell, ehe ich meine Beherrschung verliere. Sie haben gewonnen."
Mott blinzelte in die trübe Nachmittagssonne des 16. November. Sonntag. Noch einmal davongekommen. Er trottete missvergnügt über den Platz vor dem Präsidium. Es war ein
145 Kinderspielplatz. Wenige Mütter hielten sich mit ihren Kindern draußen auf. Aber dort hinten schrie jemand. Ein Kind musste wohl hingefallen sein. Irgendein Kind. Mädchen oder Junge. Mott lief rascher. Er konnte kein Kindergeschrei vertragen.

6 Klärt gemeinsam Fragen zum Text und überprüft euer Textverständnis – z. B.:
 – Warum soll Motts Nachbarin „genau wissen, was an dem Abend in seiner Wohnung geschah" (Z. 6 f.)?
 – Warum verschickt Mott das Diebesgut per Post?
 – Warum kann er am Ende kein Kindergeschrei vertragen?
 – Klärt unklare oder unbekannte Begriffe: Was bedeuten z. B. die Wörter „Klingelpütz" (Z. 53), „Kalfaktor" (Z. 54), „Sore" (Z. 59) …?

7a Erschließe den Text mit den dir bekannten Erschließungstechniken.
 b Fasse dein Ergebnis in drei Schritten zusammen:
 Was: In der Geschichte geht es um ...
 Wie: Der Erzähler verwendet vor allem folgende besondere Gestaltungsmittel ...
 Wozu so: Er erzielt damit folgende Wirkung ... – Die Geschichte sagt für mich Folgendes aus ...

8a Welche typischen Merkmale einer Kriminalerzählung weist der Text auf? Ist er auch als Kurzgeschichte zu bezeichnen?
 b Diskutiert eure Ergebnisse und haltet sie in einem Unterrichtsprotokoll fest.

3. SPUREN BEI ERZÄHLTEXTEN SICHERN
Inhaltsangabe

Hauptteil: Wiedergabe der wichtigsten Handlungsschritte

1 Bringe die folgenden Stichworte in eine sinnvolle Reihenfolge und nutze sie für eine zusammenhängende Erläuterung: Wozu dient eine Inhaltsangabe und worauf kommt es dabei an?
Text erschließen – ein „Bericht über einen Text" – Kernaussage – Information – wesentliche Gedanken oder Handlungsschritte – sachlich korrekt – knapp, aber präzise

2 Übertrage die folgende Tabelle zu Text 4 in dein Heft und vervollständige die Gliederung in vier Sinnabschnitte.

Sinnabschnitt	Zeilen	Inhalt
1	*–*	Maximilian Mott (Hauptfigur) bereitet nächtlichen Einbruch durch einen „Probelauf" seines Alibis vor (Beschreibung der technischen Konstruktion); kurze Charakterisierung der Nachbarin Frau Schmitt (Augenzeugin)
2	*–*	Durchführung des Einbruchs ...
3	*–*	Mott wird vom Oberinspektor zum Verhör aufs Kommissariat gebracht ...
4	*–*	Mott wird zwar freigelassen, aber ...

3a Vergleicht eure Lösungen und begründet, welche inhaltlichen Angaben für das Verständnis des Textes besonders wichtig, weniger wichtig oder unwichtig sind.
 b Überlege dir dazu, welche Informationen jemand, der den Text nicht gelesen hat, benötigt, um ihn verstehen zu können:
 – Welche zeitlichen und kausalen Zusammenhänge müssen deutlich werden?
 – Welcher Konflikt muss herausgestellt werden?
 – Welche Tempusformen gebrauchst du?
 – Wie verfährst du mit wörtlicher Rede?

4a Überprüfe, ob die folgenden Hauptteile einer Inhaltsangabe inhaltlich und sprachlich gelungen sind. Notiere gegebenenfalls Verbesserungsvorschläge.
 b In welcher der beiden Fassungen ist neben der äußeren auch die innere Handlung angemessen wiedergegeben worden?

Protokoll und Inhaltsangabe

Text 7

[...] Nachdem Mott die Vorhänge zugezogen und sich viel Zeit gelassen hat, sieht er auf die Uhr. Frau Schmitt hat ihn sicherlich gesehen, denn auch Mott weiß ja, dass neugierigen Nachbarinnen nie etwas entgeht. Lächelnd schaltet er den Apparat an, der mit Rollen und einem Seil ein Pappschild durch die Wohnung bewegt, sodass man von draußen glaubt, dass sich jemand hinter den geschlossenen Gardinen bewegt. Danach setzt Mott auch den Fernseher und ein Tonband in Gang, auf dem er Husten, Geräusche von fließendem Wasser und Tassengeklirr aufgenommen hat, was in der hellhörigen Wohnung auch von nebenan klar zu hören sein muss. Schließlich macht er sich heimlich davon. Der Einbruch gelingt und Mott kehrt unerkannt in seine Wohnung zurück. Doch am nächsten Nachmittag verhaftet ihn unerwartet ein Oberinspektor der Polizei, der ihn verdächtigt, den Einbruch begangen zu haben. Als er Mott jedoch nichts nachweisen konnte, gab der Oberinspektor zu, dass es ihm um etwas Wichtigeres ging, nämlich um die Entführung eines kleinen Mädchens. Mott müsse den Entführer gesehen haben, da dieser in seinem Auto mit dem Kennzeichen D–HL–1235 aller Wahrscheinlichkeit nach genau zu der Zeit an dem Juwelierladen vorbeigefahren sei, als Mott dort einbrach. Mott bestritt das, weil er keinen Stuss reden wollte. Schließlich durfte er als freier Mann gehen. Als ein Kind auf einem Spielplatz in der Nähe hinfiel und zu schreien begann, lief Mott rasch davon, weil er Kindergeschrei noch nie gemocht hatte.

Text 8

[...] Als Mott zunächst die notwendigen Vorbereitungen für ein „wasserdichtes Alibi" abgeschlossen hat, macht er sich selbstsicher auf den Weg zu einem Juwelierladen. Als er gerade dabei ist, in das Geschäft einzubrechen, schreckt ihn ein vorbeifahrendes Auto auf, das mit hohem Tempo vorbeifährt. Mott erkennt den Fahrer. Es handelt sich um einen Mann namens Belling. Mott kennt den Belling aus dem Gefängnis. Der ist nämlich ein Gauner, der sich nicht mit einfachen Einbrüchen abgibt. Mott macht danach weiter. Zu seinem echt ausgeklügelten Plan gehört auch, dass er das Diebesgut nicht bei sich behält, sondern noch auf dem Rückweg zu seiner Wohnung als kleines Päckchen in einen Briefkasten schmeißt, um es so an seinen Hehler zu schicken. Und als er rechtzeitig und unerkannt in seine Wohnung zurückgekehrt ist, vernichtet er als Erstes die verräterischen Sachen, mit denen er seine Nachbarn hinters Licht geführt hat.
Als Mott dennoch am nächsten Nachmittag verhaftet wird, ist er zwar überrascht, stellt aber zu seiner Beruhigung bald fest, dass der Oberinspektor ihm nichts nachweisen kann. Sein Plan ist also aufgegangen und er triumphiert innerlich, zumal er den Oberinspektor, der ihn früher einmal geschlagen hat, nicht leiden kann. Da hat er die Engel singen hören. Mott erfährt jedoch auch, dass er weniger an dem Einbruch interessiert ist als vielmehr an der Aufklärung eines Entführungsfalles, der sich ebenfalls in der letzten Nacht ereignet hat, und zwar in der Nähe des Juweliergeschäftes und etwa zur selben Zeit wie der Einbruch. Der Entführer eines kleinen Mädchens müsse auf der Flucht am Geschäft vorbeigefahren und daher vom Einbrecher gesehen worden sein. Sofort wird Mott klar, dass Belling hinter der Sache stecken muss. Doch Mott schweigt, um sich nicht selbst zu belasten, weil der Oberinspektor betont: „Ein Kind, ein Mädchen, ein kleines Mädchen. Das kriegen die Eltern nie mehr zu sehen, wenn wir nicht rechtzeitig eine Spur finden." Doch Mott darf zwar als freier Mann gehen, doch er leidet offensichtlich unter Gewissensbissen, weil er das Kindergeschrei auf einem Spielplatz in der Nähe nicht ertragen kann und rasch davoneilt.

Inhaltsangabe

5 Nutze deine Beurteilungen der beiden Hauptteile für eine eigene Inhaltsangabe.
a Fasse selbst das Wesentliche des Textes knapp und klar mit eigenen Worten zusammen.
b Arbeitet in Schreibkonferenzen oder tauscht eure Ergebnisse untereinander aus: Was ist gelungen, was könnte noch verbessert werden?

Informierender Einleitungssatz

6 Eine Inhaltsangabe hat nicht nur einen Hauptteil, sondern auch einen Einleitungssatz.
a Wenn ihr schon Textzusammenfassungen mit einem Einleitungssatz geschrieben habt, besprecht, welche Informationen dieser enthalten soll. Wenn nicht, informiert euch in der folgenden Sachinformation.
b Beurteile die folgenden Einleitungssätze (Texte 7A–D) zu *Wasserdichtes Alibi* (Text 4):
– Enthalten sie jeweils die notwendigen Informationen?
– Welchem von ihnen gelingt es am besten, die Kernaussage des Kurzkrimis zum Ausdruck zu bringen?
c Formuliere anschließend selbst einen aus deiner Sicht optimalen Einleitungssatz.

Text 9

A In der Geschichte geht es darum, dass es dem Einbrecher Maximilian Mott aufgrund eines genialen Planes gelingt, ein Juweliergeschäft auszurauben, ohne dass die Polizei ihn dafür belangen könnte.

B Die Kurzgeschichte „Wasserdichtes Alibi" von Alfred Müller-Felsenburg handelt davon, dass ein Oberinspektor den Berufseinbrecher Maximilian Mott dazu bewegen will, bei der Aufklärung eines Entführungsfalles mitzuwirken.

C In der Kriminalerzählung von Alfred Müller-Felsenburg gelingt es dem Einbrecher Maximilian Mott zwar, ungestraft mit seinem Raub zu entkommen, dafür leidet er fortan unter einem schlechten Gewissen, da er für das ungewisse Schicksal eines kleinen Mädchens mitverantwortlich ist.

D In der Erzählung „Wasserdichtes Alibi" von Alfred Müller-Felsenburg triumphiert der König der Einbrecher, Maximilian Mott, über einen frustrierten, pensionsreifen Oberinspektor der Polizei.

7 Schreibe die folgende Sachinformation mit den korrekten Eintragungen in dein Heft:

Grundwissen und Methode

Inhaltsangabe
Eine Inhaltsangabe informiert den Leser (1) über den Inhalt eines Textes.
Im (2) bietest du dem Leser die Grundinformationen: Text (Textart, Titel, wenn bekannt: Quelle, Erscheinungsjahr), Verfasser/-in, Thema/Problem/Ergebnis; z. B. *In der Kurzgeschichte „Notensprung" von Hanni Piepecker geht es um einen genialen Musiker, der nach einem Unfall nicht mehr Klavier spielen kann und zum Amokläufer wird.*
Im (3) gibst du knapp die wesentlichen Handlungsschritte wieder, die zum Verständnis der Handlung und des Handlungsergebnisses wichtig sind. Du achtest auf einen überschaubaren Satzbau und die Verwendung von Satzverknüpfungen (Konjunktionen und Adverbien), um Grund und Folge des Geschehens deutlich zu machen.
In der Inhaltsangabe wird (4) benutzt, du gibst den Text durchgehend in der (5) wieder, das Tempus ist das (6) bzw. das Perfekt für Ereignisse vor der wiedergegebenen Handlung (z. B. *Der Musiker gerät in eine Nebelbank, die sich am Morgen gebildet hat, …*).

(1) schnell und knapp/sachlich und spannend/sachlich und knapp
(2) Einleitungssatz/Hauptteil
(3) Einleitungssatz/Hauptteil
(4) keine indirekte Rede/keine wörtliche Rede
(5) 1. Person/2. Person/3. Person
(6) Präsens/Präteritum

Das hast du in diesem Kapitel gelernt:

- Protokolle schreiben: Verlaufs-, Ergebnis-, Unterrichtsprotokoll
- **Erschließungstechniken für Erzähltexte:**
  Fragen zum Text klären
  Handlung und Aufbau
  Handlungsverlauf und Handlungsschritte
  äußere und innere Handlung
  Figurengestaltung und Motive
  Rolle des Erzählers
  sprachliche Gestaltungsmittel
- Kriminalgeschichten: Formen und Merkmale
- Kurzgeschichten: (typische) Merkmale
- **eine Inhaltsangabe mit informierendem Einleitungssatz schreiben**
- Texte überarbeiten
- **Tempus und Modus stilistisch angemessen verwenden**

Ideen und Projekte

Inhaltsangaben-Projekt: Schreibt zu Büchern, die euch gefallen, kurze Inhaltsangaben. Denkt daran, dass ihr sie so verfassen müsst, dass ihr zum Lesen anregt, aber noch nicht alles verratet. Wenn ihr die Inhaltsangaben sammelt und austauscht, könnt ihr euch bei Interesse gegenseitig Bücher zum Lesen leihen.
Wer ein geliehenes Buch gelesen hat, schreibt dazu eine kurze Rezension, also einen Text, in dem deutlich wird, was dem Leser an dem Buch gefallen hat und was nicht.

Das Einleitungssätze-Spiel: Erfindet Einleitungssätze zu Geschichten, die es noch nicht gibt. Ihr könnt euch vorher auch auf die Art der Geschichten (z. B. Kriminalgeschichten, Kurzgeschichten) einigen. Anschließend tauscht ihr die Einleitungssätze aus und erfindet eine Geschichte dazu. Welche passt am besten, welche gefällt euch am besten?
Ihr könnt natürlich auch Geschichten wählen, die es wirklich gibt, die aber noch keiner kennt. Dann könnt ihr eure Gestaltungen zu den Einleitungssätzen mit dem Original vergleichen.

Kurzgeschichtenmaschine: Wählt erzählende Texte aus, die keine Kurzgeschichten sind. Ihr seid nun die Umwandlungsmaschine und gestaltet sie zu Kurzgeschichten um. Was müsst ihr verändern?

Krimi-Hitparade: Sucht die zehn besten Kriminalgeschichten oder -romane. Auf welche könnt ihr euch einigen?

Erweitern · **Vertiefen** · Anwenden

TRAINING: Inhaltsangabe von erzählenden Texten

Text 1 **Das richtige Timing** KRIS NERI

[...] Am schwersten würde es ihm fallen, sich Zeit zu lassen, um Mollys Vertrauen zu erwerben. Doch er war immer dann aufgeflogen, wenn er eine Sache zu schnell durchziehen wollte. Randy wusste, dass dies vielleicht seine letzte Chance war, und zwang sich dazu, sein Bestes zu geben. Er lernte, Mollys Wünsche zu erfüllen, bevor sie sie
5 überhaupt äußerte. Und nach und nach zahlte sich das aus. Es dauerte nicht lange, und Molly und Randy waren eher Freunde als Chefin und Untergebener.
[...] Abends sahen sie zusammen fern und nachmittags öffneten sie gemeinsam die Post. Molly schien immer nur Schecks für Dividenden zu bekommen, während Randy nichts anderes erhielt als Preisausschreiben und Reklame. Diese Preisausschreiben hätten ihn
10 beinahe zu Fall gebracht. Randy fürchtete, sich verraten zu haben, als er ihr von seinem Traum erzählte: einmal einen dieser riesigen Pappschecks zu gewinnen, wie sie es immer im Fernsehen zeigten. Er war besorgt, Molly könnte denken, dass er zu sehr am Geld interessiert wäre – und ganz und gar nicht daran, wie es in seinen Besitz gelangte. Aber Molly schüttelte nur lachend den Kopf, als Randy sein Los abschickte, und beharrte
15 darauf, dass nur harte Arbeit Reichtümer einbrachte. Klar, und man sehe sich nur an, was harte Arbeit Molly eingebracht hatte – ein schwaches Herz.
Schließlich war es offensichtlich, dass er Molly fest an der Angel hatte. „Randy, du bist für mich wie ein Sohn geworden", sagte Molly. „Wenn ich mal sterbe, hinterlasse ich alles dir."
20 [...] An dem Abend, an dem Randy seinen Plan schließlich in die Tat umsetzte, kochte er Mollys Lieblingsessen: Vier-Käse-Pesto-Lasagne [...] – bei dem intensiven Pesto-Geschmack würde Molly nie die Tabletten bemerken, die er hineinmischte.
[...] Am Morgen konnte er nicht mehr erkennen, ob sich ihre Brust noch hob und senkte.
[...] Randy verlor keine Minute. Er schnappte sich ihr Scheckheft und stellte schon einen
25 Scheck aus, während er noch von Mollys Schlafzimmer zur Haustür ging. Er glaubte, draußen eine Autotür gehört zu haben, aber sie bekamen nie Besuch. Nichts konnte ihn aufhalten. Der Scheck war hoch genug für einen neuen Anzug und einen Sportwagen. Jetzt gehörte er zu den Siegern – und es wurde Zeit, dass er auch danach aussah.
Ein Ausruf hinter ihm riss ihn in die Wirklichkeit zurück. „Hilf mir, Randy, mir ist ganz
30 schwindelig." Molly? Nicht nur lebendig, sondern auch auf den Beinen?
Plötzlich fiel ihm wieder ein, was der Arzt gesagt hatte. Magentabletten schwächten die Wirkung von Digoxin. Weil er so ein reichhaltiges Essen gekocht hatte, brauchte Molly das einzige, was die Wirkung des Medikaments verhinderte!
„Randy, was machst du da mit meinem Scheckheft?", wollte sie mit kräftiger Stimme
35 wissen. Nein! Er hatte sich zu sehr angestrengt, um jetzt alles zu verlieren. Randy griff eine Lampe und schlug sie Molly auf den Kopf. Sie stürzte zu Boden.
Fast zeitgleich flog die Haustür auf und davor standen ein Fotograf und ein Mann mit einem riesigen Pappscheck. „Randy Baker? Wir sind das Gratulationsteam von *Wonderworld-Preisausschreiben* und wollen Ihnen einen Scheck über fünf Millionen Dollar
40 überreichen!"
Als der Mann die blutige Lampe in Randys Hand und die leblose Frau auf dem Boden bemerkte, klappte sein Unterkiefer herunter. [...]

1 Bevor du eine Inhaltsangabe zu einem Text schreibst, musst du ihn verstanden haben. Deshalb gehst du am besten in folgenden Schritten vor:

Protokoll und Inhaltsangabe

> 1. **Schritt: Den Text genau lesen, Notizen machen:** Kläre unbekannte Wörter und unverständliche Textstellen.
> 2. **Schritt: Handlungsverlauf/einzelne Handlungsschritte** festhalten, z. B. in einer Tabelle.
> 3. **Schritt: Verhalten und Motive** der beteiligten **Figuren** klären: Was ist Randy für ein „Typ"? Was ist sein Ziel? Warum fällt Molly auf ihn herein? Was sagt die **innere Handlung** über die Figuren aus?
> 4. **Schritt: Schlussfolgerung/Zusammenfassung:** Worum geht es letztlich also? Worin besteht die grundlegende Idee der Erzählung?

2 Entwickelt gemeinsam einen **Wertungsbogen Inhaltsangabe**, den ihr zum Training und für Schulaufgaben/Klassenarbeiten nutzen könnt. In ihm legt ihr fest, was für die Bewertung einer Inhaltsangabe wichtig ist. Ihr könnt euch an folgendem Wertungsbogen orientieren.

1. Du hast dem Leser im Einleitungssatz Grundinformationen über den Text gegeben (Autor/in, Textart, Titel, Thema, Problem). **(Einleitungssatz)**	Bei der gegenseitigen Bewertung eurer Inhaltsangaben könnt ihr für jeden Punkt des Wertungsbogens auch Zeichen verwenden, z. B.:
2. Im Hauptteil informierst du folgerichtig, wie es zu diesem Handlungsergebnis kommt. **(Reihenfolge)**	
3. Dabei hast du dich auf die wichtigsten Handlungsschritte konzentriert. **(das Wichtigste)**	+ = gut/sehr gut gelungen oder: ☺
4. Deine Angaben sind inhaltlich richtig und stimmen mit dem Ausgangstext überein. **(Genauigkeit)**	O = weitgehend zufriedenstellend oder: 😐
5. Du hast sachlich und präzise informiert, statt Spannung zu erzeugen. **(Sachlichkeit)**	
6. Du hast sachlich geschrieben, ohne wörtliche Rede, und sprachliche Möglichkeiten genutzt, um Zusammenhänge deutlich machen. **(Sprache)**	− = leider kaum gelungen oder: ☹
7. Du hast sprachliche Fehler weitgehend vermieden (R, Gr, SB, Z) und auch auf die äußere Form geachtet. **(Fehler, äußere Form)**	

3 Beurteilt folgende Inhaltsangabe mithilfe des Wertungsbogens. Vergleicht eure Ergebnisse:

Text 2

In Kris Neris Kriminalerzählung „Das richtige Timing" geht es um Randy Baker, der endlich mal in der Lotterie gewonnen hat.
Nachdem er immer dann aufgeflogen war, wenn er eine Sache zu schnell durchziehen wollte, nutzt er die Chance, die er bei Molly erhält. Wohl weil sie herzkrank ist, stellt sie ihn ein,
5 doch weil er immer mit ihr Fernsehen guckt und mit ihr die Post öffnet, verspricht sie, ihm nach ihrem Tod alles zu vermachen. Doch Randy konnte es einfach nicht abwarten. Er kochte Molly eine leckere Vier-Käse-Pesto-Lasagne. Aber plötzlich wird sie wieder wach und ertappt ihn dabei, wie er einen Scheck ausstellt. Da haut er ihr eine Lampe auf den Kopf. Dummerweise kommt in dem Augenblick jemand zur Tür herein, um Randy mitzuteilen, dass er
10 fünf Millionen Dollar gewonnen hat, und zwar in einem Preisausschreiben, an dem er vorher teilgenommen hat, wovon Molly aber nichts wissen sollte. Sonst hätte sie nämlich auf die Idee kommen können, dass er nur hinter ihrem Geld her ist. Aber dafür ist es jetzt zu spät. Vor allem geht es in der Geschichte darum, dass Randy einfach nicht „das richtige Timing" hat.

4 Schreibt selbst eine Inhaltsangabe und beurteilt gegenseitig eure Ergebnisse.

Erweitern · Vertiefen · **Anwenden**

INDIREKTE REDE

Text 1
> Die Kriminalgeschichte *Gottesurteil* von Rebecca Gablé spielt im 14. Jahrhundert in England. Es geht um die Frage, ob der unbeliebte Schmied Master Willcox einem Unfall oder einem Mord zum Opfer gefallen ist. Mit der Aufklärung des Falles ist der Coroner (= Ermittlungsbeamte) Fitzwalter betraut. Ihm assistieren ein in medizinischen Fragen erfahrener Mönch und ein Büttel (heute veralteter Begriff für Polizist). Im Gasthaus des Wirtes Richard Porter werden die Witwe des Toten, Mistress Willcox, und der Schmiedegeselle Martin Bells verhört:

„Sagt uns, Mistress, wer Eurer Meinung nach Master Willcox erschlagen hat", forderte der Coroner sie freundlich auf.
„Niemand."
Er seufzte. „Ihr bleibt also bei der Mär vom Holzbalken?"
5 „Es ist die Wahrheit, Mylord."
„Dann wiederholt Eure Wahrheit noch einmal, seid so gut."
„Wie Ihr wisst, liegt unsere Schmiede im Haus des Tuchhändlers Berkley, Mylord."
Der Coroner nickte. „Master Willcox hatte die Werkstatt und unsere Wohnung darüber von Berkley gepachtet. Über unserer Wohnung liegt das Tuchlager. Über dem Fenster an
10 der Straßenseite des Lagers war ein Balken mit einem Seilzug angebracht, um Tuchballen ins Lager hinauftransportieren zu können."
„Wir alle wissen, wozu Kaufleute Seilzüge an ihren Häusern haben", brummte der Mönch ungeduldig. Sie fuhr fort, als wäre sie nicht unterbrochen worden. „Als Master Willcox letzte Nacht heimkam und unten am Tor stand, löste sich der Balken aus seiner Veranke-
15 rung, fiel herunter und traf ihn am Kopf." Der Coroner nickte bedächtig. „Eine wirklich höchst unglückselige Fügung, Mistress", murmelte er. Seine Zweifel waren unüberhörbar. Sie hob leicht die Schultern. „Die Wege des Herrn sind rätselhaft, Mylord Coroner."
Er verzog spöttisch einen Mundwinkel nach oben. „Amen."
„Mylord, der Kaufmann Berkley hat gesagt, dass sein Seilzug alt und morsch war und in
20 einer der letzten Nächte herabgefallen sein muss", gab der Büttel zu bedenken. „Und der Balken lag vor dem Haus auf der Straße."
„Ja, aber niemand kann uns sagen, ob er gestern noch dort oben hing oder nicht."
„Vielleicht ist der Geselle ins Wolllager hinaufgeschlichen, hat den Balken gelöst und dem Schmied auf den Kopf fallen lassen, als er heimkam", schlug der Mönch vor.
25 Martin Bells schrumpfte noch ein bisschen weiter in sich zusammen und warf der Frau seines verstorbenen Meisters einen flehentlichen Blick zu. Sieh ihn nicht an, dachte der Wirt flehentlich, Gott, mach, dass sie ihn nicht ansieht. Wenn sie es tut, wird der Coroner die Wahrheit wissen. Doch die Witwe schaute weiter unbewegt auf die Leiche ihres Mannes hinab, ihr Gesicht beinahe so weiß wie das Leinen ihrer Haube.
30 Der Büttel schüttelte den Kopf. „Nur der Tuchhändler hat den Schlüssel zum Lager. Niemand außer ihm konnte hinein." Der Coroner nickte versonnen, strich sich mit Daumen und Zeigefinger über den Silberbart und betrachtete die junge Witwe aus dem Augenwinkel. Dann fasste er einen Entschluss und gab dem Büttel ein Zeichen.
„So lasst uns den wundersamen Balken einmal genauer ansehen. Er liegt draußen auf
35 dem Karren. Bring ihn herein. Wenn wir Blut oder Haar daran finden, brauchen wir nicht länger zu rätseln, was Master Willcox widerfahren ist. Herr Wirt, seid so gut und geht dem Büttel zur Hand."

Protokoll und Inhaltsangabe

So unwillig war Richard, dass seine Füße sich nicht von der Stelle rühren wollten. Selbst wenn die Witwe Willcox die Wahrheit sagte – was er nicht glaubte –, der Balken würde
40 ihre Aussage nicht bestätigen. Seit dem frühen Morgen goss es wie aus Kübeln. Jedes Haar, jedes Tröpfchen Blut, das jemals daran gehaftet haben mochte, wäre längst abgewaschen. Zumal der Coroner selbst festgestellt hatte, dass die Wunde des Toten nicht stark geblutet hatte. Gott, dachte er, während er dem Büttel nach draußen folgte, wir brauchen ein Wunder. [...]

1a Gib die Handlung mit eigenen Worten wieder. Wie wirkt die Situation auf dich?
 b Beschreibe Verhalten und Motive der Figuren und deute deren Verhältnis zueinander.
 c Worin könnte das benötigte Wunder bestehen? Erfinde einen passenden Schluss.
2 Du bist ein vom Coroner bestellter Gerichtsschreiber und sollst das Verhör möglichst nahe am Wortlaut als Verlaufsprotokoll festhalten:
 – Ergänze zunächst in deinem Heft die folgende Sachinformation, um dir die notwendigen Regeln ins Gedächtnis zu rufen.
 – Schreibe das Verlaufsprotokoll und gib die direkte Rede in indirekter Rede wieder.

> Als **Modus der indirekten Rede** dient der ✼ (Beispiel: ✼).
> Sind dessen Formen nicht vom Indikativ zu unterscheiden, verwendet man **ersatzweise** den ✼ (Beispiel: ✼).
> Ist auch der ✼ mit dem Indikativ zu verwechseln, verwendet man die **Umschreibung** mit ✼ (Beispiel: ✼).
> Achte aber darauf, ob der Inhalt der wörtlichen Rede ✼ (Perfekt, Präteritum, Plusquamperfekt), ✼ (Futur) oder ✼ (Präsens) mit dem **Zeitpunkt des Sprechens** ist.
> Verwende entsprechend den
> – Konjunktiv Perfekt für Vergangenes (*Sie sagt,* ✼),
> – Konjunktiv ✼ für die Gegenwart (*Sie sagt,* ✼),
> – Konjunktiv Futur für die Zukunft (*Sie sagt,* ✼).
> Ein in der direkten Rede verwendeter ✼ bleibt in der indirekten Rede unverändert (Beispiel: ✼). Häufig geändert werden müssen jedoch ✼ (Beispiel: ✼).

Grundwissen und Methode

> vor – Konjunktiv I – nach – Konjunktiv II (3x) – Präsens – gleichzeitig – Pronomen – „würde"
> Beispielsätze:
> – Er fragte: „Lauft ihr mit mir?" → Er fragte, ob wir mit ihm ~~laufen~~ ~~liefen~~ **laufen würden**.
> – Er beteuerte: „**Ich gebe** mir wirklich Mühe!" → Er beteuerte, **er gebe** sich wirklich Mühe. (2x)
> – „Wir **hätten** helfen sollen", meinte sie. → Sie meinte, sie **hätten** helfen sollen.
> – Sie baten: „Wir brauchen mehr Zeit." → Sie baten, sie ~~brauchen~~ **bräuchten** mehr Zeit.
> – ... sie habe gestern Schach gespielt. / ... sie spiele gerade Schach. / ... sie werde morgen Schach spielen.

Noch zwei Tipps für Profis:

Tipp 1: Bei der Umformung von Einwortäußerungen in indirekte Rede empfiehlt es sich, diese zu erweitern oder umzuformulieren und Begleitsätze hinzuzufügen, um deutlich zu machen, wer jeweils spricht. Z.B.: „*Niemand.*" → *Die Witwe erwiderte, niemand habe ihren Mann erschlagen.*

Tipp 2: Nicht nur direkte Rede, auch unausgesprochene Gedanken einer Figur müssen bei wortgetreuer Wiedergabe in indirekte Rede umformuliert werden. Z.B.: *Sieh ihn nicht an, dachte der Wirt flehentlich.* → *Sie solle ihn nicht ansehen, dachte der Wirt flehentlich.*

MENSCHEN REISEN, WÖRTER REISEN

Wer macht welche Reise?

Der Tourist macht eine ✳ in Afrika.
Der Professor führt seine Studenten auf eine ✳.
Der Rennfahrprofi nimmt an einer ✳ quer durch die Wüste teil.
Die Damen und Herren der High Society buchen eine Schiffs✳ über den Atlantik.
5 Der Radsportamateur macht sich auf zu einer Berg✳ mit seinem Mountainbike.
Eine Gruppe von Experten verschiedener Fachgebiete startet die ✳ in den Dschungel.
Das Volleyballteam verlässt das Trainingslager für einen Wochenend✳ in die Stadt.
Der Regisseur und sein Theaterensemble gehen auf ✳.

Klärt gemeinsam:
Wie spricht man die Fremdwörter auf dem Koffer aus? Was bedeuten sie?
In welchem der Sätze könnt ihr sie verwenden?
Welche weiteren Fremdwörter stecken in den Sätzen?
Was bedeuten sie?

Was braucht man für die Reise? Finde die entsprechenden Fremdwörter für:
– ein kleines Druckheftchen mit Informationen über den Urlaubsort,
– eine Reisestrecke,
– ein Behältnis für die notwendigen Toilettenartikel,
– Wegzehrung/Verpflegung während der Reise.
Besprecht gemeinsam: Was ist ein Fremdwort? Woran erkennt ihr es?

Wortkunde und Rechtschreibung

Wann geht die Reise los?

Bilde möglichst viele verschiedene Kombinationen aus den Wörtern in der Uhr und entscheide bei der Schreibung:
- zusammen oder getrennt?
- groß oder klein?

Überprüfe deine Lösungen mithilfe eines Wörterbuchs.

Wohin geht die Reise?

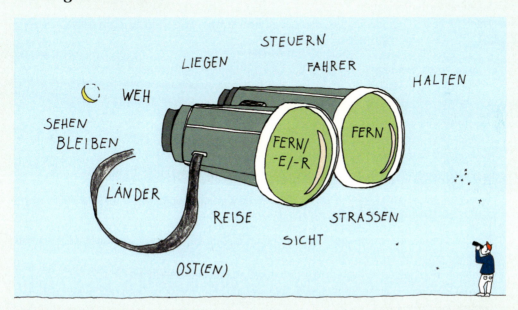

Bilde möglichst viele Kombinationen mit den Wörtern in der linken und rechten Linse des Fernglases und verwende sie jeweils in einem Satz.
Entscheide bei der Schreibung: zusammen oder getrennt, groß oder klein?

Fremdwörter

1. INTERNATIONALE REISENDE
Fremdwort, Lehnwort, Erbwort

1.1 Fernreisen – Merkmale von Fremdwörtern

Text 1

> Wir freuen uns, dass Sie sich entschieden haben, Ihren Urlaub bei Sunshine Holidays zu buchen. Anbei übersenden wir Ihnen die Tickets für Ihren Charterflug.
>
> Reiseinformationen:
> Wenn Sie mit dem Auto zum Airport kommen, können Sie von unserem Parkservice
> 5 mit reduziertem Spartarif profitieren. Auch während der Hochsaison gibt es kein Chaos, denn ein Parkleitsystem leitet Sie zum nächsten freien Platz. Dadurch garantieren wir Ihnen Urlaubsqualität vom ersten Moment an.
> In Terminal 1 erhalten unsere Kunden im Duty-free-Shop einen Rabatt auf Parfüms, Spirituosen und andere Reiseartikel.
> 10 Bitte finden Sie sich zwei Stunden vor Abflug zum Check-in an unserem Schalter ein. Dort erhalten Sie gegen Vorlage Ihres Tickets eine Boardingcard, die Ihnen einen Platz an Bord reserviert. Gehen Sie nun für die Pass- und Sicherheitskontrollen zum angegebenen Gate. Von dort aus erreichen Sie unsere Maschine über eine Gangway oder mit einem Shuttlebus.
> 15 Bitte schalten Sie während des Starts Ihre elektronischen Geräte wie Notebook, Handy, Palmpilot, Organizer oder Discman aus, um die Navigationsinstrumente nicht zu stören. Weitere Sicherheitsinstruktionen erhalten Sie von den Stewardessen. Die Crew wird Sie an Bord …

1 a Suche aus Text 1 alle Fremdwörter heraus und erkläre ihre Bedeutung. Nutze dazu auch die folgende Sachinformation.
  b Finde für jedes Fremdwort eine deutsche Übersetzung. Wie wirkt der Text jetzt?

Grundwissen und Methode

Wörter, die aus einer fremden Sprache übernommen wurden, nennt man **Fremdwörter**. Man erkennt sie an Merkmalen, die typisch für die Fremdsprache, aber ungewöhnlich für das Deutsche sind, z. B.:
– an Buchstaben(-kombinationen), z. B. *y, ik, ine, in*: *Handy, Informatik, Maschine, Magazin*;
– an der fremden Aussprache von Buchstaben, z. B. [æ] für *Gangway*, [uː] für *Crew*;
– an der Betonung, die nicht auf der ersten Silbe (z. B. *áufnehmen*) oder der Stammsilbe (z. B. *unternéhmen*) liegt, sondern z. B. auf der dritten Silbe (z. B. *Qualität*).

2 Versuche, die Fremdwörter in Text 1 nach ihren Herkunftssprachen in einer Liste zu sortieren. Ein Fremdwörterbuch kann in Zweifelsfällen helfen.

3 Bei den Fremdwörtern aus dem Englischen findest du vor allem Wörter aus zwei Lebensbereichen:
a Benenne sie und suche weitere Wortbeispiele aus diesen Bereichen.
b Warum werden für diese Bereiche vor allem englische Wörter verwendet? Besprecht gemeinsam mögliche Gründe.
c Manchmal wird das Fremdwort nicht in seiner ursprünglichen Bedeutung verwendet – wie z. B. das Wort *Handy*. Finde die Bedeutung des englischen Wortes *handy* heraus und überlege, warum sich dieses Wort bei uns durchgesetzt hat.

4 Eine Freundin oder ein Freund will für eine Reise dein Handy oder deine Digitalkamera o. Ä. ausleihen.
a Schreibe eine Kurzanleitung für die nötigsten Schritte der Bedienung und verwende dabei die notwendigen Fremdwörter.
b Diktiere den Text einer Partnerin oder einem Partner. Sind alle Wörter richtig geschrieben?

1.2 Zeitreisen – Lehnwörter und Erbwörter

1a Finde die deutschen Wörter für die Bezeichnungen auf dem Bild, z. B. *pilarium = Pfeiler*. Was fällt auf, wenn man die beiden Wörter jeweils vergleicht?
b Aus welcher Kultur stammen diese Wörter, die wir uns „ausgeliehen" haben? Und warum gerade aus dieser Kultur? Text 2 gibt dir Hinweise.

Text 2 Im Römischen Reich reisten Kaufleute Tausende von Meilen über gut ausgebaute Straßen quer durch Europa. Auf Karren transportierten sie ihre Waren in die Provinzen des Reiches und machten die Germanen mit noch unbekannten Früchten wie Kirsche, Birne, Pfirsich sowie Kulturpflanzen wie Rettich, Kürbis und Wein bekannt. Durch die Handels-
5 kontakte breiteten sich nicht nur die Produkte der römischen Agrarwirtschaft aus, sondern auch die römische Lebensweise.

2 Text 2 enthält – außer den Namen – insgesamt 17 Fremdwörter lateinischen Ursprungs, vier davon in zusammengesetzten Wörtern.
a Suche zunächst diejenigen heraus, die du sofort als Fremdwörter erkennst.
b Manche der Wörter haben sich der deutschen Aussprache und Schreibung so weit angeglichen, dass du ihre fremde Herkunft nicht sofort erkennst.
– Suche für jeden der ursprünglichen lateinischen Begriffe in dem folgenden Rätsel (S. 82) das entsprechende deutsche Wort aus Text 2 heraus.
– Die unterstrichenen Buchstaben ergeben jeweils ein Lösungswort – ebenfalls lateinischen Ursprungs. Wenn du wissen willst, wie die lateinischen Ursprungswörter heißen, schlage in einem lateinisch-deutschen Wörterbuch nach.

Fremdwörter

cárrus	– ✶✶✶✶✶✶	mília	– ✶✶✶✶✶
curcúbitum	– ✶✶✶✶✶✶	província	– ✶✶✶✶✶✶✶
pérsicum	– ✶✶✶✶✶✶✶	pírum	– ✶✶✶✶✶
frúctus	– ✶✶✶✶✶✶	stráta	– ✶✶✶✶✶✶
cérasus	– ✶✶✶✶✶✶✶	rádix	– ✶✶✶✶✶✶✶
		vínum	– ✶✶✶✶
		plánta	– ✶✶✶✶✶✶✶

Lösungswörter: ✶✶✶✶✶ (= ein Behälter) ✶✶✶✶✶✶✶ (= Geld)

Grundwissen und Methode

Wörter aus einer anderen Sprache, die sich in Schreibung, Aussprache und Grammatik dem Deutschen angepasst haben, wie z.B. *Straße* (von lat. *strata*), nennt man **Lehnwörter**, weil sie aus einer anderen Sprache ausge„liehen" (ent„lehnt") sind.
Die Wörter, die wir auf das Germanische zurückführen können und aus dieser Sprache geerbt haben, nennt man **Erbwörter**, z.B. *Mutter, Schwester, Haus, Kuh*.

3a Welchen Lebensbereichen gehören die Erbwörter im folgenden Wortspeicher an? Ordne sie in Gruppen.
b Was erfährt man daraus über die Lebensweise der Germanen?
c Suche die entsprechenden Wörter im Englischen. Was stellst du fest?

> *Apfel, Arm, Auge, Axt, Bär, Bein, Beet, Bogen, Bruder, Erde, essen, Feld, Finger, Fuchs, Fuß, Gans, Gras, Haar, Hahn, Hand, Haus, Helm, Hund, Hütte, Knabe, Knecht, Korn, lachen, liegen, Maus, Mund, Nase, Ochse, Ohr, Pflug, Saat, Schaf, Schild, schlafen, Schwein, Schwert, Sichel, singen, sitzen, Sohn, Speer, spinnen, Stein, Tochter, Tor, trinken, Vater, Wachs, weben*

4 Erbwörter zeigen dir typische Eigenschaften der deutschen Sprache.
Ergänze die folgende Liste um weitere Wortbeispiele aus dem Wortspeicher und suche weitere Eigenarten der deutschen Sprache mit Beispielen:
– typische Laute/Lautfolgen: Rachenzischlaut [x] la<u>ch</u>en; Lautfolge [kn] <u>Kn</u>abe; …
– typische Buchstaben: Fu<u>ß</u> für [s] nach langem Vokal; B<u>ä</u>r für Umlaut [æ]; …
– typische Buchstabenkombinationen: Fi<u>ng</u>er für [ŋ]; B<u>ei</u>n für [ai] ; <u>Sch</u>af für [ʃ]; …
– uneinheitliche Schreibung: A<u>xt</u> oder ✶ für [ks]; G<u>ra</u>s oder ✶ oder ✶ für [aː]; …

5 Schreibe einen Text mit Lehn- und Erbwörtern für ein Partnerdiktat.

6 Zu verschiedenen Zeiten wurden Wörter aus verschiedenen Sprachen übernommen. Suche mithilfe eines Fremd- oder Herkunftswörterbuchs die Ursprungssprache der folgenden Lehnwörter. Für einige Wörter kannst du auch Text 3 nutzen.

> *bankrott, Gitarre, Jogurt, Judo, Kakao, Keks, Konto, Kostüm, Mais, Matratze, Mode, Puder, Schokolade, Schule, Sofa, Streik, Tafel, Tinte, Yoga, Zimt, Zucker*

Text 3 **Aus einem Herkunftswörterbuch:**

Matratze: Die in dieser Form seit dem 15. Jh. übliche Bezeichnung für „Bettpolster, federnde Bettunterlage" beruht auf einer Entlehnung aus gleichbed. älter it.[1] *materazzo* (heute: *materassa*). Das it. Wort wie auch afrz.[2] *muteras* (> frz.[2] *matelas*), aus dem mhd.[3] *mat(e)raz* „mit Wolle gefülltes Ruhebett, Polsterbett" übernommen ist, stammen aus arab.[4] *maṭraḥ* „Ort, wohin etwas geworfen oder gelegt wird; Bodenkissen".

Puder: „feines Pulver (vor allem für Heil- u. kosmetische Zwecke)": Das Substantiv wurde im 17. Jh. aus frz. *poudre* „Staub; Pulver; Puder" entlehnt, das auf lat.[5] *pulvis* (*pulveris*) „Staub" (vgl. den Artikel *Pulver*) zurückgeht.

Schule: Das Substantiv mhd. *schuol[e]*, ahd.[6] *scuola* (vgl. entsprechend niederl.[7] *school* und engl.[8] *school*) wurde im Bereich des Klosterwesens aus lat. *schola* „Muße, Ruhe; wissenschaftliche Beschäftigung während der Mußestunden; Unterrichtsstätte, Unterricht" entlehnt, das seinerseits Lehnwort ist aus gleichbed. griech.[9] *scholé*.

Tafel: Die nhd.[10] Form geht über mhd. *tavel[e]* auf ahd. *taval* zurück, das nach der Lautverschiebung durch roman.[11] Vermittlung (vgl. it. *tavola*) aus lat. *tabula* „Brett, Tafel, Schreibtafel" entlehnt wurde.

Tinte: Die Bezeichnung der Schreibflüssigkeit mhd. *tincte*, [...] *tinte*, ahd. *tincta* ist aus mlat.[12] *tincta (aqua)* „gefärbte Flüssigkeit; Tinktur" entlehnt. Zugrunde liegt das mit dt. → *tunken* urverwandte Verb lat. *tingere* (*tinctum*) „färben".

Zimt: Der Name des Gewürzes (mhd. *zinemīn, zinment,* spätmhd.[13] *zimet*) ist aus lat. *cinnamum* entlehnt, das seinerseits aus griech. *kínnamon* übernommen ist. Das griech. Wort stammt aus dem Semitischen, vgl. hebr.[14] *quinnạmôn* „Zimt".

Zucker: Das Wort für die süß schmeckende Substanz in kristalliner Form wurde bereits in mhd. Zeit (mhd. *zuker*) aus gleichbed. it. *zucchero* entlehnt, das seinerseits aus gleichbed. arab. *sukkar* übernommen ist. Das arab. Wort stammt letzten Endes – wie griech. *sákcharon* „Zucker" – aus aind.[15] *śákarā* „Kieselsteine; gemahlener Zucker".

1) **it.** = italienisch, 2) **afrz./frz.** = (alt-)französisch, 3) **mhd.** = mittelhochdeutsch, 4) **arab.** = arabisch, 5) **lat.** = lateinisch, 6) **ahd.** = althochdeutsch, 7) **niederl.** = niederländisch, 8) **engl.** = englisch, 9) **griech.** = griechisch, 10) **nhd.** = neuhochdeutsch, 11) **roman.** = romanisch (aus Latein entstandene Sprachen), 12) **mlat.** = mittellateinisch, 13) **spätmhd.** = spätmittelhochdeutsch, 14) **hebr.** = hebräisch, 15) **aind.** = altindisch

7 Die Unterscheidung zwischen Lehn- und Fremdwort ist nicht immer einfach, denn manche viel verwendeten Fremdwörter werden im Laufe der Zeit teilweise der deutschen Schreibweise angepasst, z. B. *Elephant* → *Elefant*.

a Überprüfe im Wörterbuch, welche Schreibung heute üblich ist:
[f]: *[f]otogra[f]ie, [f]iloso[f]ie, [f]antasie, Del[f]in, Tele[f]on, [f]änomen.*
[k], [u] und [e]: *[k]lub, k[u]sine, N[u]gat, [k]r[e]m, pass[e].*

b Nutze Fremd- oder Herkunftswörterbuch und erfinde einen Text für ein Diktat mit vereinbarter Länge, z. B. 200 Wörter. Wähle nur Wörter, deren Bedeutung allgemein bekannt ist. Ihr könnt die Diktate austauschen, gegenseitig diktieren oder in Gruppen den besten Text für ein Gruppendiktat auswählen.

1.3 Studien- und Sprachreisen – lateinische und griechische Fremdwörter

1 **Partner- oder Selbstdiktat:** Diktiert euch gegenseitig jeweils eine Hälfte von Text 4 oder lest jeweils einen ganzen Satz durch, deckt ihn ab und schreibt ihn aus dem Gedächtnis auf. Wer ist Fremdwort-Champion?

Text 4

Viele junge Leute gehen heute für ein Studium oder einen Sprachkurs an eine Universität im Ausland. Schon im Mittelalter reisten Studenten aus ganz Europa zu den Universitäten in Italien und Frankreich, den intellektuellen Zentren, um z. B. Theologie oder Medizin zu studieren. Die Dozenten lehrten in der internationalen Sprache Latein, in der auch an Klosterschulen unterrichtet wurde. Lange blieb Latein die Sprache der Kirche und Wissenschaften. Zu Beginn der Neuzeit nahm man sich sogar antike Philosophen im Original als Lektüre vor. So flossen lateinische Wörter in alle europäischen Sprachen ein und damit auch griechische Begriffe, die bereits in das Lateinische aufgenommen waren.

Heute spricht man an den Universitäten nicht mehr Latein, auch die Lehrmethoden sind anders. Die Studenten werden zum Beispiel bei Experimenten oder Konstruktionsmodellen aktiv an der Forschung beteiligt. Ebenso ist das Studium vieler Fächer möglich, neben Literatur oder Musik auch Physik oder Chemie. Aber noch heute exzerpieren Studenten Texte und referieren dann über interessante Aspekte. Professoren diskutieren mit ihnen intensiv über aktuelle Fragen, üben konstruktive Kritik, tauschen mit ihren Kollegen rationale Argumente aus und lassen sich dabei von der Logik, nicht von den Emotionen leiten.

2a Klärt gemeinsam die Bedeutung aller 40 Fremdwörter in Text 4.
 b Besprecht, wie lateinische und griechische Fremdwörter Eingang ins Deutsche fanden.
 c Zeigt an Beispielen, dass es diese Wörter auch in anderen europäischen Sprachen gibt.

3a Lateinische und griechische Fremdwörter weisen in der Schreibung **typische Endungen** auf. Suche Wortmaterial in Text 4 und ergänze die Liste.
 b Versuche zu jedem der Fremdwörter – am besten in einer Tabelle – Substantiv/Nomen, Adjektiv und Verb zu bilden, z. B. *Interesse, Interessent, interessant, interessieren.*
 c Ergänze weitere Fremdwörter mit den Endungen aus Aufgabe 3a.

- -ieren: *referieren*, …
- -ent: *student*, …
- -kt: *Aspekt*, …
- -ell: *aktuell*, …
- -al: …

Wortkunde und Rechtschreibung

4 Für Fremdwörter aus dem Griechischen sind bestimmte Buchstabenkombinationen bzw. Wortbestandteile typisch.
a Kombiniere im Wortbaukasten die drei Spalten zu möglichst vielen Wörtern.
b Suche weitere Wörter mit *th* oder *ph* im Wortinneren oder am Wortende.
c Erstelle aus den gesammelten Wörtern einen neuen Wortbaukasten oder einen Diktattext für die Partnerarbeit.

5 Auf griechische und lateinische Wortbestandteile griff man in späteren Jahrhunderten oft für die Wortbildung zurück, wenn neue Wörter nötig waren.
a Kombiniere die Bestandteile aus den folgenden beiden Kreisen, um neue Wörter zu bilden.
b Besprecht: Warum waren diese neuen Wörter nötig?
c Schlage im Wörterbuch die Bedeutung der Wortbestandteile nach und suche weitere Kombinationen.

The-	(n)	-loge
		-ke
	(a)	-ma
		-mazie
	(o)	-me
		-mometer
Fa/Pha-	(r)	-rie
		-se
		-tasie
		-ter
		-tom

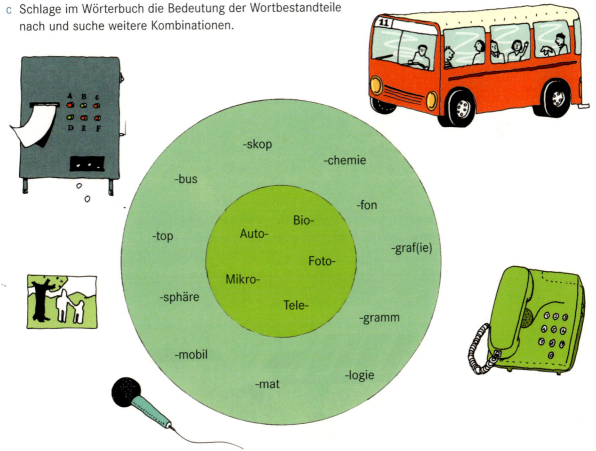

6a Jedes Fachgebiet hat seine eigenen Fremdwörter: Sucht – am besten in Gruppenarbeit – Fremdwörter aus den Bereichen Erdkunde, Geschichte, Biologie, Mathematik, Physik, Literatur und Grammatik.
b Schreibe mit den gesammelten Wörtern aus Aufgabe 5c und 6a einen Text für ein Diktat.

1.4 Reisen mit Niveau – Fremdwörter französischer Herkunft

Text 5A Gewinner einer Luxusreise

Wir bogen von der Chaussee ab und
fuhren in eine lange Allee, die direkt
auf das Hotel zuführte, in dem wir logieren würden. Nachdem der Chauffeur
5 die Limousine in der Garage geparkt
hatte, meldeten wir uns beim Portier,
der uns in unsere Suite auf der obersten
Etage führte. Sie hatte einen Salon,
zwei Schlafzimmer und zwei Bade-
10 zimmer mit Toilette. Das beste aber war
der Balkon mit Ausblick auf das Meer,
den wir entdeckten, als wir die Jalousie
hochgezogen hatten. Nachdem wir unsere Garderobe verstaut hatten, machten
15 wir uns auf zum Lunch im Parterre des
Hotels. Dort sahen wir neben einem
Friseur eine Boutique mit kitschigen
Souvenirs, die …

Text 5B Im Gourmet-Restaurant

Ganz hungrig traten wir ins Restaurant,
wir wollten nur schnell etwas essen,
doch auf dem Menü – nur Delikatessen!
Kalbsragout auf Baguette?
5 Vielleicht Mailänder Kotelett?
Doch lieber Hühnerfrikassee
mit Kartoffelpüree?
Und nach dem Dessert
einen Camembert?
10 Als Vorspeise nahm ich Bouillon
und Mutter Salat der Saison.
„Ich will nichts!", sprach Betti,
„oder höchstens Spagetti.
Oder lieber Kloß mit Sauce?
15 Oder Nudeln, nur ganz bloße?
Oder vielleicht Pommes frites?
Aber ohne Ketchup … oder doch lieber mit?
Auch Mayonnaise ist ganz lecker …"

1a Suche aus den Texten 5A und B alle Wörter französischen Ursprungs heraus und lege für jedes typische Merkmal eine Spalte an:

-ou-	-age	-ee/é	-ier	*
*	*	*	*	*

b Sieh im Wörterbuch nach, ob man die Wörter auch anders schreiben kann.
c Versuche, aus den Beispielwörtern eine Regel für die Aussprache des *g* zu erschließen; achte darauf, vor welchem Buchstaben das *g* jeweils steht.

2 In Text 5 A/B haben sich auch Wörter aus anderen Sprachen eingeschlichen.
Suche auch aus diesen Sprachen Fremdwörter für Mahlzeiten, Speisen und Getränke.

3 Erfinde eine Fortsetzung für Text 5A oder B und diktiere sie einer Partnerin oder einem Partner.

Wortkunde und Rechtschreibung

1.5 Reisen für Kids und Teenager – englische Wörter

Text 6

incl. free „Teeny-Travel" T-Shirt!

TOP-ANGEBOT FÜR TEENIES ZU COOLEN PREISEN:
Sportcamp in Italien mit Jugendbetreuer
Summer, Sun & Sports
Eine Woche für nur 99.– €

Take your time off!

Windsurfen, Tauchen, Beachvolleyball, Tennis oder Workout im Fitness-Center jeweils mit Profi-Coach, relaxen am Strand, Sightseeing-Trips oder shoppen. Abends Beach-Party mit Softdrinks oder: „Hit the Dancefloor" mit DJ Tom.

1a Wie wirkt Text 6 auf dich? Wie wirkt vor allem die Sprache?
 b Warum werden so viele englische Wörter (Anglizismen) verwendet? Versucht, sie zu übersetzen, und vergleicht die unterschiedliche Wirkung.
 c Wie sind die Wörter der deutschen Schreibung und Grammatik angepasst?

2a Sucht weitere Beispiele für derartige Werbetexte mit englischen Wörtern in Zeitungen und Zeitschriften. Lasst euch die Texte diktieren und besprecht Rechtschreibprobleme.
 b Überlegt gemeinsam, was die Wörter bedeuten und welche man im Text durch einen deutschen Begriff ersetzen kann.

2. VERTRAUTES UND FREMDES
Groß- und Kleinschreibung

Text 7A hi nele,
anfang juli fliegen meine eltern zu einem kongress nach rom. ich darf mit nach europa, wenn ich in dieser zeit bei dir wohnen darf. ist das o.k.? ich hoffe, mein kommen macht keinen ärger. wie du weißt, ist deutschland nichts neues für mich; vielleicht können wir
5 in anderen ländern etwas schönes anschauen? ich finde, reisen ist wunderbar. ich freue mich auf good old europe und auf dich und deine familie. ich hoffe, ich mache beim sprechen keine fehler (da ist keine zeit für langes überlegen). kann ich deine eltern duzen? viele grüße aus chicago, cathy

Text 7B hi cathy,
toll, dass du kommen willst! meine eltern haben nach langem hin und her zugestimmt. jedes für und wider wurde besprochen: im juli ist noch schule, ich muss lernen. aber du kannst mein englisch verbessern, ich habe nämlich eine vier!! damit du etwas neues
5 siehst, können wir als erstes meine freundin anne in nürnberg besuchen; ich werde sie im voraus fragen. in den ferien fährt die ganze familie nach italien. alles weitere klären wir später. übrigens: meine eltern kannst du duzen, bei den lehrern ist aber das höfliche sie nötig. viele grüße, deine nele

1a Übertrage Text 7A in der richtigen Groß- und Kleinschreibung in dein Heft.
 b Erkläre: Welche Anredepronomen musst du, welche kannst du großschreiben?
 c Unterstreiche die substantivierten/nominalisierten Adjektive und Verben.
 d Untersuche: Was sind ihre Erkennungsmerkmale? Formuliere eine Regel für die Substantivierung/Nominalisierung.

Groß- und Kleinschreibung

2 Achtung! In manchen festen Fügungen bleibt das Adjektiv klein, in manchen sind auch beide Schreibweisen möglich.

a Verbinde die Wörter aus den beiden Kästen zu einer solchen festen Fügung.

b Schlage in einem aktuellen Wörterbuch nach: In welchen dieser Fügungen kannst du die Adjektive groß- *oder* kleinschreiben?

bei – bis auf – ohne – über – von (3x) – vor (2x)	allem – kurz oder lang – kurzem – nah und fern – neuem – weitem – weiteres (2x)

3 In Text 7B sind auch andere Wortarten substantiviert/nominalisiert.

a Wende beim Abschreiben des Textes die Regel für die Schreibung von Substantivierungen/Nominalisierungen an. Unterstreiche die substantivierten/nominalisierten Wörter und bestimme die ursprüngliche Wortart.

b Substantiviere/nominalisiere in Beispielsätzen: *wenn und aber, hier und jetzt, auf und ab, aus, ich*.

Text 8A Hallo Anne,

nur eine schnelle Anfrage: Kann ich Anfang Juli mit meiner Brieffreundin Cathy ein Wochenende zu Dir kommen? Wir könnten dann zusammen was unternehmen!
Wie geht's in der Schule? Bei mir geht's jetzt nicht mehr so toll, vor allem in Englisch
5 und Französisch hapert's etwas. Meine Mutter hat mir schon die Gelbe Karte gezeigt: Ich darf jetzt nur noch eine Stunde pro Tag am Computer spielen. Wenn am Ende des Jahres der Blaue Brief kommt und ich sitzenbleibe, dann wird die Mattscheibe in den Ferien ganz schwarz bleiben. Aber noch will ich nicht so schwarzsehen!   Tschüss, Nele

Text 8B Liebe Nele,

schön, dass Ihr kommen wollt. Wir treffen uns besser gleich in der Stadt, denn ich wohne weit draußen, wie unser Straßenname sagt: Auf der Grünen Wiese. Vom Nürnberger Hauptbahnhof aus kommt Ihr schnell in die Innenstadt, z. B. in die Breite Gasse zum
5 Einkaufsbummel. Wir können uns am Schönen Brunnen auf dem Hauptmarkt treffen. Den Christkindlesmarkt kann ich Euch zwar nicht zeigen, denn der ist nur im Advent bis zum Heiligen Abend. Dort kann Cathy europäische Vielfalt sehen: fränkisches Gemüse, italienisches Obst, griechische Oliven, holländischen Käse, … Auch Hamburger Fischverkäufer sind manchmal da. Probiert doch mal Nürnberger Bratwürste! Ob Cathy wohl das
10 Fränkisch auf dem Markt verstehen wird? Ich spreche ganz gut Englisch, muss aber noch nachsehen, was „Lochgefängnis" auf Englisch heißt, denn das will ich Euch zeigen. Und natürlich die Burg mit dem Tiefen Brunnen und dem Turm (auch „Lug ins Land" genannt, weil man eine fantastische Fernsicht hat). Vieles, was im Zweiten Weltkrieg zerstört wurde, ist wieder originalgetreu aufgebaut worden. Es gibt also viel zu sehen!
15 Bis bald, Anne

4 Formuliere aus Text 8 Regeln für die Groß- und Kleinschreibung von:
– **Ableitungen von geografischen Namen:** Achte auf die Endungen *-er* und *-isch*.
– **Sprachbezeichnungen:** Wie schreibt man den Namen einer Sprache?
 Sammle verschiedene Wendungen mit Sprachbezeichnungen, z. B.: *auf Englisch*, …
– **Straßen- und Eigennamen:** Welche Wortarten schreibt man im Namen groß?

5 Manche Wortgruppen aus Substantiv/Nomen und Adjektiv versteht man als feste Begriffe, manchmal mit neuer Gesamtbedeutung. Andere Wortgruppen bezeichnen Kalendertage oder bestimmte historische Ereignisse und Epochen. Die Adjektive werden in diesen Fällen großgeschrieben, auch wenn es sich nicht um Eigennamen handelt, z. B. die *Erste Hilfe*.

a Suche in Text 8 weitere Beispiele für solche Wortgruppen und erkläre ihre jeweilige Bedeutung.

b Füge je ein Farbadjektiv mit einem der Substantive/Nomen zu einer Wortgruppe zusammen und erkläre deren Bedeutung:

| golden / rot (2x) / schwarz (2x) / weiß (2x) | Brett / Karte / Kreuz / Schnitt / Sonntag / Tod |

6a Schreibe eine genaue Wegbeschreibung mit Eigen- und Straßennamen von einem beliebigen Punkt deines Wohnortes zu einem bekannten Platz, einem bekannten Gebäude o. Ä.

b Wer als Erster das Ziel errät, darf den anderen alle Eigen- und Straßennamen diktieren.

7 Auch Substantive/Nomen können als andere Wortarten verwendet werden:
A/anfang(s), D/dank, F/fall(s), K/kraft, L/laut, M/mittag(s), P/paar, T/teil(s)

a Schreibe je einen Satz in der richtigen Groß- bzw. Kleinschreibung und bestimme die neue Wortart des ehemaligen Substantivs/Nomens, z. B.: *Es funktionierte dank deiner Hilfe (Präp.)* ...

b A/angst, E/ernst, P/pleite, R/recht, S/schuld, W/wert
Mir wird bei dem Gedanken ganz angst. ↔ *Das macht mir Angst.*
Das ist es mir wert. ↔ *Das hat keinen Wert.*
Er blieb ganz ernst. ↔ *In vollem Ernst sagte er ...*
Das ist uns recht. ↔ *Mit Recht kann ich behaupten ...*
Leite aus den Sätzen eine Regel für die Kleinschreibung ab, achte dabei auf die Verben!

c Suche neue Kombinationen aus allen in Aufgabe 7b aufgelisteten Wörtern mit Verben, z. B. *w/Wert + legen, s/Schuld + sein, p/Pleite + gehen*, und entscheide: groß oder klein? Sieh im Zweifelsfall in einem aktuellen Wörterbuch nach!

d Kläre mithilfe des Wörterbuchs, mit welchen Verben *r/Recht* sowohl groß- als auch kleingeschrieben werden darf.

e Erfinde einen Lückentext mit den Wörtern aus Aufgabe 7 für die Partnerarbeit.

3. ABFAHREN UND UNTERWEGS SEIN
Getrennt und zusammenschreiben

Text 9A Lasst uns die Leinen losmachen
und uns in den Süden aufmachen!

B Ich lasse mir meine Vorfreude nicht zunichtemachen.
Für eine Fahrt in den Süden will er blaumachen?
5 Das kannst du mir nicht weismachen!
Vieles Reisen kann einen ärmer machen.
Aber die Erfahrungen dabei können einen schlauer machen.

C Das wird doch die Kosten wettmachen.
Und wir können auch bald Rast machen.

D 10 Wir wollen uns einen Reiseplan machen lassen.

1 Erschließe aus den Sätzen in Text 9 die Grundregeln für die Zusammen- bzw. Getrenntschreibung von Wortkombinationen mit Verben.

Getrennt und zusammenschreiben

a Text 9A: Wie schreibt man die Kombination aus Partikeln (auch zusammengesetzte) und Verben? Bilde möglichst viele verschiedene Kombinationen aus:

| ab-, auseinander, beiseite-, durch-, entgegen-, hinterher-, überhand-, vorlieb-, vorwärts-, weg-, zu- | + | -nehmen, -laufen |

b Text 9B: Auf welche Beispielsätze trifft zu, dass die Kombination aus Adjektiv und Verb eine neue Gesamtbedeutung ergeben kann? Wie schreibt man diese feste Verbindung?
– Wie schreibt man die Mehrheit der Kombinationen aus Adjektiv und Verb? Achte darauf, ob die Adjektive gesteigert oder erweitert sind.

c Text 9C: Wie schreibt man die Kombination aus Substantiv/Nomen und Verb? Unterscheide: Bleibt das Substantiv/Nomen in seiner Wortbedeutung erhalten oder „verblasst" es?
– Bilde Kombinationen und wende dabei deine Regeln an; achte dabei auch auf die richtige Groß- und Kleinschreibung. (Sieh im Zweifelsfall im Wörterbuch nach.)

| HAND, KOPF, RADIO, SCHLUSS, TEE, TEIL, UNKRAUT, ZEITUNG | + | FOLGERN, HABEN (2X), HÖREN, JÄTEN, LESEN, STEHEN, TRINKEN |

d Text 9D: Wie schreibt man die Kombination aus Verb und Verb?

2a Erkläre, warum es in den folgenden Fällen **verschiedene Schreibweisen** gibt. Wozu dient die zweite Variante?

> Ich konnte das Auto vorher sehen. – Ich konnte den Unfall nicht vorhersehen.
> Sie kann gut schreiben. – Wir werden Ihnen den Differenzbetrag gutschreiben.
> Sie hat bei ihrem Vortrag frei gesprochen. – Der Mann wurde freigesprochen.
> Er wollte die alte Frau auf dem Fensterplatz sitzen lassen. – Er wollte seine Frau nicht mit den Kindern sitzenlassen.

b Bilde in jeder Zeile die richtige Kombination und erkläre die neue Gesamtbedeutung:

> sich mit einem Gedanken / zwei Störenfriede – auseinander setzen / auseinandersetzen
> auf dem Sofa / in der Schule – sitzen bleiben / sitzenbleiben
> eine Frage / die Tür – offen lassen / offenlassen
> eine Vereinbarung / einen Griff – fest halten / festhalten
> die Hausaufgaben / der Kommunismus wollte alle – gleichmachen / gleich machen

3a Prüfe, bei welchen Kombinationen der Schreiber die **Wahl zwischen verschiedenen Varianten** hat.

> kaputt + machen, m/Maß + halten, in + f/Frage + stellen, a/Acht + geben, schwer + verständlich, blank + putzen, im + s/Stande + sein, h/Halt + machen, nicht + öffentlich, zu + gute + kommen, r/Rat + suchend, allein + e/Erziehende, selbst + gebacken

b Bei welcher Kombination steht die Zusammenschreibung für das Resultat der Handlung?
c Schreibe nun Sätze mit diesen Kombinationen.

4 Wende alle bisher gelernten Regeln für die Zusammen- und Getrenntschreibung an:
a Bilde Kombinationen aus je einem Bestandteil aus dem äußeren und inneren Kasten (s. Illustration S. 91).

Wortkunde und Rechtschreibung

b Schreibe nun Beispielsätze mit diesen Kombinationen für das Training in Einzel- oder Partnerarbeit, z. B. *Mir ist mein Schlüssel* (ABHANDEN + KOMMEN).

5 Adjektive und Partizipien können mit Wörtern Zusammensetzungen bilden, die zusammengeschrieben werden. Diese **Probe** hilft dir dabei:
In diesen Verbindungen lässt sich der linke Bestandteil als **Verkürzung einer Wortgruppe** auffassen. Da sie Zusammensetzungen sind, werden sie **zusammengeschrieben**.
 – (*Herz+erfrischend*?) ➔ *herzerfrischend* < *das Herz erfrischend*; der Artikel *das* ist hier notwendig, denn der zugrunde liegende Infinitiv lautet: *das Herz erfrischen* – *Herz erfrischen* wäre kein korrektes Deutsch.
 – (*Haut+freundlich*?) ➔ *hautfreundlich* < *zur Haut/für die Haut freundlich*
 – (*schlaf+wandelnd*?) ➔ *schlafwandelnd* < *im Schlaf wandelnd*
Wende auch hier die Probe an und entscheide über die Schreibung:

HAND+GESTRICKT, VERTRAUEN+ERWECKEND, WELT+BEKANNT, TON+ANGEBEND, WOHL+KLINGEND, HASS+ERFÜLLT, HART+ARBEITEND

Tipp:
Im Zweifelsfall gilt: **Sieh im Wörterbuch nach!**

Das hast du in diesem Kapitel gelernt:

Entwicklung des Wortschatzes:
– **Fremdwort, Lehnwort und Erbwort unterscheiden**
– Groß- und Kleinschreibung
– Substantivierung/Nominalisierung
– Zusammen- und Getrenntschreibung
– Anwenden unterschiedlicher Arbeitsmethoden (Proben, Regeln, Wörterbuch)
– Erstellen eigenen Übungsmaterials

Ideen und Projekte

Quiz: Erstellt eine Liste von Aufgaben:
– *Fremdwörtersuche:* Anhand der Erklärungen für (bekannte) Fremdwörter müssen diese Wörter in einem Fremdwörterbuch gefunden und herausgeschrieben werden.
– *Herkunftssuche:* Schreibt aus einem Herkunftswörterbuch Lehnwörter verschiedenen Ursprungs heraus. Ihre Herkunft muss durch Nachschlagen ermittelt werden.

Umfrage:
– Vorinformation: Vor einiger Zeit wurde untersucht, ob deutsche Kunden die allgegenwärtigen englischen Reklamesprüche überhaupt verstehen. Resultat: Die meisten der Werbebotschaften wurden gar nicht oder falsch verstanden.
– Überprüft mit einem Fragebogen dieses Resultat: Sammelt aus der aktuellen Werbung englische Werbesprüche und lasst sie von Mitschülerinnen und Mitschülern, Eltern etc. übersetzen, um das Verständnis von Werbebotschaften zu überprüfen.
– Wertet aus: Seid ihr zu einem ähnlichen Ergebnis gekommen? Wie viele Treffer gab es?

Erweitern · **Vertiefen** · Anwenden

ZEICHENSETZUNG

Aneinanderreihung von Wörtern, Wortgruppen, Sätzen

Text 1 (1) Eigentlich hatte ich mir Ferien in einem Jugendcamp vorgestellt, aber meine Eltern bestanden mal wieder auf einem Familienurlaub. (2) Wie immer konnten wir uns weder auf ein Ziel noch auf eine Art von Urlaub einigen. (3) Meine Brüder hatten an etwas Sportliches gedacht, meinen Eltern schwebte Kultur vor, mich zog es ans Meer. (4) Ich
5 wollte einfach Sommer, Sonne, Wasser, Strand. (5) Entspannung war angesagt, denn ich hatte die letzte Zeit heftig gelernt. (6) In einem Katalog fand ich dann das Urlaubsziel sowohl für meine Eltern als auch für uns. (7) Ein Ferienclub am Meer versprach „eine Menge sportlicher Aktivitäten, ein super Animationsprogramm, viele kulturelle Veranstaltungen in der Umgebung".

1a Finde für jeden Satz die entsprechende Regel in der Sachinformation.
 b Bilde zu den aufgelisteten Konjunktionen Beispielsätze mit und ohne Komma.

Grundwissen und Methode

Das Komma bei Aufzählungen: Das Komma trennt **gleichrangige Wörter, Wortgruppen und Teilsätze,** wenn sie nicht durch *und, oder, beziehungsweise, sowie (= und), wie (= und), entweder ... oder, nicht ... noch, sowohl ... als (auch), sowohl ... wie (auch)* oder durch *weder ... noch* verbunden sind.
K e i n Komma steht allerdings zwischen n i c h t gleichrangigen Adjektiven: *ein altes bayerisches Fest* (*bayerisches Fest* wird als Einheit angesehen, die durch *altes* oder durch andere Adjektive wie *neues, schönes* näher bestimmt werden kann).

Bei der **Aufzählung selbstständiger** (vollständiger) **Sätze,** die durch *und, oder, beziehungsweise, entweder ... oder, nicht ... noch* oder durch *weder ... noch* verbunden sind, setzt man in der Regel kein Komma; man k a n n es aber setzen, um die Gliederung des Ganzsatzes deutlich zu machen (z. B. *Er traf sich mit meiner Schwester(,) und deren Freundin war auch mitgekommen*).

In allen Fällen steht das Komma bei folgenden Konjunktionen bzw. Bindeadverbien:
Gegensatz: *aber, jedoch, kein, nicht (nur) ... sondern (auch), teils ... teils, bald ... bald, je ... desto, einerseits ... andererseits;* **Grund:** *denn, deshalb, demnach, daher, darum, nämlich, also*

Die Unterordnung eines Nebensatzes unter einen Hauptsatz

Text 2 (1) Als wir im Club ankamen, stand eine Busladung wütender Touristen an der Rezeption. (2) Ein Angestellter, den sie umzingelten, bemühte sich verzweifelt, sie zu beruhigen. (3) Offensichtlich konnten sie nicht in ihre Zimmer, weil diese noch nicht fertig waren. (4) Nur mit Mühe brachte er sie dazu, sich zum Warten an den Pool zu setzen.
5 (5) Auch uns sagte er, dass es noch dauern würde, und führte uns auf die Terrasse.
(6) So, ausgestreckt auf Liegestühlen, verbrachten wir den Tag.

2a Finde für jeden Satz das entsprechende Satzbaumuster in der folgenden Sachinformation und benenne die Teile, die den Nebensatz einklammern.
 b Begründe, warum in einem der Sätze vor *und* ein Komma stehen muss.

92

Wortkunde und Rechtschreibung

> 1. Das Komma trennt den untergeordneten **Nebensatz** vom **Hauptsatz**, z. B.:
>   a) vorangestellt: NS, HS, b) nachgestellt: HS, NS, c) eingeschoben: HS, NS, HS
> 2. Infinitivgruppen muss man nur in bestimmten Fällen mit einem Komma abgrenzen:
>   – Einleitung der Infinitivgruppe mit: *um, ohne, statt, anstatt, außer, als* (z. B. *Sie beeilte sich, um den Zug rechtzeitig zu erreichen.*).
>   – Die Infinitivgruppe hängt von einem Substantiv/Nomen ab (z. B. *Er fasste den Entschluss, künftig wieder mehr zu reisen.*).
>   – Die Infinitivgruppe hängt von einem Verweiswort ab (z. B. *Darüber, viel Gewinn zu machen, dachte sie lange nach.*)
> 3. Partizipialgruppen muss man nur dann durch ein Komma abgrenzen, wenn sie durch ein hinweisendes Wort vorher angekündigt oder nachher wieder aufgenommen werden (z. B. *Aus vollem Halse lachend, so kam sie auf mich zu.*). Auch der nachgestellte Partizipialsatz wird durch Komma abgetrennt.
>
> In den anderen Fällen kann ein Komma gesetzt werden, um Missverständnisse zu vermeiden bzw. die Gliederung des Ganzsatzes deutlich zu machen.

Grundwissen und Methode

3a Bildet Beispielsätze mit den angeführten Konjunktionen, Relativpronomen oder Infinitiv- oder Partizipialgruppen. Lasst dann eine Partnerin oder einen Partner die Kommas setzen.
 b Zeige an den Beispielsätzen, wie durch ein Komma die Aussage des Satzes verändert werden kann: *Ich versprach meiner Oma einen Brief zu schreiben. / Sie empfahl ihm zu folgen.*

unterordnende Konjunktionen, z. B.: nachdem, bevor, während, bis, (so-)dass, da, wenn, obwohl, indem, damit

Einschübe im Satz

Text 3 Am Abend gab es nach dem Essen Informationen über das Programm: (1) „Meine Damen und Herren, wir beginnen die Woche mit einem kulturellen Highlight: (2) Am Montag, dem 13. August, bieten wir eine Tagestour an, und zwar zu den Ruinen eines antiken Amphitheaters." (3) „Ach, das ist was für uns!", freute sich meine Mutter. (4) „Für die Ruhe-
5 bedürftigen gibt es Entspannung mit Lydia, unserer Yogaexpertin, ..."

4a Finde für jeden Satz die entsprechende Aussage in der folgenden Sachinformation.
 b Bilde eigene Beispielsätze mit Einschüben und Hervorhebungen. Der Partner setzt Kommas.

> Kommas trennen **Einschübe** und **Hervorhebungen** ab, die den Fluss des Satzes unterbrechen: a) Ausruf, Kurzantwort: *ja/nein*; b) Anrede
> nachgestellt: c) Apposition (Substantiv/Nomen im gleichen Kasus); d) Erläuterung, oft mit *und zwar, z. B., d. h., nämlich, insbesondere*; e) Datums- und Zeitangabe; f) Begleitsatz der direkten Rede

Grundwissen und Methode

5 Schreibe den folgenden Text ab und wende dabei alle Kommaregeln an.

Fehlertext!

Text 4 Nachdem unsere Eltern in den Bus gestiegen waren machten sich meine Brüder auf zum Strand. „Wie bringst du es nur fertig den ganzen Tag so träge rumzuliegen du faule Nudel?" stänkerte mein älterer Bruder „du wirst nie dünner wenn du dich nicht bewegst." „Ach hau doch ab ich denke nicht daran mir den Urlaub durch Anstrengung zu
5 verderben!" gab ich zurück. Während ich im Schatten lag und es mir gutgehen ließ konnte ich nicht nur die Yogagruppe die auf einer Wiese die merkwürdigsten Verrenkungen übte sondern auch die Volleyballspieler beobachten. Ausgerüstet mit Badehosen Sonnenbrillen und großen Wasserflaschen traten sie zum ersten Training an. „Los Leute zeigt Einsatz versucht den Ball besser zuzuspielen!" hörte ich Ingo den Trainer sie anfeuern.
10 Teils mit hochroten Köpfen teils nassgeschwitzt warfen sich die Spieler immer wieder in den Sand um auch den letzten Ball zu holen sodass sie bald wie paniert aussahen. „Das ist kein Urlaub sondern Schufterei" dachte ich.

ANGST UND ABERGLAUBE

Georg Stubbs: Bauersfrau und Rabe (1786)
Vorzeichen besitzen im Aberglauben zentrale Bedeutung. Dem Raben wird seit der Antike Kenntnis der Zukunft nachgesagt. In Märchen nehmen Hexen und Zauberer, Kobolde, Zwerge und Trolle seine Gestalt an. Kein Wunder, dass das Pferd in der Abbildung scheut, wenn der Orakelvogel ruft. Sein Schrei kann Tod verheißen.

Beschreibe das Bild. Welche Ängste werden hier dargestellt?

Literarische Texte lesen und verstehen

Aberglaube, falscher, unechter Glaube, ohne sittlichen Inhalt; gewöhnlich Glaube an Fabelwesen, zauberhafte Kräfte und Vorgänge; auch heute weitverbreitet in okkultistischen Bestrebungen mannigfacher Art, Wahrsagerei, Glaube an die Glück oder Unglück bringende Kraft von Amuletten, Talismanen […] usw.

Was versteht man unter dem Begriff „Aberglaube"?
Kläre unverständliche Begriffe aus dem Lexikonauszug mithilfe eines Wörterbuchs bzw. im Unterrichtsgespräch.

Bist du abergläubisch? Begründe deine Einschätzung.
Führe den folgenden Test durch, indem du alle Fragen auf einem Extrablatt ehrlich mit *Ja* oder *Nein* beantwortest.

a) Nimmst du einen Glücksbringer mit, wenn du eine Klassenarbeit/Schulaufgabe schreibst?

b) Hast du eine Glückszahl?

c) Hältst du Freitag, den 13., für einen Unglückstag?

d) Machst du bestimmte Dinge nicht, weil du glaubst, dass sie Unglück bringen (z. B. unter einer Leiter hindurchgehen)?

e) Glaubst du, dass bestimmte Dinge Glück bringen (z. B. vierblättrige Kleeblätter oder Schornsteinfeger)?

f) Wünschst du dir etwas, wenn du eine Sternschnuppe fallen siehst?

g) Liest du Horoskope?

h) Hältst du jemandem die Daumen?

Wertet den Test gemeinsam aus:
– Wo gibt es Gemeinsamkeiten, wo Unterschiede in den Antworten?
– Wie oft habt ihr mit *Ja* geantwortet?
Diskutiert: Kann man jemanden schon als abergläubisch bezeichnen, der nur eine Frage mit *Ja* beantwortet hat?
Inwieweit hängen Angst und Aberglaube eng zusammen?

1. DER ERLKÖNIG UND SEINE TOCHTER
Balladen vergleichen

Abb. 1

Abb. 2

1a Beschreibe möglichst genau, was du auf den Bildern siehst: Welche Stimmung wird vermittelt? Durch welche Bildelemente entsteht diese Wirkung?
b Begründe, welches Bild dir besser gefällt, indem du Gemeinsamkeiten und Unterschiede der Bilder herausstellst.
c Entwirf die Handlungsskizze einer kurzen Geschichte, die zu einem der Bilder passen könnte.
d Vergleiche deine Idee mit dem Inhalt der folgenden Balladen: Gibt es Ähnlichkeiten oder hattest du ganz andere Ideen?

Text 1 **Erlkönig** Johann Wolfgang von Goethe (1782)

Wer reitet so spät durch Nacht und Wind?
Es ist der Vater mit seinem Kind;
Er hat den Knaben wohl in dem Arm.
Er fasst ihn sicher, er hält ihn warm. –

5 Mein Sohn, was birgst du so bang dein Gesicht? –
Siehst, Vater, du den Erlkönig nicht?
Den Erlenkönig mit Kron' und Schweif? –
Mein Sohn, es ist ein Nebelstreif. –

„Du liebes Kind, komm, geh mit mir!
10 Gar schöne Spiele spiel' ich mit dir;
Manch' bunte Blumen sind an dem Strand;
Meine Mutter hat manch' gülden Gewand."

Mein Vater, mein Vater, und hörest du nicht,
Was Erlenkönig mir leise verspricht? –
15 Sei ruhig, bleibe ruhig, mein Kind!
In dürren Blättern säuselt der Wind. –

„Willst, feiner Knabe, du mit mir gehn?
Meine Töchter sollen dich warten schön;
Meine Töchter führen den nächtlichen Reihn
20 Und wiegen und tanzen und singen dich ein."

Mein Vater, mein Vater, und siehst du nicht dort
Erlkönigs Töchter am düstern Ort? –
Mein Sohn, mein Sohn, ich seh' es genau;
Es scheinen die alten Weiden so grau. –

25 „Ich liebe dich, mich reizt deine schöne Gestalt;
Und bist du nicht willig, so brauch' ich Gewalt." –
Mein Vater, mein Vater, jetzt fasst er mich an!
Erlkönig hat mir ein Leids getan! –

Dem Vater grauset's, er reitet geschwind,
30 Er hält in den Armen das ächzende Kind,
Erreicht den Hof mit Mühe und Not;
In seinen Armen das Kind war tot.

Literarische Texte lesen und verstehen

Text 2 Goethe wurde durch den folgenden Text zum Verfassen seiner Ballade angeregt. Herder hatte die Ballade aus dem Dänischen übersetzt; er machte aus dem *Elberkonge* (= Elfenkönig) den *Erlkönig*.

Erlkönigs Tochter (1778/1779) Johann Gottfried Herder

Herr Oluf reitet spät und weit,
Zu bieten auf seine Hochzeitsleut;

Da tanzen die Elfen auf grünem Land,
Erlkönigs Tochter reicht ihm die Hand.

5 „Willkommen, Herr Oluf! Was eilst von hier?
Tritt her in den Reigen und tanz mit mir."

„Ich darf nicht tanzen, nicht tanzen ich mag,
Frühmorgen ist mein Hochzeitstag."

„Hör an, Herr Oluf, tritt tanzen mit mir,
10 Zwei güldne Sporne schenk ich dir.

Ein Hemd von Seide so weiß und fein,
Meine Mutter bleicht's mit Mondenschein."

„Ich darf nicht tanzen, nicht tanzen ich mag,
Frühmorgen ist mein Hochzeitstag."

15 „Hör an, Herr Oluf, tritt tanzen mit mir,
Einen Haufen Goldes schenk ich dir."

„Einen Haufen Goldes nähm ich wohl;
Doch tanzen ich nicht darf noch soll."

„Und willt, Herr Oluf, nicht tanzen mit mir,
20 Soll Seuch und Krankheit folgen dir."

Sie tät einen Schlag ihm auf sein Herz,
Noch nimmer fühlt er solchen Schmerz.

Sie hob ihn bleichend auf sein Pferd.
„Reit heim nun zu dein'm Fräulein wert."

25 Und als er kam vor Hauses Tür,
Seine Mutter zitternd stand dafür.

„Hör an, mein Sohn, sag an mir gleich:
Wie ist dein' Farbe blass und bleich?"

„Und sollt sie nicht sein blass und bleich,
30 Ich traf in Erlenkönigs Reich."

„Hör an, mein Sohn, so lieb und traut,
Was soll ich nun sagen deiner Braut?"

„Sagt ihr, ich sei im Wald zur Stund,
Zu proben da mein Pferd und Hund."

35 Frühmorgen und als es Tag kaum war,
Da kam die Braut mit der Hochzeitsschar.

Sie schenkten Met, sie schenkten Wein;
„Wo ist Herr Oluf, der Bräutigam mein?"

„Herr Oluf, er ritt in den Wald zur Stund,
40 Er probt allda sein Pferd und Hund."

Die Braut hob auf den Scharlach rot,
Da lag Herr Oluf, und er war tot.

2 Lest die Balladen mit verteilten Rollen. Überlegt euch zunächst, wie viele Personen ihr benötigt und welche Textstellen sie sprechen.

3 **Den Vergleich der beiden Balladen vorbereiten:**
a Tauscht erste Eindrücke aus. Wovon handeln die Texte? Welche Stimmung erzeugen sie?
b Erstelle zur genaueren Untersuchung eine Tabelle, damit du deine Ergebnisse aus den folgenden Aufgaben dort eintragen kannst:

Balladen vergleichen

	Text 1	Text 2
beteiligte Figuren/Handlungsverlauf (Inhalt)	✻	✻
Besonderheiten der Gestaltung (Form)	✻	✻
Zusammenspiel von Inhalt und Form: Wirkung und mögliche Aussage	✻	✻

Tipp: Da in Balladen Geschichten erzählt werden, musst du für den Vergleich der Handlung viel Platz lassen.

4 Balladen vergleichen:
a Figuren und Inhalt:
 – Welche Figuren kommen vor?
 – Was geschieht in den Balladen? Wie enden sie?
 – Welche Unterschiede und Gemeinsamkeiten gibt es zwischen den „Opfern" und den „Tätern"?
 – …

b Durch welche **Gestaltungsmittel** entsteht die besondere Wirkung dieser Balladen? Untersuche z. B. bei Text 1:
 – die *Äußerungen des Jungen:* Wie wird die Steigerung seiner Angst ausgedrückt? Wie reagiert der Vater?
 – das *Erzähltempus:* Beschreibe, wie gerade dieses Tempus auf den Leser wirkt. Warum gibt es einen Tempuswechsel?
 – den *Aufbau der Ballade:* Welche Funktion erfüllt z. B. die erste Strophe, welche die letzte?
 – das *Reimschema:* Erläutere, inwiefern dieses Reimschema zu der wechselnden Rede, dem Unterschied zwischen der Wahrnehmung von Vater und Sohn und der Geschwindigkeit des Reitens passt.
 – …

5a Ist der Erlkönig eine reale Figur in der Ballade (Text 1) oder handelt es sich nur um Halluzinationen (Sinnestäuschungen) des Jungen? Unterstütze deine Meinung mit Textbelegen.
b Wie verhält es sich mit Erlkönigs Tochter (Text 2)?

6 Wenn du dein Ergebnis des Balladenvergleichs schriftlich festhalten willst, gehst du bei beiden Texten am besten so vor:

 – *Was* (Inhalt) ist *wie* (Besonderheiten der Form) *mit welcher Wirkung* und *welcher möglichen Aussage* (Wozu?) dargestellt?
 – Worin liegen die Unterschiede?
 – Nutze auch das Grundwissen zu Balladen im → Sachlexikon Deutsch.

7 Welche Ballade gefällt dir besser? Schreibe eine kurze schriftliche Begründung.

8a Welches Bild (vgl. Aufgabe 1, S. 96) entspricht eher deiner Interpretation von Goethes Ballade? Begründe deine Meinung.
b Verdeutliche in einem Bild oder in einer Collage deine Interpretation von Text 2.

9 Diskutiert, ob und inwieweit bei beiden Balladen auch eine Verbindung zum Thema des Kapitels, zu Angst und Aberglauben, besteht.

10 Lerne eine der beiden Balladen auswendig und trage sie anschließend so vor, dass sich die Zuhörer das erzählte Geschehen vorstellen können.

Literarische Texte lesen und verstehen

2. HEXENFEUER – ein Jugendbuch erarbeiten

2.1 Verzögertes Lesen

1 Ein erfolgreiches Jugendbuch von Isolde Heyne heißt *Hexenfeuer*.
   – Notiere, was du mit dem Titel verbindest.
   – In welcher Zeit könnte die Handlung spielen?
   – Was weißt du über Hexen und Hexenverbrennungen?

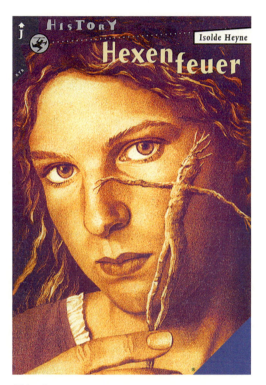

Abb. 3

Abb. 4 (* „Es gibt viel zu saugen.")

2 Wenn du zu einem Gedicht oder einer Ballade ein Bild malst, drückst du deine Deutung des Textes aus. Auch Titelbilder von Jugendbüchern sind Interpretationen des jeweiligen Inhalts.
a Beschreibe die auf dem Titelbild (Abb. 3) gezeichnete Person (Alter, Geschlecht, Gesichtsausdruck). Der Gegenstand in ihrer Hand ist eine Alraune (Gewächs mit giftiger Wurzel, die in der Volksmedizin verwendet wurde und als Zaubermittel zu Reichtum und Glück verhelfen sollte.).
b Wie wirkt das Bild auf dich, was hat der Zeichner als wichtig für das Jugendbuch *Hexenfeuer* herausgestellt? Betrachte auch besonders die Alraune.
3a Beschreibe das Bild von Goya (Abb. 4) und vergleiche es mit dem Titelbild des Jugendbuchs.
b Welche Erwartungen auf den Romaninhalt weckt die Gestaltung des Titelbildes? Welche Handlung würde man bei einem Titelblatt mit dem Bild von Goya erwarten?

Tipp: Bei einer **Bildbeschreibung** kannst du wie bei einer Texterarbeitung vorgehen: **Was** genau sieht man alles? **Wie** ist es dargestellt? **Welche** Wirkung, welche Aussage ergibt sich für den Betrachter daraus?

Ein Jugendbuch erarbeiten

Text 3 **Klappentext des Jugendbuchs *Hexenfeuer***

Barbara sitzt gefangen im Kerker. Es ist ihre letzte Nacht – am Morgen soll sie als Hexe verbrannt werden. Barbara ist unschuldig – doch wie geriet sie in die Maschinerie der Inquisition?
In dieser Nacht erinnert sie sich: an Johann von Rinteln, den geheimnisvollen Mönch,
5 der sie als Findelkind in das reiche Kaufmannshaus Heinrich Burger brachte; an die alte Trude, ihre Lehrmeisterin in der Kunst der Heilkunde; und vor allem an Martin, den sie liebt – und an ihre Ziehschwester[1], die herrschsüchtige Armgard, deren blinde Eifersucht die Katastrophe heraufbeschwor.

1) **Ziehschwester:** in eine Familie aufgenommenes Pflegekind

4a Nenne alle Informationen, die du aus dem Klappentext erhältst: Thema und dargestelltes Problem, Hauptfiguren, Ort des Geschehens, Stimmung.
 b Notiere Fragen, die noch offenbleiben.
 c Besprecht, welche Funktion Klappentexte erfüllen. Warum heißen sie so?
 d Was könnte dich als Leser reizen, das gesamte Jugendbuch zu lesen, was nicht? Begründe.

5 Tauscht euch über eure Lesegewohnheiten aus:
 – Lest ihr bei einem Jugendbuch auch zunächst den Klappentext und seht euch das Titelbild an? Lest ihr das Buch gerade wegen des interessanten Titelbildes?
 – Wie häufig lest ihr Jugendbücher? Wann lest ihr?
 – Wie lange lest ihr meistens an einem Stück? Überfliegt ihr manchmal auch Textabschnitte?

6 Erklärt mithilfe der folgenden Sachinformation den Begriff **verzögertes Lesen** und vergleicht diesen Weg mit euren eigenen Leseerfahrungen.

Grundwissen und Methode

Verzögertes Lesen ist eine Methode, den Leseprozess bewusst zu bremsen, um innere Vorgänge beim Lesen zu verdeutlichen und eine intensivere Auseinandersetzung mit dem Text zu ermöglichen.
Schritt für Schritt liest man z. B. zunächst den Titel, dann den Klappentext, den Anfang des Romans usw. So hat man Zeit, Textsignale bewusst wahrzunehmen und eine begründete Fortsetzung der Geschichte zu entwickeln.
Dabei kann verzögertes Lesen auch die Spannung auf den Text erhöhen, weil man seine Ideen überprüfen möchte und wissen will, wie die Geschichte tatsächlich weitergeht.

Text 4 Und so fängt die Geschichte an:

Hexenfeuer (Auszug) Isolde Heyne

„Nimm den Fluch von mir, du Hexe!"
Armgard stellte die flackernde Kerze auf einem Sims ab. Dann riss sie ihre Ziehschwester vom Strohlager hoch und zischte noch einmal: „Nimm diesen Fluch von mir, hörst du!"
Barbara wurde vom Wachslicht, das die Besucherin in das feuchte Gewölbe ihres Kerkers
5 gebracht hatte, geblendet. Schützend hielt sie die Hände vor die Augen. Sie konnte kaum die Umrisse der Gestalt erkennen. Trotzdem wusste sie, wen der Wärter eingelassen hatte. Niemand sprach so befehlend und herrisch wie Armgard, die Tochter des Ratsherrn und Kaufmanns Heinrich Burger.
Es dauerte einige Herzschläge lang, bis Barbara sich an das Licht gewöhnt hatte. Ihre
10 Augen suchten die des anderen Mädchens. „Ich bin keine Hexe", sagte sie. „Und du weißt das besser als jeder andere. Was willst du? Warum störst du die Gebete meiner letzten Nacht?"

„Du betest?" Armgard lachte höhnisch. „Du hast mich verflucht. Nur du kannst es gewesen sein. Und jetzt fault mein Leib." Der Hass in ihrer Stimme machte einem angstvollen
15 Flehen Platz. „Wenn du morgen auf dem Scheiterhaufen brennst und der Fluch ist nicht von mir genommen, dann ..."
„Dann?", fragte Barbara. In ihr war die Ruhe eines Menschen, der keine Hoffnung mehr hat. Sie erhoffte sich auch von Armgard keine Rettung vor dem Flammentod, denn deren Hass war es gewesen, der sie in diesen Kerker und vor die Richter der Inquisition
20 gebracht hatte.
„Was ist dann?", fragte sie noch einmal, da Armgard sich abgewandt hatte. Aber auch jetzt bekam sie keine Antwort.
Armgard ergriff die Kerze und drehte sich zu Barbara um. Sie ließ ihren Umhang von den Schultern gleiten und riss sich das Hemd entzwei. „Sieh her!", schrie sie. „Sieh es dir an!"
25 Entsetzt wich Barbara zurück. Von den Brüsten bis über den Nabel hinweg war die Haut durch eitrige Geschwüre entstellt. Im Schein der Kerze sah sie über diesem gepeinigten Körper Armgards Gesicht, sah die Angst in den Augen.
Hilf mir doch!, schien sie zu bitten. Aber es kam ihr nicht über die Lippen.
Barbara nahm ihr die Kerze aus der Hand und hielt sie nahe an Armgards Leib, um die
30 Erkrankung zu betrachten. „Seit wann hast du diesen Ausschlag?", fragte sie. Sie fragte so, wie sie es unzählige Male an Krankenbetten getan hatte, wenn ihre Hilfe verlangt worden war. Doch Armgard presste die Lippen aufeinander und schwieg. Barbara stellte das Licht auf den Mauervorsprung zurück, behutsam wie etwas Kostbares.
„Ich kann dir nicht helfen, wenn ich die Ursache nicht kenne. Also, sag mir: seit wann?
35 Und sag die Wahrheit!"
Die Tochter des Ratsherrn Burger legte vorsichtig die Fetzen ihres Hemdes über den eiternden Ausschlag. Dann bückte sie sich und hob den Umhang vom Boden, um sich darin einzuhüllen. Sie wollte Zeit gewinnen. „Ist das so wichtig?", fragte sie endlich. Der lauernde Unterton ließ Barbara aufhorchen. „Ja", antwortete sie fest. „Ich werde
40 sonst nichts tun."
„Du Hexe!", fauchte Armgard. [...]
Armgard lehnte mit dem Rücken an den feuchten Steinen des Kerkers. Ihre Augen schimmerten in irrem Glanz. Sie hielt eine winzige Phiole in der Hand.
„Hier!", sagte sie. „Damit du siehst, dass ich es gut mit dir meine. Nimm den Fluch von
45 mir und ich erspare dir den Scheiterhaufen. Es wirkt schnell und es schmerzt nicht."

7 Untersuche den Anfang der Geschichte mithilfe folgender **Fragen zur Texterschließung**:
 – **Handlungsort**: Wo spielt die Handlung?
 – **Verhalten und Motive der Figuren**: Welche Figuren kommen vor? In welchem Verhältnis stehen sie zueinander? Beschreibe ihr Verhalten, Motive für ihr Handeln und ihre Charaktereigenschaften.
 – **Thema/Problem/Konflikt**: Was ist das Besondere, Erzählenswerte an dieser Situation? Achte z. B. auf die Gründe für die Kerkerhaft.
 – **Sprachliche Gestaltung**: Wie ist die sprachliche Gestaltung (z. B. Wirkung der direkten Rede, Besonderheiten in der Wortwahl)?

8a Entwickle Ideen für eine mögliche Handlung, die zum Titel und Anfang des Jugendromans passen.
 – Suche Textsignale, die für die Ausgestaltung der weiteren Handlung bedeutsam sein können.
 – Notiere dir in Stichworten, was du in welcher Reihenfolge erzählen würdest.
 b Stell dir vor, diese Textstelle (Text 4) stünde am Ende des Jugendromans. Welche Änderungen ergäben sich für den Aufbau der Handlung?

2.2 Die Rolle des Erzählers

1 Wie wird der Romananfang erzählt?
a Erzähle einen kurzen Abschnitt in der Ich-Form aus der Sicht Barbaras und beschreibe die unterschiedliche Wirkung von Ich-Form und Er-/Sie-Form.
b Erzähle einen kurzen Abschnitt in der Ich-Form aus der Sicht Armgards.
c Könnte der gesamte Roman in der Ich-Form aus der Sicht Armgards erzählt werden? Begründe deine Meinung.
d Kennt der Erzähler die Gedanken und Gefühle der beteiligten Figuren (Innenstandpunkt) oder nicht (Außenstandpunkt)? Ziehe Textbelege zur Begründung heran.

2 Informiere dich in der folgenden Sachinformation über die Rolle des Erzählers und überprüfe dein Ergebnis aus Aufgabe 1.

Grundwissen und Methode

Der Erzähler
- ist eine **vom Autor erdachte Gestalt**, die von ihrem Standort (Erzählerstandort) aus auf ihre Weise das Geschehen sieht und in der **Ich-Form** oder in der **Er-/Sie-Form** erzählt.
- kann als Figur in Erscheinung treten und den Leser direkt ansprechen, er kann aber auch ganz hinter die Figuren der Erzählung treten, sodass der Leser das Geschehen aus der Perspektive einer Figur wahrnimmt.
- kann in die Gedanken und Gefühle einer oder mehrerer Figuren hineinblicken (**Innenstandpunkt**) oder einen **Außenstandpunkt** einnehmen.

3 Begründe mithilfe der folgenden Sachinformation, welches Erzählverhalten in dem Romananfang vorliegt. Achte dazu genau auf die Wortwahl des Textes:
– Sind z. B. Kommentare oder Wertungen des Erzählers erkennbar?
– Hat der Leser das Gefühl, das Geschehen aus der Sicht einer bestimmten Figur zu sehen?

Grundwissen und Methode

Die drei Erzählverhalten
Sowohl in der Ich-Form als auch in der Er-/Sie-Form kann man drei **Erzählverhalten** unterscheiden:

- Beim **auktorialen Erzählverhalten** ist der Erzähler durch Kommentare, Vorausdeutungen, direkte Anrede des Lesers etc. deutlich in seiner Rolle erkennbar.
- Beim **personalen Erzählverhalten** tritt der Erzähler hinter eine Figur und wählt deren Sicht, erzählt das Geschehen also aus dem Blickwinkel der entsprechenden Figur.
- Beim **neutralen Erzählverhalten** berichtet der Erzähler wie ein außen stehender Beobachter, der sich weder einmischt noch hinter eine Figur zurücktritt.

Das Erzählverhalten kann in einer Erzählung wechseln. Ebenso kann der Erzähler aus der Sicht von verschiedenen Figuren erzählen.

4 Welche Textstellen in Text 4 müssten bei einem neutralen Erzählverhalten gestrichen oder verändert werden? Nenne mindestens drei Beispiele.

5 Vergleiche anhand des Auszugs aus dem Ende des zweiten Kapitels (Text 5) deine Ideen für die weitere Handlung (Seite 101f., Aufgabe 8a/b): Was musst du in deinen Erwartungen verändern?

Literarische Texte lesen und verstehen

Text 5 **Hexenfeuer** (Auszug)   Isolde Heyne

An dem Tag, an dem Armgard sie wegen des kranken Falken der Hexerei bezichtigt hatte, lief Barbara den weiten Weg von der Burg zum Kloster. Sie rannte wie gehetzt den Burgberg hinunter und traf ganz erschöpft im Kloster ein.
Angela hörte sich an, was dem Mädchen so viel Kummer bereitete: die ständigen Demütigungen, die Zornesausbrüche ihrer Ziehschwester und nun auch diese Bezichtigung. Erregt erhob sie sich von der Bank, auf der sie mit Barbara gesessen hatte, und ging ruhelos auf und ab, schweigend, ohne ein Wort. Und Barbara wagte nicht, ihre Gedanken zu stören, denn oft genug sagte Angela verblüffend genau, was in der nächsten Zeit geschehen werde.
Als würde sie Zukünftiges bereits sehen, lag ein Schimmer großer Traurigkeit und Bestürzung auf ihrem Gesicht. „Kleine Schwester", sprach sie leise, als sie sich wieder zu Barbara setzte. Und schützend legte sie den Arm um ihre Schultern. „Es ist schrecklich, was Armgard mit solchen Worten anrichten könnte. Und keinem ist es möglich, dich davor zu schützen, nicht einmal Johann von Rinteln. Weißt du, dass überall die Scheiterhaufen brennen? Nicht nur bei uns in den Städten, auch in anderen Ländern."
Nein, davon hatte sie keine Ahnung. Sie lauschte mit Grauen, was Angela ihr berichtete. „Möge Gott dich davor bewahren, Barbara, dass dich ein solches Schicksal trifft."
Von dieser Stunde an schien es Barbara, als hätte sich mit dem Wissen um die Inquisition und deren Tätigkeit im Namen der Kirche und im Namen Gottes ein beklemmender Ring um ihr Herz gelegt. Der Klostergarten, der ihr bisher immer als ein Ort der Ruhe und der Erbauung erschienen war, machte ihr Angst. [...]
Damit sie mit all diesen wirren Gedanken im Kopf nicht Armgard in die Arme lief, die ein sicheres Gespür dafür hatte, wenn etwas anders war als sonst, machte Barbara einen Umweg an dem kleinen Weiher vorbei, an dem die Hütte der Kräutertrude stand. Die alte Frau saß draußen auf der Bank. Ihre sonst so fleißigen Hände ruhten.
„Gott zum Gruß!" Barbara setzte sich neben sie.
„Du solltest nicht so oft kommen", sagte die Trude. „Armgard hat heute ..." Sie brach mitten im Satz ab. Aber Barbara ließ keine Ruhe mit ihren drängenden Fragen, bis die alte Frau antwortete. „Sie wollte einen Zaubertrank von mir. Einen Liebestrank."
Barbara lachte erleichtert. „So etwas gibt es doch gar nicht. Das hast du mir selbst immer wieder gesagt, Trude."
„Armgard glaubt es aber. Ich gab ihr ein harmloses Pulver."
„Und wenn es nicht wirkt?"
„Dann wird Armgard sich rächen."
Zum zweiten Mal an diesem Tag griff die Angst nach dem Mädchen. Spürbar pochte der Puls an ihrem Hals. „Sie ist sehr abergläubisch", meinte sie schließlich. „Vielleicht hilft ihr der Glaube an das Mittel."
„Ich kenne den, dem dieser Trank gilt", erzählte die Kräuterfrau. „Der lässt sich von Armgard nicht durch einen Zauber zwingen. Der Martin ist ein guter Mensch."
Barbara achtete nicht auf den Namen dessen, den Armgard an sich ketten wollte. Bisher hatte ihr Herz in Gegenwart eines Mannes noch nie rascher geschlagen. Sie wollte sich auch nicht binden, solange sie, wie mit Rinteln ausgemacht, im Hause Heinrich Burgers lebte.
Was die Trude da berichtet hatte, war Barbara jetzt nicht weiter wichtig. Ihr brannte etwas anderes auf der Seele. Sie erhoffte von der alten Frau Trost, vielleicht auch eine Abschwächung der düsteren Prophezeiung.
Aber die Kräutertrude erschrak selbst zutiefst. „Armgard wird mich noch auf den Schei-

Ein Jugendbuch erarbeiten

terhaufen bringen", flüsterte sie. Ihre welken Hände, die auf der groben Schürze lagen, zitterten. „Erinnere dich später daran, Barbara", sagte sie. „Das, was ich dir beibrachte, hat nichts mit dem Teufel zu tun. Doch in Armgard wohnt der Teufel. Die Eifersucht treibt sie."

Neben Barbara stand ein Körbchen mit getrocknetem Johanniskraut auf der Bank. In Gedanken versunken, pflückte sie die Blüten von den Stängeln. Sie hatte der Kräutertrude im vorigen Sommer beim Sammeln geholfen. Johanniskraut war gut gegen so mancherlei Beschwerden. Besonders die Gerbersfrau bedurfte dessen, denn sie gebar jedes Jahr ein totes Kind und sie wünschte sich nichts sehnlicher als eins, das sie in die Wiege legen konnte.

Gegen viele Krankheiten wusste Barbara ein Heilmittel oder wenigstens eins, das die Schmerzen linderte. An Hexerei hatte sie dabei nie gedacht. Ihr kam das Erlebnis mit dem Falken wieder in den Sinn und sie erzählte davon.

„Der Falke saß auf meinem Arm, weil er traurig war. Armgard hatte ihn misshandelt. Ich habe ihn getröstet und deshalb blieb er sitzen", erklärte Barbara.

Die alte Frau nickte. „Diesmal war es nur der Falke. Aber wenn es ein Mann ist, der bei dir bleibt, während Armgard ihn begehrt – was dann?"

Mit dieser Frage wusste das Mädchen nichts anzufangen. Sie machte sich bereit, den Rückweg anzutreten. Es war ein weiter Weg. Barbara war es nur recht, weil zu viele Gedanken in ihrem Kopf waren. Neue Gedanken, Fragen, auf die sie keine Antwort hatte.

6 Spielt die Handlung zeitlich vor oder nach der Anfangsszene im Kerker? Begründe deine Meinung mit Textbelegen.

7a Die Textstelle enthält Bezüge zu zurückliegenden Handlungssträngen, z. B. wurde Barbara etwas prophezeit. Nenne weitere Beispiele.

b Wer könnte Barbara etwas prophezeit haben? Was könnte ihr prophezeit worden sein? Schreibe auf der Grundlage deiner bisherigen Kenntnisse eine kurze Geschichte dazu, die inhaltlich und formal möglichst gut zu der Romanvorlage passt.

8a Nenne Textsignale (Informationen, sprachliche Bilder, Vorausdeutungen), die für den weiteren Verlauf der Handlung bedeutsam sein können.

b Denke die Textsignale folgerichtig weiter: Wie kann es z. B. dazu kommen, dass Barbara im Kerker landet?

2.3 Hintergrundwissen Hexerei

1 Sieh noch einmal in Text 5 nach: Was erfährt der Leser über Hexen und Aberglauben? Warum hat die Kräutertrude Angst?

2 Aus welchen Gründen wurden Menschen im Mittelalter der Hexerei beschuldigt? Welche Bedeutung besaßen Angst und Aberglaube? Ziehe zur Beantwortung der Frage die Informationen aus den beiden folgenden Texten (Texte 6 und 7) heran.

Text 6 **Hexerei**

Während die frühmittelalterliche Kirche Hexerei lediglich mit Buße und kirchlichen Strafen belegte, steigerte sich die Hexenverfolgung, insbesondere durch die Einführung der Inquisition im Spätmittelalter, zu einer wahren Hochflut. Kirchlich-staatliche Strafverfahren gegen Hexen und Zauberer fanden vom 15.–18. Jahrhundert statt. Die Hauptzeit der Hexenverfolgung war aber das 17. Jahrhundert. Oft genügte eine anonyme

Denunziation oder ein ungewöhnliches körperliches Merkmal (rote Haare, Buckel usw.), um in den Verdacht zu geraten, eine Hexe zu sein. Die Vernehmung war grundsätzlich mit Folter verbunden, da man von der Annahme ausging, der Dämon stecke in der beschuldigten Person und die Wahrheit sei nur zu erfahren, wenn man ihn durch körperliche Schmerzen zum zeitweisen Verlassen des Körpers zwinge. Hexenprozesse endeten, von wenigen Ausnahmen abgesehen, immer mit der Verurteilung zum Tod durch Verbrennen. Die lawinenartige Zunahme der Hexenprozesse im 17. Jahrhundert ist vor allem darauf zurückzuführen, dass Beschuldigte unter der Folter andere Personen der Mithexerei beschuldigten und damit neue Prozesse auslösten.

Gegen Ende des 17. Jahrhunderts und Anfang des 18. Jahrhunderts kamen, vor allem durch Veröffentlichung von Schriften gegen den Hexenwahn (Friedrich v. Spee, Thomasius) beeinflusst, die Obrigkeiten zur Einsicht und schränkten die Hexenprozesse allmählich ein. Die letzten Hexenverbrennungen in Deutschland waren in Würzburg (1749), in Endingen am Kaiserstuhl (1751) und in Kempten (1775). Der Hexenglaube selbst hat sich im Volk teilweise bis zur Gegenwart gehalten und auch heute noch müssen sich Gerichte ab und zu damit befassen.

Text 7 Ende des Nachworts von Isolde Heyne zu ihrem Roman

Der Hexenwahn verbreitete sich wie eine Epidemie. Viele hunderttausend unschuldiger Männer und Frauen fanden den Tod auf dem Scheiterhaufen. Es genügten schon Gerüchte wie Vieh verhext zu haben oder den bösen Blick zu besitzen, um jemanden vor die Richter der Inquisition zu bringen. Über die Prozesse liegen uns noch heute Protokolle vor, von denen zwei hier stellvertretend erwähnt werden sollen: Am 30. Mai 1431 verbrannte man die zwanzigjährige Jeanne d'Arc in Rouen bei lebendigem Leib. Im Oktober 1435 wurde Agnes Bernauer – beschuldigt, Herzog Albrecht durch Hexerei an sich gebunden zu haben – in der Donau ertränkt. [...]
Ich habe mein Buch „Hexenfeuer" im Gedenken an unzählige Frauen und Männer geschrieben, die durch Hass und Fanatismus, durch Habgier, Aberglaube und Verleumdung unschuldig den Tod fanden.

Abb. 5

Ein Jugendbuch erarbeiten

3 Beschreibe, was du auf dem Bild (Abb. 5, S. 105) siehst.
– Wie ist die Situation dargestellt?
– Welche Wirkung/welche Aussage ergibt sich für dich daraus?

4 Über welche Themen hättest du gern noch weitere Informationen (z. B. *Wer war Jeanne d'Arc? „Hexenjagd" in der heutigen Zeit?*)?
Verteilt Kurzreferate und informiert eure Klasse in einer interessant gestalteten Präsentation über eure Ergebnisse.

5 Wie jedes der acht Kapitel des Romans beginnt auch das fünfte mit Barbaras Situation im Kerker, bevor der Rückblick in die Vergangenheit erfolgt.
a Vergleiche die unterschiedliche Wirkung der Texte 5 und 8.
b Welche historischen Tatsachen werden in dem Romanauszug aufgegriffen?
c Diskutiert: Welcher der beiden Texte löst beim Leser eher Betroffenheit aus? Warum?

Text 8 **Hexenfeuer** (Auszug)   Isolde Heyne

„Ich habe wirklich nichts Böses getan. Ich bin unschuldig."
Sie haben mir nicht geglaubt, dachte Barbara. Noch einmal durchlebte sie die hochnotpeinlichen Verhöre, die in Folterungen endeten oder in Proben, die beweisen sollten, dass sie mit dem Satan im Bunde sei.
5 Sie haben mich nackend begafft, ob sie ein Teufelsmal an mir entdecken können. Sie haben mir das Haar abgeschnitten. Sie haben mich geschlagen und gequält, bis mir das Blut unter den Nägeln hervorquoll.
Ich habe keinen Namen genannt. Ich habe keine Schuld gestanden. Ich bin nicht schuldig! Das habe ich ihnen hundertmal ins Gesicht geschrien, den Richtern, den Folter-
10 knechten und denen, die mich beschuldigten, obwohl sie es wider besseres Wissen taten. Und ich habe es ihm gesagt, meinem Vater. Als er damals erfuhr, wessen sie mich anklagten, ist er gekommen, so schnell es ihm möglich war. Er musste dann mit anhören und mit ansehen, wie sie mich quälten, und konnte es nicht von mir abwenden. Er hat gelitten, weil er so ohnmächtig war.
15 Ich bin unschuldig!
Wenn ich jetzt den Tod durch das Gift wähle, werden sie es als Schuldbekenntnis werten. Nein, das darf nicht sein. Barbara zitterte am ganzen Körper, als sie aufstand und das Giftfläschchen auf den Sims zurückstellte. Die Versuchung war groß, den bevorstehenden Qualen zu entrinnen. Aber dann wäre alles umsonst gewesen. Und vielleicht gab es
20 doch noch im letzten Augenblick eine Rettung.

6 Nenne Textsignale, die für den weiteren Verlauf der Handlung bedeutsam sein können.

7a Schreibe auf der Grundlage deiner bisherigen Arbeitsergebnisse einen möglichen Schluss des Romans.
b Vielleicht könnt ihr den Roman ja auch selbst lesen und eure Schlüsse mit dem Original vergleichen.
Interessant wäre es auch, alternative Titelbilder zu gestalten, die eure Interpretation der Handlung ausdrücken.

Das hast du in diesem Kapitel gelernt:

- Balladen vergleichen
- Zusammenhang von Inhalt, Gestaltungsmitteln und Wirkung bzw. Aussage erkennen
- Bilder als Interpretationen literarischer Texte
- verzögertes Lesen bei der Erarbeitung eines Jugendbuchs
- Weiterschreiben aufgrund von Textsignalen

Erschließungstechniken für Erzähltexte:
- Innen- und Außenstandspunkt des Erzählers
- Motive des Handelns
- Figurendarstellung und -konstellation
- Interaktion
- Rolle und Verhalten des Erzählers

Ideen und Projekte

Fächerübergreifendes Unterrichtsvorhaben „Hexenverfolgung":
- Verteilt Forschungsaufträge zu verschiedenen Themen, z. B.:
  - Welche Heilkräuter und Behandlungsmethoden sind aus dem Mittelalter überliefert?
  - Hexendarstellungen in Märchen und Kinderbüchern
  - Hexenverfolgung und Kirche
- Bittet Lehrerinnen und Lehrer aus anderen Unterrichtsfächern um ihre Mithilfe. Vielleicht könnt ihr sie sogar für ein fächerübergreifendes Unterrichtsvorhaben zum Thema **Hexenverfolgung** gewinnen.
- Gestaltet eine ansprechende und informative Präsentation eurer Arbeitsergebnisse.

Auf Spurensuche:
- Informiert euch über die Hexenverfolgung in eurer Region. Existieren noch historische Bauwerke (z. B. Hexenturm), gibt es Dokumente im Stadtarchiv oder in Museen?

Buchvorstellungen:
- Auch andere Jugendromane beschäftigen sich mit dem Thema *Hexenverfolgung*. Informiert euch in einer Bibliothek, einer Buchhandlung oder im Internet über interessante und lesenswerte Bücher zu diesem Thema und stellt sie der Klasse vor.
- Natürlich könnt ihr das Thema der Buchvorstellungen auch erweitern (z. B. Verfolgung/Ausgrenzung von Minderheiten, ...).

Erweitern · **Vertiefen** · Anwenden

DIE ROLLE DES ERZÄHLERS

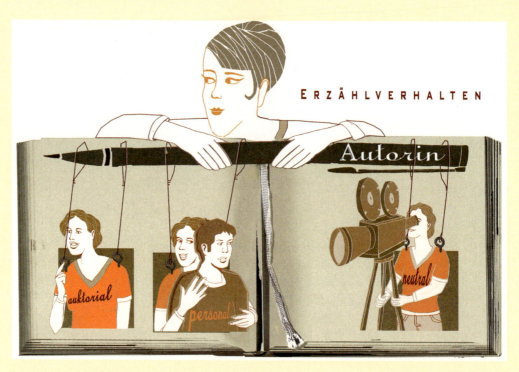

1   Erkläre anhand der Zeichnung die unterschiedlichen Erzählverhalten des Erzählers in epischen Texten.

2a   Zeichne ein Bild, in dem du Innen- und Außenstandpunkt des Erzählers darstellst.
 b   Besprecht eure Ergebnisse und überprüft, ob sie sachlich korrekt und anschaulich sind.

Text 1   **Die Reinigung**   Franz Hohler

In eine Wäscherei kam einmal ein Mann und brachte eine Hose, die einer gründlichen Reinigung bedurfte, denn sie war durch und durch schwarz vor Schmutz. Als er sie wieder abholen wollte, reichte ihm die Verkäuferin eine Plastiktasche und sagte, mehr sei von der Hose nicht übrig geblieben.
5 „Die ist ja leer!", sagte der Mann.

3   Wie könnte die Geschichte weitergehen? Schreibe einen kurzen Schluss, der inhaltlich und sprachlich zum Anfang des Textes passt. Beachte dabei, dass es sich um eine Anekdote (→ Sachlexikon Deutsch) handelt.

4   Vergleiche deinen Text mit dem Originalschluss: „Ja", sagte die Verkäuferin, „dafür ist dieser entsetzliche Dreck weg." „Da haben Sie Recht", sagte der Mann, nahm die Tasche, bezahlte die Rechnung und ging.

5   Der Erzähler nimmt in dieser Anekdote einen Außenstandpunkt ein.
a   Ergänze mögliche Gedanken und Gefühle der beteiligten Figuren (Innenstandpunkt) und vergleiche die Wirkung deines Textes mit dem Original.
b   Besprecht: Was ist der besondere Reiz von Geschichten mit Außenstandpunkt, was von Geschichten mit Innenstandpunkt des Erzählers?

Literarische Texte lesen und verstehen

6a In welcher Erzählform – Ich-Form oder Er-/Sie-Form – ist diese Anekdote geschrieben?

b Erzähle die Anekdote in der Ich-Form aus der Sicht des Mannes oder der Verkäuferin.

c Vergleicht eure Ergebnisse und beschreibt die unterschiedliche Wirkung
- von Ich-Form und Er-/Sie-Form,
- von Ich-Form aus der Sicht des Mannes und aus der Sicht der Verkäuferin.

7 Bestimme das Erzählverhalten: Liegt ein auktoriales, neutrales oder personales Erzählverhalten vor? (→ Sachlexikon Deutsch)

> **Tipp** zur Bestimmung des Erzählverhaltens: Achte genau auf die Wortwahl des jeweiligen Textes.
> - Sind Kommentare oder Wertungen des Erzählers erkennbar? (→ auktorial)
> - Wird eher neutral berichtet? (→ neutral)
> - Hat der Leser das Gefühl, das Geschehen aus der Sicht einer bestimmten Figur zu sehen? (→ personal)
> - Kann er z. B. den inneren Monolog einer Figur hören? (→ personal)

Text 2 **Der Schimmelreiter** (Auszug) THEODOR STORM

Was ich zu berichten beabsichtige, ist mir vor reichlich einem halben Jahrhundert im Hause meiner Urgroßmutter, der alten Frau Senator Feddersen, kund geworden, während ich, an ihrem Lehnstuhl sitzend, mich mit dem Lesen eines in blaue Pappe eingebundenen Zeitschriftenheftes beschäftigte; ich vermag mich nicht mehr zu entsinnen, ob
5 von den „Leipziger" oder von „Pappes Hamburger Lesefrüchten". Noch fühl ich gleich einem Schauer, wie dabei die linde Hand der über Achtzigjährigen mitunter liebkosend über das Haupthaar ihres Urenkels hinglitt. Sie selbst und jene Zeit sind längst begraben; vergebens auch habe ich seitdem jenen Blättern nachgeforscht und ich kann daher um so weniger weder die Wahrheit der Tatsachen verbürgen, als, wenn jemand sie bestrei-
10 ten wollte, dafür aufstehen; nur so viel kann ich versichern, dass ich sie seit jener Zeit, obgleich sie durch keinen äußeren Anlass in mir aufs Neue belebt wurden, niemals aus dem Gedächtnis verloren habe.
Es war im dritten Jahrzehn unseres Jahrhunderts, an einem Oktobernachmittag – so begann der damalige Erzähler –, als ich bei starkem Unwetter auf einem nordfriesischen
15 Deich entlangritt. [...] Es war eiskalt; meine verklommenen Hände konnten kaum den Zügel halten und ich verdachte es nicht den Krähen und Möwen, die sich fortwährend krächzend und gackernd vom Sturm ins Land hineintreiben ließen. Die Nachtdämmerung hatte begonnen und schon konnte ich nicht mehr mit Sicherheit die Hufe meines Pferdes erkennen; keine Menschenseele war mir begegnet, ich hörte nichts als das
20 Geschrei der Vögel, wenn sie mich oder meine treue Stute fast mit den langen Flügeln streiften, und das Toben von Wind und Wasser. Ich leugne nicht, ich wünschte mich mitunter in sicheres Quartier. [...]
Jetzt aber kam auf dem Deiche etwas gegen mich heran; ich hörte nichts; aber immer deutlicher, wenn der halbe Mond ein karges Licht herabließ, glaubte ich, eine dunkle
25 Gestalt zu erkennen und bald, da sie näher kam, sah ich es, sie saß auf einem Pferde, einem hochbeinigen, hageren Schimmel; ein dunkler Mantel flatterte um ihre Schultern, und im Vorbeifliegen sahen mich zwei brennende Augen aus einem bleichen Antlitz an. Wer war das? Was wollte der? – Und jetzt fiel mir bei, ich hatte keinen Hufschlag, kein Keuchen des Pferdes vernommen; und Ross und Reiter waren doch hart an mir vorbeige-
30 fahren!
In Gedanken darüber ritt ich weiter, aber ich hatte nicht lange Zeit zum Denken, schon fuhr es von rückwärts wieder an mir vorbei; mir war, als streifte mich der fliegende Mantel, und die Erscheinung war, wie das erste Mal, lautlos an mir vorbeigestoben. [...]

Erweitern · **Vertiefen** · Anwenden

Mein Pferd war schon von selbst auf den Weg am Deich hinabgeschritten, der mich vor
35 die Tür des Hauses führte. Ich sah wohl, dass es ein Wirtshaus war; [...].
Ich erfuhr bald, dass mein freundlicher Nachbar der Deichgraf sei; wir waren ins
Gespräch gekommen und ich hatte begonnen, ihm meine seltsame Begegnung auf dem
Deich zu erzählen. Er wurde aufmerksam und ich bemerkte plötzlich, dass alles
Gespräch umher verstummt war. „Der Schimmelreiter!", rief einer aus der Gesellschaft
40 und eine Bewegung des Erschreckens ging durch die übrigen. [...]
„Erzählt, erzählt nur, Schulmeister", riefen ein paar der Jüngeren aus der Gesellschaft.
„Nun freilich", sagte der Alte, sich zu mir wendend, „will ich gern zu Willen sein; aber es
ist viel Aberglaube dazwischen und eine Kunst, es ohne diesen zu erzählen."
„Ich muss Euch bitten, den nicht auszulassen", erwiderte ich. „Traut mir nur zu, dass ich
45 schon selbst die Spreu vom Weizen sondern werde!"
Der Alte sah mich mit verständnisvollem Lächeln an: „Nun also!", sagte er. „In der Mitte
des vorigen Jahrhunderts, oder vielmehr, um genauer zu bestimmen, vor und nach derselben, gab es hier einen Deichgrafen [...].

8 Klärt unverständliche Textpassagen oder Begriffe, wie z. B. „Deich" oder „Deichgraf".

9a Wie gefällt dir der Anfang dieser Erzählung? Begründe deine Meinung.
 b Was könnte es mit dem Schimmelreiter auf sich haben? Gestalte einen Handlungsentwurf der Geschichte, die der Schulmeister erzählen könnte.

10a In diesem Text treten verschiedene Erzähler auf.
   – Was erfährt der Leser über sie?
   – Zu welcher Zeit erzählen sie?
   – Wem erzählen sie die Geschichte?
  b Gestalte ein Bild, in dem du für jemanden, der den Text nicht kennt, die verschiedenen Erzähler darstellst.

11a Welche Erzählform wählen die Erzähler jeweils für ihre Geschichten?
  b Schreibe den Text auf der Grundlage deines Handlungsentwurfs einige Sätze weiter. Erstelle zwei Textfassungen (Ich-Form und Er-/Sie-Form) und vergleiche die unterschiedliche Wirkung.
  c Erzählen die Erzähler in auktorialem, personalem oder neutralem Erzählverhalten? Besprecht gemeinsam Schwierigkeiten, die sich bei der Beantwortung der Frage ergeben.

Literarische Texte lesen und verstehen

Text 3 **Schlittenfahren** Helga M. Novak

Das Eigenheim steht in einem Garten. Der Garten ist groß. Durch den Garten fließt ein Bach. Im Garten stehen zwei Kinder. Das eine der Kinder kann noch nicht sprechen. Das andere Kind ist größer. Sie sitzen auf einem Schlitten. Das kleinere Kind weint. Das größere sagt, gib den Schlitten her. Das kleinere weint. Es schreit.
5 Aus dem Haus tritt ein Mann. Er sagt, wer brüllt, kommt rein. Er geht in das Haus zurück. Die Tür fällt hinter ihm zu.
Das kleinere Kind schreit.
Der Mann erscheint wieder in der Haustür. Er sagt, komm rein. Na wird's bald. Du kommst rein. Nix. Wer brüllt, kommt rein. Komm rein.
10 Der Mann geht hinein. Die Türe klappt.
Das kleinere Kind hält die Schnur des Schlittens fest. Es schluchzt.
Der Mann öffnet die Haustür. Er sagt, du darfst Schlitten fahren, aber nicht brüllen. Wer brüllt, kommt rein. Ja. Ja. Jaaa. Schluss jetzt.
Das größere Kind sagt, Andreas will immer allein fahren.
15 Der Mann sagt, wer brüllt, kommt rein. Ob er nun Andreas heißt oder sonst wie.
Er macht die Tür zu.
Das größere Kind nimmt dem kleineren den Schlitten weg. Das kleinere Kind schluchzt, quietscht, jault, quengelt.
Der Mann tritt aus dem Haus. Das größere Kind gibt dem kleineren den Schlitten zurück.
20 Das kleinere Kind setzt sich auf den Schlitten. Es rodelt.
Der Mann sieht in den Himmel. Der Himmel ist blau. Die Sonne ist groß und rot. Es ist kalt.
Der Mann pfeift laut. Er geht wieder ins Haus zurück. Er macht die Tür hinter sich zu.
Das größere Kind ruft, Vati, Vati, Vati, Andreas gibt den Schlitten nicht mehr her.
25 Die Haustür geht auf. Der Mann steckt den Kopf heraus. Er sagt, wer brüllt, kommt rein.
Die Tür geht zu.
Das größere Kind ruft, Vati, Vativativati, Vaaatiii, jetzt ist Andreas in den Bach gefallen.
Die Haustür öffnet sich einen Spalt. Eine Männerstimme ruft, wie oft soll ich das noch sagen, wer brüllt, kommt rein.

12a Tauscht eure ersten Eindrücke zu dieser Kurzgeschichte aus und untersucht dann die Geschichte genauer: Was wird hier erzählt?
 b Wie wird es erzählt? Bestimme
   – Erzählform, Standpunkt des Erzählers, Erzählverhalten,
   – Wortwahl, Satzbau und Erzähltempus.
 c Warum passen gerade diese Gestaltungsmerkmale besonders gut zum Inhalt der Geschichte? Untersuche dazu den folgenden Vergleichstext und beschreibe die unterschiedliche Wirkung.

Text 4 Unser Haus stand in einem großen Garten, durch den ein Bach floss. Mein kleiner Bruder Andreas und ich spielten an jenem Unglückstag draußen. Wir saßen auf einem Schlitten und stritten uns. Andreas konnte noch nicht sprechen. Er weinte. „Gib den Schlitten her", befahl ich ihm herrisch. Andreas weinte. Sein Weinen steigerte sich zu
5 einem markerschütternden Schreien. Unser Vater trat aus dem Haus und sagte: „Wer brüllt, kommt rein." Wahrscheinlich fühlte er sich wieder einmal durch uns gestört. Er ging in das Haus zurück. Die Tür fiel hinter ihm zu.

13 Welche Aussage der Geschichte ergibt sich aus dem Zusammenwirken von Inhalt und Form?

Erweitern · Vertiefen · Anwenden

SCHILDERN IN LITERARISCHEN TEXTEN

1 In vielen Romanen, die den Leser an geheimnisvolle, unheimliche und außergewöhnliche Orte führen, findet man schildernde Darstellungen.
a Was fällt dir zu dem Titel *Krabat* ein? Wie klingt das Wort? Woran erinnert es dich?
b Beschreibe, was du auf dem Titelbild erkennen kannst.

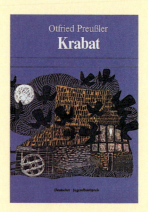

Text 1 | Krabats Geschichte spielt im 17./18 Jh. Krabat ist ein vierzehnjähriger Betteljunge, den eine Stimme im Traum zu einer geheimnisvollen Mühle lockt. Nach längerer Suche hat Krabat diese Mühle nun gefunden:

Krabat tappte ein Stück durch den Wald, dann stieß er auf eine Lichtung. Als er sich anschickte, unter den Bäumen hervorzutreten, riss das Gewölk auf, der Mond kam zum Vorschein.
Jetzt sah Krabat die Mühle. Beherzt schritt er auf die Mühle zu und klopfte.
5 Die Tür ließ sich öffnen, sie war nicht verriegelt, er trat in den Hausflur ein. Hinten, am Ende des Ganges, war etwas wie ein schwacher Lichtschein. „Wo Licht ist, werden auch Leute sein", sagte sich Krabat. Das Licht drang, er sah es im Näherkommen, durch einen Spalt in der Tür, die den Gang an der Rückseite abschloss. Sein Blick fiel in eine erhellte Kammer.

2 Wie wirkt der Text auf dich? Beschreibe deinen Eindruck mithilfe der folgenden Skala.

	trifft voll zu			trifft gar nicht zu		
spannend	1	2	3	4	5	6
unheimlich	1	2	3	4	5	6
traurig	1	2	3	4	5	6
grausam	1	2	3	4	5	6

1 = trifft voll zu
6 = trifft gar nicht zu

3a Lies die folgende Originalstelle aus dem Roman (Text 2) und beschreibe deren Wirkung ebenfalls mithilfe der Skala.
b Werte deine Ergebnisse aus. Inwieweit hat sich die Wirkung verändert?

Text 2 **Krabat** (Auszug) OTFRIED PREUSSLER

Krabat tappte ein Stück durch den Wald wie ein Blinder im Nebel, dann stieß er auf eine Lichtung. Als er sich anschickte, unter den Bäumen hervorzutreten, riss das Gewölk auf, der Mond kam zum Vorschein, alles war plötzlich in kaltes Licht getaucht. Jetzt sah Krabat die Mühle.
5 Da lag sie vor ihm, in den Schnee geduckt, dunkel, bedrohlich, ein mächtiges, böses Tier, das auf Beute lauert.
„Niemand zwingt mich dazu, dass ich hingehe", dachte Krabat. Dann schalt er sich einen Hasenfuß, nahm seinen Mut zusammen und trat aus dem Waldesschatten ins Freie.

Literarische Texte lesen und verstehen

Beherzt schritt er auf die Mühle zu, fand die Haustür verschlossen und klopfte.
10 Er klopfte einmal, er klopfte zweimal: Nichts rührte sich drinnen. Kein Hund schlug an, keine Treppe knarrte, kein Schlüsselbund rasselte – nichts. Krabat klopfte ein drittes Mal, dass ihn die Knöchel schmerzten.

Wieder blieb alles still in der Mühle. Da drückte er probehalber die Klinke nieder: Die Tür ließ sich öffnen, sie war nicht verriegelt, er trat in den Hausflur ein.

15 Grabesstille empfing ihn und tiefe Finsternis. Hinten jedoch, am Ende des Ganges, etwas wie ein schwacher Lichtschein. Der Schimmer von einem Schimmer bloß.

„Wo Licht ist, werden auch Leute sein", sagte sich Krabat.

Die Arme vorgestreckt, tastete er sich weiter. Das Licht drang durch einen Spalt in der Tür, die den Gang an der Rückseite abschloss. Neugier ergriff ihn, auf Zehenspitzen
20 schlich er zu der Ritze und spähte hindurch. [...]

4 Untersuche Text 2 genauer: Was erlebt Krabat (äußere Handlung)? Was erfährt der Leser darüber, wie Krabat seine Umgebung wahrnimmt, z. B. den Wald, die Mühle? Unterstütze deine Aussagen mit Textbelegen.
Tipp: Vergleiche Text 1 und 2. Worin unterscheiden sich die beiden Texte?

5 Male ein Bild von der Mühle, das die Stimmung des Textes wiedergibt.

6 Krabat sieht im weiteren Verlauf des Romans durch die Türritze in eine von einer Kerze erleuchtete Kammer, in der ein blasser Mann an einem Tisch sitzt und in einem Buch liest. Die Atmosphäre wirkt unheimlich.
Schreibe Text 2 einige Sätze weiter und schildere möglichst anschaulich, wie Krabat die Umgebung wahrnimmt.

7 Schreibe ein Gespräch zwischen dem „blassen Mann", dem Meister, und Krabat, in dem dieser ihn davon überzeugt, in der Mühle als Geselle anzufangen.

8 Krabat wird tatsächlich Geselle in der Mühle. Gemeinsam mit den anderen Gesellen schläft er in einem großen Schlafraum.

a Stell dir diesen Raum vor und schildere das, was du siehst, hörst, riechst, denkst und fühlst:
– Was sieht man als Erstes, wenn man den Raum betritt?
– Wie groß ist der Raum? Sieht man Bilder an den Wänden?
– Gibt es Möbel und Vorhänge? Aus welchem Material? Wie fühlen sie sich an?
– Hört man Geräusche? Wonach riecht es? Welchen Ausblick hat man aus dem Fenster?
– Was empfindest du persönlich, wenn du diesen Raum betrittst? Was fühlst und denkst du?

b Lest eure Raumbeschreibungen vor. Die Zuhörer schließen dabei die Augen und versuchen, sich den Raum genau vorzustellen. Tauscht anschließend eure Eindrücke aus.

c Ihr habt mit euren anschaulichen Formulierungen ein sprachliches Bild des Schlafraums gemalt. Tauscht eure Texte aus. Zeichnet nach der Textvorlage ein Bild, in dem die Stimmung in dem Schlafraum deutlich wird.

9 Die Handlung des Romans wird häufig von Krabats Träumen unterbrochen, in denen er u. a. zukünftige Ereignisse voraussieht. So träumt Krabat z. B. davon, aus der Mühle zu fliehen. Dabei begegnet er verschiedenen Tieren, die – wie der Meister – einäugig sind. Fatalerweise führt sein Weg wie in einem Labyrinth immer wieder zur Mühle zurück.

a Schildere diesen Traum möglichst anschaulich.
b Überarbeitet eure Texte in einer Schreibkonferenz.

SCHULE ANDERSWO

Zu welchen ausländischen Schulen hat eure Schule eventuell Kontakte?
Was wisst ihr über Schulen in anderen Ländern und auf anderen Kontinenten?
Kann jemand von euch sogar eigene Erfahrungen einbringen? Erzählt.

Sachtexte erschließen und zusammenfassen

Bildung macht stark
Menschen, die nicht lesen und schreiben können, haben es im Leben schwer. Sie müssen glauben, was andere ihnen erzählen, aufschreiben oder vorrechnen. ...

5 **Kinder haben das Recht, zur Schule zu gehen**
Weil lernen so wichtig ist, haben alle Kinder das Recht, zur Schule zu gehen. Sie haben das Recht, zu studieren oder eine Berufsausbildung zu machen, je nachdem, was ihren Fähigkeiten entspricht. ...

Viele Kinder gehen nicht zur Schule
10 In Deutschland ist es für Kinder Pflicht, zur Schule zu gehen. Das ist aber nicht in allen Ländern so. Ein Fünftel aller Kinder auf der ganzen Welt, das sind rund 130 Millionen Kinder, gehen nicht zur Schule. ...

Kein Geld für Schule
Die meisten Kinder würden gern zur Schule gehen. Aber manche Staaten
15 geben nicht genug Geld aus, um genügend Schulen zu bauen. ...

Schulen zum Lernen und Arbeiten
Eltern müssen mitbestimmen, welche Schulen für ihre Kinder gut sind. Sie sollten dort nicht nur lesen, schreiben, rechnen lernen, sondern auch alles, was das tägliche Leben erleichtert und verbessert: Hygiene, Gesundheit,
20 Kinderpflege, Hausarbeit, Gartenarbeit, die Arbeit auf dem Land, ...

Mädchen sind besonders benachteiligt
Vor allem Mädchen dürfen nicht überall zur Schule gehen. Manche können zwar eine Grundschule besuchen, aber keine weiterführende Schule. ...

Erläutere: Welche Probleme werden in den Informationen dieser Homepage über das Projekt *Schule anderswo* angesprochen?

Welche davon treffen besonders auf Schulen in Entwicklungsländern zu, welche auch auf Schulen in Deutschland?

1. KINDER HELFEN KINDERN
Sachtexte erschließen

Text 1A **Aktives Lernen**

Schulen verlangten von Kindern früher oft blinden Gehorsam und Unterwerfung. Inzwischen werden die Schulen jedoch immer mehr zu Orten, an denen Kinder
5 zu kritischem Denken ermutigt werden, wo sie ihre Rechte und ihre Verantwortung kennen lernen und sich auf ihre Rolle als gesellschaftlich aktive Bürger vorbereiten.

Jungen setzen sich für Mädchenrechte ein

10 Entwicklungsorganisationen sind sich schon lange einig, dass sich Investitionen in die Bildung von Mädchen ganz besonders auszahlen. Dringend erforderlich sind sie vor allem in Afrika südlich der Sahara und in Südasien, wo noch immer über 50 Millionen Mädchen
15 die Grundschule nicht besuchen. In Uganda wurde im August 2001 das „Girls' Education Movement" (GEM), eine Bildungsinitiative für Mädchen, gegründet. Im Vergleich zu früheren Projekten gingen die Initiatoren jedoch neue Wege: Afrikanische Kinder und
20 Jugendliche – Jungen ebenso wie Mädchen – übernahmen die Führung, holten sich, wenn nötig, Fachwissen und Rat von Erwachsenen und erfüllten die Bewegung mit Schwung und Optimismus.
Ihr Engagement hatte auch für die Kinder selbst eine
25 pädagogische Wirkung: Die Jungen und Mädchen aus Kenia und Uganda, einige davon mit Behinderungen, wurden zunächst mit kreativen Moderationstechniken vertraut gemacht. Sie waren dadurch gut auf das Kinder- und Jugendparlament vorbereitet, das in Ugandas
30 Hauptstadt Kampala debattierte. Zuvor hatten sie bereits in Südafrika und Sambia zusätzliche GEM-Workshops abgehalten. „Diese Konferenz war ein Wendepunkt für viele junge Mädchen, die anfangs kein einziges Wort herausbrachten", berichtet Caroline, eine Studentin und
35 ehrenamtliche Helferin der Bildungsinitiative aus Uganda. „Wir lernten, uns selbst zu behaupten, und begannen, an unsere Fähigkeiten zu glauben."

Das „Girls' Education Movement" ist nur ein Beispiel dafür, dass auch Jungen für bessere Mädchenbildung
40 eintreten. In der pakistanischen Wüstenprovinz Belutschistan, wo nur zwei Prozent der Mädchen lesen und schreiben können, [...].

Sachtexte erschließen und zusammenfassen

1 a Text 1A stammt aus dem UNICEF-Band *Zur Situation der Kinder in der Welt 2003*. Worum geht es in dem Text?
 b Mit welchen **Methoden der Texterschließung** bist du vertraut? Welche Schritte musst du hierbei beachten? In welcher Reihenfolge?
 c Welchen Schritten kannst du die Anmerkungen zu Text 1A jeweils zuordnen?

Beispiel: Fünf-Schritt-Lesemethode:
... Wiederholen ... in Sinnabschnitte einteilen ... Fragen an den Text stellen ... orientierendes Lesen ... Begriffe und Sachverhalte klären ...

Tipp: Nutze dein Wissen über Fremdwörter, Fremdsprachen, Wortbildung sowie Expertenwissen in Lexika und Wörterbüchern, z. B.:
kreativ (lat.): einfallsreich, erfinderisch, schöpferisch
Moderation (lat.): 1. *veralt.* für Mäßigung, 2. Leitung einer Rundfunk- oder Fernsehsendung, 3. Gesprächsleitung

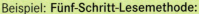

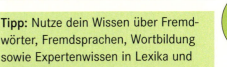

2 **Fragen an den Text stellen:**
   – Was bedeutet „Girls' Education Movement" (Z. 16)?
   – Was sind „kreative Moderationstechniken" (Z. 27)?
   – Wo liegt Uganda?
   – Welche weiteren **Sachverhalte** und **fachsprachlichen Begriffe** sind dir unverständlich? Wie kannst du sie klären?

3 **Paraphrasieren:**
   Bei schwerverständlichen Textstellen hilft es oft, diese Stellen zu „übersetzen" und den dargestellten Sachverhalt mit eigenen Worten zu umschreiben (d. h. zu **paraphrasieren**); z. B.:

> [...] Der persönliche Einsatz, den die Kinder zeigten, hatte auch eine erzieherische Wirkung auf sie selbst: Obwohl sie aus verschiedenen afrikanischen Staaten kamen und einige auch körperliche Behinderungen hatten, übten sie, ungewöhnliche und einfallsreiche Mittel einzusetzen, damit sie vernünftig miteinander reden und diskutieren konnten. Dadurch waren sie gut darauf vorbereitet, im Kinder- und Jugendparlament ihre Wünsche und Meinungen mit anderen Jungen und Mädchen auszutauschen. [...]

 a Welche Stelle aus Text 1A wurde paraphrasiert?
 b Welche Fremdwörter wurden übersetzt? Durch welche Formulierungen?
 c Was würdest du an der paraphrasierten Textstelle verbessern? Überarbeite sie in deinem Heft.
 d Paraphrasiere weitere für dich schwerverständliche Passagen aus Text 1A.

4 **Textstellen markieren und Zeichen einsetzen:**
 a Beschreibe die Bedeutung der verschiedenen Unterstreichungen in den Anmerkungen am Rand und der dort verwendeten Zeichen (verschiedene Unterstreichungen, !, ?, ⇩, ⇔).
 b Nutze die Zeichen selbst dazu, in einer Kopie wichtige Textstellen zu markieren: Welchen Vorteil bieten dir die Zeichen bei der Texterschließung?
 c Überlegt euch selbst weitere Zeichen, die bei der Texterschließung helfen, und besprecht in der Klasse, welche euch davon am sinnvollsten erscheinen.

5 **Sinnabschnitte in ihrer gedanklichen Verknüpfung erkennen und beschreiben:**
 a Woran kannst du häufig schon auf den ersten Blick erkennen, dass ein Text aus verschiedenen Sinnabschnitten besteht?
 b Wie viele Sinnabschnitte hat Text 1A? Worum geht es jeweils in ihnen?
 c Wie hängen die einzelnen Abschnitte zusammen? Beschreibe ihre gedankliche Verknüpfung.

Sachtexte erschließen

6 **Ziel der Erschließung: Das Textverständnis vertiefen**
Teste dein Textverständnis, indem du die in den Randanmerkungen zu Text 1A gestellten Fragen beantwortest.

Text 1B **Fortsetzung**

[...] In der pakistanischen Wüstenprovinz Belutschistan, wo nur zwei Prozent der Mädchen lesen und schreiben können, arbeitete UNICEF bei Gesundheitskampagnen schon länger mit der Pfadfinderbewegung zusammen. Dabei ging es zunächst vor allem um die Jodierung von Speisesalz und Schutzimpfungen gegen Kinderlähmung. Als die Kampagne dann jedoch gezielt auf die Verbesserung der Grundbildung für Mädchen ausgedehnt wurde, betrat man Neuland: Nie zuvor hatten sich Jungen in der Region für Mädchenrechte engagiert. Das Projekt wurde in Anlehnung an das Mädchen Meena, eine beliebte UNICEF-Comicfigur, *Brothers of Meena* (Meenas Brüder) getauft.
Die Ergebnisse des ersten Jahres waren ermutigend: Jede angesprochene Schule hatte zehn bis 15 neue Mädchen aufgenommen, insgesamt gingen 2 500 Mädchen mehr zur Schule als zuvor. „Wir sagten immer, ein Mädchen in die Schule zu schicken, ist wie den Garten des Nachbarn zu gießen", so Abdul Mallam, der Malik (Stammesführer) in einem der pakistanischen Dörfer. „Aber die Pfadfinder haben unser Bewusstsein verändert. Jetzt wollen wir, dass unsere Töchter Lehrerinnen oder Ärztinnen werden oder was auch sonst sie sich wünschen."
Die Kinder gingen von Tür zu Tür und versuchten, wo nötig, die Väter zu überzeugen, ihre Töchter zur Schule zu schicken. Die Pfadfinder sprachen dabei auch andere wichtige Themen wie Schutzimpfungen oder den Bau von Latrinen an – zum Teil auch, um einen geschickten Einstieg in ihr umstrittenes Hauptthema zu finden. In Dörfern ohne eigene Mädchenschule überredeten die Pfadfinder die Leiter der Jungenschulen dazu, Mädchen aufzunehmen. War der lange Schulweg zu gefährlich, boten sich die Pfadfinder als Begleiter an.
Zu den engagierten Kindern gehörte auch der zwölfjährige Pfadfinder Jehanzeb Khan, der später als Sprecher für das Projekt am Weltkindergipfel in New York teilnahm. [...]

7a Wende die verschiedenen methodischen Schritte der Texterschließung auf Text 1B an und notiere deine Arbeitsergebnisse.
b Zeigt, dass ihr den Text sorgfältig erschlossen habt, indem ihr euch gegenseitig folgende Fragen stellt und beantwortet:
– Wo liegt Pakistan (Z. 1)?
– Welchem Zweck dient die Jodierung von Speisesalz (Z. 4)?
– Was bedeutet das Wort „Kampagne" (Z. 2, 4f.)?
– „Wir sagten immer, ein Mädchen in die Schule zu schicken, ist wie den Garten des Nachbarn zu gießen." (Z. 11f.) Was will der pakistanische Stammesführer mit diesem Satz aussagen?
– Welchen Trick haben die Pfadfinder bei Vätern von Mädchen eingesetzt? Zu welchem Zweck?

8a Erschließt euch den letzten, noch ausstehenden Textteil (Text 1C) und veranstaltet einen Wettbewerb:
Bildet zwei Gruppen und überprüft abwechselnd durch Fragen (wie in Aufgabe 7b), ob die andere Gruppe den Text genau genug untersucht hat.

b Untersuche anschließend die gedankliche Verknüpfung der einzelnen Sinnabschnitte, indem du jeden Absatz mit einer passenden Zwischenüberschrift versiehst. Vergleicht und korrigiert eure Ergebnisse.

Text 1C **Schüler gestalten ihre Schulen mit**

Wirklich kinderfreundliche Schulen sind immer noch relativ selten, obwohl die Bedeutung der aktiven Beteiligung sich immer mehr durchsetzt. UNICEF unterstützt Unterrichtsmethoden, die Kinder so weit wie möglich einbeziehen und statt passivem Auf-
5 nehmen aktives Lernen fördern.
Die *Escuela Nuevas* in Kolumbien beispielsweise arbeiten mit gemischten Altersgruppen und messen der Mitsprache große Bedeutung bei. Eine Studie in zwei besonders von Gewaltkonflikten geprägten Gebieten ergab, dass sich Zusammenarbeit, Zusam-
10 menleben und friedliche Konfliktlösungen lehren und lernen lassen. Interviews mit Eltern, Schülern, Lehrern und Schuldirektoren zeigten, dass die 15 Schulen, die mit der *Escuela-Nueva*-Methode arbeiteten, das soziale Engagement in ihrer Gemeinde positiv beeinflussten. Die Unterstützung durch lokale Organisationen und
15 ehrenamtlich engagierte Bürger erwies sich als wesentlicher Erfolgsfaktor.
Das *Escuela-Nueva*-Modell im ländlichen Kolumbien war so erfolgreich und fand so viel internationale Anerkennung, dass es inzwischen auch andere südamerikanische Länder wie zum Beispiel
20 Honduras übernommen haben. Auch in Guatemala erreichte das neue Schulprogramm – *Nueva Escuela Unitaria Bilingue Intercultural* (NEUBI) – im Jahr 2000 bereits 210 Schulen mit 23 000 Schülern, nachdem es sieben Jahre zuvor mit zwölf Schulen begonnen hatte.
25 Der Erfolg der neuen Schulen lässt sich zum Teil an der Schulbesuchs- und Abschlussrate messen, die mit 93 Prozent der eingeschulten Kinder deutlich über dem landesweiten Durchschnitt liegt. Auch die Einschulungsrate für Mädchen ist sehr hoch und liegt sogar höher als die der Jungen. Die Schulen tragen in Guate-
30 mala entscheidend zum Aufbau einer neuen Kultur für Frieden und Demokratie nach jahrzehntelangem Bürgerkrieg bei. Aufgrund dieser positiven Ergebnisse plant die Regierung jetzt, das Programm auf weitere 2 000 Schulen mit 120 000 Schülern auszudehnen.
35 Kern des Konzeptes ist es, auf die Bedürfnisse von Kindern der indigenen Maya einzugehen. Sie stellen zwar die Hälfte der Bevölkerung, leiden aber unter erheblicher Diskriminierung und Marginalisierung. Lehren und Lernen sind vom Grundgedanken der Beteiligung geprägt, Sprache und Kultur der Maya spielen deshalb eine wichtige Rolle. „Lernecken" fördern kreatives, spielerisches Lernen; jede Schule hat
40 eine gewählte Schülerverwaltung, die für Disziplin, aber auch für schulische und kulturelle Aktivitäten zuständig ist. Diese Schülervertreter haben in Guatemala bereits Schulgebäude und Pulte frisch gestrichen, Begrenzungsmauern gebaut und während einer Hungersnot sogar Nahrungsmittel verteilt. Entscheidend für den Erfolg war auch hier das

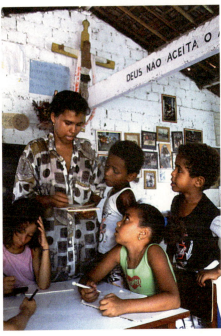

Engagement von Eltern und Bevölkerung. In Guyana wurde das Konzept der „neuen
45 Schulen" 1998 eingeführt – auch hier sehr erfolgreich, vor allem durch die Schülermitverwaltung in abgelegenen Schulen. Die Schüler bilden Ausschüsse, die für Disziplin an der Schule, Gesundheit und Sanitäreinrichtungen, die Bibliothek und den Garten verantwortlich sind. Kinder helfen bei Versammlungen, reinigen das Schulgebäude, organisieren Wohltätigkeitsveranstaltungen und laden Redner von außerhalb ein. In einer Studie
50 stellte UNICEF kürzlich fest, dass die Kinder den Spielraum und die Chance, Verantwortung zu übernehmen, sehr schätzen. Sie machen wertvolle Erfahrungen in der Zusammenarbeit mit Menschen, im Organisieren und bei öffentlichen Auftritten.

9 Betrachte Text 1 noch einmal **als Ganzes**: Versuche, die gedankliche Gliederung des Textes durch ein Schaubild zu verdeutlichen, z. B.:

Aktives Lernen
↙ ↘
Jungen setzen sich für   Schüler gestalten ihre
Mädchenrechte ein   Schulen mit
...   ...

a Welche wiederkehrenden **Schlüsselwörter** tragen dazu bei, dass sich das übergreifende Thema *Aktives Lernen* wie ein roter Faden durch die Textabschnitte zieht?
b Welche unterschiedlichen Beispiele aktiven Lernens werden dargestellt?
c Fasse in wenigen Sätzen knapp zusammen: *„Aktives Lernen" als Grundlage der beschriebenen UNICEF-Projekte hat zum Ziel, dass ...*
d An welchen Adressaten richtet sich der Text? Mit welcher Absicht?
e Wie sieht es bei uns in Deutschland aus? Wie steht es um aktives Lernen in eurer Schule?

Text 2 **Orlanda (Mädchen, 12) und Arão (Junge, 12) aus Mosambik schildern ihren Schulalltag**

Ihr geht beide in die Volksschule?

ORLANDA: Ja, wir gehen in die Volksschule des Außenbezirks Polana Caniço A von Maputo. Ich gehe sehr gern in die Schule, weil ich sehr viele neue Dinge aus der Naturwissenschaft lernen will. Das Lernen bereitet mir keine Probleme, doch ich kenne Erwachse-
5 ne, die nicht lesen und schreiben können. Die Kinder, die keinen Schulplatz haben, spielen und tun andere Dinge.

ARÃO: Diese Kinder halten sich dann auf der Straße auf oder erledigen verschiedene Arbeiten zu Hause oder sie gehen stehlen. Ich fühle mich mit meinen Kameraden wohl und habe keine Probleme beim Lernen.

10 *Wie viele Schüler und Lehrer gibt es an der Schule?*

ORLANDA: In meine Klasse gehen 76 Schüler, Jungen und Mädchen, ich weiß aber nicht, wie viele in der ganzen Schule sind, ich weiß auch nicht, wie viele Lehrer.

ARÃO: Wir sind etwa 3 500 Schüler und 31 Lehrer an unserer Schule. In meiner Klasse sind 66 Schüler.

15 ORLANDA: Ich habe vier Unterrichtsgegenstände, und zwar: Mathematik, Portugiesisch, Naturwissenschaft und Geschichte. Für den Unterricht verwende ich eine Füllfeder, ein Buch, Hefte, ein Lineal und Farbstifte. Meine Lehrerin unterrichtet sehr gut und ich habe sie gern.

ARÃO: Ja, sie unterrichtet gut und sie spricht sehr gern mit allen ihren Schülern.

20 *Was macht ihr nach der Schule?*

ORLANDA: Ich habe viele Freundinnen und zusammen spielen wir Schnurspringen. Das ist mein Lieblingsspiel. Ich habe viel Zeit, um meine häuslichen Arbeiten zu erledigen. Ich muss im Haus bei vielen Arbeiten helfen, vor allem in der Küche. In der Freizeit verkaufe ich Bonbons, Brot und Kopfsalat und helfe so meiner Familie, Geld zu verdie-
25 nen. In einem Kino oder Theater war ich noch nie.

ARÃO: In der Freizeit lerne ich, das heißt, ich wiederhole den Stoff, den die Lehrerin uns aufgibt, und ich helfe bei der Hausarbeit. Ich habe Freunde, mit denen spiele ich in der Freizeit Fußball oder wir lernen in der Gruppe. Meine Eltern geben mir eine Stunde für die Hausübungen. Ich gehe nicht gern ins Kino, aber Theater mag ich sehr. In einer
30 Diskothek war ich noch nie, denn ich tanze nicht gern. [...]

Wie stellt ihr euch eure Zukunft vor?

ORLANDA: Später möchte ich einmal Sängerin werden, weil ich sehr gern singe. Das ist ein sehr großer Wunsch, von dem ich oft träume.

ARÃO: Wenn ich erwachsen bin, möchte ich gerne Lehrer werden. Ich träume immer von
35 einem schönen Haus und davon, im Auto zu fahren. Ich möchte, dass meine Frau später arbeitet, um mir zu helfen. [...]

10 Vergleiche die berichtende Darstellung in Text 1A–C mit dem Interview in Text 2: Worin unterscheiden sich beide Sachtexte und worin siehst du Gemeinsamkeiten? Untersuche dazu z. B.:
   – Das Interview hat keine Zwischenüberschriften. Welche Hilfen erhältst du trotzdem, die verschiedenen Sinnabschnitte voneinander zu unterscheiden?
   – Text 1A–C gibt dir allgemeine Informationen über Bildungsprojekte in zwei afrikanischen Ländern. Welche Art Informationen vermittelt Text 2? Wie hängt beides miteinander zusammen?
   – …

11a Erschließe Text 2, wie du es bei Text 1 gelernt hast.
  b Erarbeite mithilfe des Interviews Unterschiede zwischen dem schulischen und dem sonstigen Alltag von Jugendlichen in Mosambik und Deutschland.
    Vergleiche auch, welche Wünsche und Interessen Jugendliche hier und dort haben.
  c Falls möglich, nutzt die Gelegenheit: Macht selbst Interviews mit Mitschülerinnen und Mitschülern, die früher in anderen Ländern zur Schule gegangen sind.

Text 3 **Alphabetisierungsrate bei Erwachsenen im Jahr 2000**
(= Prozentsatz der Personen über 15 Jahre, die lesen und schreiben können)

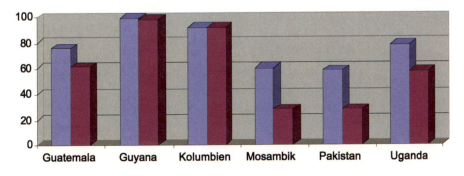

12 Werte das Säulendiagramm (S. 121) aus:
a Wie erklärst du dir, dass alle Personen über 15 als „Erwachsene" bezeichnet werden?
b Was zeigen dir die roten und blauen Säulen jeweils im Hinblick auf die Länder, über die du bereits etwas in Text 1A–C und 2 erfahren hast?
c Vergleiche die Angaben: Welche Unterschiede werden deutlich? Welche der Angaben stützen die Aussage von Text 1A–C, dass in Entwicklungsländern besonders Mädchen und Frauen schulisch benachteiligt werden?

13 Es gibt noch weitere Arten von Diagrammen (z. B. Tortendiagramme), die du aus deinen Lehrbüchern, aus Zeitschriften usw. kennst. Untersuche und vergleiche sie genauer:
– Worin unterscheiden sich die verschiedenen Diagrammarten jeweils?
– Welchen Vorteil haben sie gegenüber ausformulierten Texten oder Tabellen (Text 4)?
– Besprecht: Für welche Inhalte sind Diagramme Texten oder Tabellen überlegen, für welche eher nicht?

Text 4

Land	Lebenserwartung in Jahren bei Geburt im Jahr 2001	Besuch der Grundschule in % (1992–2001) männlich/weiblich	Anteil der Erstklässler, die die 5. Klasse der Grundschule erreichen, in % (1995–1999)	Einschulungsrate bei weiterführenden Schulen (1995–1999) männlich/weiblich
Deutschland	78	keine Angabe	100	100/99
Guatemala	65	80/75	51	35/30
Guyana	63	44/38	91	80/82
Kolumbien	71	90/90	69	67/75
Mosambik	39	63/56	46	17/11
Pakistan	60	50/41	50	46/32
Uganda	45	69/66	45	15/9

14a Es ist nicht immer einfach, statistische Angaben korrekt auszuwerten.
– Mache dich deshalb zuerst mit den verschiedenen Spalten der Tabelle und den darin gemachten Angaben vertraut.
– Überprüfe dann die folgenden Aussagen (A–F), die zum Teil fehlerhaft und fragwürdig sind: Treffen sie zu, mache dir einen kurzen Vermerk; sind sie fehlerhaft, überarbeite sie in deinem Heft zu einer korrekten Aussage.
A) Verglichen mit den anderen in der Tabelle genannten Ländern hatten die im Jahr 2001 in Mosambik geborenen Kinder die geringste Lebenserwartung.
B) Kolumbien ermöglichte 1992 bis 2001 Jungen und Mädchen gleichermaßen den Besuch der Grundschule.
C) Prozentual gesehen konnten in allen genannten Entwicklungsländern etwa gleich viele Kinder die Grundschule besuchen.
D) Abgesehen von Deutschland erreichen in Guyana und Kolumbien die meisten Kinder die 5. Klasse.
E) Zwischen 1995 und 1999 erreichten 46 % aller Kinder in Mosambik die 5. Klasse der Grundschule.

F) Von allen Entwicklungsländern leiden die Jungen und Mädchen in Uganda am meisten darunter, gleichermaßen keine weiterführende Schule besuchen zu können.

b Beantworte die folgenden Fragen anhand der Statistik. Erläutere deine Ergebnisse:
- In welchen Ländern hatten Kinder in dem untersuchten Zeitraum die schlechtesten Bildungsmöglichkeiten?
- Welche Unterschiede kann man bei den Bildungschancen für Jungen und Mädchen erkennen?
- Gibt es einen Zusammenhang zwischen Lebenserwartung und Schulbildung?

c Inwiefern kannst du die aus der Statistik gewonnenen Informationen dazu benutzen, die Aussagen aus dem Bericht über *Aktives Lernen* (Text 1) zu untermauern?

d Überprüft die Entwicklung dieser Angaben, indem ihr euch aktuelles Zahlenmaterial besorgt.

2. DAS WICHTIGSTE IN KURZFORM
Inhaltsangabe

1 Will man ohne großen zeitlichen Aufwand auf den Inhalt eines Sachtextes zurückgreifen oder andere in Kurzform über ihn informieren, empfiehlt es sich, ihn mit einer Inhaltsangabe zusammenzufassen.

a **Zur Erinnerung:** Welche Anforderungen müssen dabei erfüllt werden? Stelle in deinem Heft die zutreffenden Informationen zusammen:

> Die **Zusammenfassung** oder **Inhaltsangabe** eines **Sachtextes** informiert
> – *im Präteritum / im Präsens,*
> – *in indirekter Rede / in wörtlicher Rede,*
> – *unterhaltsam / kommentierend und phantasievoll / sachlich korrekt, knapp und präzise,*
> – *möglichst in eigenen Worten / im Wortlaut der Textvorlage / umgangssprachlich,*
> – *über alle Einzelheiten / alle Hauptsätze / alle wichtigen Informationen und Argumente,*
> – *in deren ursprünglicher Reihenfolge / in deren gedanklichem Zusammenhang / wie du willst.*
> Der **Einleitungssatz** macht Angaben zu *Ort und Zeit der Handlung / Titel und Einleitung / Autor, Titel und Thema des Textes.*

b Warum ist die präzise Texterschließung eine unverzichtbare Vorarbeit für das Verfassen einer Inhaltsangabe?

2a Du hast Text 1A–C über das Projekt *Aktives Lernen* sehr genau erarbeitet. Untersuche die drei Einleitungssätze zu Inhaltsangaben von Text 1A–C. Benenne Stärken und Schwächen.

b Formuliere anschließend eine aus deiner Sicht optimale Fassung.

A) In dem Text „Aktives Lernen" geht es darum, wie benachteiligten Kindern aus Entwicklungsländern durch moderne Schulprogramme geholfen werden kann.

B) Die Geschichte schildert, dass Schule heutzutage Kinder nicht mehr zu blindem Gehorsam zwingt, sondern zu aktivem Lernen.

C) In dem Bericht geht es um zwei Beispiele von UNICEF-Projekten, die das Ziel verfolgen, Kinder zu selbstständigen und kritischen Menschen zu erziehen.

Inhaltsangabe

3 Zwei der wichtigsten Ziele beim Verfassen einer Inhaltsangabe sind es, nur **das Wichtigste** des Ausgangstextes zusammenzufassen, und zwar möglichst in **eigenen Worten**:

a Nimm dir noch einmal den Einleitungsteil von Text 1A (S. 116) vor: Weshalb sind die dort vermittelten Informationen für den **gedanklichen Zusammenhang** des gesamten Textes wichtig?

b Nutze die Randanmerkungen und verwende Synonyme (= Ausdruck mit gleicher oder ähnlicher Bedeutung), um den dort dargelegten Gedanken in eigenen Worten zu formulieren. Du könntest z. B. so beginnen:
In seiner Einleitung betont der Verfasser den Kontrast zwischen Schulen früher und Schulen heute. Während Kinder früher nur lernen sollten, sich unterzuordnen, ...

4 Untersuche den folgenden Ausschnitt aus dem Mittelteil einer Inhaltsangabe zu Text 1A/B:

a Welche Grundanforderungen an eine Inhaltsangabe werden erfüllt? Welche nicht? Die Randanmerkungen geben dir Hinweise!

b Überarbeite die festgestellten Mängel in deinem Heft.

Text 5 [...] Im ersten Teil des Berichts werden Beispiele für Schulprojekte genannt, in denen sich Jungen für Mädchenrechte einsetzen. So habe UNICEF in dem afrikanischen Staat Uganda spezielle Programme zur
5 Förderung von Mädchen gestartet. Neu daran sei gewesen, dass Mädchen zusammen mit Jungen die verschiedenen Projektgruppen eigenständig geleitet hätten. Dies habe zu einem positiven Ergebnis geführt, denn dadurch hätten Mädchen und Jungen Selbstbewusstsein erhalten und
10 auch gelernt, wie man vernünftig miteinander diskutiert. Echt erfolgreich sei auch ein weiteres Projekt gewesen, das sich in Belutschistan, das in der Wüste liegt, um die Comic-Figur Meena dreht. Dort, wo nur 2% der Mädchen lesen und schreiben können, hat Abdul Malik immer gesagt:
15 „Ein Mädchen in die Schule zu schicken, ist wie den Garten des Nachbarn zu gießen." Doch das hat sich glücklicherweise geändert, seitdem Pfadfinder an die Türen aller Familien geklopft haben, um die Väter durch einen geschickten Einstieg zu überzeugen. Am Beispiel von Jehanzeb Khan wird gezeigt, wie sich
20 die Pfadfinder in dem Projekt engagieren, indem sie z.B. Mädchen auf ihrem gefährlichen Weg zur Schule beschützen. Vorher berichtet der Verfasser allerdings noch, dass UNICEF früher schon mit den Pfadfindern zusammengearbeitet habe. Da sei es vor allem noch um Schutzimpfungen gegangen. Das alles finde ich
25 wirklich toll. [...]

M = Modus
A = Ausdruck
I = Inhalt

+ = gut!
− = muss verbessert werden!

5 Um den **gedanklichen Zusammenhang** zwischen den einzelnen Aussagen eines Sachtextes deutlich herausstellen zu können, braucht man geeignete Konjunktionen und Adverbien wie

z. B.: *aber, also, da, dagegen, daher, darum, dass, dennoch, deshalb, indessen, nachdem, obwohl, während, weil, ...*

a Verknüpfe folgende Sätze aus einer Inhaltsangabe zu Text 1C zu einem sinnvollen Gefüge:

> – Die aktive Beteiligung von Kindern findet immer mehr Anerkennung. UNICEF unterstützt Unterrichtsmethoden zur Förderung des Mitspracherechts von Jungen und Mädchen.
> – Die Schulen liegen in Gegenden, in denen viel Gewalt herrscht. ... hat sich gezeigt, ... man lernen kann, friedlich miteinander auszukommen.
> – In Guatemala ist es nicht zuletzt durch die Schulen gelungen, den Frieden zu fördern, ... lange Bürgerkrieg herrschte. ... plant die Regierung eine Ausweitung des Schulprogramms.

b Bestimme bei den von dir gebildeten Satzgefügen jeweils die Satzarten (Hauptsatz – Nebensatz). Bestimme dabei die Nebensätze genauer (z. B.: Kausalsatz etc.).

6 Erstellt selbst Übungen: Jeder schreibt aus Sachtexten einige Zeilen heraus, in denen möglichst viele Konjunktionen und verbindende Adverbien vorkommen. Diktiert euch gegenseitig die Sätze ohne Konjunktionen oder Adverbien, sodass sie ergänzt werden müssen.

7 Schreibe eine Inhaltsangabe zu Text 1C. Benutze dabei deine Ergebnisse aus dem ersten Teil dieses Kapitels (S. 116 ff.).

Das hast du in diesem Kapitel gelernt:

– **Erschließungstechniken für Sachtexte:**
  Fragen zum Text anhand von Nachschlagewerken klären
  schwerverständliche Textabschnitte paraphrasieren
  gedanklichen Aufbau und Gliederung eines Textes untersuchen
  Markierungen und Symbole einsetzen
  Adressatenbezug und Aussageabsicht untersuchen

– Diagrammen und Tabellen statistische Informationen entnehmen, Aussagen zu Statistiken auf ihren Wahrheitsgehalt überprüfen
– **zu einem Sachtext eine Inhaltsangabe mit Einleitungssatz schreiben und überarbeiten**
– gedankliche Verknüpfungen herstellen
– Tempus, Modus und Syntax stilistisch angemessen verwenden

Ideen und Projekte

Baut das Kapitelthema *Schule anderswo* zu einem **Projekt** aus. Plant dabei zuerst:
– die Eingrenzung des Themas und die Festlegung der Arbeitsschwerpunkte (Schulen in Nachbarländern, Entwicklungsländern, ...?),
– die Verteilung der Arbeit auf verschiedene Gruppen (Wer macht was?),
– die Beschaffung des Infomaterials (Fremdsprachenunterricht, Bibliothek, Internet, ...?).

Informiert euch zur Frage *Was ist eine gute Schule?*:
– Stellt einander eure Ergebnisse vor (Inhaltsangaben, Diagramme ...) und diskutiert sie.
– Wenn ihr euch klar seid, was für euch eine „gute Schule" ist, könnt ihr z. B. einen Fragebogen zum Thema *Was ist eine gute Schule?* erstellen und Mitschülerinnen und Mitschüler befragen.
– Wertet die Fragebogenergebnisse aus und präsentiert sie – z. B. in übersichtlichen Diagrammen – in der Schule.

Erweitern · **Vertiefen** · Anwenden

TRAINING: Inhaltsangabe von Sachtexten

Text 1 **Die Kinder von Liberia nehmen ihr Schicksal in die eigene Hand**

1. Schritt: Lies den folgenden Text und kläre unbekannte Wörter und Sachverhalte.

Liberia trägt noch immer die Narben des Bürgerkriegs von 1989 bis 1997. 150 000 Menschen kamen ums Leben, eine Million Liberianer wurden zu Inlandsflüchtlingen und 660 000 Menschen wurden aus ihrem Land vertrieben. Zudem wurden 15 000 Kinder, manche von ihnen erst sechs Jahre alt, als Soldaten missbraucht. Für die Kinder Liberias
5 gab es angesichts der Zerstörungen kaum Hoffnung auf einen guten Neuanfang. Dennoch haben sich die Verhältnisse im Land inzwischen etwas stabilisiert und seine Menschen sind wieder entschlossener. Es gibt keinen besseren Beweis dafür als jene Kinder, die in der Vergangenheit als Vernichtungswerkzeuge missbraucht wurden und jetzt ihr neues Leben mit großem Eifer in die Hand nehmen. Der 16-jährige Solomon zum Bei-
10 spiel ist entschlossen, sein Schicksal zu ändern. Er war Mitglied einer der gefürchtetsten Einheiten von Kindersoldaten. Jetzt nimmt er an einem von UNICEF unterstützten Programm zur Wiedereingliederung teil, das ihm das Handwerkszeug für den Alltag vermittelt. [...] Nach seinen Hoffnungen für die Zukunft befragt, antwortet er leise: „Ich möchte zurück zur Schule. Ich möchte als Kind wiedergeboren werden." In Liberia gibt es
15 unzählige Kinder, die auf dem Wege sind, „wiedergeboren" zu werden. Zwar stellen Unruhen, internationale Sanktionen und ärmliche soziale Verhältnisse immer noch eine Herausforderung für die Kinder dar. Aber die optimistische Einstellung vieler Kinder ist viel versprechend für die „Wiedergeburt", die sie sich wünschen. „Kinder sind hinausgezogen und haben mit den Rebellen gekämpft. Heute verhalten sie sich immer noch wie Rebel-
20 len", sagt Friedensrichter Perry zur Jugendkriminalität in Liberia. In der Vergangenheit wurden straffällige Kinder gemeinsam mit Erwachsenen in Haft genommen. Dort waren sie harter körperlicher Züchtigung und Missbrauch ausgesetzt. Dies trug nur dazu bei, dass Missbrauch und Gewalt sich fortsetzten und verstärkten. UNICEF und das Büro des Obersten Richters drängten unter anderem darauf, Gerichtsgebäude so umzugestalten,
25 dass Bereiche für die Anhörung Jugendlicher geschaffen wurden. Friedensrichter konnten sich in Jugendrecht fortbilden. Der Oberste Richter reiste von Liberia nach Namibia und Südafrika, um die dortigen Programme für Jugendstrafjustiz zu studieren. Bis Ende des Jahres 2000 wurden in vier liberianischen Verwaltungsbezirken Programme zum Jugendstrafrecht eingerichtet. Die Festnahme von Jugendlichen ging dort um 95 Prozent zurück.
30 Zum ersten Mal in der Geschichte Liberias werden jetzt Jugendliche von den Gerichten besonders behandelt. Der stellvertretende Polizeiinspektor David White, ein altgedienter Beamter in der Stadt Tubmanburg, erklärt, wie die Fortbildung ihn verändert hat. „Ich habe früher Kinder falsch gesehen. Ich habe sie zu hart angefasst", bekennt er. „Jetzt wurde uns gesagt, mit Jugendlichen nicht wie mit Verbrechern umzugehen. Wir sollen sie
35 behandeln, als ob es unsere eigenen Kinder wären." [...] Jugendliche Täter werden jetzt durch Organisationen und Berater mit ihren Familien zusammengebracht, um die Probleme aufzuarbeiten. Die Jugendlichen bekommen zudem die Chance, ein Handwerk zu erlernen. Zoe Thomas gehört zu denen, die von diesen Bemühungen profitiert haben. Die 19-Jährige arbeitet konzentriert an einer mechanischen Nähmaschine und fertigt ein Kin-
40 derkleid. [...] Andere vom Krieg gezeichnete Jugendliche haben gelernt, wie sie ausgediente Waffen zu landwirtschaftlichen Geräten umwandeln und so ihrer Gemeinschaft helfen können. Kinder, denen der Bürgerkrieg die Chancen zum Besuch der Grundschule geraubt hat, nehmen an einem von UNICEF geförderten Schnellkurs teil. Das Programm ermöglicht es Schülern, an die Schule zurückzukehren und das Versäumte nachzuholen.
45 Ein 22-Jähriger im Kurs aus der Klasse 3 erklärt: „Ich bin zurückgekommen, weil ich lernen will. ... Ich hoffe, eines Tages Arzt zu werden." [...]

Sachtexte erschließen und zusammenfassen

1 **Zur Übung:** Hast du den Text gründlich genug erschlossen? Benenne für folgende Begriffe Synonyme (= Ausdruck mit gleicher oder ähnlicher Bedeutung): „stabilisiert" (Z. 6), „Vernichtungswerkzeuge" (Z. 8), „Sanktionen" (Z. 16), „optimistische Einstellung" (Z. 17), „körperliche Züchtigung" (Z. 22).

2 **Zur Übung:** Bringe die folgenden durcheinandergeratenen Sätze in die richtige Reihenfolge:

Text 2
A) Die Richter des Landes behandeln jugendliche Straftäter heute nicht mehr so hart wie Erwachsene und insgesamt geht die Jugendkriminalität zurück.
B) Viele schauen heute mit Optimismus in die Zukunft.
C) Auch andere Jugendliche versuchen trotz Armut und vieler Probleme einen Neuanfang.
D) Bis zum heutigen Tag leiden vor allem die Jugendlichen in Liberia unter den Folgen des Bürgerkrieges, in dem sogar Sechsjährige bereits als Soldaten eingesetzt worden sind.
E) Inzwischen ermöglicht ein UNICEF-Programm Kindern und jungen Erwachsenen das zu tun, was sie während des Bürgerkrieges nicht konnten, nämlich in die Schule zu gehen.
F) Ein ehemaliger Kindersoldat ist der mittlerweile 16-jährige Solomon, der mithilfe eines UNICEF-Programmes versucht, ein anderes Leben zu beginnen.

> **2. Schritt:** Mach dir die gedanklichen Zusammenhänge klar, indem du den Text in Sinnabschnitte einteilst.

3 **Überprüfe:** Welche Informationen müsste man deiner Meinung nach noch ergänzen, um eine dem Ausgangstext angemessene Inhaltsangabe zu erstellen?

4 **Zur Übung:** An welchen Stellen im Text könnten Formulierungen wie die folgenden den Zusammenhang stärker herausstellen:
„Trotzdem ...", „Als typisches Beispiel für das Schicksal eines solchen ehemaligen Kindersoldaten nennt der Autor ...", „So wie dieser Junge versuchen auch ..."
Welche Beispiele sind für das Textverständnis weniger wichtig und können in der Inhaltsangabe entfallen?

> **3. Schritt:** Verknüpfe die abschnittweise erstellten Zusammenfassungen durch passende Konjunktionen, Adverbien oder andere sprachliche Verknüpfungen.

5 **Zur Übung:** „Kinder sind hinausgezogen und haben mit den Rebellen gekämpft. Heute verhalten sie sich immer noch wie Rebellen", sagt Friedensrichter Perry [...]." (Text 1, Z. 18ff.)
– Schreibe in indirekter Rede: *Kinder seien hinausgezogen ...*
– Formuliere weitere in direkter Rede gehaltene Passagen des Ausgangstextes um.

> **4. Schritt:** Prüfe, ob die direkte Rede wichtige Informationen für die Inhaltsangabe enthält. Gib die direkte Rede in indirekter Rede wieder, wenn sie für den Gedankenzusammenhang wichtig ist.

6 **Zur Übung:**
a Beurteile die folgenden Einleitungssätze:

Text 3 *(Fehlertext!)*
A) *In dem Text geht es darum, wie die Kinder von Liberia ihr Schicksal in die eigene Hand nehmen.*
B) *Der Text dreht sich um die Wiedergeburt ehemaliger liberianischer Kindersoldaten.*
C) *In der Schilderung „Die Kinder von Liberia nehmen ihr Schicksal in die eigene Hand" beschreibt der Autor, wie viele Kinder und Jugendliche, die unter dem Bürgerkrieg gelitten haben, sich darum bemühen, mithilfe von UNICEF-Programmen ein neues Leben zu beginnen.*

> **5. Schritt:** Formuliere, wenn die zentrale Aussage des Textes klar geworden ist, einen Einleitungssatz.

b Formuliere eine aus deiner Sicht optimale Fassung. Warum ist es sinnvoll, den Einleitungssatz nach Fertigstellen der Inhaltsangabe noch einmal zu überprüfen oder sogar erst dann zu verfassen?

7 Schreibe nun selbst eine Inhaltsangabe zu Text 1. Überarbeitet sie nach den Ergebnissen von Schreibkonferenzen.

127

Erweitern · Vertiefen · Anwenden

TRAINING: Inhaltsangaben überarbeiten

1 Texte, die man geschrieben hat, sollte man noch einmal überarbeiten, denn manche Fehler, vor allem Flüchtigkeitsfehler, bemerkt man oft erst später.
Grundlage sind die typischen Merkmale einer Inhaltsangabe. Ergänze in deinem Heft:

> – Das Tempus der Inhaltsangabe ist das ✳ (bzw. das ✳).
> – Direkte Rede gibt man in der Inhaltsangabe als ✳ wieder.
> – Die Inhaltsangabe soll **sachlich** ✳ und ✳ **eigene** ✳ geschrieben werden.
> – Bei der Wiedergabe der einzelnen ✳ muss der Verfasser die **sachlogische** ✳ einhalten.

gedanklichen Schritte – Meinungsäußerungen – Präsens – indirekte Rede – Perfekt – Reihenfolge – angemessen – ohne

2 Beim folgenden Abschnitt einer Inhaltsangabe zu Text 1 (S. 126) hat der Verfasser eine Reihe von Fehlern gemacht, die besonders beim Schreiben von Inhaltsangaben auftauchen.
a Notiere dir in deinem Heft unter Angabe der jeweiligen Zeile zunächst alle *Verstöße* gegen die oben aufgeführten Regeln.
b Schreibe den Textabschnitt in überarbeiteter Form in dein Heft.

Text 1A *Fehlertext*

[...] Heute seien, so erzählt der Autor, die Verhältnisse in dem afrikanischen Land wieder ziemlich okay und auch die vielen tausend Kinder, von denen manche schon als Sechsjährige als Soldaten missbraucht worden waren, hätten wieder echt Hoffnung und wollten ein neues Leben beginnen. Der Autor nennt als Beispiel einen
5 Sechzehnjährigen, der früher einer der gefürchtetsten Einheiten von Kindersoldaten angehört hatte. Jetzt aber nimmt er glücklicherweise an einem UNICEF-Projekt teil und freut sich natürlich, ein neues Leben beginnen zu können. „Ich freue mich, wieder zur Schule zu gehen und als Kind wiedergeboren zu werden", sagt er. Das kann man durchaus verstehen, denn der Autor schrieb bereits am Anfang der Seite, dass
10 der Bürgerkrieg, der von 1989 bis 1997 andauerte, 150 000 Menschen das Leben kostete und 1,5 Millionen Liberianer zu Flüchtlingen machte, was ja wirklich schrecklich ist. [...]

3 Überprüfe bei den folgenden Beispielsätzen, welche der jeweils angebotenen Ausdrucksmöglichkeiten **sachlich und sprachlich angemessen** sind und welche nicht. Beachte auch feine Bedeutungsunterschiede und begründe dein Urteil:

A) Der Autor *berichtet / stellt dar / erzählt / sagt aus / plaudert / betont / informiert / redet.*
B) Das *furchtbare / fürchterliche / furchtsame / Furcht einflößende* Kriegsgeschehen war für viele Kinder *nicht gut / ziemlich schlimm / echt übel / schrecklich.*
C) Die Vernachlässigung der Kinder *lässt mich fragen / stellt die Frage / wirft die Frage auf / wirft die Frage in den Raum,* ob straffällig gewordene Kinder weiterhin wie erwachsene Verbrecher behandelt werden sollen.
D) indirekte Rede (vgl. Text 1, S. 126, Z. 45f.):
– Er *kommt zurück / komme zurück / kam zurück / käme zurück / ist zurückgekommen / sei zurückgekommen / wäre zurückgekommen / würde zurückkommen,* weil er *lernt / lerne / lernen will / lernen wolle / lernen würde*
– und *hofft / hoffe / hoffte / gehofft hat / gehofft habe / hoffen würde,* eines Tages Arzt zu werden.

Sachtexte erschließen und zusammenfassen

4 Im zweiten Abschnitt (Text 1B) weist der Text vor allem Mängel bei der **Satzverknüpfung** auf, die sehr eintönig und wenig angemessen geraten ist. Und dann kommen auch noch zwei Rechtschreibfehler vor.
Finde auch hier die Fehler und schreibe den Text in überarbeiteter Form in dein Heft, indem du die Sätze sprachlich sinnvoll und abwechslungsreich verknüpfst.

Text 1B *Fehlertext!*

[...] Im dritten Absatz steht, das die Armut im Land immer noch ein Hindernis sei und dass viele Kinder sich immer noch wie Soldaten verhielten. Und früher wurden sie bei Straftaten auch wie richtige Erwachsene hart bestraft und das hat dazu beigetragen, das die Gewalt sich immer weiter fortgesetzt hat. Und dann ist im nächsten
5 Absatz zu lesen, dass UNICEF und hohe Richter versuchen, ein neues Jugendrecht einzuführen. Sie sind von Liberia nach Namibia und Südafrika gefahren und haben dann die dortige Jugendstrafjustiz studiert. Dann wurden bis Ende 2000 in vier liberianischen Verwaltungsbezirken Programme zum Jugendstrafrecht eingerichtet und dann gingen die Festnahmen von Jugendlichen dort um 95 Prozent zurück. [...]

5 Im letzten Abschnitt der Inhaltsangabe (Text 1C) stößt du auf eine ganze Reihe von **Grammatik-**, **Rechtschreib-** und **Zeichensetzungsfehlern**.
a Korrigiere sie in deinem Heft und notiere, gegen welche Regel bei den Rechtschreibfehlern jeweils verstoßen wurde.
b Bestimme in deiner überarbeiteten Fassung durch unterschiedliches Unterstreichen jeweils Haupt- und Nebensätze. Benenne die verschiedenen Nebensätze nach ihrer Rolle im Satz (z. B. Adverbialsatz: Kausal-, Konsekutivsatz etc).

Text 1C *Fehlertext!*

[...] Ein Polizist gibt zu die Kinder, früher falsch gesehen zu haben. Er habe sie zu hart angefasst wisse es jetzt aber besser. Ihm sei klar dass man mit Jugendlichen nicht wie mit Verbrechern umgehen könne. Deshalb solle man sie so behandeln, als ob es die eigenen Kinder wären Man spert jugentliche Straftäter nicht mehr einfach
5 ein wie es früher paßiert ist sondern führt sie mit ihren Eltern zusammen oder bringt ihnen etwas bei. Manche arbeiten an Nähmaschinen, Andere bauhen ausgediente Waffen zu landwirtschaftlichen Geräten um denn sie wollen ihrer Gemeinschaft helfen. Ausserdem gibt es Schnellkurse, weil UNICEF hat sie entwickelt um Kinder ohne Grundschulbildung, wegen dem Krieg, eine zweite Schangse zu geben.
10 Durch stendiges und fleißiges lernen, wollen sie ihre Zukunftspläne verwircklichen damit sie die Vergangenheit entlich vergessen können.

> **Hinweis:** Achte darauf, eigene Texte (Hausaufgaben, Schulaufgaben/ Klassenarbeiten usw.) jedes Mal nach dem Verfassen auf die verschiedenen Fehlerquellen hin zu überprüfen und zu überarbeiten.

SCHWARZ AUF WEISS

Führt eine Kurzumfrage in eurer Klasse durch:
– In welchem Medium informierst du dich und welches nutzt du zur Unterhaltung?
– Wozu nutzt du das Internet?
– Liest du regelmäßig eine Zeitung oder Zeitschrift? Welche? Welche Teile davon?
Sprecht über die Slogans. Was bedeuten sie? Denkt euch weitere aus: *Ohne Zeitung ...*

Ohne Zeitung wären Sie um ein Grundrecht ärmer.

Ohne Zeitung wären Sie nicht Ihr eigener Programmdirektor.

Ohne Zeitung könnten Sie nicht mit der Bundeskanzlerin frühstücken.

OHNE ZEITUNG HÄTTE IHRE MEINUNG WENIGER ARGUMENTE.

OHNE ZEITUNG GÄBE ES IM BUS KEINE ABRÜSTUNGSVERHANDLUNGEN.

ohne zeitung hätten Sie beim fernsehen nichts zu lesen.

Ohne Zeitung gäbe es montags keine Bundesliga.

Ohne Zeitung fänden Sie im Zugabteil keine 3-Zimmer-Wohnung.

Das Medium Zeitung

„Reif für die Insel!" Kennt ihr die Redewendung? Was bedeutet sie?
Nenne Gründe, warum die Zeitung wohl als Insel dargestellt wird.
Warum ist das einmal wöchentlich als Beilage erscheinende SZ-Magazin als Extra-Insel dargestellt?
Hältst du diese Werbung einer überregionalen Tageszeitung für ein Abonnement für gelungen? Begründe deine Meinung.
Welches Medium wäre für dich eine Insel im Alltag? Male ein Bild dazu und trage die Orte deiner Insel ein.

1. NACKTBAD TÖTET HAI – Zeitungen

1.1 Arten von Tageszeitungen

1 Welche Tageszeitungen kennt ihr? Bringt möglichst viele unterschiedliche in den Unterricht mit, damit ihr sie vergleichen und mit ihnen arbeiten könnt.

2 Vergleiche die **Aufmachung** der beiden Titelseiten.
a Benenne Gemeinsamkeiten und Unterschiede.
b Welche der beiden Zeitungen würdest du eher kaufen? Begründe deine Meinung.
c Und was könnte jeweils der Aufmacher sein? Beachte: Es gibt auch einen Bild-Aufmacher!
d Wozu dient die Aufmachung einer Zeitung?

3a Vergleicht diese beiden Tageszeitungen mit den Abbildungen auf Seite 130 und mit den Zeitungen, die ihr mitgebracht habt.
b Teilt sie in zwei Gruppen ein und findet die passende Überschrift. Die Sachinformation hilft euch dabei.

> **Aufmachung:** Gestaltung von Zeitungs- oder Zeitschriftenseiten, ursprünglich nach der Wichtigkeit der einzelnen Artikel geordnet
> **Aufmacher** einer (Titel-)Seite: der wichtigste oder interessanteste und am besten Platz stehende Beitrag (umgangssprachlich auch: der „Knaller")

Grundwissen und Methode

Im Allgemeinen werden nach der Art ihres Verkaufs zwei Arten von Tageszeitungen unterschieden:
– Die **Boulevardzeitung** hebt sich durch die auffällige äußere Gestaltung (Bilder, Schlagzeilen, Farben, ...) deutlich von der Abonnementzeitung ab. Damit versucht man an den Kiosken der Boulevards (frz. für *große, breite Straßen in der Stadt*) und anderswo, die Passanten zum Kauf zu verlocken.
– Die unauffälliger gestaltete **Abonnementzeitung** ist zwar auch frei erhältlich, verkauft sich aber hauptsächlich durch Abonnements, wird also den Leserinnen und Lesern täglich nach Hause geliefert.
Je nach Verbreitungsgebiet unterscheidet man **lokale, regionale** und **überregionale** Zeitungen. Außerdem gibt es noch **Wochen-** und **Sonntagszeitungen**.
Bei **Zeitschriften** kann man Wochen- und Monatszeitschriften unterscheiden. Die meisten Zeitschriften sind sowohl am Kiosk als auch über ein Abonnement zu haben.

4a Sammelt – am besten in einer Tabelle – mindestens je ein Beispiel für eine Wochen- und eine Sonntagszeitung sowie für eine lokale, regionale und überregionale Zeitung.
b Ergänzt die Tabelle durch euch bekannte Zeitschriften.
c Wodurch unterscheiden sich Zeitschriften von Zeitungen besonders?

Text 1A

Hai stirbt vor Schreck

Brighton – Wegen einer Wette um ein Pfund (1,40 Euro) war der Komiker Guy Venables nackt in das Becken des „Sea-Life"-Aquariums in Brighton (England) gehüpft. Folge: Ein junger Hai starb vor Schreck. Jetzt hat das Meereszentrum den Komiker verklagt, fordert Schadensersatz.

Text 1B

Hai soll vor Schreck gestorben sein

London (dpa) – Der Sprung eines britischen Komikers in ein Haifischbecken soll ein gerichtliches Nachspiel haben. Das „Sea-Life"-Aquarium in Brighton will nach einem Bericht des *Daily Telegraph* nachweisen, dass der zwölf Jahre alte Hai zwei Tage nach dem Werbegag des Komikers starb. Wegen einer Wette um ein Pfund (1,40 Euro) war Guy Venables, 35, nackt in den Tank gesprungen. Mit dem Gag wollte er für seine Show werben. Das Aquarium hat jetzt eine Autopsie des mit 90 Zentimeter relativ kleinen Hais angekündigt. „Dieser Typ von Haifisch ist sehr empfindlich für Stress. Wir sind besorgt, dass er vor lauter Schock starb", sagte Lisa Handscomb von dem Meereszentrum. Venables soll auf Schadensersatz verklagt werden.

Text 1C

Nackt-Bad tötet Hai

tz **London**
Haie können wohl Blut, aber keine nackten Witzbolde sehen: In England soll ein 35-Jähriger vor Gericht, weil er in einem Aquarium in Brighton nackt in ein Haifischbecken gesprungen ist. Zwei Tage später war eines der Raubtiere tot – gestorben an Schock! Die Aquariums-Besitzer wollen nun Schadensersatz. Bei dem Nacktbad ging es übrigens um eine Wette. Der Einsatz: umgerechnet 1,40 Euro.

5a Vergleiche die Texte 1A–C. Benenne Gemeinsamkeiten und Unterschiede in Inhalt und Gestaltung.
b Besprecht gemeinsam:
– Welcher Artikel bietet seinen Lesern die meisten Informationen?
– Welcher ist am interessantesten?
– Welche Überschrift reizt am meisten zum Weiterlesen?
c Wägt ab, welcher der Texte 1A–C aus einer Abonnement-, welcher aus einer Boulevardzeitung stammt. Begründet eure Positionen.
d Überprüft – am besten in Gruppen – eure Ergebnisse: Vergleicht in je einer Abonnement- und Boulevardzeitung desselben Tages die wichtigsten Themen und ihre Darstellung.
e Was fällt euch dabei auf? Präsentiert einander eure Ergebnisse in übersichtlicher Form.

6 Werdet selbst zu Journalisten:
   A) „Wenn man drei Morde hat, kann nur einer davon groß gespielt werden. Die Mischung muss stimmen: harte Stories, weiche Stories, „Miezen"... Die Themen decken die wichtigen Gefühlsbereiche des Lesers ab."
   B) „Fast die Hälfte der Sätze in der Bildzeitung hat vier Wörter oder weniger."

a Überprüft, ob diese Aussagen eines Journalisten auf eure mitgebrachten Boulevardzeitungen zutreffen.
b Warum sind die Artikel in Boulevardzeitungen wohl überwiegend in einfachen, kurzen Hauptsätzen verfasst? Nenne Vor- und Nachteile eines solchen Stils.
c „Boulevardzeitungen werden nur von einfachen Leuten gelesen." – „Unsinn! Boulevardzeitungen werden von Menschen gelesen, die sich schnell informieren wollen!"
Diskutiert die beiden Positionen aufgrund eigener Erfahrungen.

Text 1D

7a Worin unterscheiden sich die Zeitungsartikel (Texte 1A–C) von Text 1D? Was haben sie gemeinsam?
b Kennt oder nutzt ihr Online-Auftritte von Zeitungen oder Zeitschriften (Printmedien)? Ergänzt eure Erfahrungen: Recherchiert im Internet und informiert euch gegenseitig.

Das Medium Zeitung

1.2 Aufbau und Inhalt einer Zeitung

1 Vergleiche die Auszüge aus den Inhaltsverzeichnissen der beiden Zeitungen: Auf welche Art von Zeitung lässt das Inhaltsverzeichnis jeweils schließen?

2 Sieh dir noch einmal die „Orte" der Zeitungsinsel auf Seite 131 an:
a Erkläre mithilfe der Sachinformation, warum gerade solche Ortsnamen gewählt wurden.
b Bei welchem der „Orte" handelt es sich streng genommen nicht um ein Ressort?
c Ergänze weitere „Orte" und finde auch für sie ein gezeichnetes (grafisches) Symbol.

> Die Bezeichnungen *Politik, Sport, Feuilleton* oder *Wirtschaft* stehen für die **Ressorts** (Sparten, Fachbereiche) einer Zeitung. Jedes Ressort ist in größeren Zeitungen mit einer eigenen Redaktion vertreten. Die Redakteurinnen und Redakteure schreiben oder bearbeiten alle Nachrichten, die in ihr Ressort fallen. Die Namen der leitenden Redakteurinnen oder Redakteure sind im **Impressum** (von lat. *imprimere*: auf-, eindrücken) verzeichnet, ohne das kein Presseerzeugnis gedruckt werden darf.

Grundwissen und Methode

3a Welche Angaben über die Zeitung findest du außerdem im Impressum?
b Aus welchen Gründen sind diese Angaben wohl gesetzlich vorgeschrieben?

4a Vergleicht in euren mitgebrachten Zeitungen – am besten in einer Tabelle: Welche Ressorts gibt es und wie viel Raum nehmen sie jeweils ein?
b Besprecht, ob ihr durch diesen Vergleich Unterschiede zwischen verschiedenen Zeitungen oder verschiedenen Arten von Zeitungen feststellen könnt.
c Wie hängen Inhaltsverzeichnisse und Ressorts zusammen?

5 **Eine Zeitung, die ich gern lesen würde:**
a Entwerft in Gruppen einen Plan für solch eine Zeitung. Besprecht und entscheidet vor allem:
  – Soll es eine Abonnement- oder eine Boulevardzeitung sein?
  – Welche Ressorts soll die Zeitung enthalten?
  – Wie könnte das Inhaltsverzeichnis aussehen?
b Entwerft eine Titelseite eurer Zeitung: Aufmachung und Aufmacher, Texte, Bilder, ...

135

Journalistische Stilformen

2. FAKTEN UND MEINUNGEN
Journalistische Stilformen

2.1 Sachlich-informierende Texte

Text 2   Nachrichtenagenturen versorgen Zeitungen, Rundfunk und Fernsehen mit aktuellen Nachrichten, Hintergrundinformationen und Bildmaterial. Vor allem kleinere Medienunternehmen sind auf die Nachrichten der Agenturen angewiesen, die mit einem Netz von Mitarbeitern in der ganzen Welt arbeiten. Größere Zeitungen beschäftigen oft eigene Korrespondenten vor Ort. Die vier bekanntesten Weltnachrichtenagenturen sind: AFP (Agence France Presse, Frankreich), AP (Associated Press, USA), Reuters (Reuters Nachrichtenbüro, GB), und dpa (Deutsche Presseagentur, Deutschland). Es gibt auch Nachrichtendienste, die sich spezialisiert haben, z. B. sid (Sportinformationsdienst), epd (Evangelischer Pressedienst), KNA (Katholische Nachrichtenagentur).

1a Besprecht, welche Vorteile für Zeitungen die Existenz von Nachrichtenagenturen hat.
 b Prüft in euren Zeitungen, an welchen Stellen ihr Kürzel für Nachrichtenagenturen als Quellenangaben findet.
 c Sicherlich könnt ihr nun leicht erklären, warum manchmal Meldungen und Berichte in Zeitungen oder auch im Radio sehr ähnlich klingen.

Agenturmeldung

Text 3A

> dpa – 0700 vm 234 dpa 8790
> Tödlicher Bungee-Sprung – 1
> **Neustadt (dpa)** – Ein 42-jähriger Mann ist am gestrigen Sonntag bei einem Bungee-Sprung vom „Hansaturm" im Neustädter Stadion aus etwa 170 Metern Höhe in den Tod gestürzt. Wie die Polizei mitteilte, riss das Gummiseil, als der Mann von einer Plattform abgesprungen war. Die Sprunganlage wird von einer Privatfirma betrieben, die auf dem 212 Meter hohen Fernsehturm eine Plattform gemietet hat. Die Betreiberfirma will alle ihre Anlagen vorübergehend schließen.
> dpa/CD/se

Zeitungsnachricht

Text 3B

Nach Tod bei Bungee-Sprung will Betreiberfirma Anlagen schließen

(Neustadt/dpa) – Nach dem Tod eines 42-Jährigen beim Bungee-Springen im Neustädter Stadion will die Betreiberfirma alle ihre Anlagen vorübergehend schließen. „Wir bedauern diesen schrecklichen Unfall außerordentlich." Im Rahmen eines regulären Bungee-Sprunges kam es zu einem „Systembruch", heißt es in einer am späten Sonntagabend verbreiteten Erklärung der J.S. GmbH. Das Gummiseil war gerissen, als der Mann am Sonntag von einer Plattform des Hansaturms aus etwa 170 Metern Höhe abgesprungen war.

Bei dem Unfall waren auch zwei Angestellte der Betreiberfirma verletzt worden. Der Hansaturm wurde nach Polizeiangaben von der Stadt Neustadt geschlossen. Die Münchner Privatfirma hat auf dem 212 Meter hohen Fernsehturm eine Plattform gemietet. Sie will bei einer Pressekonferenz an diesem Montag weitere Auskünfte geben.

2 Vergleiche Agenturmeldung und Zeitungsnachricht. Welche Inhalte sind gleich? Was hat sich verändert?

3 Überprüfe, ob und wie genau und ausführlich die Texte 3A und B Antworten auf die folgenden Fragen geben: *Wer* hat *was* getan? *Wann, wo* und *wie* ist das geschehen? *Warum/aus welchen Gründen?*

> **Grundwissen und Methode**
>
> Die **Nachricht** ist eine objektive und sachliche Information über Tatsachen, die dem Leser oder Hörer erstens **neu** sind (vgl. das engl. Wort für die Nachrichten: *news*) und zweitens entweder **wichtig** oder **interessant**, selbst wenn das Ereignis den Leser nicht direkt betrifft (z. B. ein Schneesturm in Florida).
> Die Nachricht sollte Antworten auf die **7 W-Fragen** geben: Sie teilt dem Empfänger mit, *wer was wann wo wie warum* getan hat oder tun wird. Dabei beruft sie sich auf eine **Quelle**, gibt also auch das *Woher?* an.

4 Probiere es einmal aus: Schreibe die folgenden Agenturmeldungen in Nachrichten um, die alle W-Fragen beantworten. Am besten notierst du dir dazu nach dem Lesen deine Ideen für die Überschrift und erfindest Informationen, die noch fehlen. Vergleicht eure fertigen Nachrichten und überarbeitet sie in der Schreibkonferenz.

A) Los Angeles (AFP) – Auf einer Müllkippe in Los Angeles ist ein kostbares Stradivari-Cello gefunden worden. Wie die Polizei mitteilte, hat das 320 Jahre alte Instrument, das vom legendären italienischen Meister Antonio Stradivari gebaut wurde, einen Wert von rund 3,5 Millionen Dollar.

B) Marseille (AFP) – Eine Schule in Südfrankreich will ihre Schüler in Zukunft nachsitzen lassen, wenn sie Schimpfwörter gebrauchen. Die Reaktion der Eltern auf diesen Plan steht noch aus.

C) Die Stadt München will im nächsten Jahr eine City-Maut einführen. Wenn die geplanten neuen Schadstoff-Limits in Kraft treten, verstoßen nach heutigen Messungen mehr als 60 Straßenzüge gegen die strengen EU-Richtlinien. Eine Alternative zur Maut wäre die Sperrung der Innenstadt (dpa).

Zeitungsbericht

Text 3C

Überschrift/Schlagzeile: Obduktion des Toten bringt keine neuen Erkenntnisse

Vorspann/Lead: Die Ermittlungen nach dem tödlichen Bungee-Sprung in Neustadt werden vermutlich noch Wochen andauern. Die Obduktion der Leiche des Opfers brachte keine neuen Erkenntnisse über die Unglücksursache.

Text: Der Betreiber hat alle seine Sprunganlagen so lange geschlossen, bis die Ursache des tödlichen Sturzes geklärt ist. Ein unabhängiger Gutachter soll nun das Seil überprüfen, teilte die Staatsanwaltschaft mit. Das Seil war beim Sprung am Sonntag (20.07.) nach bisherigen Erkenntnissen kurz vor den Füßen des Mannes gerissen. Der 31-Jährige schlug neben dem Luftkissen auf und war sofort tot. Das bestätigte auch der Obduktionsbefund. Ein Mitarbeiter der Bungee-Betreiberfirma wurde durch das zurückschnellende Seil verletzt. Ein Kollege erlitt einen Schock. Beide wurden in ein Neustädter Krankenhaus eingeliefert. Mehrere Augenzeugen, die das Unglück beobachtet hatten, erlitten ebenfalls einen Schock.

Journalistische Stilformen

Eine Frau sagte: „Ich kann es einfach nicht fassen!"

Dem Betreiber der Anlage konnte bislang keine Schuld an dem Unfall nachgewiesen werden. Das benutzte Seil soll die zulässige Anzahl von Sprüngen noch nicht überschritten haben. Das Opfer aus dem Umland von Neustadt sei auch ordnungsgemäß gesichert gewesen. In einer Untersuchung durch einen unabhängigen Sachverständigen wird das Seil nun auf mögliche Fehler geprüft.

Der Betreiber der Anlage hatte am Montagnachmittag erklärt: „Das Seil wurde erst vor gut einem Monat in Betrieb genommen und speziell für Menschen mit einem Gewicht über 80 Kilogramm benutzt. Bis Sonntagnachmittag sind damit 102 Sprünge absolviert worden. Es gab nicht das geringste Anzeichen, dass das Seil technisch nicht intakt gewesen sein könnte!"

Der Hansaturm im Neustädter Stadion ist 212 Meter hoch. Im Juli vor zwei Jahren war die Bungee-Sprunganlage in 170 Metern Höhe auf der Aussichtsplattform oberhalb des Drehrestaurants in Betrieb genommen worden. Nach Angaben der Betreiberfirma wurden dort seitdem 5 500 Sprünge vorgenommen.

5a Untersuche den Aufbau dieses Berichts. Wo stehen die folgenden Informationen?
– Darstellung der Einzelheiten, ausführliche Antworten auf die W-Fragen,
– kurze Information darüber, worum es in dem Text geht,
– kurze Zusammenfassung des Inhalts, die wichtigsten Tatsachen.

b Welche Vorteile hat diese Art des Aufbaus (häufig **Lead**-Stil genannt) für die Redaktion und welche für den Leser? Übertrage dazu die Dreiecke in dein Heft und entscheide, an welche Stelle jeweils die Textbausteine am Rand gehören.

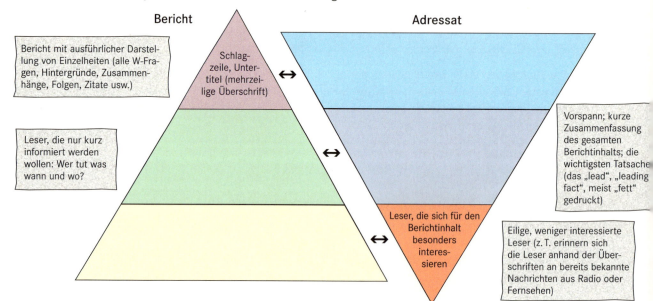

6a Vergleiche den Zeitungsbericht (Text 3C) mit der Nachricht in Text 3B im Hinblick auf Aufbau, Inhalt, Sprache und Layout (Gestaltung).
b Soll dieser Bericht nur über bestimmte Hintergründe eines Ereignisses informieren oder verfolgt der Autor mit ihm noch weitere Ziele? Begründe.
c Welche Wirkung haben die wörtlichen Zitate in diesem Bericht?
d „Reine Berichte, wie Schüler sie in Schulen lernen, gibt es in Zeitungen eigentlich kaum noch." – Überprüft diese Aussage und diskutiert euer Ergebnis.

Das Medium Zeitung

7 **Aktiv-/Passiv-Test:**
a Untersuche, ob in Text 3C mehr Aktiv- oder mehr Passivsätze (→ Sachlexikon Deutsch) vorkommen. Überprüfe anhand von Beispielen aus euren mitgebrachten Zeitungen, ob dieser Stil typisch für Zeitungsberichte ist.
b Verwandle die folgenden Sätze vom Aktiv ins Passiv oder umgekehrt. Besprecht, ob sich dadurch die Aussage verändert.
  A) Beide wurden in ein Neustädter Krankenhaus eingeliefert.
  B) Mehrere Augenzeugen, die das Unglück beobachtet hatten, erlitten einen Schock.
  C) Der Betreiber der Anlage hatte am Montagnachmittag erklärt, das Seil sei erst vor gut einem Monat in Betrieb genommen und speziell für Menschen mit einem Gewicht von über 80 Kilogramm benutzt worden.
  D) Im Juli vor zwei Jahren war die Bungee-Sprunganlage in Betrieb genommen worden.
  E) Nach Angaben der Betreiberfirma wurden dort seitdem 5 500 Sprünge vorgenommen.

8 Schreibe selbst einen Bericht, wie er in der Zeitung stehen könnte. Wähle ein aktuelles Thema aus der Schule oder schreibe einen Bericht zu einer kurzen Nachricht aus einer Tageszeitung. Überprüft eure Artikel anschließend in der Schreibkonferenz.

Reportage

Text 3D

Völlig losgelöst
Drei, zwei, eins, Bungee!

Eben feuchte Hände, jetzt zitternde Knie und dann kommt der Adrenalinschub – Österreichs höchster Bungee-Sprung von der Europabrücke. *von Stefan Herbke*

Unmittelbar vor den Zehenspitzen öffnet sich der Abgrund, erst knapp 200 Meter tiefer finden die Augen wieder Halt. Unwillkürlich umklammern die Hände
5 das Geländer etwas fester, nur langsam gewöhnt man sich an den Tiefblick auf die grüne Wiese weit unten im Talboden, die in der sanften Morgensonne verführerisch leuchtet. Abschreckend und anziehend
10 zugleich. Der ganze Körper vibriert, allerdings nicht nur wegen der Aufregung, auch weil über unseren Köpfen der Wochenendverkehr über die monströse Europabrücke donnert. Ein gewaltiges
15 Bauwerk, das die 192 Meter tiefe Schlucht des Wipptals überbrückt.

Kein Weg ist zu weit für den Adrenalinkick

Bungee-Freunde lieben das Spektakuläre, immer höher, aufregender und ausgefallener sollen die Sprünge sein. Brücken und Staumauern bieten sich an; im Bregenzerwald springt man von der 106 Meter hohen Lingenauer Brücke, im Kärntner Maltatal lockt die Kölnbreinsperre, Österreichs höchste Staumauer, mit einem 165-Meter-Sprung. Der nächste Schritt war konsequenterweise die Europabrücke, auf die Bungee-Springer schon seit einigen Jahren ihr Augenmerk geworfen haben. Doch die Genehmigungsprozedur zog sich, es gab nur wenige Ausnahmen. Die wurden allerdings intensiv genutzt, an einem Wochenende zählte man bis zu 160 Springer. Mittlerweile sind alle bürokratischen Hürden überwunden, seit diesem Jahr ist die Europabrücke an jedem Wochenende Treffpunkt für Adrenalinjunkies. Der höchste Sprung Österreichs ist eine Herausforderung, für die manche weite Wege auf sich nehmen. Selbst aus Köln oder Wien kommen sie, nur für diesen einen Sprung.

Der Countdown zum Sprung läuft

Noch einen Schritt vor, die Zehenspitzen ragen bereits über den Abgrund, die Hände klammern sich links und rechts an das Geländer. Es wird ernst. Die Betreuer zählen „Fünf, Vier, Drei, ..." Nicht jeder springt sofort, manche auch gar nicht. Drei bis vier Prozent besinnen sich in letzter Sekunde eines besseren, lassen sich auch nicht von den Anfeuerungsrufen der Freunde treiben, die Angst – oder die Vernunft – hat gewonnen. Andere wieder zögern, Sekunden, Minuten, lange Minuten, in denen man mit sich selber kämpft. Jeder reagiert anders. Echte Kerle werden beim Blick in den Abgrund auf einmal zu Memmen, während Frauen überraschend cool sind. „Die denken nicht nach, die springen einfach", so Robert Schwaiger vom Rupert Hirner Bungee Jumping Team. Man muss sich überwinden, die Angst vor dem Fall in den Abgrund kann einem keiner nehmen. Doch bezüglich der Sicherheit braucht sich niemand Sorgen zu machen. Mit dem Kombigurt und den Fußgamaschen ist man dreifach mit dem Bungee-Seil verbunden, nach 300 Sprüngen wird das Seil ausgetauscht, Sicherheit ist oberstes Gebot.

Kopfüber in den freien Fall

„Zwei, eins – Bungee!!!" Die Hände lassen los, mit einem Satz hechtet Christian hinaus in die Luft, gestreckte Körperhaltung, Kopf voraus, ein langer, erlösender Schrei. Kein Zögern, keine Sekunde hat er überlegt. Angst? Zehn Minuten vor dem Sprung kam er kurz ins Grübeln, erzählt der sportliche Wiener, doch danach ging alles wie am Fließband. Das Anlegen des Gurtes und der beiden Fußgamaschen, die Waage, die kurze Einweisung und schon steht man beim Absprung und der Countdown beginnt. Nur wenige Sekunden dauert der freie Fall, bei dem man mit bis zu 120 Sachen in die Tiefe rauscht, und schon beginnt die langsame und sanfte Abbremsung durch das Bungee-Seil. Rund 25 Meter über dem grünen Wiesenfleck setzt der Rebound ein, wie im Express-Fahrstuhl schießt man nach oben, genießt den kurzen Moment der Schwerelosigkeit. Dann fällt der Springer wieder wie ein Stein Richtung Wipptal ... „Des is a Wahnsinn!", „Unglaublich, wirklich unglaublich!", die Augen leuchten, die Reaktionen der Springer sind eindeutig. Es gibt keinen, der den Sprung bereut, manche werden sogar süchtig nach dem Adrenalinkick beim Sprung in den Abgrund.

9a Was fällt dir an diesem Text im Unterschied zu Nachrichten und Berichten auf? Sammelt gemeinsam inhaltliche, sprachliche und stilistische Unterschiede zwischen Text 3D und den Texten 3A–C.

b Mit welcher Absicht könnte diese Reportage geschrieben worden sein und welche Wirkung könnte angestrebt sein?
Untersuche, wie dies inhaltlich und sprachlich zum Ausdruck kommt.
c Suche nach weiteren Reportagen in Zeitungen. Die Sachinformation hilft dir bei der Bestimmung der Textart.

> Die **Reportage** verbindet den Tatsachenbericht mit persönlichen Eindrücken. Der Reporter beginnt den Artikel oft mit einem **Aufhänger**, einer originellen Einleitung, die den Leser neugierig machen soll. Seine eigenen Beobachtungen und Empfindungen kann er durch zusätzliche Recherchen (Hintergrundinformationen) untermauern. Die Reportage wird **anschaulich**, wenn erzählerische und schildernde Elemente verwendet werden. Eine gute Reportage vermittelt dem Leser das Gefühl, selbst dabei zu sein: Der Reporter lässt den Leser über die Schulter schauen. Dabei wird das Wichtigste in der Regel nicht zuerst genannt, sondern der Leser wird immer wieder durch neue, interessante Sachverhalte zum Weiterlesen angeregt.
> Eine Sonderform der Reportage ist das **Porträt**: Der Reporter beschreibt darin eine Person mit eigenen, genauen Beobachtungen im Stil einer Reportage. Eine besonders ausführliche Reportage, die oft durch Elemente des Dialogs und des Kommentars aufgelockert wird, bezeichnet man als **Feature**.

Grundwissen und Methode

10 Meldung, Nachricht, Bericht und Interview zählen zu den sachlich-informierenden Texten einer Zeitung, während Journalisten in einem Kommentar oder einer Glosse ihre eigene Meinung zum Ausdruck bringen dürfen. Wo würdest du die Reportage einordnen?

2.2 Kommentierende Texte

Kommentar

Text 4A

Die Seele des Sports   Evi Simeoni

04. August 2004 Wie federnd die Sportler alle vier Jahre in die olympische Arena einmarschieren! Proper, durchtrainiert, muskulös und vibrierend in ihren schicken Nationalkleidern. Tausende von glücklichen Menschen, ist man versucht zu denken, wenn sie hoffnungsfroh ins Publikum winken und mit ihren kleinen Fotoapparaten in die Fernsehkameras zurückfotografieren. Alles potenzielle Sieger, athletisch und gesund, Angehörige einer selbstbewussten Körper-Elite, erfolgsbesessene Leute mit „Killer-Instinkt". Ihre Furcht sieht keiner. Die bangen Gedanken an das Erstarren im entscheidenden Moment, an sich selbst erfüllende Prophezeiungen, die Angst beim Elfmeter. Den Gruppenzwang, den Erfolgsdruck

von außen und innen. Die Forderungen des Trainers, die demütigenden Folgen des möglichen Misserfolgs in den Massenmedien. Die Versuchungen, sich illegale Vorteile zu verschaffen, die Ängste vor Entdeckung.

Darum wird auch der Kopf für Olympia trainiert

Dagegen, dass sich Sportler im Moment der Bewährung selbst im Wege stehen, können sie sich wappnen. Mentaltrainer oder auch Sportpsychologen helfen ihnen dabei, die Früchte ihres jahrelangen harten Trainings ernten zu können. Die Psyche nämlich rennt die letzten Meter, hebt die letzten Kilos in die Luft und aktiviert die letzten Pedaltritte den Berg hinauf, wirft das letzte Tor. Wenn alle bestens vorbereitet sind, werden die Wettkämpfe „im Kopf entschieden". Darum wird auch der Kopf für Olympia trainiert. Doch wer sorgt sich um die Seelen in der Erfolgsgesellschaft Sport?

Manche, die glauben, wer eine Goldmedaille gewinne, habe sowieso ausgesorgt, winken vielleicht ab. Die anderen mögen sich darüber freuen, dass sogar Papst Johannes Paul II. auf die immer menschenfeindlichere Entwicklung in Teilen des Profisports reagiert hat. Neuerdings gibt es im Vatikan eine Unterabteilung „Kirche und Sport" innerhalb des Päpstlichen Laienrates. „Jedes Mal, wenn man eine Zeitung aufschlägt", sagte Pater Kevin Lixey, der Leiter der neuen Abteilung, „sieht man, wie dringend notwendig es ist, im Sport für die ethischen Werte zu werben."

Entfernt von den Idealen des Sports

Einige Disziplinen, so heißt es in einer Mitteilung, entfernten sich immer weiter von den Idealen des Sports. Genauer äußerte sich der sportlichste Papst, den es je gab, nicht zu dem Thema, aber die Bilder von menschenunwürdigen Momenten des Sports kommen ganz von selbst. Die grotesk veränderten Körper und Persönlichkeiten hormongedopter Sportler. Die Visionen vom Eingriff in die genetische Substanz von Menschen, um noch stärkere Hochleister zu züchten. Die Kommerzialisierung, die den Kampf um die Medaillen immer gnadenloser werden lässt. Die Gewaltausbrüche von Hooligans. Und der Durchlauferhitzer der Boulevardmedien, in dem hart erarbeitete Leistungen auch schon einmal rücksichtslos abqualifiziert werden. Der Sport, heißt es aus dem Vatikan, sei „einer der neuralgischen Punkte der heutigen Kultur". Auch in dieser Hinsicht ist Athen also eine Bewährungsprobe.

Das Medium Zeitung

1 Ein **Kommentar** bezieht sich in der Regel auf ein wichtiges oder interessantes Ereignis und gibt die persönliche Meinung des Journalisten wieder.
a Aufgrund welcher beiden Ereignisse wurde Text 4A verfasst?
b Prüfe dein Textverständnis: Welche der folgenden Aussagen finden sich in Text 4A?
   A) Die Sportler, die bei Olympia antreten dürfen, sind alle glücklich.
   B) Hochleistungssport löst viele Ängste aus, die nicht auf den ersten Blick zu erkennen sind.
   C) Sportler müssen Psychologen konsultieren, damit sie gewinnen können.
   D) Niemand kümmert sich darum, dass Profisportler auch ethisch begleitet werden.
   E) Es gibt viele Situationen, in denen sich Sport als menschenunwürdig darstellt.
c Formuliere die Meinung der Verfasserin mit eigenen Worten in einem Satz.

Glosse

Text 4B

Athen ruft die Jugend   SILKE MATTES

Olympische Ringe, wohin das Auge blickt. Die ganze Nation scheint sich im Sportfieber zu befinden. Klar, dass auch die Sendeanstalten vom Rekordfieber infiziert sind: ARD und ZDF werden bei den Spielen in Athen sogar einen Weltrekord aufstellen. Die beiden produzieren mit 1400 Stunden Programm so viele bewegte Olympia-Bilder wie kein anderer Sender der Welt. Wir sind die Zielgruppe. „Athen", so heißt es, „ruft die Jugend der Welt." Doch was, fragen wir Jugendliche, ist von den hehren Idealen wirklich geblieben? Vom Olympischen Frieden auf Erden kann in Anbetracht der kriselnden Weltlage keine Rede sein. Athen selbst gleicht mehr einer hochgerüsteten Festung als einem Hort des Friedens. Und soll uns die dopingversuchte Leichtathletik-Szene etwa als Vorbild dienen oder die Herrschaften vom IOC, in deren Reihen Bestechlichkeit auf der Tagesordnung zu stehen scheint? Und warum ist das einzige, was für die Mehrheit zählt, der Medaillenspiegel? Die „Jugend der Welt" schüttelt die Köpfe.

2a Benenne Gemeinsamkeiten und Unterschiede der Texte 4A und B. Worin siehst du den entscheidenden Unterschied?
b Zeige an Textbeispielen, dass es sich bei den Texten 4A und B um kommentierende Textsorten handelt. Benenne die Hauptunterschiede zu den Texten 3A–D.

3 „Wenn du eine kernige Glosse schreiben willst, warte, bis du dich über etwas sehr aufgeregt hast. Nur, wenn ein intelligenter Mensch wirklich empört, böse, aggressiv, aufgebracht ist, sich – trotz nachweisbar richtiger Position zu einer Sache – ungerecht behandelt fühlt, dann wird er eine gute Glosse schreiben können. Credo: Im Zustand der Gemütsruhe, der inneren und äußeren Harmonie eine kultiviert böse Glosse zu schreiben, ist so gut wie unmöglich."
a Erläutere mit eigenen Worten, was mit dieser Aussage gemeint ist.
b Zu welchem Thema könntest du selbst eine Glosse schreiben? Probiere es einmal.

> Ursprünglich bedeutet der Begriff **Glosse** einfach nur das Hinzufügen handschriftlicher Bemerkungen (erläuternd, weiter erklärend, deutend) am Rand eines bereits bestehenden Textes. Die Glosse als „Randbemerkung" im journalistischen Sinne ist ein knapper, meistens polemischer (= ironisch, eher unsachlich angreifend) Kommentar zu aktuellen Ereignissen.

4 Ihr habt nun die wichtigsten journalistischen Stilformen kennengelernt. Testet euer Wissen: Sucht – am besten in Gruppen – aus den mitgebrachten Zeitungen zehn Texte heraus und lasst eine andere Gruppe entscheiden, um welche journalistische Stilform es sich jeweils handelt. Aber Vorsicht: Manchmal lässt sich ein Text nicht eindeutig zuordnen!

3. AUSPROBIEREN – vom Interview zum Bericht

Text 5 **E-Mail-Interview mit Christoph Biermann, Autor und Sportjournalist u. a. bei der *Süddeutschen Zeitung***

Wie und wann begann Ihre journalistische Laufbahn?

Ich habe mit 19 Jahren, direkt nach dem Abitur, zum ersten Mal Texte für eine der damals neuen Stadtzeitungen geschrieben. „Marabo" erschien damals (1979) noch im DIN-A5-Format, expandierte dann allerdings bald sowohl was das Format als auch die
5 Auflage betraf. Ich bin dann Musikredakteur geworden, was sich beeindruckender anhörte, als es war. Verbunden damit war nämlich keine Festanstellung, sondern nur eine minimale Pauschale und als zusätzliche Gratifikation viele Rezensionsexemplare neuer Schallplatten. Damals habe ich Germanistik und Geschichte studiert, das Studium aber im Oktober 1983 unterbrochen, um meinen Zivildienst zu absolvieren. Gleichzeitig
10 habe ich aufgehört, über Musik zu schreiben, weil der ursprüngliche Impuls der Begeisterung über Punk und New Wave weg war. Nach dem Ende des Zivildienstes habe ich dann erstmals über Fußball und andere Sportarten geschrieben, vor allem für die „taz". Das lief parallel zum Studium, das ich dann 1989 abgeschlossen habe. Danach habe ich ausprobiert, welche Art von Journalismus mir am besten gefällt, also fürs Fernsehen
15 gearbeitet, Reportagen fürs Radio gemacht, bin aber letztlich beim Schreiben geblieben. Man sieht, es ist alles sehr zusammengebastelt. Ich habe also keine ordentliche Ausbildung, meine beiden Bewerbungen für ein Volontariat beim WDR wurden jeweils schon in der ersten Runde abgelehnt.

Welcher veröffentlichte Text ist Ihnen am besten im Gedächtnis geblieben?

20 Besonderen Spaß haben mir immer meine Kolumnen für die „taz" gemacht, die ich seit 1998 schreibe. Das liegt vor allem an der Form, die freier ist als sonst üblich.

Gibt es einen journalistischen Leitsatz für Sie persönlich?

Ich finde Genauigkeit wichtig und eine Sprache, die dem Leser Vergnügen bereitet.

Welchen Rat würden Sie Berufsanfängern geben?

25 Ich freue mich immer, wenn ein Kollege wirklich weiß, worüber er berichtet. Das gilt für jedes Thema, jeden journalistischen Bereich und sollte das Ziel eines jeden Berufsanfängers sein.

Sind Sie gerne Journalist? Warum?

Ich bin gerne Journalist, weil ich wirklich gerne schreibe. Ich leide, anders als viele Kol-
30 legen, nicht vor dem Computer. Außerdem gibt mir mein Job exklusive Zugänge in eine Welt, die mich interessiert, und das empfinde ich immer noch als ein Privileg.

Kolumne: kommentierender Artikel, der regelmäßig an der gleichen Stelle einer Zeitung oder Zeitschrift erscheint

1 Klärt zunächst gemeinsam, ob ihr alle Aussagen des Journalisten verstanden habt. Die folgenden Fragen können dazu als Test dienen:
a Warum bezeichnet der Journalist Christoph Biermann seinen beruflichen Weg als „zusammengebastelt"?
b Erkläre, warum ihm die Form der Kolumne „freier" erscheint als andere journalistische Stilformen.
c Welche Forderungen stellt er an journalistisches Schreiben?
d Erläutere, warum Journalisten „exklusive Zugänge" zu manchen Bereichen der Gesellschaft haben.

Das Medium Zeitung

2a Interviewt euch gegenseitig zu der Frage: „Wärst du selbst gerne Journalistin oder Journalist?"
 b Überlegt euch vorher geschickte Fragen, damit die Zuhörer mit Interesse zuhören, und nehmt eure Interviews mit einem Recorder auf.
3 Zeitungen nutzen Interviews auch für ihre Berichterstattung. Probiert es – am besten in Gruppen – selbst aus:
 a Einigt euch auf eine Zeitung, für die ihr einen Bericht schreiben wollt: Boulevard- oder Abonnementzeitung, Schülerzeitung oder Fachzeitschrift?
 b Wählt aus dem Interview mit Biermann (Text 5) oder aus euren eigenen Interviews Informationen aus, die für einen Bericht in der gewählten Zeitung geeignet sind.
 c Schreibt einen Bericht und stellt euch eure Berichte gegenseitig vor.

> **Interview:** Gespräch (Befragung) zwischen einem Journalisten und einer Person, die zu einem Ereignis oder Problem wichtige Aussagen machen kann oder deren Meinung zu einer Frage wichtig erscheint. Der Interviewer muss sich vorher genau überlegen, was er erfragen will; er muss nachfragen, wenn ihm die Antworten noch nicht ausreichen oder zu unklar sind. W-Fragen zwingen eher zu einer ausführlichen Antwort als Entscheidungsfragen, die man mit *Ja* oder *Nein* beantworten kann.

4 Manchmal reicht das Interview als Quelle nicht aus, um einen interessanten Bericht zu verfassen.
 a Erarbeitet den folgenden Text des Deutschen Journalistenverbandes (Text 6, S. 146) unter der Fragestellung: Welche Informationen kann ich zusätzlich zu dem oder den Interviews (Aufgabe 3) nutzen, damit der Bericht lesenswerter und interessanter wird?
 b Schreibt nun einen neuen Bericht auf der Grundlage von Interview und Sachtext. Achtet auf Zeitungsart, Zielsetzung des Berichts und Adressaten.
 c Stellt die Berichte einander vor und gebt euch Tipps zur Überarbeitung.

Text 6 **Journalist/-in werden: Berufsbild**

Eigentlich müsste es ganz einfach sein, Journalist/-in zu werden. Dazu ist nicht einmal eine spezielle Ausbildung nötig. Doch nur keine voreiligen Schlüsse und Hoffnungen: Ohne anerkannte Qualifikation endet schon der Berufseinstieg in der Sackgasse.

Einen vorgeschriebenen Weg in den Journalismus gibt es nicht; vielmehr stehen den Berufsinteressenten auf den ersten Blick viele Wege offen: eine zweijährige Ausbildung bei Presse, Rundfunk oder Agentur („Volontariat"), das Journalistik-Studium, der Besuch einer Journalistenschule, Aufbaustudiengänge für Akademiker oder ein Fachstudium in Verbindung mit dem Nebenfach „Journalistik".

Viele Wege – begrenzte Chancen

Der zweite Blick allerdings macht bald klar: Alle Möglichkeiten sind eng begrenzt. Das Überangebot an Bewerbern hat zu einer strengen Auslese geführt: ein Numerus clausus bei den Hochschulen, der einem Medizinstudenten zur Ehre gereichen würde, Testverfahren bei den Journalistenschulen, an denen gestandene Praktiker scheitern müssten, und ein Anforderungskatalog bei Presse und Rundfunk, der (hätte es ihn früher schon gegeben) manchem heutigen Chefredakteur oder Intendanten den Einstieg in den Journalismus verbaut hätte.

Früher Kontakt zur Praxis

Angesichts dieser Situation gibt es keine Patentrezepte für den erfolgreichen Start. Journalistische Motivation, Interesse an vielfältigen Kontakten mit anderen Menschen, Aufgeschlossenheit für neue Themen, Spaß am Lernen und die Fähigkeit, Sachverhalte rasch analysieren und anderen verständlich vermitteln zu können – dies alles reicht als persönliches Qualifikationsmerkmal allein nicht aus, um journalistisch tätig zu sein. Die Entwicklung im Journalismus und seine gesellschaftliche Bedeutung lassen eine fundierte schulische und universitäre Ausbildung notwendig erscheinen. Gleichzeitig ist – parallel zu Schule und Studium – ein frühzeitiger Kontakt zur Praxis zu empfehlen: Berufsinteressenten können ihre Vorstellungen vom Beruf am journalistischen Alltag in Lokalredaktionen messen. Dort beginnt für die meisten Journalistinnen und Journalisten das Berufsleben und dort arbeitet die größte Berufsgruppe im Journalismus.
Gespräche mit Lokaljournalisten vermitteln einen ersten Einblick, der vielleicht durch Redaktionsbesuche vertieft werden kann. Möglicherweise entwickelt sich daraus eine freie Mitarbeit.
Mit solchen ersten Gehversuchen hat man meist in kleinen Außenredaktionen mehr Glück als in den Lokalredaktionen von Großstädten.

Nicht auf nur einen Weg festlegen

Folgt dieser Schnupperphase eine Entscheidung für den journalistischen Beruf, so ist es ratsam, mehrgleisig zu verfahren und alle Ausbildungsmöglichkeiten in Betracht zu ziehen. Obwohl die Bewerberzahlen häufig entmutigen: Der Versuch, an einer Journalistenschule anzukommen oder ein Journalistik-Studium zu beginnen, schadet nicht. Bei manchen hat es im zweiten oder dritten Anlauf geklappt.
Auch Stellenanzeigen im DJV-Medienmagazin und persönliche Bewerbungsschreiben an Chefredaktionen – versehen mit Arbeitsproben – sind nicht aussichtslos, wenngleich Tageszeitungen sich ihre Volontäre häufig aus dem eigenen Stamm freier Mitarbeiter/-innen holen. Bei einigen Verlagen existieren lange Wartelisten und eine dem Volontariat vorangehende mehrjährige freie Mitarbeit ist keine Seltenheit.

Vorsicht bei dubiosen Angeboten
Vorsicht ist geboten: Manche freien Mitarbeiter/-innen werden als billige Hilfskräfte missbraucht. Viele Redaktionen sind unterbesetzt und zahlreiche Verlage arbeiten aus Kostengründen mit unterbezahlten Freien, die mit der Aussicht auf ein Volontariat bei der Stange gehalten werden sollen. Ein solches Ansinnen kann weder eine vernünftige Ausbildung sichern noch dauerhaft die angespannte Personalsituation in den Redaktionen entschärfen.

Vorsicht auch vor dubiosen Angeboten einer „Journalistenausbildung" außerhalb der Medien oder einer „Ausbildung", die den Begriff „Volontariat" meidet: Un- oder unterbezahlte Hospitanzen, Praktika oder Pauschalverträge, die von einzelnen Pressebüros, Anzeigenblättern, Pressestellen, aber auch Zeitungen angeboten und als „Journalistenausbildung" verkauft werden, mögen auf den ersten Blick besser sein als gar nichts. Eine Schmalspurausbildung bindet jedoch an den jeweiligen Arbeitgeber und führt damit zu Abhängigkeiten, die weder im Interesse des Einzelnen noch der Journalisten und ihres Publikums insgesamt liegen. Der DJV und seine Landesverbände können im Einzelfall Auskunft geben.

Das hast du in diesem Kapitel gelernt:

- **Zeitungen unterscheiden und beurteilen:**
  Tageszeitung: Abonnementzeitung, Boulevardzeitung
- **Aufbau und Inhalt von Tageszeitungen:**
  Ressort, Schlagzeile, Impressum
- **journalistische Stilformen unterscheiden:**
  informierend: Agenturmeldung, Nachricht, Bericht, Reportage
  kommentierend: Kommentar, Glosse
- Einblicke in den Beruf des Journalisten: Interview
- eigene Artikel schreiben und überarbeiten

Ideen und Projekte

- Besucht eine Zeitungs- oder Zeitschriftenredaktion in eurer Nähe. Schreibt Artikel in der Stilform eurer Wahl darüber.
- Macht eure eigene Zeitung und bringt dabei möglichst alle Stilformen unter. Besprecht und überarbeitet eure Artikel in Redaktionskonferenzen.
- Gestaltet eine Jugend- oder Klassenzeitschrift mit Themen aus eurer Klasse, einer gemeinsamen Fahrt, eurer Freizeit, …
- Stelle deine eigenen Fragen an eine Journalistin oder einen Journalisten.
- Recherchiert darüber, wie man Journalistin oder Journalist werden kann und welche verschiedenen Tätigkeitsfelder es in diesem Beruf gibt. Präsentiert eure Ergebnisse.
- Was ist Pressefreiheit? Was muss man über das Presserecht wissen? Informiert euch. Untersucht auch, ob es für Schülerzeitungen besondere presserechtliche Bestimmungen gibt.

Erweitern · Vertiefen · **Anwenden**

AKTIV UND PASSIV

1a In welchen Zusammenhängen verwendest du die Wörter *aktiv* und *passiv*? Bilde Sätze.

b *Die Bank wird überfallen. – Die Polizei nimmt die Täterin fest.*
Welcher der beiden Sätze steht im Aktiv, welcher im Passiv? Überlege, warum das Aktiv auch *Tatform*, das Passiv auch *Leideform* genannt wird.

Text 1

Der Bankräuber ist eine Frau

Sparkassen-Zweigstelle in Neuhausen wurde gestern das zweite Mal überfallen

Neuhausen (eigener Bericht)
Der Nachmittag fing für einen 37-jährigen Sparkassen-Zweigstellenleiter in Neuhausen nicht gut an. Fünfzehn Minuten, nachdem er gestern die Türen der Bank aufgeschlossen hatte, kam eine Frau mit schwarzer Maske ohne große Hektik herein und forderte ihn mit einer Waffe auf, ihr Geld zu geben.

Die Zweigstelle in Neuhausen war bereits vor zwei Jahren einmal überfallen worden. Damals hatte die Dienst habende 52-jährige Bankangestellte morgens aufschließen wollen und war dabei als Geisel genommen worden. Die beiden zunächst unbekannten Täter erbeuteten dabei 150 000 Euro. Ein Täter war im Frühjahr 2002 ermittelt worden. Er wohnte in einer Gemeinde des Landkreises Altdorf und hatte zunächst den Überfall heftig bestritten. DNA-Spuren und eine Gegenüberstellung erhärteten jedoch den Verdacht gegen den 18-Jährigen. Die Polizei war ihm und seinem Komplizen auf die Spur gekommen, weil Kleidungsstücke auf der Ortsverbindungsstraße Neuhausen-Altdorf verloren worden waren.

Bei dem gestrigen Überfall war offensichtlich eine Frau aktiv geworden, die mit einer schwarzen Strickmütze maskiert war. Sie hatte, nachdem sie den Bankraum betrat, den Sparkassen-Zweigstellenleiter mit vorgehaltener Pistole zur Herausgabe von Bargeld aufgefordert. Der erfahrene Banker war zunächst derart schockiert, dass er, die Sicherheit hinter der Panzerverglasung ausnutzend, in einen Nebenraum flüchtete. Die Täterin rief dem für sie nicht mehr sichtbaren Mann noch kurz einige Worte nach und flüchtete dann zu Fuß ohne Beute aus der Bankfiliale. Zur Fahndung waren mehrere Streifenwagen, zwei Diensthunde sowie ein Polizeihubschrauber eingesetzt worden, der längere Zeit über Neuhausen und dem Umland kreiste. Wie Jürgen Machoviak, stellvertretendes Vorstandsmitglied bei der Sparkasse Neuhausen versichert, habe man nach dem Banküberfall vor zwei Jahren mehrere zusätzliche Sicherheitsmaßnahmen ergriffen. Unter anderem seien jetzt Gebäude und Umfeld besser beleuchtet und der Schalterbereich übersichtlicher gestaltet. Der Hintereingang des Gebäudes, von dem aus der erste Überfall gestartet worden war, wird nicht mehr von Sparkassenbediensteten als Zugang verwendet. Insgesamt könnten derartige Überfälle wohl aber trotzdem leider nicht verhindert werden, so Jürgen Machoviak.

2 Trage alle Verbformen des Zeitungsberichts in eine Tabelle in deinem Heft ein. Unterscheide dabei zwischen Aktiv und Passiv und bestimme das Tempus.

Aktiv	Passiv
ist (Präsens)	wurde überfallen (Präteritum)
fing an (Präteritum)	✴

3a Beschreibe, wie das Passiv gebildet wird.
   A) *Die Frau war mit einer schwarzen Strickmütze maskiert.*
   B) *Die Frau wurde mit einer schwarzen Strickmütze maskiert.*
   Erkläre mithilfe der beiden Sätze die Begriffe **Handlungspassiv** und **Zustandspassiv**. Suche noch weitere Beispiele in deiner Tabelle.

4 *Die Räuber überrumpelten den erfahrenen Banker.*
a Bestimme die Satzglieder. Wer handelt in dieser Aussage? An wem wird die Handlung vollzogen?
b Wandle den Satz ins Passiv um. Bestimme die Satzglieder und vergleiche mit dem Aktivsatz. Was fällt dir auf?
c Wie verändert sich der Sinn der Aussage durch die Umwandlung ins Passiv?

5 A) *Der Räuber wurde festgenommen.*
   B) *Der Räuber wurde von der Polizei festgenommen.*
a Worin besteht der Unterschied in der Aussage in den beiden Passivsätzen A) und B)?
b Gib den Inhalt von B) im Aktiv wieder. Wie kann der Inhalt von A) im Aktiv formuliert werden?
c Formuliere eigene Sätze mit einem so genannten **täterlosen Passiv** wie in A) und wandle sie anschließend ins Aktiv um.

6 Ergänze die Sachinformation in deinem Heft:

> Wenn im Mittelpunkt einer Aussage der Handelnde stehen soll, wird meist das ✱ gewählt. Im ✱ steht dagegen eher die Handlung bzw. das Ergebnis der Handlung im Mittelpunkt. Es wird häufig auch dann gebraucht, wenn der Handelnde ✱ ist oder nicht genannt werden soll.

Grundwissen und Methode

7 Überprüfe, ob die Regeln aus der Sachinformation immer zutreffen.
a Verwandle dazu die Zeilen 29–55 von Text 1 vom Aktiv ins Passiv oder umgekehrt.
b Sprecht darüber, wie sich die Aussage jeweils verändert.
c Bei welcher Art von Verben ist kein Passiv möglich? Begründe.

8 In welcher Art von Texten würdest du viele Formen des Passivs erwarten? Welche Texte sind dagegen wohl überwiegend im Aktiv gehalten? Überprüfe und begründe deine Meinung.

Formenübersicht

Tempus	Aktiv	Handlungspassiv	Zustandspassiv
Präsens	die Redakteurin verbessert	der Text wird verbessert	er ist verbessert
Präteritum	sie verbesserte	er wurde verbessert	er war verbessert
Perfekt	sie hat verbessert	er ist verbessert worden	
Plusquamperfekt	sie hatte verbessert	er war verbessert worden	
Futur I	sie wird verbessern	er wird verbessert werden	
Futur II	sie wird verbessert haben	er wird verbessert worden sein	

Erweitern · Vertiefen · **Anwenden**

REPORTAGE

Text 1   **Dance4Fans-Meisterschaft in München**

23.11. München
Zum zweiten Mal findet in München die Dance4Fans-Meisterschaft statt. Hinter dem Namen „Dance4Fans" verbirgt sich ein Projekt des Allgemeinen Deutschen Tanzlehrerverbandes (ADTV), das von den Jugendlichen in den Tanzschulen positiv angenommen wird. In den Kursen werden Tanzszenen aus Musikvideoclips nach den Original-Choreografien nachgetanzt. „Du bist der Star" lautet das Motto von Dance4Fans. [...]

Text 2   **Geile Stimmung in München**

23.11. München
Die Lichter erlöschen. Anders als sonst ist kein Laut in der Georg-Elser-Halle zu hören. Gänsehautatmosphäre! Zuschauer und Teilnehmer wissen, worum es geht: Wieder gibt es eine Dance4Fans-Meisterschaft in München. Die meisten Teilnehmer haben eine stundenlange Anfahrt hinter sich – aber momentan ist alle Müdigkeit vergessen. Als die grellen Scheinwerfer angehen, müssen sich die Augen zunächst an das Licht gewöhnen: Auf der Bühne steht die erste Formation. Nebelschwaden steigen auf und die ersten Takte Musik erklingen.
„Wenn man da oben steht, hat man zuerst das Gefühl, alles vergessen zu haben!", stöhnt Lilly (16) nach ihrem Auftritt. „Aber wenn die Musik losgeht, funktioniert alles automatisch." [...]

1a Was versteht man unter „Dance4Fans"?
 b Stelle Vermutungen an: Warum hat der ADTV sein Projekt nicht „Tanzen wie die Stars" genannt?

2 Vergleiche die beiden Artikelanfänge (Texte 1 und 2).
a Reizen dich die Überschriften, die Artikel zu lesen? Begründe deine Meinung.
b Welche Stimmung vermitteln die Schreiber den Lesern? Verdeutliche anhand von Textbelegen, was sie besonders beeindruckt hat.
c Wer könnte Adressat dieser Artikel sein? Begründe deine Meinung.

3 Untersuche Aufbau und sprachliche Gestaltung der Artikel:
 – Welche Informationen erhält der Leser am Anfang?
 – Welche Funktion hat der Einsatz der wörtlichen Rede?
 – Ist die Wortwahl eher sachlich oder emotional? Gibt es übertriebene Formulierungen?
 – Wird Spannung erzeugt? Wenn ja, mit welchen Mitteln?
 – Benenne schildernde Passagen, in denen der Leser miterleben kann, wie die handelnden Personen sich und ihre Umgebung wahrnehmen.

4 Begründe, bei welchem der beiden Artikel (Texte 1 und 2) es sich um den Anfang einer Reportage handelt.

Das Medium Zeitung

Text 3 Jan-Hendrik hat versucht, die Eindrücke und Empfindungen eines Künstlers kurz vor dem Auftritt zu schildern:

Ich saß völlig allein in meiner Garderobe und hörte einen unglaublichen Lärm von draußen. Tausend Kehlen kreischten meinen Namen. Die blütenweiße Tapete verschwamm vor meinen Augen. Alles flimmerte. Ich fühlte mich wie auf einer einsamen Insel mitten im Ozean. Ich zitterte wie Espenlaub. Mir liefen eiskalte Schauer über den Rücken und
5 mir wurde gleichzeitig kalt und heiß. Mein Herz raste und der Puls hämmerte in meinen Ohren. Ich wollte nicht nach draußen. Mein Herz rutschte mir fast in die Hose. Meine Beine waren wie Gummi, mein Kopf war völlig leer und ich fühlte mich wie gelähmt. Ich kippte fast aus den Latschen. Ich hatte totales Lampenfieber!

5 Wie wirkt der Text auf dich? Beschreibe deinen Eindruck mithilfe der folgenden Skala.

	trifft voll zu			trifft gar nicht zu		
anschaulich	1	2	3	4	5	6
interessant	1	2	3	4	5	6
eindrucksvoll	1	2	3	4	5	6
übertrieben	1	2	3	4	5	6

6 Überarbeite Jan-Hendriks Text. Überlege vorher:
 – Welche Fehler sind ihm unterlaufen? Nenne Verbesserungsvorschläge.
 – Wo finden sich z. B. sprachliche Klischees, d. h. Wendungen, die abgenutzt sind, übertrieben wirken und keine Originalität mehr besitzen?
 – Nutze auch die folgenden **Tipps für das Schreiben einer Reportage**:

> – **Reportagen** beinhalten **schildernde Elemente**, durch die der Reporter das Geschehen anschaulich darstellt, damit der **Leser das Gefühl** hat, am Ort des Geschehens zu sein und **das Ereignis mitzuerleben**.
> – Wenn du etwas **schildern** willst, versetzt du dich zunächst in die Situation und notierst in Stichworten, was du siehst, hörst, fühlst, schmeckst, riechst, denkst, …
> – Frage dich anschließend: Welchen **Gesamteindruck** willst du vermitteln? Was passt, was kannst du weglassen, was solltest du noch ergänzen?
> – Verwende **aussagekräftige Verben, stimmungsstarke Adjektive** und Partizipien und **bildliche Ausdrücke** (Metaphern, Vergleiche, Personifikationen). Kurze Sätze passen oft – aber nicht immer! – besser als lange, Satzreihen besser als Satzgefüge.

7 **Als Reporter unterwegs:** Schreibe eine Reportage mit schildernden Elementen von einem Ereignis, das dich interessiert (z. B.: Fußballübertragung, Musikpreisverleihung, …)
8 Überarbeitet eure Reportagen in einer Schreibkonferenz. Beachtet u. a.:
 – Ist die Schlagzeile interessant gestaltet und regt sie zum Lesen an?
 – Beginnt die Reportage mit einem interessanten Eindruck oder Zitat?
 – Wird in der Reportage geschildert?
 – Hat der Leser das Gefühl, am Ort des Geschehens zu sein und das Ereignis mitzuerleben?
 – Ist die Sprache abwechslungsreich und anschaulich und werden sprachliche Klischees vermieden?
 – Ergibt sich ein stimmiges Gesamtbild?

ALLES NUR THEATER?

Tauscht Erfahrungen und Wissen aus:
- Wart ihr schon einmal im Theater? Wie gefiel euch die Vorstellung?
- Habt ihr vielleicht schon selbst ein Stück oder eine Szene aufgeführt?
- Welche Fachbegriffe fallen euch zum Thema *Theater* ein (z. B. Monolog, Dialog, ...)? Sammelt sie in einem Cluster oder in einer Mindmap.

Im Folgenden geht es um das Drama *Der eingebildete Kranke* – geschrieben im 17. Jahrhundert von dem französischen Komödiendichter Molière.
Komödien machen sich oft über typische menschliche Schwächen lustig.
- Stellt Bezüge zwischen diesen Informationen und dem Titel her.
- Bei einigen Figuren des Theaterstücks handelt es sich um eine Familie. Wie stellt ihr euch das Familienleben in dieser Zeit vor?

Das Bild zeigt den Komödiendichter Molière in der Rolle des *eingebildeten Kranken*.
- Tauscht eure Eindrücke zu diesem Bild aus.
- Ein oder zwei von euch können sich über Molière informieren und ein Kurzreferat halten: Kurzbiografie (Lebensstationen, wichtige Werke).
- Ein zweites Kurzreferat könnte der Frage nachgehen: Welche besondere Rolle spielte die Komödie *Der eingebildete Kranke* im Leben Molières?

Dramatische Texte erschließen

Warming up für szenisches Spiel

Wie Sportler machen sich auch Schauspieler fürs Spiel „warm". Probiert folgende „Aufwärmübungen" aus. Wählt für diese Übungen einen Spielleiter, der den Beginn und das Ende der jeweiligen Spielphase anzeigt.

„Herrscher und Diener"
Bildet für diese Übung Paare. Der eine übernimmt dabei die Rolle des *Herrschers*, der andere ist der *Diener*. Die Rollen sollten dabei nach Durchlauf der Phasen 1-3 gewechselt werden.
1. Phase: Der Diener lässt sich stumm vom Herrscher mit folgenden Befehlen steuern:
– Tippen auf die linke Schulter: linke Drehung;
– auf die rechte Schulter: rechte Drehung;
– auf den Nacken: geradeaus;
– in die Rückenmitte: Stopp.
2. Phase: Nun lässt sich der Diener mit sprachlichen Befehlen leiten.
3. Phase: Der Diener beginnt, sich mit unterschiedlichen Reaktionen allmählich gegen die Rolle des Untergebenen zu wehren.

Keiner versteht mich
1. Phase: Stellt euch eine der folgenden Situationen vor:
– Ihr fühlt euch nicht wohl und werdet von euren Eltern nicht ernst genommen,
– ihr müsst ständig etwas für andere tun und fühlt euch ausgenutzt,
– ihr habt sehr viel in der Schule zu tun und fühlt euch überfordert.
2. Phase: Bildet Paare oder kleine Gruppen. Einer von euch versucht nun, den anderen seine Situation deutlich zu machen. Die Zuhörer sollen dabei unterschiedlich reagieren:
– Sie zeigen Verständnis,
– sie reagieren mit Unverständnis,
– sie ziehen die Situation ins Lächerliche.
3. Phase: Mit den gleichen Vorgaben für ein Gespräch sollen die Reaktionen der Zuschauer nur *pantomimisch* dargestellt werden.

Sprecht zum Abschluss der Übungen über eure Reaktionen, Erfahrungen und Gefühle beim Spiel. Habt ihr euch z. B. leicht in die jeweilige Dialogsituation eingefunden und welche Rolle spielte die Körpersprache für euch bei den einzelnen Szenen?

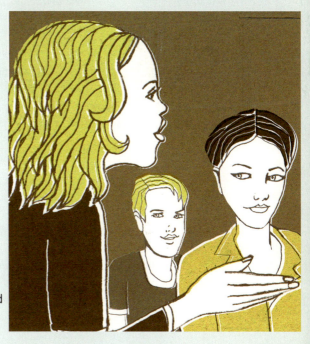

Szenisch interpretieren

1. ALLES EINGEBILDET? – szenisch interpretieren

1 Oft werden vor der Vorstellung im Theater Programmhefte angeboten. So können sich die Zuschauer erste Gedanken über das Stück machen.
a Schau dir die Informationen zu Molières Drama *Der eingebildete Kranke* genauer an:
Was erfährst du über die Figuren? In welcher Beziehung stehen sie zueinander?
b Erstelle hierzu ein Schaubild, das diese Figurenkonstellation verdeutlichen kann. Nutze auch die Hinweise zur Bedeutung einiger Namen.
c Bei diesem Drama handelt es sich um eine Komödie. Was weist auf eine eher komische Handlung hin? Beachte auch die folgenden Hinweise.
d Welche Erwartungen bezüglich der Figuren und des Handlungsverlaufs werden schon durch den Titel und das Figurenregister geweckt?

Molière
Der eingebildete Kranke
Komödie in drei Aufzügen

Figuren:

Argan:	eingebildeter Kranker
Béline:	Argans zweite Frau
Angélique:	Argans Tochter und Geliebte von Cléante
Louison:	Argans jüngere Tochter und Schwester von Angélique
Béralde:	Argans Bruder
Cléante:	Geliebter von Angélique
Monsieur Diafoirus:	Arzt
Thomas Diafoirus:	sein Sohn und Verehrer von Angélique
Monsieur Fleurant:	Apotheker
Monsieur Purgon:	Argans Arzt
Toinette:	Dienstmädchen
Monsieur Bonnefoy:	Notar

Das Stück spielt in Paris.

Um zusätzliche Hinweise über die Charaktere und den Handlungsverlauf zu geben, verwendet Molière einige „sprechende" Namen, wie z. B.:

Angélique → engelhaft
Béline → (lat.) *brebis*: das Schaf, Zärtlichkeit
Diafoirus → erinnert an Diarrhö (Durchfall)
Purgon → Abführmittel, rein
Fleurant → der Witternde, der Schnüffler
Bonnefoy → guter Glaube

2 Wachsfigurenkabinett
Bildet zwei Gruppen: Gruppe A formt mögliche Figurenkonstellationen aus dem Figurenregister, die dann zu Wachsfiguren „erstarren". Gruppe B spielt Theaterbesucher, die sich nun über die Figurenbilder unterhalten, wie z. B.:
„*Hier kann man genau das Verhältnis zwischen Argan und seiner Frau erkennen, denn ...*"
– Vor den Augen der Theaterbesucher können einzelne Figurenkonstellationen zum Leben erwachen, sodass spontan kleine Szenen entstehen, bevor die Figuren wieder „erstarren".
– Die Theaterbesucher diskutieren anschließend, ob diese Darstellungen dem entsprechen, was sie von der Handlung und den Figuren erwartet haben.

Dramatische Texte erschließen

Text 1 **So fängt es an: Vorgeschichte**

Im **ersten Auftritt** (Szene) des ersten Aufzugs (Akt) der Komödie *Der eingebildete Kranke* geschieht Folgendes:
Argan sitzt allein in seinem Zimmer. Der Apotheker Fleurant und der Arzt Purgon haben ihm ihre Rechnungen für die Medikamente bzw. Behandlungen geschickt. Mit Spielmarken rechnet er die Aufstellungen durch und führt ein Selbstgespräch. Dabei wird deutlich, dass er die Rechnungen für zu hoch ausgestellt hält, und er überlegt, wie viel er im Einzelnen bereit wäre zu zahlen. Gleichzeitig ist er aber auch unzufrieden mit seinem Arzt, denn die Anzahl der ihm verschriebenen Arzneien und Behandlungen wurde reduziert und er sieht darin eine Gefahr für seine Genesung. Am Ende des Auftritts ruft er mehrmals vergeblich und mit zunehmender Ungeduld nach Toinette und fühlt sich als Sterbenskranker allein gelassen.

Text 2 **So geht es weiter: erster Aufzug, zweiter Auftritt**

Toinette. Argan.

TOINETTE *(betritt das Zimmer):* Da bin ich ja schon!
ARGAN: Oh du Biest, du, du Rabenaas! ...
TOINETTE *(tut so, als hätte sie sich den Kopf gestoßen):* Zum Teufel
 mit Eurer Ungeduld! Ihr hetzt Eure Leute so, dass ich mir
 furchtbar den Kopf am Fensterladen gestoßen habe.
ARGAN *(wütend):* Oh du falsches Weibsstück! ...
TOINETTE *(klagt weiter und stöhnt, um ihn zu unterbrechen
 und am Schimpfen zu hindern):* Oh!
ARGAN: Seit ...
TOINETTE: Oh!
ARGAN: Seit einer Stunde ...
TOINETTE: Oh!
ARGAN: Lässt du mich hier ...
TOINETTE: Oh!
ARGAN: Halt endlich den Mund, du Luder, damit ich dich ausschimpfen kann.
TOINETTE: Oh ja! Wahrhaftig, da tut Ihr Recht, nach allem, was mir zugestoßen ist!
ARGAN: Deinetwegen habe ich mich heiser geschrien, du Rabenaas!
TOINETTE: Und Euretwegen habe ich mir den Kopf gestoßen; das eine wiegt wohl das
 andere auf und so wären wir quitt, wenn's recht ist.
ARGAN: Was! Du Luder ...
TOINETTE: Wenn Ihr schimpft, weine ich.
ARGAN: Mich allein zu lassen, du herzloses Weibsbild ...
TOINETTE *(immer noch, um ihn zu unterbrechen):* Oh!
ARGAN: Du Biest, du willst ...
TOINETTE: Oh!
ARGAN: Wie? Ich soll noch nicht einmal das Vergnügen haben, dich auszuschimpfen?
TOINETTE: Von mir aus! Schimpft nur nach Herzenslust.
ARGAN: Du lässt mich doch nicht, du Biest, du unterbrichst mich fortwährend.
TOINETTE: Wenn Ihr das Vergnügen habt zu schimpfen, muss ich wohl das Vergnügen
 haben zu weinen. Jedem das Seine, das ist doch nicht zu viel verlangt. Oh!
ARGAN: Na schön, lassen wir es gut sein. Nun trag dies alles ab, Luder, trag dies alles ab.

Szenisch interpretieren

(Argan erhebt sich von seinem Stuhl und gibt ihr die Spielmarken und seine Apothekerrechnungen.) Hat mein Einlauf heute gewirkt?

35 TOINETTE: Euer Einlauf?

ARGAN: Ja! Ist viel Galle abgegangen?

TOINETTE: Du lieber Gott! Diese Dinge gehen mich nichts an. Da mag schon Herr Fleurant seine Nase hineinstecken, der verdient ja dran.

ARGAN: Lass mir eine Fleischbrühe bereitstellen; ich bekomme bald den nächsten Einlauf.

40

TOINETTE: Diese Herren Fleurant und Purgon treiben es recht lustig mit Eurem Korpus[1]; die haben in Euch eine richtige Kuh zum Melken gefunden und ich würde sie allzu gern einmal fragen, was Ihr denn eigentlich für eine Krankheit habt, dass sie Euch gar so viele Arzneien verordnen.

45 ARGAN: Schweig' Sie, Sie unwissende Person! Es kommt Ihr nicht zu, die Verordnungen der Medizin zu kritisieren. Hol' Sie mir meine Tochter Angélique. Ich habe ihr etwas zu sagen.

[...]

1) **Korpus**: Körper

3 Dramen sind Spieltexte, die zur Aufführung auf der Bühne gedacht sind.
– Probiert als Annäherung an den dramatischen Text im Folgenden mindestens zwei der vier hier vorgestellten Vorschläge zur szenischen Darstellung aus.
– Durch eine anschließende genauere Untersuchung des Textes könnt ihr die Textangemessenheit eurer Darstellungen überprüfen.
– Hierdurch könnt ihr euer szenisches Spiel – in einem zweiten Durchgang – noch vertiefen.

Spielregeln

1) Leseprobe

A) Wählt Sprecher für die Figuren aus und benennt zusätzlich einen Spielleiter, der die Regieanweisungen liest. Um eine Bühnensituation anzudeuten, können sich die jeweiligen Sprecher zum Lesen vor die Klasse setzen oder stellen.

B) Wiederholt das Lesen mit unterschiedlichen Sprechern und sammelt zuvor Kriterien für einen Vergleich, z. B.: Wie hat der Sprecher seine Rolle jeweils gestaltet, ärgerlich oder komisch, …?

2) Helfer-Ich

Um sich noch genauer in die jeweiligen Figuren hineinzufinden, ist es auch hilfreich, sich die innere Handlung, d.h. die Gedanken, Gefühle und Motive, bewusstzumachen.

Dazu könnt ihr ein **Helfer-Ich** verwenden: Einer von euch liest den Haupttext (Figurenrede), der andere stellt sich dahinter, schaltet sich ein, indem er die Hand auf die Schulter des Sprechers legt und ausspricht, was die Figur gerade fühlt, denkt und vorhat. Probiert es einmal an der Figur Toinette aus: Was denkt sie jeweils, wenn sie *Oh!* ruft?

3) Regieanweisung: Körpersprache, Requisiten

Besonders in der Komödie müssen für den Zuschauer die einzelnen Figuren gut durchschaubar sein. Daher unterstützen die Schauspieler ihr Spiel durch entsprechende Ausdrucksformen der Körpersprache (Gestik, Mimik, Haltung und Gang), um auch die innere Handlung sichtbar zu machen.

Schreibt zu einem von euch gewählten Textausschnitt ausführliche weitere Regieanweisungen für die Schauspieler. Überlegt und probiert aus:
- Welche Ausdrucksformen könnten Toinettes Einstellung Argan gegenüber durchschaubarer machen?
- Wie lässt sich die Stimmungslage und das Verhalten Argans hier besonders verstärkt darstellen? Besetzt dazu z. B. die Figur des Argan doppelt, sodass der eine Argan den anderen in allen Ausdrucksformen nachahmt. Welche Wirkung wird dadurch erzeugt?
- Ihr könnt die Szene auch einmal wie im Stummfilm nur pantomimisch darstellen. Welche Musik könnte zu dieser Szene passen (laut, leise, schrill, ...)?

Spielt den Text entsprechend euren Regieanweisungen der Klasse vor und vergleicht verschiedene Realisierungen und ihre Wirkungsmöglichkeiten.

Ihr könnt auch Requisiten verwenden, um euer Spiel zu unterstützen. Welche Gegenstände können dabei die Figurencharakteristik unterstützen (z. B. Staubwedel) oder verstellen? Toinette könnte z. B. während ihres Auftritts mit ihrem Handy spielen.

4) Figurenvorstellung

Durch das Schreiben eines zusätzlichen Monologs, in dem sich die Figur den Zuschauern direkt vorstellt, kann man eine Figur genauer kennenlernen.
- Schreibt nach der Szene in Text 2 einen Monolog aus der Sicht Toinettes, in dem sie sich, ihre Situation, ihre Stimmungslage und ihr Handeln erklärt. Ihr könnt z. B. folgendermaßen beginnen:
  Mein Name ist Toinette. Wie sie gerade gesehen haben, ...
- Spielt eure Monologe vor der Klasse vor. Welche Ausdrucksformen der Körpersprache (Gestik, Mimik, Haltung und Gang) können die Aussagen eurer Monologe noch verstärken?
- Argan könnte nach dieser Szene in Text 2 noch einen Augenblick allein sein. Schreibt auch hier einen Monolog, der seine Situation, seine Stimmungslage und die Motive für sein Handeln wiedergibt.
- Tragt einzelne Monologe vor. Achtet auf die Körpersprache!

4 Inhalt und Handlung klären

Vertiefe dein Textverständnis durch eine genauere Analyse:
a Kläre **Verständnisfragen**, wie z. B.: Was meint Argan mit seiner Frage *„Hat mein Einlauf heute gewirkt?"* (Z. 34)?
b An welchem **Ort** spielt das Geschehen und zu welcher **Zeit** ereignet es sich?
c Worum geht es in dieser Szene (**äußeres Geschehen**)? Gib den Text in eigenen Worten wieder und berücksichtige dabei auch den ersten Auftritt.
d Welche Bezüge lassen sich zum **Titel** herstellen?

5 Da im Drama die Figuren selbst Träger der Handlung sind, gibt es keinen Erzähler. Der Zuschauer muss sich das Charakterbild der einzelnen Figuren selbst erschließen. Dazu kann er unterschiedliche Gesichtspunkte heranziehen:

a **Figurencharakteristik**
Ergänze die Mindmap, indem du auch die Sachinformation nutzt: Welche Aspekte geben dir Hinweise zur Charakterisierung der Figuren?

b Notiere zu jeder Figur deine Untersuchungsergebnisse.

c Untersuche auch die **Sprache** der Figuren, notiere, was auffällig ist und was zur Charakterisierung der Figuren beiträgt. Du kannst z. B. fragen und untersuchen:
   – Welche Wirkung hat Argans Verwendung von Schimpfwörtern? Warum bricht er seine Sätze plötzlich ab?
   – Was wird über die Beziehung zu Toinette dadurch ausgedrückt?
   – Welche Charakterzüge Argans lassen sich hier erkennen?

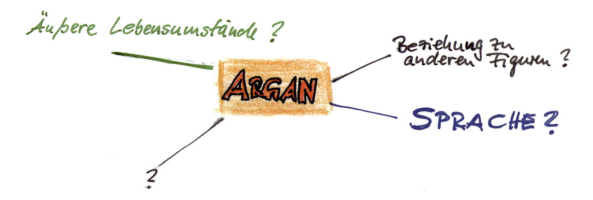

Grundwissen und Methode

Im **Drama** sind die Figuren ohne Vermittlung durch einen Erzähler Träger der Handlung. Durch ihre Beziehung zueinander (**Figurenkonstellation**), ihr Verhalten und ihre Auseinandersetzungen (**Interaktion**) entstehen **Konflikte**, die Spannung erzeugen. Den Zuschauern wird das **innere Geschehen** (Gedanken und Gefühle) im Gegensatz zum **äußeren Geschehen** durch **Sprache** (Dialoge, Monologe) und andere Ausdrucksformen der Körpersprache (z. B. Gestik, Mimik) vermittelt. Hierdurch erschließen sich den Zuschauern die **Motive des Handelns** und somit auch die **Charakterzüge** der Figuren.

6 **Ergebnisse zusammenfassen**
Fasst den bisherigen Stand eurer Untersuchung zusammen. Ihr könnt dazu
   – einander interviewen, indem ihr z. B. fragt: *Wie ist eigentlich Toinette zu beurteilen? Welche Charaktereigenschaften zeigen sich bereits jetzt?*,
   – eure Ergebnisse geordnet aufschreiben, damit ihr sie später, wenn ihr den Text des Dramas besser kennt, nutzen und ergänzen könnt,
   – zu jeder Figur – am besten arbeitsteilig in Gruppen – ein Poster anfertigen, das ihr nach und nach ergänzen könnt.

7 Probiert eine der vier Möglichkeiten der szenischen Darstellung (vgl. Aufgabe 3, S. 156 f.) erneut aus, denn nun habt ihr euch ein fundierteres Textverständnis erarbeitet. Wählt dazu einen kleineren Ausschnitt aus Text 2. Besprecht und vergleicht eure Darstellungen.

2. KONFLIKTREICH GEHT ES WEITER
Dramatisches in der Komödie

Text 3 **Das ist passiert: Zusammenfassung der folgenden Auftritte**

Erster Aufzug, dritter Auftritt:
Argan möchte seine Tochter Angélique in einer wichtigen Angelegenheit sprechen. Sie werden aber unterbrochen, da sich Argan um seine Krankheit bzw. Genesung kümmern muss.

Erster Aufzug, vierter Auftritt:
Angélique und Toinette befinden sich allein im Zimmer. Angélique hat vor ein paar Tagen einen jungen Mann kennengelernt, der ihr in einer unangenehmen Situation wie ein vollkommener Edelmann zur Seite gestanden hat. Hieraus entwickelt sich eine Beziehung zwischen den beiden. Verliebt schwärmt Angélique nun Toinette gegenüber in den höchsten Tönen von ihm. Dabei sucht sie aber auch Toinettes Zuspruch, denn sie darf das Haus nicht allein verlassen, sodass sich die beiden Verliebten nicht sehen können. Angéliques Hoffnung ist, dass ihr Geliebter sein Versprechen hält und um ihre Hand anhält, wie er es in einem Brief geschrieben hat. Toinette reagiert auf diese Ankündigung noch etwas skeptisch. Sie will erst wissen, ob der junge Mann sein Versprechen wirklich einlöst.

Molière: Der eingebildete Kranke, Illustration aus dem 18. Jh. zur 2. und 5. Szene des 1. Aktes. Der Titelheld Argan, seine Tochter Angélique und die streitbare Magd Toinette bilden Figurengruppen, die möglicherweise als Entwürfe für die Umsetzung in Kleinplastiken gedacht waren.

Text 4 **Ein Konflikt bahnt sich an**

Erster Aufzug, fünfter Auftritt:
Argan. Angélique. Toinette.
ARGAN *(lässt sich auf seinem Stuhl nieder):* Nun denn, meine Tochter, ich habe Euch etwas mitzuteilen, worauf Ihr vielleicht nicht gefasst seid: Man hat bei mir um Eure Hand angehalten. Was sehe ich? Ihr lacht. Ja, das ist etwas Angenehmes, dieses Wort Heirat; es gibt nichts Schöneres für die Ohren junger Mädchen. Oh Natur, Natur! Wie ich sehe, meine Tochter, brauche ich Euch kaum noch zu fragen, ob Ihr gern heiraten möchtet.
ANGÉLIQUE: Ich habe zu tun, was Ihr mir zu befehlen beliebt, mein Vater.
ARGAN: Ich bin sehr froh, dass ich eine so gehorsame Tochter habe. Die Sache ist also beschlossen und Ihr seid versprochen.

ANGÉLIQUE: Blindlings, mein Vater, will ich all Euren Wünschen folgen.
ARGAN: Meine Frau, Eure Stiefmutter, wollte gern, dass ich Euch in ein Kloster schicke und Eure kleine Schwester Louison dazu; die ganze Zeit hat sie mich damit verfolgt.
TOINETTE *(leise):* Die gute Frau hat ihre Gründe.
15 ARGAN: Sie wollte dieser Heirat nicht zustimmen, ich habe es aber durchgesetzt und mein Wort gegeben.
ANGÉLIQUE: Oh mein Vater, wie danke ich Euch für all Eure Güte.
TOINETTE *(zu Argan):* Weiß Gott, das rechne ich Euch hoch an; das ist die vernünftigste Tat Eures Lebens.
20 ARGAN: Ich habe den jungen Mann noch nicht gesehen, doch hat man mir gesagt, ich würde zufrieden sein und du auch.
ANGÉLIQUE: Ganz sicher, mein Vater.
ARGAN: Wie, hast du ihn gesehen?
ANGÉLIQUE: Da wir uns so einig sind, darf ich Euch mein Herz öffnen und ich will Euch
25 nicht verhelen, dass wir uns vor sechs Tagen zufällig kennengelernt haben und dass dieser Antrag die Folge unserer Zuneigung ist, die wir beide auf den ersten Blick zueinander gefasst haben.
ARGAN: Davon haben Sie mir nichts gesagt, doch freut es mich und es ist umso besser, wenn die Dinge so stehen. Man sagt, es sei ein großer, gut aussehender junger Mann.
30 ANGÉLIQUE: Ja, mein Vater.
ARGAN: Gut gewachsen.
ANGÉLIQUE: Ohne Zweifel.
ARGAN: Von gefälligem Wesen.
ANGÉLIQUE: Ganz sicher.
35 ARGAN: Eine angenehme Erscheinung.
ANGÉLIQUE: Sehr angenehm.
ARGAN: Klug und aus guter Familie.
ANGÉLIQUE: So ist es.
ARGAN: Von vornehmer Gesinnung.
40 ANGÉLIQUE: Der vornehmsten der Welt.
ARGAN: Spricht gut Lateinisch und Griechisch.
ANGÉLIQUE: Davon weiß ich nichts.
ARGAN: Und erhält in drei Tagen sein Diplom als Doktor der Medizin.
45 ANGÉLIQUE: Er, mein Vater?
ARGAN: Ja, hat er das nicht gesagt?
ANGÉLIQUE: Nein, wirklich nicht. Wer hat es euch denn gesagt?
ARGAN: Herr Purgon.
50 ANGÉLIQUE: Kennt ihn denn Herr Purgon?
[...]

1 Fasse den Text mit eigenen Worten zusammen und überlege vorher:
 – Welches Motiv hat Argan, seine Tochter zu verheiraten?
 – Wie reagiert Angélique darauf?

2 In welchem Verhältnis stehen Angèlique und ihr Vater zueinander? Welche Hinweise im Text (Textsignale) können deine Annahmen bestätigen?

Dramatische Texte erschließen

3 Meist stehen eine Auseinandersetzung zwischen zwei Figuren oder gegensätzliche Interessen im Mittelpunkt eines Dramas. Dadurch entsteht ein **Konflikt,** der Spannung erzeugt und die Handlung vorantreibt.
a Schreibe die jeweiligen Gedankengänge von Argan und Angélique während des Dialogs (Text 4) auf, um dir die innere Handlung der Figuren zu verdeutlichen. Welcher Konflikt wird deutlich?
b Warum könnte der Dialog zwischen Argan und Angélique trotz des erkennbaren Konflikts auf den Zuschauer komisch wirken?
c Welche weitere Konfliktsituation könnte sich abzeichnen? Überlege dazu: Was meint Toinette mit ihrer Bemerkung: *„Die gute Frau hat ihre Gründe."* (Z. 14)? Warum spricht sie es leise?

4 Formuliere auf der Grundlage deiner bisherigen Arbeitsergebnisse begründete Vermutungen zum weiteren Handlungsverlauf (Handlungsentwurf). Stütze dich auf Titel, Figurenregister und deine bisherige Textkenntnis. Begründe deine Vermutungen mit Textbelegen.

5 Die Spannung kann durch die Verschärfung des Konflikts weiter gesteigert werden. Führe den Dialog zwischen Angélique und Argan (Text 4) ein Stück weiter, sodass der Konflikt noch offenkundiger wird. Begründe dein Vorgehen.

6 Stell dir vor: Toinette hält einen Monolog nach dieser Szene (Text 4). Wie könnte sie die Situation bzw. den Konflikt zwischen Angélique und ihrem Vater beurteilen? Verfasse diesen Monolog, erläutere und begründe deine Ausgestaltung.

Text 5 **Erster Aufzug, 6. Auftritt**

Béline. Angélique. Toinette. Argan.

ARGAN: Oh meine liebe Gattin, kommt doch näher!
BÉLINE: Was ist Euch, mein armer Gatte?
ARGAN: Steht mir bei!
5 BÉLINE: Was gibt es denn nur, mein kleiner Schatz?
ARGAN: Mein Herzchen!
BÉLINE: Mein Liebchen!
ARGAN: Man hat mich so in Wut gebracht!
BÉLINE: Oh je! Mein armes Männchen! Wie konnte dies nur
10   geschehen, mein Liebchen?
ARGAN: Dieses Luder, Eure Toinette, ist unverschämter denn je geworden.
BÉLINE: So alteriert[1] Euch doch bitte nicht!
ARGAN: Sie hat mich zur Weißglut gebracht, mein Herzchen.
BÉLINE: Nur ruhig, mein Schätzchen.
15 ARGAN: Eine volle Stunde lang hat sie mir fortwährend widersprochen.
BÉLINE: Nun, nun, ganz ruhig!
ARGAN: Und sie hat die Frechheit gehabt, mir zu sagen, ich sei nicht krank.
BÉLINE: Das ist unverschämt. [...] He, Toinette!
20 TOINETTE: Gnädige Frau.
BÉLINE: Warum versetzt Sie denn meinen Gatten so in Zorn?
TOINETTE *(katzenfreundlich):* Ich, gnädige Frau? Oh je, ich weiß nicht, was Ihr damit sagen wollt. Ich bemühe mich doch nur, dem gnädigen Herrn jeglichen Gefallen zu tun.
25 ARGAN: Oh du Falsche, du!

TOINETTE: Er hat uns gesagt, dass er seine Tochter mit dem Sohn von Herrn Diafoirus verheiraten möchte. Darauf habe ich ihm zur Antwort gegeben, dass eine solche Partie durchaus von Vorteil für sie wäre, dass ich jedoch glaubte, er täte besser daran, sie in ein Kloster zu geben.

30 BÉLINE: Daran kann ich nichts Schlimmes finden; ich meine, dass sie Recht hat.

ARGAN: Oh Liebste, Ihr glaubt ihr! Das ist eine ganz niederträchtige Person! Hundert Unverschämtheiten hat sie mir ins Gesicht geworfen.

[...]

ARGAN (*lässt sich ganz außer Atem in seinen Sessel sinken*): Oh, oh, oh! Ich kann nicht 35 mehr.

BÉLINE: Warum sich so aufregen? Sie hat es doch gut gemeint.

ARGAN: Oh Liebste, Ihr habt ja keine Ahnung von der Bosheit dieser Spitzbübin. Oh, sie hat mich ganz krankgemacht und ich werde mehr als acht Arzneien und zwölf Klistiere[2] brauchen, um all dies wieder in Ordnung zu bringen.

40 BÉLINE: Nun, nun, mein Herzchen, beruhigt Euch ein wenig.

ARGAN: Liebes, Ihr seid mein einziger Trost.

BÉLINE: Mein armes Schätzchen!

ARGAN: So will ich versuchen, Euch Eure Liebe zu lohnen, mein Herz, und, wie ich es versprochen habe, mein Testament machen.

45 BÉLINE: Oh mein Freund, lasst uns nicht davon sprechen, ich bitte Euch. Diesen Gedanken könnte ich nicht ertragen und das bloße Wort Testament lässt mich vor Schmerz erzittern.

ARGAN: Ich hatte Euch gebeten, in dieser Angelegenheit mit Eurem Notar zu sprechen.

BÉLINE: Dort drinnen ist er; ich habe ihn bereits mitgebracht.

50 ARGAN: So lasst ihn doch eintreten, mein Liebchen.

BÉLINE: Oh Gott, mein Freund, wenn man seinen Mann sehr liebt, mag man nicht an derlei Dinge denken.

1) **alterieren** (franz.): sich aufregen
2) **Klistier** (griech.): Einlauf

7a Welche Konfliktsituationen werden angedeutet? In welchem Verhalten und in welchen Worten werden sie deutlich?

b Welche Absicht verfolgen die Figuren jeweils? Warum z. B. entlässt Béline Toinette nicht?

c „*Béline ist ein Wolf im Schafspelz!*" Nenne Gründe, die für oder gegen diese Behauptung sprechen.

8 Wodurch entsteht in Text 5 eine komische Wirkung beim Zuschauer? Untersuche dazu genauer:

a Was lässt die Figuren im Einzelnen komisch wirken? Wo entdeckst du z. B. krasse Widersprüchlichkeiten oder Übertreibungen?
Unterscheide dabei: Wirkt die Situation (**Situationskomik**), das Verhalten der Figuren (**Charakterkomik**) oder die Sprache bzw. das Sprechen der Figuren (**Wortkomik**) komisch? Nutze zur Beantwortung auch die Erläuterungen der folgenden Sachinformation.

b Wie empfindet Toinette die Situation? Sie könnte in dieser Szene – leise zum Zuschauer gewandt – ihre Sicht auch durch kurze Kommentare deutlich machen.
Schreibe an geeigneten Stellen des Dialogs zur Seite gesprochene kommentierende Bemerkungen Toinettes.

Dramatische Texte erschließen

> In der **Komödie** werden durch die dargestellten Figuren menschliche Schwächen und Unzulänglichkeiten, wie z. B. Eitelkeit, Geiz u. a. oft durch Übertreibung bloßgestellt und lächerlich gemacht (**Charakterkomik**), wobei der Zuschauer die Handlungen und die Motive der einzelnen Figuren durchschauen soll.
> Häufig geben die Figuren auf der Bühne untereinander die wahren Gründe ihres Handelns nicht zu erkennen, sodass Konflikte, Missverständnisse und Verwechslungen (**Situationskomik**) entstehen, die oft in heiterer Weise (Happy End) aufgelöst werden. Diese Komik kann auch in der Figurenrede durch Wortwitz, Missverstehen, besondere Sprechweise (**Wortkomik**) und durch das Aussehen der Figuren sowie ihre Körpersprache entstehen.

Grundwissen und Methode

9 Die ersten Szenen (Auftritte) bzw. der gesamte erste Akt (Aufzug) eines Dramas erfüllen meist die Funktion einer **Exposition**.
a Erläutere anhand der folgenden Sachinformation und mithilfe von Textbeispielen diesen Fachbegriff.
b Stelle anhand der Texte 1–5 deine Arbeitsergebnisse zur charakterisierenden Kennzeichnung der **Figuren** in einer Tabelle zusammen.
Nutze dazu auch deine Ergebnisse aus den Aufgaben 5 und 6 (S. 158).

> Der erste Akt (Aufzug) eines Dramas erfüllt meist die Funktion einer **Exposition** (lat. Darlegung). Die Exposition stellt die **Hauptfiguren** (Protagonisten) vor und führt in den **zentralen Konflikt** ein. Dabei können auch Informationen zur Vorgeschichte oder zu Beziehungen der Figuren untereinander gegeben werden.

Grundwissen und Methode

Figur	Lebens-umstände	Verhalten	Motive	Charakter-eigenschaften
Argan	*	– nimmt vor allem seine Krankheit wichtig – *	– will Aufmerksamkeit erregen – wünscht einen Arzt in der Familie	– * – egoistisch
Béline	*	*	*	*
Angélique	*	*	*	*
Toinette	*	*	*	*

10a Beschreibe nun zusammenfassend, welcher **zentrale Konflikt** sich anzubahnen scheint. Begründe deine Einschätzung mit den Texten 1–5.
b Welche Fragen zum Handlungsverlauf und zur Entwicklung und Lösung des Konflikts bleiben noch offen?
Gehe dabei zuerst von der Hauptfigur Argan aus, um die sich alles dreht (s. S. 164).

Dramatisches in der Komödie

11 Alles nur Theater!
Im weiteren Handlungsverlauf will Toinette Argan die Augen über seine Familie öffnen. Sie schlägt ihm daher vor, sich tot zu stellen und zu beobachten, wie die einzelnen Mitglieder der Familie auf seinen Tod reagieren.

a Ihr kennt bereits die Beteiligten: Gestaltet diese Szene – am besten in Gruppen. Ihr könnt so vorgehen: Zuerst spielt ihr diese Situation ohne schriftliche Vorgaben.
Überlegt vorher:
– Wie reagieren Béline bzw. Angélique auf Argans „Tod"?
– Welche Rolle könnte Toinette spielen?
– Welche Reaktion zeigt Argan im Nachhinein auf das jeweilige Verhalten?

b Besprecht nach dem Spiel, was schon gut gelungen ist, und schreibt die Szene(n) nun vollständig auf. Denkt dabei an
– die Eigenart und Sprechweise der beteiligten Figuren,
– die komischen, belustigenden Wirkungen einer Komödie,
– Regieanweisungen zur Stützung der angestrebten Wirkung.

c Spielt die Szene(n) vor. Besonders eindrucksvoll wirkt die Vorführung, wenn die Spieler ihren Text auswendig sprechen. Vielleicht könnt ihr euer Spiel sogar mit einer Videokamera aufnehmen – das erleichtert die anschließende Besprechung.

12 Wie stellt ihr euch die restliche Handlung vor? Wie könnte der Konflikt zu einer Lösung geführt werden, der zu einer Komödie passt?

a Am besten setzt ihr euch in Gruppen zusammen und entwerft ein mögliches Handlungsgerüst. Überlegt dabei auch:
– Ändert sich durch die Verstellungsszene grundsätzlich etwas am Verhalten Argans?
– Welche Probleme bleiben weiterhin ungelöst?

b Vergleicht eure Ergebnisse und messt sie daran, ob sie zum bisherigen Handlungsverlauf, zur Eigenart der Figuren und zu Titel und Textart (Komödie) passen.

c Natürlich könnt ihr die Komödie auch ganz lesen oder euch in einem Kurzreferat über den Inhalt informieren lassen. Dann könnt ihr eure Handlungsideen mit den Ideen Molières vergleichen.

13a „Der eingebildete Kranke" – gibt es solche Menschen, Probleme und Konflikte eigentlich heute auch noch? Diskutiert die Frage und sucht Gründe und Beispiele, die eure Position stützen.
  b Ihr könnt – probeweise – auch die Verstellungsszene (Aufgabe 11) in die heutige Zeit versetzen. Welche Änderungen müsst oder könnt ihr vornehmen?
  c Vielleicht fallen euch auch ganz andere Situationen zum Thema *Alles nur Theater* ein, die ihr zu kleinen Szenen ausgestaltet, z. B.: Ihr stellt euch krank oder „cool". Was könnte diese Szenen komisch werden lassen?

Das hast du in diesem Kapitel gelernt:

- **Erschließungstechniken für dramatische Texte:**
  Ort, Zeit, Situation/Handlung, Titel, Figurenkonstellation, Interaktion der Figuren, inneres/äußeres Geschehen, Sprache, Charaktere, Motive des Handelns, Konflikt
- Merkmale der Komödie bzw. des Komischen: Situations-, Wort- und Charakterkomik
- Exposition als Einführung in einen dramatischen Text
- Textsignale folgerichtig weiterdenken, z. B. in Szenengestaltung oder Handlungsentwurf
- Möglichkeiten des szenischen Interpretierens: Leseprobe, Helfer-Ich, Regieanweisung, Figurenvorstellung
- eine Szene ergänzen, verändern
- eine Szene entwickeln und szenisch darstellen
- Formen der **Körpersprache** (z. B. Gestik, Mimik, Gang, Haltung) einsetzen

Ideen und Projekte

- Wenn ihr Spaß am Theaterspielen habt, könnt ihr einen Spieltext szenisch interpretieren und anschließend eine **Aufführung planen und gestalten**. Natürlich könnt ihr auch selbst Szenen – z. B. aus dem Alltagsleben – erfinden und aufführen. Dabei wäre auch eine Zusammenarbeit mit der Theater-AG denkbar!
- Ihr könnt auch einen **Theaterbesuch** planen und schauen, wie die Profis arbeiten. Dazu solltet ihr euch gut auf die Vorführung vorbereiten und selbst Ideen zur Aufführung des gewählten Theaterstücks entwickeln, damit ihr die Gestaltung im Theater mit eigenen Vorstellungen vergleichen könnt.
- Viele Theater haben einen eigenen Theaterpädagogen, den ihr einladen könnt und der z. B. in einem **Workshop** eure Fähigkeiten zum szenischen Darstellen vertiefen kann.
- Vielleicht habt ihr die Möglichkeit, an einer **Theaterprobe** teilzunehmen und ein Gespräch mit Schauspielern zu führen – über das Stück, über ihre Arbeit, über ihren Beruf.

Erweitern · Vertiefen · Anwenden

EIN KURZDRAMA SPIELEN UND SCHREIBEN

Ein Kurzdrama spielen

Text 1 **Mutter lernt Englisch – ein Drama**   Elke Heidenreich

Mutter sitzt am Tisch vor einem Buch, liest sehr gedehnt vor. Die Tochter im Sessel, Füße auf dem Tisch, […].
MUTTER: Sag, wenn was falsch ist, ich muss ja üben. Oooohh – Henry … what are you do-ing? *Sie sieht hoch.*
5 TOCHTER *(schüttelt den Kopf)*: Es heißt du-ing.
MUTTER *(schiebt ihr das Buch hin):* Nein. Es schreibt sich mit o.
TOCHTER: Trotzdem. Man sagt du-ing.
MUTTER: Ach. Und warum schreiben sie es mit o, wenn sie u meinen?
TOCHTER: Weiß ich nicht, ist aber so.
10 MUTTER: Hm. Na gut. Oooo – Henry … what are you du-ing. Richtig?
TOCHTER: Richtig. Weiter.
MUTTER: Ooooh – Elizabeth … where are you … *(Pause.)* Where are you … gu-ing?
TOCHTER: Jetzt heißt es go-ing.
Die Mutter sieht sie lange an, klappt das Buch zu, steht auf.
15 MUTTER: Wenn man dich schon mal um was bittet. Nur blöde Antworten.

1a Gefällt dir diese Szene? Begründe.
 b Kann man die Szene schon als *Drama* bezeichnen? Was spricht dafür, was dagegen? Bedenke auch die Mehrdeutigkeit des Wortes *Drama*.

2a Charakterisiere die beiden Figuren:
   – Wie reden sie, wie **verhalten** sie sich? Was verrät die Schlusspointe über die Mutter?
   – Welche **Motive** könnten die Figuren jeweils für ihr Verhalten haben?
   – Wie stellst du dir ihr Äußeres vor?
 b Beschreibe das Verhältnis zwischen Mutter und Tochter, ihren Umgang miteinander.

3 Mit welchen Mitteln erzeugt Elke Heidenreich Komik?

4 Überlegt euch, wie das Kurzdrama besonders wirkungsvoll aufgeführt werden kann:
   – Wer besetzt die Rollen?
   – Wie wird die Bühne gestaltet?
   – Welche Requisiten werden benötigt? Welche Kostüme?
   – Wie muss der Text gesprochen werden?
   – Wie werden die Regieanweisungen umgesetzt? Gestik? Mimik? Körperbewegungen?

5 Spielt das Kurzdrama und vergleicht eure Aufführungen.

Ein Kurzdrama schreiben und spielen

6 Gestaltet selbst solche Kurzdramen. Wählt je nach erforderlicher Zahl der Schauspieler unter den folgenden Zeitungsmeldungen eine aus, die ihr zu einem Kurzdrama umschreibt und vorspielt.
Ihr könnt euch aus einer Zeitung auch einen anderen Kurztext auswählen, der sich für ein komisches Kurzdrama eignet.

Dramatische Texte erschließen

Text 2 — **106-Jährige will nicht zur Schule**

Neustadt – Ingeborg Theumen, 106 Jahre alt, wunderte sich nicht schlecht, als sie per Post zum Besuch der ersten Schulklasse aufgefordert wurde. Die am 24. April 1897 geborene Frau hatte wie alle im Jahr „97" geborenen Kinder einen Bescheid über den Beginn der Schulpflicht erhalten. Als sie die ersten Tage nicht zum Unterricht erschien, wurde sie von einem Polizeibeamten aufgesucht, der erst nach einem längeren Gespräch mit der alten Dame den Irrtum bemerkte.

Text 3 — **Nach Ehestreit im Klappbett**

Münster – Ungewöhnlicher Ausgang eines heftigen Ehestreits. Nach einer Auseinandersetzung schubste eine 33-Jährige ihren zwei Jahre älteren Ehemann auf ein Klappbett, dessen Mechanismus sich löste und den verdutzten Gatten zwei Stunden lang im Bettschrank einklemmte. Auf sein lautstarkes Protestieren hin alarmierte die Nachbarin die Polizei. Als die Beamten eintrafen, versuchte das Ehepaar zunächst mit allerlei Ausreden die Ursache des Unfalls zu vertuschen, bis die Wahrheit ans Licht kam. Erst nach vereinter Anstrengung von Polizei, Ehefrau und Nachbarin konnte der Unglückliche aus seiner Zwangslage befreit werden.

Text 4 — **Dreiste Völlerei mit Lebkuchen**

Baden – Der Detektiv eines Lebensmittelladens in der Innenstadt hat am Samstagmittag einen Mann erwischt, der sich mit Weihnachtsgebäck satt gegessen hatte, ohne zu bezahlen. Über eine Stunde lang schob der Täter – ein 46-Jähriger – seinen Einkaufswagen durch das Geschäft und futterte genüsslich Lebkuchenherzen aus der Auslage. Nachdem er drei Tüten geleert hatte, wollte er gehen. Als ihn der Detektiv stellte, erklärte er wortreich, als Tester für Weihnachtslebkuchen an einer wichtigen Studie zu arbeiten. Wie sich beim Eintreffen der Polizei herausstellte, hatte er nur 26 Cent dabei.

7 Benutzt die Zeitungsartikel als Ausgangspunkt für ein witziges Kurzdrama. Ihr dürft natürlich auch von der Vorlage abweichen oder könnt zum Beispiel Einzelheiten hinzufügen.

a Gestaltet eine kurze Szene, die etwas Typisches zeigt und vielleicht auch mit einer Pointe endet.
- Welche Figuren werden benötigt? Welche Charaktereigenschaften kann man bereits ableiten?
- Achtet auf die äußere Form: Namen der Sprecher untereinander, Dialog ohne Erzähler oder Sprecher, Regieanweisungen (Räumlichkeit, Äußeres der Figuren, Sprechweise, Gestik und Mimik, Körperhaltungen).

b Orientiert euch beim Dialogisieren an dem *Drama* von Elke Heidenreich.

c Probt euren Text, lernt die Rollen und spielt eure Kurzdramen vor: Besonders reizvoll ist es, wenn ihr die Spielvorlagen anderer Gruppen umsetzt.
Prüft gemeinsam:
- Stimmt die Position der Figuren auf der Bühne? Passen Gestik und Mimik?
- An welchen Stellen kann der Dialog verbessert werden?
- Welche Regieanweisungen müssten aussagekräftiger sein?

d Vergleicht die unterschiedlichen Bearbeitungen des gleichen Zeitungstextes.

8 Vielleicht reizt es euch, die überarbeiteten Kurzdramen einzuscannen oder abzutippen und ein Klassen-Lesebuch mit euren Texten zu gestalten. Die besten Stücke könnt ihr natürlich auch bei einer Schulveranstaltung (Schulfest, Elternabend) vorführen.

SEPP SCHWÄTZT, HINNERK SCHNACKT

Sprache wandelt sich, Moden und Geschmäcker ändern sich: Ein Beispiel dafür sind die verschiedenen Vornamen, die im Laufe des letzten Jahrhunderts modern waren.
Aus Kirchenbüchern und Standesämtern hat man die folgende Liste zusammengestellt, für die dreißiger Jahre des letzten Jahrhunderts hat diese Statistik allerdings nicht nach männlichen und weiblichen Vornamen unterschieden:

1890
1 Martha	1 Karl
2 Anna	2 Wilhelm
3 Frieda	3 Otto
4 Berta	4 Heinrich
5 Marie	5 Paul
6 Emma	6 Gustav
7 Maria	7 Hans
8 Erna	8 Friedrich
9 Margarete	9 Max
10 Elsa/Else	10 Ernst
11 Johanna	11 Johannes
12 Gertrud	12 Emil

1934
1 Horst
2 Günter
3 Ingrid
4 Ursula
5 Helga
6 Gisela
7 Werner
8 Klaus
9 Christa
10 Inge
11 Gerhard

2002
1 Lea	1 Leon
2 Nele	2 Lukas
3 Julia	3 Julian
4 Lena	4 Moritz
5 Leonie	5 Tim
6 Marie	6 Jonas
7 Alina	7 Niklas
8 Lilly	8 Fabian
9 Emily	9 Felix
10 Hanna	10 Jannick

Untersuche die Namenslisten:
Sind euch all diese Namen noch geläufig?
Kommen einige der Namen auch in eurer Familie oder Klasse vor?
Welche Namen waren (vielleicht in abgewandelter Form) immer beliebt?

Vielleicht wisst ihr bei einigen Namen, woher sie stammen und was sie bedeuten.
Tauscht eure Kenntnisse aus.

Probiert eine Aufteilung der Namen nach Herkunft: Welche Namen haben vermutlich eine germanische Herkunft, welche eine biblische? Welche stammen aus anderen Sprachen?
Überprüft eure Vermutungen: Jeder wählt einige Namen aus und schlägt in einem Namenlexikon nach oder recherchiert im Internet.

Kennt ihr Bedeutung und Herkunft eures eigenen Namens? Wenn nicht, erkundigt euch und berichtet den anderen von euren Ergebnissen.

Sprachgeschichte und Mundarten

Unsere Schrift hat auch eine lange Geschichte. Die Runen auf den Goldhörnern von Gallehus (Jütland, etwa 400 n. Chr.) zeigen dir ein Beispiel. Was scheint auf den ersten Blick anders zu sein als bei unseren heutigen Schriftzeichen?

Sprechen heißt nicht immer *sprechen*: Sieh dir die Karte genau an und formuliere, was sie aussagt.

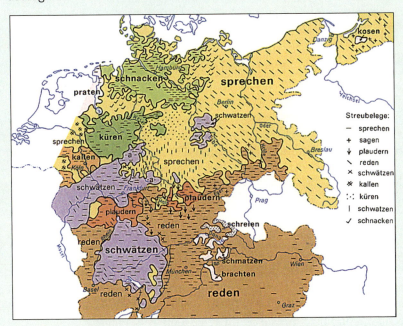

Die Bezeichnungen für „sprechen" in den Mundarten des ehemaligen deutschen Sprachgebiets

„Der Dialekt verhält sich zur Sprache wie das Herz zum Verstand. Vielleicht ist das der Grund, warum viele Menschen in besonders schönen oder dramatischen Augenblicken auf einmal nicht mehr hochdeutsch reden." *Fitzgerald Kusz*

Geht es euch auch so? Tauscht eure Erfahrungen aus.

Verschaffe dir einen Überblick: Auf diesen beiden Seiten sind verschiedene Aspekte der Entwicklung und Geschichte der Sprache angedeutet. Um welche handelt es sich?

Die Wurzeln unserer Sprache

1. FRÜHER SPRACH MAN ANDERS
Die Wurzeln unserer Sprache

1.1 Woher kommen unsere Namen?

Text 1 **Aus dem Vorwort eines Vornamenlexikons**

Welchen Namen hätten Sie denn gern? Ist es für Sie wichtig, wie gut der Name klingt? Soll der Vorname möglichst ungewöhnlich sein? Möchten Sie wissen, welchen Ursprung und welche Bedeutung der Name Ihres zukünftigen Kindes hat?

Viele unserer Vornamen sind biblischen bzw. christlichen Ursprungs, wie z. B.
5 Daniel, David oder Lukas. Allerdings sind auch die biblischen Namen dem Wandel der Mode unterworfen: Josef und Jeremias sind längst nicht mehr so beliebt wie Jonas oder Benjamin. Auch die Mädchen heißen heute nicht mehr so häufig Elisabeth und Magdalena, sondern eher Marie, Sarah und Anna.

10 Die Tradition der germanischen Namen wie Hans, Herrmann und Hedwig, Günter und Gertrud war nie völlig unterbrochen. Seit Kurzem erleben germanische Namen wie Emma und Friedrich eine echte Renaissance.

Einer der beliebtesten Mädchennamen unserer Zeit, Julia,
15 entstammt der römisch-lateinischen Tradition, die auch bei den Jungennamen eine große Rolle spielt. In dem Namen Felix (der Glückliche) ist ein schöner Wunsch der Eltern für ihr Kind versteckt, vielleicht gilt Ähnliches auch für den Namen Clemens (der Milde). Die Sehnsucht
20 der Eltern nach anderen Ländern und Kulturen zeigt sich häufig in skandinavischen Namen wie Nils und Lars, in französischen wie Michel, Marcel und Chantal, in englischen/amerikanischen wie Tim und Mandy. Untersucht man die Bedeutung und Herkunft dieser internationalen Namen, so
25 wird man jedoch feststellen, dass man hier auf ähnliche Wurzeln stößt wie bei den oben genannten Namen. So stammt Lars z. B. von Laurentius ab, einem römischen Märtyrer.

Möchten Sie jenseits dieser Wurzeln nach Namen suchen, so können Sie auf andere Kulturen, z. B. auf die arabische Kultur (Fahra und Samira),
30 zurückgreifen.

Die Suche nach Namen in verschiedenen Kulturen ist spannend und gibt Ihnen einen Einblick in die vielen Wünsche und Vorstellungen, die mit der Namensgebung eines Kindes verbunden sind. Am Ende steht dann hoffentlich für Sie und Ihr Kind ein schöner, passender Vorname.

1a Welche verschiedenen Wurzeln unserer Namen nennt der Artikel?
Gestaltet ein **Wandplakat**: Übertragt die Grafik auf kartoniertes Papier, indem ihr die Wurzeln benennt und einige passende Beispielnamen ergänzt.
Ordnet weitere Vornamen aus eurer Klasse ein. Bei welchen habt ihr Schwierigkeiten? Notiert diese zunächst auf einem Extrablatt.

2 Erforsche die Namengebung in deiner Familie:
 – Warum hast du deinen Vornamen bekommen? Wie heißen deine Familienmitglieder, z. B. Eltern, Großeltern oder Geschwister?
 – Gibt es in deiner Familie Traditionen bei der Namensgebung? Falls ja, welche?

Text 2 **Aus einem Vornamenlexikon**

Konrad, (auch:) Conrad: alter deutscher männl. Vorn. (ahd.[1] *kuoni* „kühn, tapfer" + ahd. *rāt* „Rat, Beratung, Ratgeber", etwa „kühn in der Beratung"). Konrad war im Mittelalter einer der beliebtesten deutschen Vornamen. Die einstige Volkstümlichkeit des Namens lässt sich noch an der Formel *Hinz und Kunz* (Kurzformen von Heinrich und Konrad) =
5 „jedermann" erkennen. Zu seinem Fortbestehen in der deutschen Namengebung bis heute haben gleichnamige Heilige beigetragen: der heilige Konrad, Bischof von Konstanz (10. Jh.); Namenstag: 26. November [...]. Bekannte Namensträger: Konrad II., deutscher Kaiser (10./11. Jh.); Konrad von Würzburg, mittelhochdeutscher Dichter (13. Jh.); Konrad Witz, deutscher Maler (15. Jh.); Konrad Duden, Verfasser des „Orthographischen Wörter-
10 buchs" (19./20. Jh.); Konrad Adenauer, deutscher Politiker (19./20. Jh.); Konrad Lorenz, österreichischer Verhaltensforscher (20. Jh.); [...].

1) ahd. : althochdeutsch

3a Welche Informationen über einen Vornamen gibt dir dieser Textauszug aus einem Vornamenlexikon? Teile den Text in Abschnitte und formuliere die Frage, auf die jeder Abschnitt eine Antwort gibt.

b Übe die Arbeit mit einem Vornamenlexikon:
 – Wähle dir aus den Hitlisten auf S. 168 fünf Namen aus und schlage Bedeutung und Herkunft nach.
 – Ergänze danach die Grafik aus Aufgabe 1a, S. 170, in deinem Heft.
 – Zusätzlich kannst du die Vornamen nachschlagen, deren Bedeutung und Herkunft dir in Aufgabe 1b, S. 170, noch unklar waren.
Ergänze danach die Grafik in deinem Heft, falls du noch zusätzliche Wurzeln gefunden haben solltest.

4 Stell dir vor, du sollst einem Kind einen Namen aussuchen:
a Welche Kriterien bei der Namenswahl wären dir wichtig? Begründe deine Antworten. Ziehe zur Beantwortung dieser Fragen auch die Aussagen aus den Texten 1 und 3 heran.
b Würdest du zur Wahl eines Namens auch in einem Namenlexikon nachschlagen? Warum oder warum nicht?

Text 3 Antworten verschiedener Mütter auf die Frage: „Nach welchen Gesichtspunkten haben Sie die Vornamen ihrer Kinder ausgesucht?"

A) Der Name sollte schön klingen und auch im Ausland auszusprechen sein, also heißt unsere Tochter Julia.

B) Meine Kinder heißen Paul und Sophie, nach ihren Urgroßeltern.

C) Mein Sohn heißt Paulinus, denn wir wollten gern einen Namen haben, der selten ist, aber nicht zu albern und ausgefallen.

Die Wurzeln unserer Sprache

Text 4 **Die Bedeutung germanischer Vornamen**

Friedrich, Wilhelm, Heidrun und Hildegard – das sind germanische Namen. Wie sind diese Namen entstanden?
Die Vornamen germanischer Herkunft sind häufig aus zwei Wörtern zusammengesetzt und sollten ursprünglich auf herausragende Eigenschaften und Vorzüge des Trägers hinweisen. Theoderich (diotirîche) z. B. besteht aus den Wortbestandteilen *ein Mann im Volk* und *mächtig*.
Häufige Wortbestandteile sind außerdem: adal = edel; bert = glänzend; brant = Schwert[1]; er(a) = Ehre; fried = Schutz, Friede; hard = stark; hlut, mari = berühmt; wig, gund, gang, hadu, hiltia = Kampf; heri = Heer; traud, trut = vertraut, lieb.
Aus der Kombination dieser und anderer Wortbestandteile sind eine Vielzahl germanischer Namen entstanden.

1) **brant**: Schwert, das wie „Feuer" in der Sonne blitzt

5a Welche der germanischen Namensbestandteile aus Text 4 sind dir bekannt? Mit welchen kannst du vom Wortklang her eine Bedeutung verbinden?
 b Erkläre mithilfe von Text 4 folgende Vornamen: *Dietrich, Dietmar, Diether, Diethard, Erhard, Erich, Gundbert, Heribert, Herwig, Hildebert, Hildetraut, Hadubrand, Edeltraut, Gunda.*
 c Untersuche:
   – Welche Lebensbereiche scheinen bei germanischen Namen im Vordergrund zu stehen?
   – Welche Rückschlüsse auf die vorherrschende Gedankenwelt bei den Germanen lassen sich daraus ziehen?
 d Die meisten germanischen Vornamen sind in der Zeit vom 1.–6. Jahrhundert n. Chr. entstanden. Schlage in einem Geschichtsbuch nach, was in dieser Zeit in Mitteleuropa geschah. Welche historischen Hintergründe kann es für die Gedankenwelt der Germanen geben?

6 Eine Zeitreise: Stell dir vor, du bist auf einer Zeitreise durch die Jahrhunderte zu einer germanischen Sippe gestoßen. Die Sippe nimmt dich freundlich auf und bittet dich, dir einen germanischen Namen zuzulegen. Welchen würdest du auswählen?
Begründe deine Auswahl in einem kurzen Text. Hilfestellung findest du in Text 4, aber natürlich auch in jedem Namenlexikon.

Sprachgeschichte und Mundarten

1.2 Eine große Sprachfamilie – indoeuropäisch

Text 5 **Gibt es eine europäische Ursprache?**

Woher kommt unsere Sprache? Wie hat sie sich zu der heutigen Sprache entwickelt? Mit dieser Frage haben sich Sprachwissenschaftler (Linguisten) schon lange beschäftigt. Bei der Erforschung der Herkunft unserer deutschen Sprache verwenden die Sprachwissenschaftler verschiedene Methoden. Eine davon ist, Wörter mit der gleichen Bedeutung in verschiedenen Sprachen zu vergleichen. In der folgenden Karte findest du das Wort *Mutter* in verschiedenen Sprachen eingetragen.

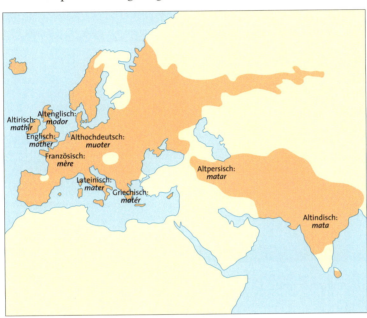

1 Lies die eingetragenen Wörter laut vor, schreibe sie ab und unterstreiche die unterschiedlichen Vokale. Welche Unterschiede bzw. Gemeinsamkeiten stellst du fest? Trage sie in eine Tabelle ein und formuliere in einem Satz eine Zusammenfassung deiner Beobachtungen.

Die indoeuropäische Sprachfamilie

Sprachen, die sich historisch auf eine Grund- bzw. Ursprache, aus der sie sich entwickelt haben, zurückführen lassen, bilden eine Sprachfamilie.
Das Lateinische und das Germanische z. B. gehören zu derselben Sprachfamilie. Man nimmt an, dass die Urform dieser Sprachfamilie vor etwa 6000 Jahren von einem Volk im Mündungsgebiet der Donau und nördlich des Schwarzen Meeres gesprochen wurde. Natürlich gibt es von der Sprache dieser vorschriftlichen Zeit keinerlei schriftliche Belege; vielmehr wurde aus auffälligen Übereinstimmungen noch lebender und z. T. auch bereits ausgestorbener Sprachen auf eine gemeinsame Sprache und ein Volk als Ursprung geschlossen. Von ihrem Ursprungsgebiet aus hatte sie sich im 1. Jahrtausend v. Chr. zu Sprachen wie Keltisch, Germanisch, Illyrisch, Armenisch, Altpersisch und Griechisch weiterentwickelt. Alle Sprachen, die sich aus der Ursprache entwickelt haben, fasst man unter dem Oberbegriff **indoeuropäische Sprachfamilie** zusammen, innerhalb derer die romanischen Sprachen eine eigene Gruppe bilden. Zu ihr zählen alle Sprachen, die unmittelbar von der lateinischen Sprache abstammen, wie z. B. Französisch und Italienisch.

Grundwissen und Methode

2 Nutze die Informationen aus Text 5 (einschließlich Karte) und aus der Sachinformation:
- Erkläre den Begriff „indoeuropäisch".
- Die finnische und die ungarische Sprache sind für uns als Touristen schwer erlernbar. Versuche, dieses Phänomen zu erklären.
- Fremdsprachenlehrerinnen und -lehrer machen häufig die Erfahrung, dass Schüler, die das Lateinische beherrschen, leichter Französisch lernen können. Welches Argument könnten sie hierfür anbringen?

Runen: Aus der Überlieferung der germanischen Sprache

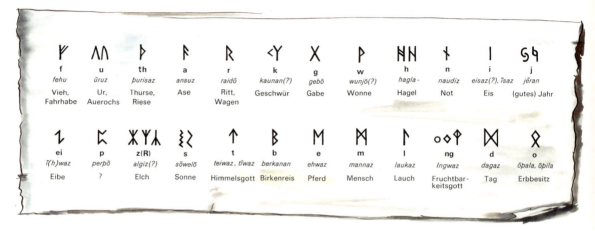

Text 6 Die Runenreihe – die geheimnisvolle Schrift der Orakel und Weissagungen

> Die Germanen hatten im 3. Jahrhundert v. Chr. schon eigene Schriftzeichen, so genannte **Runen** (ahd. *runa* = Geheimnis). Der römische Geschichtsschreiber Tacitus (etwa 55–117 n. Chr.) berichtet über die Verwendung von Runen in seinem Werk *Germania*:

„Auf Vorzeichen und Losorakel legen die Germanen wie kaum ein anderes Volk Wert. Das herkömmliche Verfahren beim Losen ist einfach. Sie zerschneiden den dünnen Zweig eines Frucht tragenden Baumes in kleine Stücke, machen diese durch gewisse Zeichen kenntlich und streuen sie dann über ein weißes Laken hin, ganz aufs Geratewohl
5 und wie es der Zufall fügt. Danach betet bei einer Befragung in einer allgemeinen Angelegenheit der Priester des Stammes und bei einer Befragung in einer privaten Angelegenheit der Hausvater zu den Göttern, hebt, den Blick zum Himmel gerichtet, drei Zweigstücke nacheinander auf und deutet sie nach den vorher eingeritzten Zeichen. Lautet der Bescheid ungünstig, so findet am gleichen Tag keine zweite Befragung über den
10 Gegenstand statt; lautet er jedoch günstig, so muss er noch durch Vorzeichen bestätigt werden."

Aus der Tradition des Runenritzens stammt auch das heutige Wort „Buchstabe". Das Ritzen ist Bestandteil des magischen Runenritus. Tacitus beschrieb, wie bereits oben zitiert, dass einzelne Runen auf Buchenholzstäbchen geritzt und nach dem Werfen und Aufle-
15 sen interpretiert werden.

Die Runen sind ursprünglich aus Bildsymbolen entstanden, ihre endgültige Anordnung erhielten sie im Zusammenhang mit etruskischen Schriftsymbolen. Runen wurden ursprünglich in Stein gemeißelt, in Holz oder Metall geritzt. Ihre geradlinigen Formen ergaben sich also auch aus praktischen Gründen.

Sprachgeschichte und Mundarten

3a Betrachte die Abbildung des Runenalphabets *Futhark* (S. 174) genau: Welchen Zusammenhang zwischen der Form der Runenzeichen und der Schreibtechnik kannst du erkennen?
b Welche Zeichen oder Wörter sind dir aus unserer heutigen Schriftsprache bekannt?
c Unsere Wörter *Buchstabe*, *lesen* und engl. *write* deuten auf die Beschaffenheit und Verwendungsweise der Runen hin. Was kannst du dazu aus Text 6 entnehmen?

Text 7 **Die Goldhörner von Gallehus**

Gelegentlich wurden Runen auch für Inschriften verwendet, wie z.B. auf den Goldhörnern von Gallehus (Dänemark, etwa 400 n. Chr.). Die Figuren deutet man als Darstellungen der Göttersage der Wikingerzeit. Die Runenschrift sieht in deutlicher Wiedergabe so aus:

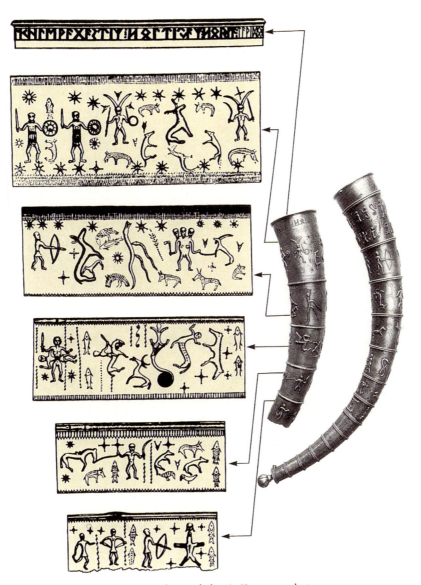

1) übersetzt: „Ich, Hlewagistir Holtingar, habe ein Horn gemacht."

1.3 Was ist nur aus dem Weib geworden? – Bedeutungswandel

Text 8 Nicht nur die Aussprache und die Verwendung von Wörtern haben sich verändert, sondern auch die Bedeutung. So muss zum Beispiel jemand, der heute eine Frau mit *Weib* anspricht, riskieren, dass die Angesprochene leicht beleidigt reagiert. Der folgende Ausschnitt aus einem Lexikon der Wortgeschichte erläutert, warum:

Weib, das: mhd. *wîp*, ahd. *wîb*. Die weitere Herkunft ist unsicher, ist vielleicht mit der *sich hin und her bewegenden Hausfrau* verwandt und mit *Weide* (vgl. ahd. *weibon* = „*sich und her bewegen*") oder eigentlich *verhüllte Braut*.
Im Mittelalter wurde mit *wîp* die Frau im Allgemeinen bezeichnet, im heutigen Sprach-
5 gebrauch hingegen wird *Weib* häufig scherzhaft gebraucht („Wein, Weib und Gesang") oder auch verächtlich wie: *Klatschweib, Waschweib, Weibsleute* oder *weibisch* (Adj.). In einigen Teilen Süddeutschlands steht *Weib* auch für *Ehefrau* (vgl. engl. *wife*).

1 *Weib* hat einen Bedeutungswandel erfahren. Erläutere diese Aussage mithilfe von Text 8 und der folgenden Sachinformation.

Grundwissen und Methode

Man unterscheidet beim **Bedeutungswandel** zwei verschiedene Möglichkeiten:
1. Die Bedeutung eines Wortes kann sich erweitern oder verengen (**Bedeutungserweiterung** oder **Bedeutungsverengung**), z. B.:
   Erweiterung: Mit *Frau* war im Mittelalter nur die adelige Frau gemeint.
   Verengung: Mit *Maere* meinte man im Mittelalter eine erzählende Dichtung, heute bezeichnet das *Märchen* nur Geschichten mit bestimmten Merkmalen.
2. Die Bedeutung kann sich verbessern (**Aufwertung**) oder verschlechtern (**Abwertung**), z. B.:
   Aufwertung: Der *Marschall* war im Mittelhochdeutschen die Bezeichnung für einen Pferdeknecht, heute versteht man darunter einen Offizier im Generalsrang.
   Abwertung: Im Mittelhochdeutschen bedeutet *sleht* so viel wie *einfach* oder *schlicht*; *schlecht* hat heute eine negative Bedeutung.

2a Untersucht mithilfe eines Wörterbuches zur Wortgeschichte, also eines etymologischen Wörterbuches, und der in der Sachinformation erläuterten Kategorien zum Bedeutungswandel folgende Wörter: *Ehre, Zweck, List, Hochmut*.
 b Fasst eure Ergebnisse zusammen: Welche Gründe gibt es für den Bedeutungswandel eines Wortes?

2. SOAFA, SÄÄF UND DER OACHKATZLSCHWOAF
Mundarten

2.1 Bairisch und andere Dialekte

Text 9 **oa Oa, oa Oar – ein Ei**
Sammy El-Samahi bringt Preußen und Münchnern Bairisch bei

Dass Bayern und Preußen aufgrund des Dialekts einander nicht immer verstehen, ist ja nichts Neues. Aber auch wenn ein Ober- und ein Niederbayer sich 5 unterhalten, kann es Kommunikationsprobleme geben. So hat das zumindest Markus A. aus dem niederbayerischen Simbach erlebt. „In Lenggries wollte ich

Sprachgeschichte und Mundarten

‚oa Oa' (ein Ei, Red.) kaufen, aber man hat mich nicht verstanden", erzählt der 26-jährige Lokomotivführer zur allgemeinen Erheiterung. Allwöchentlich sitzt er jeden Dienstagabend mit fünf Zugezogenen und zwei waschechten Münchnerinnen in der Schwabinger Seidlvilla, um bei einem Volkshochschulkurs Bairisch zu pauken. [...]

„Wia da gloa Bua an Schuilehrer gsehng hod, is a weiß woan wia da Kaas am Doudnbett", steht an der Tafel geschrieben und Dozent Sammy El-Samahi liest den Satz in breitestem Bairisch vor. Anders als es sein Name vermuten lässt, ist der 36-jährige Deutschlehrer ein gebürtiger Bayer, der perfekt Mundart spricht. Sein Vater – ein ägyptischer Arzt. Die Mutter stammt aus dem Böhmerwald. Aufgewachsen ist Sammy El-Samahi in Ebersberg. [...]

Sammy El-Samahi liebt die Mundart: „Bairisch zu reden ist angenehmer, einfach ein unverkrampftes Sprechen." Und: „Die Leute sollen sehen, wie interessant Dialekte sind." Sein Seminar ist aber keine folkloristisch anmutende Integrationshilfe für Zugereiste, wie man vielleicht boshaft vermuten könnte. Sein Seminar hat durchaus wissenschaftlichen Anspruch.

Anhand von Sprachbeispielen in Schrift, auf Video und Tonband erklärt er die kleinen, aber feinen Unterschiede im Bairischen. Auch mit dem Ei hat es so seine Bewandtnis: „Während man in Niederbayern zum Ei ‚Oa' sagt, sagen die Oberbayern ‚Oar' dazu", erklärt der 36-Jährige. Sprachliche Fußangel Nummer eins sind Doppelvokale, so genannte Diphthonge, die in den Regionen ganz unterschiedlich gesprochen werden. [...]

Alle Kursteilnehmer eint das gleiche Ziel – nämlich die Sprachbarrieren zu durchbrechen. Preußen wie der 32-jährige Vertriebsmann Arnd W. aus Karlsruhe wollen Bayern besser verstehen lernen. Voller Erwartungen ist auch Erika R. aus Hannover. Vor vier Monaten ist sie nach München gezogen. „Den Sprachkurs habe ich von meinen ehemaligen Kollegen geschenkt bekommen", erzählt die 39-jährige Bankkauffrau.

Zwei junge Münchnerinnen sprechen ebenfalls astreines Hochdeutsch, obwohl ihre Eltern, wie sie wehmütig einräumen, durchaus des Bairischen mächtig sind. „Ich würde gerne den Münchner Dialekt sprechen lernen", sagt die eine. Deshalb ist sie jeden Dienstagabend hier in der Seidlvilla. [...]

„Der Münchner Dialekt ist der Hochsprache näher, weil er von allen als grob empfundenen Merkmalen bereinigt ist", erklärt El-Samahi. In der Region würde man beispielsweise für *manchmal* „adiam", in München aber „manchmoi" sagen. Doch um die Münchner Mundart scheint es eher schlechtbestellt. Das zeigt nicht nur das Beispiel der beiden Münchnerinnen. Auch eine Studie des Dialektologen Bernhard Stör will dafür ausreichend Belege gefunden haben. Stör prophezeit dem Münchnerischen, langfristig zu verschwinden.

„Als ich in Ebersberg auf das Gymnasium gegangen bin, hat noch die halbe Klasse Bairisch gesprochen", erinnert sich El-Samahi. Das sei heute leider nicht mehr der Fall. „Ich fände es schade, wenn der Dialekt aus München verschwinden würde", pflichtet ihm Arnd W. bei. Selten waren sich Bayern und Preußen so einig. [...]

1a Kläre zunächst dir unbekannte Wörter oder Textstellen: Was ist z. B. unter einer „folkloristisch anmutenden Integrationshilfe für Zugereiste" (Z. 35f.) zu verstehen?
  b Wie verbreitet ist das Sprechen in der Mundart (Dialekt)? Vergleiche dazu die Informationen aus Text 9 mit den Informationen aus der folgenden Karte (S. 178).
  c Wie sind deine eigenen Erfahrungen: Was kannst du bestätigen, was nicht?

Mundarten

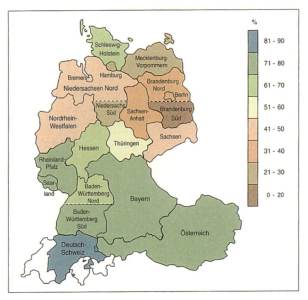

Geografische Verteilung der Dialektkenntnis

2 Besprecht: In welchen Situationen ist der Dialekt angemessen? Entwickelt für das Sprechen von Hochdeutsch und Dialekt Kriterien.
Die folgenden Beispiele geben eine Anregung: im Unterricht, im Bundestag, in einem Verkaufsgespräch, in einem Leserbrief an eine Zeitung, im Gespräch unter Freunden, auf einer Familienfeier.

Text 10 Der Oachkatzlschwoaf

Für Fremde ein Zungenbrecher ohnegleichen, für Einheimische eine der leichtesten Übungen: die bairische Übersetzung von „Schweif des Eichhörnchens". Erfolgsrezept ist der korrekte Transfer von „ei" in den bairischen Zwielaut „oa". Von einem Zwielaut oder Diphthong spricht man, wenn zwei Vokale direkt aufeinander folgen.

5 Die Diphthonge gehen auf alt- und mittelhochdeutsche Lautverhältnisse zurück, die das Bairische im Gegensatz zur Standardsprache besser bewahrt oder weiterentwickelt hat. So wurde das mittelhochdeutsche „ei" im Bairischen zum „oa". „Steine" sind „Stoana", die Leiter heißt „Loata" usw. Doch existieren auch Abweichungen davon: So legen die Hühner nicht „oans, zwoa, droa Oa", sondern „oans, zwoa, drei Oa".

10 Was willkürlich erscheint, ist sprachgeschichtlich konsequent: Im späten Mittelalter wurde das lange „i" zu „ei" (z. B. „wis" zu „weiß"). Damit rückte im Bairischen das alte „ei" weiter zu „oa".

Ein Charakteristikum des Mittelbairischen ist z. B. die so genannte L-Vokalisierung: „Geld" wird zu „Geid" oder „Mehl" zu „Mei".

15 Rekordverdächtige Zwielaute: Die deutsche Standardsprache besitzt nur die drei Diphthonge „ei", „eu" und „au", die bairische Mundart 24!

3a Trage zusammen: Welche Merkmale des Bairischen werden in Text 10 erwähnt?
 b Im Folgenden findest du typische Dialektwörter aus Ober- und Niederbayern. Welche Unterschiede stellst du fest?
Seife: *Soafa* (Oberbayern)
Sonnenblume: *Summableame* (Oberbayern)
Sommersprosse: *Roosmuggn* (Oberbayern) / *Miatzschbregga* (Niederbayern)

c Sammelt weitere typische Dialektwörter und untersucht die Unterschiede zum Hochdeutschen.

Text 11 **Babylonische Sprachvielfalt: Bairisch ist nicht gleich Bairisch**

„Soafa, Soif, Soefm, Säffn, Sääf" – dies alles bedeutet „Seife" und dies alles wird in Bayern gesprochen. Die Dialekte im größten Flächenland sind so unterschiedlich ausgeprägt, dass es nicht nur Norddeutschen schwerfällt, Bayern zu verstehen. Auch ein Berchtesgadener tut sich mitunter mit einem Aschaffenburger hart, ein Lindauer mit jemandem aus
5 Hof. Kein Wunder – im Freistaat finden sich gleich drei große Dialektgruppen: Bairisch[1], Fränkisch und Schwäbisch. Bairisch spricht man in Ober- und Niederbayern sowie in der Oberpfalz. Westlich des Lechs beginnt das Alemannische, zu dem Schwäbisch gehört. In Franken sind mehrere Mundarten heimisch: fast überall ist dort Ostfränkisch verbreitet, es gibt aber auch rheinfränkische, thüringische und hessische Einsprengsel. [...]
10 Dass es in Bayern so viele Dialekte gibt, geht auf die Zeit zwischen dem dritten und fünften Jahrhundert zurück. Damals zogen Franken, Alemannen und Baiern aus dem Norden Europas in das Gebiet des heutigen Freistaats. Die Sprache dieser Germanenstämme war dabei damals einheitlicher als heute. Erst als sie sesshaft wurden und sich kaum noch aus dem Stammesgebiet hinausbewegten, entwickelten sich die Dialekte auseinander.
15 Die Grenzen für einen Dialekt bilden häufig natürliche Hindernisse, wie z. B. Flüsse oder Berge.
Das Bairische unterteilt sich ins Nord-, Süd- und Mittelbairische. Das Nordbairische ist die Mundart der Oberpfälzer. Mittelbairisch hört man im Isar-Donau-Raum und das Südbairische in den Alpengebieten. Ober- und Niederbayern gehören zum Mittelbairischen
20 Sprachraum, der sich entlang der Achse München-Wien erstreckt.
Der „A"-„H"-Effekt: Eine markante Eigenheit des Mittelbairischen ist die Aussprache des „a": Bei einheimischen Begriffen („Wagen") ist der Laut dunkler, bei fremden („Klasse") heller. Besondere Verwendung findet auch das „h": Statt „wir haben" sagen die Oberbayern „mir han". Kennzeichen für den bairischen Dialekt ist zudem ein helles „a" in Wör-
25 tern, die in der Standardsprache e- oder ä-Laute aufweisen. So heißt der Rettich auf bairisch „Radi" und das Mädchen „Madl".

1) **Bairisch** bezeichnet die Mundart, **bayerisch** das Land.

4 In Text 11 findest du Informationen über die Vielzahl und die Besonderheiten der Dialekte in Bayern.
a Stelle in einem Schaubild dar: Welche Dialekte gibt es? Wie sind sie miteinander verwandt?
b Bairisch ist nicht gleich Bairisch:
   – Welche Informationen über regionale Besonderheiten kannst du Text 11 entnehmen?
   – Was versteht man unter einem hellen Laut, was unter einem dunklen? Erprobe die unterschiedlichen Sprechweisen des „a".
c Untersuche: Zu welchem Dialektbereich gehört dein Heimatort? Folgende Fragen können dir z. B. dabei helfen:
   – Welches Wort wird für *sprechen*, *Mädchen*, *Rettich*, *Seife* usw. verwendet?
   – In welchen Wörtern wird der Laut „a" hell bzw. dunkel gesprochen?

2.2 Mundarten in der Literatur

Text 12 **Der Baum nadelt**

Es ist Heiligabend und Familie Breitlinger erlebt unter großer Anteilnahme ihrer Nachbarn ein seltenes Naturschauspiel: Der Baum nadelt! Der Satiriker Robert Gernhardt schildert in seinem „botanischen Drama am Heiligen Abend", wie dieses Naturschauspiel ein ganzes Hochhaus mitreißt. Das Drama wurde in zehn Mundarten übersetzt, der Anfang dieses Dramas wird im Folgenden in drei verschiedenen Mundarten vorgestellt.

A) Bairisch   Hanns Christian Müller

Schorsch: Erna!
Erna: Schorsch?
Schorsch: Erna, da Baum nadelt!
Erna: Geh? Des gibt's doch net. Da Baum nadelt?
5 Schorsch: Wann i da's sag! Geh halt amoi her und schaug da's oo.
Erna: Wahnsinn. Des is ja …, ja Mensch, Schorsch, da Baum da, der nadelt.
Schorsch: I glaab, i spinn, ja Wahnsinn, Wahnsinn, was mach ma denn jetzad? Kinder, seid's doch amal stad dahinten! Macht's die Musi aus, hört's auf mit dera Spielerei und kommt's her. Da Christbaam nadelt.
10 Kinder: Eih, Wahnsinn, schau mal, geil, hey … Ja, so was, naa Papa, woaßtas scho? Da Baum nadelt …
[…]

B) Schwäbisch   F. W. Bernstein

Schorsch: Erna!
Erna: Schorsch?
Schorsch: Erna, dr Baum nadlt!
Erna: Waas? Ha komm, des gibt's doch net! Dr Baum nadlt?
5 Schorsch: Wenn i drs sag! Do gohscht her und guckscht!
Erna: Tatsächlich! Recht hosch, Schorsch! Dr Baum nadlt!
Schorsch: I wird' narret! Hebet me! Ha, was machet mr denn jetzt! Kendr, jetzt sendr aber amol still! Machat d'Musik aus! Hört auf, do kommet her! Dr Baum nadlt!
Kinder: Guck amol! Do! Geil, ha! So ebbes! Vatr, woisch's scho? Dr Baum nadlt …
10 […]

C) Hamburgisch   Harry Rowohlt

Schorschi: Erna!
Erna: Schorschi?
Schorschi: Erna, der Baum ist am Nadeln!
Erna: *Wie* bidde? Das gibt das doch nich. Der Baum ist am Nadeln?
5 Schorschi: Wenn ichas dir doch sage. Kommps eimpfach ma her und kuxas dir an.
Erna: Tatsache. Hass rech, Schorschi, der Baum ist am Nadeln.
Schorschi: Das bringt mich völlig durchn Tüdel. Was machen wir denn nu? Kinnings, seid dochma sdill dahintn. Macht die Musik aus, hört mit dem Gedaddel auf un kommt her. Der Baum ist am Nadeln.
10 Kinder: Kuckma! Goile Sogge. Na sowas. Hassas schon gemerkt, Vadding? Der Baum ist am Nadeln.
[…]

2a Ein Text in drei verschiedenen Dialekten (Mundarten): Versuche, alle drei zu verstehen – z. B. durch leises, dann lautes Lesen und durch Vergleichen unbekannter Wörter in den drei Fassungen.
  b Lest euch die Texte in der Klasse gegenseitig laut vor. Haben die verschiedenen Dialekte Einfluss auf die Wirkung des Textes? Wenn ja, welchen?
3 Text 12 ist in insgesamt zehn verschiedenen Dialekten geschrieben worden.
  a Welche Unterschiede und Gemeinsamkeiten stellt ihr bei den abgedruckten drei verschiedenen Dialekten fest? Konzentriert euch für den Vergleich auf die zweite Antwort von Erna.
  b Übersetzt einen der drei abgedruckten Ausschnitte ins Hochdeutsche: Wie verändert sich beim lauten Vorlesen die Wirkung?
4a Spielt Text 12 in verschiedenen Mundarten vor, die ihr beherrscht.
  b Ein Experiment: Mixt die Dialekte in eurem Spiel, Erna kommt z. B. aus Bayern, Schorsch aus Hamburg. Was müsst ihr verändern?

Das hast du in diesem Kapitel gelernt:

- Herkunft und Bedeutung von Namen
- Bedeutung und Verwendung germanischer Namensbestandteile
- Wurzeln unserer Sprache in der indoeuropäischen Sprachfamilie
- Herkunft, Gestalt und Bedeutung der Runenschrift
- Aspekte von Lautveränderungen
- Bedeutungswandel: Erweiterung und Verengung, Aufwertung und Abwertung
- Merkmale der Mundarten im Vergleich
- Eigenwert der Mundart
- literarische Texte in verschiedenen Mundarten

Ideen und Projekte

Forschungsaufträge:

- „Am Sonntag scheint die Sonne, am Montag kommt Herr Mon, am Dienstag ist Dienst, am Mittwoch ist die Mitte der Woche, am Donnerstag donnert's, am Freitag ist frei und am Samstag – kommt das Sams ..."
  Erforscht: Woher kommen die Bezeichnungen für unsere Wochentage wirklich? Ein Blick in die Wörterbücher und ein Vergleich mit den englischen und französischen Bezeichnungen werden euch auf die Sprünge helfen.
- Erforscht die Herkunft eures Ortsnamens und ungewöhnlicher Straßen-, Landschafts- oder Gebäudebezeichnungen. Besprecht gemeinsam, aus welchen Quellen ihr Informationen bekommen könnt, und teilt euch dann die Forschungsarbeit auf.
- Es kann sehr spannend sein, in einem etymologischen Wörterbuch (Herkunftswörterbuch) zu lesen: Probiert es aus und berichtet über interessante, überraschende Ergebnisse eurer Lektüre.
- Macht eine Umfrage zum Thema *Mundarten*: Wer spricht bei euch an der Schule eine Mundart? Wer würde gern eine sprechen? Was verbinden die Interviewten mit dem Wort Mundart oder Dialekt? ...
- Welche Forschungsaufträge könntet ihr noch vergeben?

DIALEKTE IN DEUTSCHLAND

Text 1 **Beliebtheitsgrad deutscher Dialekte nach Einschätzung der 19–29-Jährigen in Deutschland**

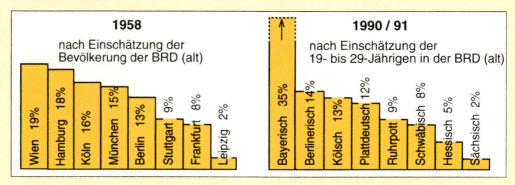

1 Untersuche die Grafik. Welche Aussage zu Dialekten kannst du ihr entnehmen? Formuliere die Grundaussage in einem Satz: *Die Grafik sagt aus, dass …*

2a Besprecht: Welche Gründe könnten zu den Ergebnissen geführt haben? Denkt dabei auch an Herkunft und Anzahl der Befragten.
 b Könnt ihr die Einschätzungen, die in der Grafik deutlich werden, teilen? Begründet eure Einschätzungen.
 c Vergleiche den linken Teil der Grafik mit dem rechten. Untersuche die Darstellungen der erhobenen Daten kritisch: Worin unterscheiden sie sich?
 d Welcher Dialekt wird in eurer Region gesprochen? Welche weiteren Dialekte sind euch – z. B. aus Urlaubsreisen o. Ä. – bekannt?

3 **Ein Forschungsauftrag für eure Klasse:**
Welche Bedeutung hat in eurer Region das Sprechen im Dialekt? Für das Vorgehen findet Ihr im Folgenden drei verschiedene Vorschläge als Anregungen:

Vorschlag A:

Eine **Befragung** z. B. in eurer Klasse: Entwickelt einen Fragebogen über die Rolle des Dialekts in eurer Klasse. Folgende Fragen könnte man z. B. stellen:

4 Fasst die Ergebnisse der Befragung zusammen: Welche Rolle spielt der Dialekt in deiner Klasse? Ihr könnt die Ergebnisse auch in einer Grafik präsentieren.

Sprachgeschichte und Mundarten

Vorschlag B: Spurensuche Rummelpottlieder

Text 2 **Silvester singt man platt**

1. Rummel, rummel, rogen,
   giff mi´n Appelkoken.
   Lot mi nich so lange stahn,
   denn ik mutt noch wietergahn.
2. Een Hus wieder,
   wohnt die Snieder,
   een Hus nebenan
   wohnt de Winachtsmann.
   Een Hus achter,
   wohnt de Slachter.
3. Rummel, rummel, rögen,
   gev uns wat in Pögen [Beutel],
   gev uns von de lang
   un lot de kotten hang.
   Gev uns von de grote Wurst
   un lot uns nich solange stohn,
   wi mutt noch een Hus
   wiedergohn.

> **Rummelpottlieder**
> Rummelpottlaufen machten früher die Armen. In der Zeit zwischen Weihnachten und Silvester baute man aus einer gereinigten, getrockneten und gespannten Schweinsblase einen Rummelpott. Wenn man mit der angefeuchteten Hand am Rummelpott auf- und abrutschte, entstand ein Brummton. Am Silvesterabend verkleidete man sich, damit man nicht erkannt wurde, und zog Rummelpottlieder singend von Haus zu Haus. Meistens bekam man Geld- und Lebensmittel, die vom Weihnachtsfest übrig waren. Wenn es nichts gab, sang man: „Witten Tweern, swatten Tweern, ole Wieber gift nich gern!"
> Auch heute laufen Kinder Rummelpott, in einigen Gegenden zu Silvester, in anderen auch zur Faschingszeit.

5a „Rummel, rummel, rogen" ist ein plattdeutsches Lied:
   Versuche, das Rummelpottlied zu verstehen, indem du es erst leise, dann laut liest. Bei welchen Wörtern hast du Schwierigkeiten?
 b Kennst du einen ähnlichen Brauch wie das Rummelpottlaufen? Welches Lied wird dabei gesungen? Erzähle.
 c Sammelt in der Klasse Lieder und Sprüche, die bei ähnlichen Anlässen – z. B. von Kindern – gesungen werden, aber auch andere Lieder im Dialekt eurer Region.
 d Erklärt: Warum gibt es solche Sprüche und Lieder häufig nur im Dialekt?
 e Ihr könntet Lieder im Dialekt eurer Gegend in einem kleinen Liederbuch zusammenstellen.

Vorschlag C: SMS im Dialekt

Text 3 Nach einer Schweizer Untersuchung verwenden Jugendliche ganz bewusst ihren Dialekt, wenn sie sich an ihre Freunde wenden. Die 16-jährige Andrea textet so: „Hey kilihili bili! Wie esches höt gsi? Idr schuel? Hdmg." „Hdmg" steht für „Ha di mega gärn" und die Verfasserin sagt, sie fände es „megakomisch", wenn sie von Gleichaltrigen eine SMS in
5 Hochdeutsch erhielte. Dialekt sei kürzer, sagt Andrea. Statt zu schreiben „Ich gehe auch", komme man im Dialekt mit vier Buchstaben aus: „I go ä."

6a Tauscht eure Erfahrungen aus: Schreibt ihr auch SMS im Dialekt?
 b Dialekt ist kürzer? Probiert es aus: Schreibt kleine Botschaften einmal in Hochdeutsch, einmal im Dialekt.
 c SMS im Dialekt, ganz kreativ: Schreibt ein SMS-Gedicht im Dialekt zu einem Thema eurer Wahl, aber natürlich mit nicht mehr als 160 Zeichen.

VERGÄNGLICHKEIT UND LEBENSGENUSS

Was verbindest du persönlich mit den Begriffen *Vergänglichkeit* und *Lebensgenuss*? Schreibe alles auf, was dir zu den beiden Begriffen einfällt. Wähle dazu am besten eine der folgenden Möglichkeiten, vergleicht anschließend eure Ideen:

Automatisches Schreiben: Schreibe zu den Begriffen einige Minuten lang, ohne den Stift abzusetzen oder über das Geschriebene nachzudenken. Lass deinem Gedankenfluss völlig freien Lauf.

Cluster oder Mindmap:
– Was ist Vergänglichkeit, was Lebensgenuss?
– Welche Bilder verbindest du damit?
– Welche Stimmungen werden bei dir ausgelöst?

Gestalte aus deinen Notizen ein Gedicht zu einem der beiden Themen. Es sollte einen typischen Eindruck festhalten und muss sich natürlich nicht reimen.
Welche Ideen und Motive findest du wieder in den beiden über 300 Jahre alten Werken der Barockzeit, dem Gedicht von Martin Opitz und dem Gemälde von Nicolas Poussin?

Ach Liebste, lass uns eilen Martin Opitz (1624)

Ach Liebste, lass uns eilen,
Wir haben Zeit[1]:
Es schadet das Verweilen
Uns beiderseit.
5 Der edlen Schönheit Gaben
Fliehn Fuß für Fuß,
Dass alles, was wir haben,
Verschwinden muss.
Der Wangen Zier verbleichet,
10 Das Haar wird greis,
Der Äuglein Feuer weichet,
Die Flamm wird Eis.
Das Mündlein von Korallen
Wird ungestalt,
15 Die Händ als Schnee verfallen,
Und du wirst alt.
Drum lass uns jetzt genießen
Der Jugend Frucht,
Eh dann wir folgen müssen
20 Der Jahre Flucht.
Wo du dich selber liebest,
So liebe mich,
Gib mir, dass, wann du giebest,
Verlier auch ich[2].

1) Es ist an der Zeit.
2) Gemeint ist das Ideal gegenseitigen Gebens und Nehmens.

Lyrik im Wandel der Zeit

Nicolas Poussin: Bacchanal
a) röm. Fest zu Ehren des Weingottes Bacchus;
b) ausschweifendes Trinkgelage

1. LIEBE UND TOD – Gegensatzpaar in der Lyrik

Abb. 1: *Georges de la Tour: Maria Magdalena mit der Öllampe, um 1635-1640.*

Text 1 **Lied des Harfenmädchens**
THEODOR STORM (1851)

Heute, nur heute
Bin ich so schön;
Morgen, ach morgen
Muss alles vergehn!
5 Nur diese Stunde
Bist du noch mein;
Sterben, ach sterben
Soll ich allein.

Text 2 **Vergänglichkeit der Schönheit**
CHRISTIAN HOFMANN VON HOFMANNSWALDAU (1695)

Es wird der bleiche Tod mit seiner kalten Hand
Dir endlich mit der Zeit um deine Brüste streichen,
Der liebliche Korall der Lippen wird verbleichen,
Der Schultern warmer Schnee wird werden kalter Sand;
5 Der Augen süßer Blitz, die Kräfte deiner Hand,
Für welchen solches fällt, die werden zeitlich weichen.
Das Haar, das itzund kann des Goldes Glanz erreichen,
Tilgt endlich Tag und Jahr als ein gemeines Band.

Der wohlgesetzte Fuß, die lieblichen Gebärden,
10 Die werden teils zu Staub, teils nichts und nichtig werden,
Dann opfert keiner mehr der Gottheit deiner Pracht.

Dies und noch mehr als dies muss endlich untergehen.
Dein Herze kann allein zu aller Zeit bestehen,
Dieweil es die Natur aus Diamant gemacht.

Lyrik im Wandel der Zeit

Text 3 **Walzer** Novalis (1794)

Hinunter die Pfade des Lebens gedreht
Pausiert nicht, ich bitt euch so lang es noch geht
Drückt fester die Mädchen ans klopfende Herz
Ihr wisst ja wie flüchtig ist Jugend und Scherz.
5 Lasst fern von uns Zanken und Eifersucht sein
Und nimmer die Stunden mit Grillen[1] entweihn
Dem Schutzgeist der Liebe nur gläubig vertraut
Es findet noch jeder gewiss eine Braut.

1) **Grille:** wunderlicher Einfall, Laune

Text 4 **liebeserklärung**
Harry Oberländer (1978)

(für cornelia)

es lohnt nicht
irgendeinen tag zu verlieren

schmeißen wir für eine weile
5 unser individuelles elend zusammen
vielleicht
können wir ein jahr davon leben

1 Welches der vier Gedichte (Texte 1–4) gefällt dir am besten? Warum?

2a Greife aus jedem Gedicht den Satz heraus, den du für den wichtigsten hältst, und begründe deine Entscheidung. Vergleicht und besprecht eure Auswahl.

b Zum Beispiel Text 2: „Dieweil es die Natur aus Diamant gemacht." (V. 14)
– Was will das lyrische Ich mit dieser Aussage gegenüber seiner angebeteten Dame eigentlich zum Ausdruck bringen?
– Denke auch über die Beschaffenheit eines Diamanten nach. Wie ist ein Herz, das einem Diamanten gleicht?

3 Stell dir vor, jedes Gedicht müsste in eine kleine Spielszene verwandelt werden.
a Wie würdest du sie gestalten? Überlege:
– Wo spielt die Szene und wie müsste deshalb das Bühnenbild aussehen?
– Wie alt sind die Figuren, wie sehen sie aus und welche Kleider tragen sie?
– Wie stehen sie auf der Bühne und welche Requisiten sind zu sehen?
b Was ist das Besondere jeder Szene? Wie gehören Liebe und Tod, Lebensgenuss und Vergänglichkeit jeweils zusammen?
c Mit welchen besonderen sprachlichen Mitteln ist das Thema jeweils gestaltet?

4 In welcher Weise behandelt Abbildung 1 das Thema *Liebe und Tod*? Vergleiche die Aussage mit der der Gedichte (Texte 1–4).

5 „Ring mit einem Totenkopf" (Text 5):
a Aus welchem Grund mag ein Mann, wie im folgenden Gedicht aus dem 18. Jahrhundert zu lesen ist, einem Mädchen namens Phillis einen Ring mit einem Totenkopf mitbringen?
– Was symbolisiert das Geschenk?
– In welcher Absicht mag es überreicht werden?
b Vergleiche deine Antworten mit denen, die das folgende Gedicht gibt.

Text 5 **Als er der Phillis einen Ring mit einem Totenkopf überreichte**
Johann Christian Günther (1721)

Erschrick nicht vor dem Liebeszeichen,
Es träget unser künftig Bild,
Vor dem nur die allein erbleichen,
Bey welchen die Vernunft nichts gilt.
5 Wie schickt sich aber Eis und Flammen?
Wie reimt sich Lieb und Tod zusammen?
Es schickt und reimt sich gar zu schön,
Denn beide sind von gleicher Stärke
Und spielen ihre Wunderwerke
10 Mit allen, die auf Erden gehn.

Ich gebe dir dies Pfand zur Lehre:
Das Gold bedeutet feste Treu,
Der Ring, dass uns die Zeit verehre,
Die Täubchen, wie vergnügt man sei,
15 Der Kopf erinnert dich des Lebens,
Im Grab ist aller Wunsch vergebens,
Drum lieb und lebe, weil man kann,
Wer weiß, wie bald wir wandern müssen!
Das Leben steckt im treuen Küssen,
20 Ach, fang den Augenblick noch an!

Gegensatzpaar in der Lyrik

6 Zur Bedeutung des Rings:
a *Wie reimt sich Lieb und Tod zusammen?* (Vers 6): Welche Erklärung gibt der Sprecher?
b Wofür steht für dich ein Ring, was symbolisiert er (Symbol → Sachlexikon Deutsch)?
c Der Sprecher schenkt einen ganz besonderen Ring und drückt damit aus, worauf er in der Liebe besonderen Wert legt. Welche Bedeutung haben der Ring und seine einzelnen Bestandteile für ihn? Berücksichtige für die Beantwortung der Frage auch die folgende Sachinformation:

Grundwissen und Methode

Eine **Allegorie** (griech. *allegorein*: anders, bildlich reden) ist die bildliche Darstellung eines Gedankens oder abstrakten Begriffs, häufig durch eine Personifikation, z. B. Gott Amor für Liebe, zum Ausdruck gebracht.

7a Mit welchen weiteren sprachlichen Mitteln gestaltet Günther das spannungsreiche Thema? Nenne Beispiele.
b Zeige an Beispielen, wie Reimschema und Metrum zur Wirkung beitragen.

8 Johann Christian Günther lebte von 1695–1723 und ist damit ein Dichter des Spätbarock.
a Erläutere, welches Lebensgefühl Günthers Gedicht zum Ausdruck bringt. Nutze dafür auch Text 6 und lege dar, inwiefern sich das Lebensgefühl zu Ende gehenden Epoche in seinem Gedicht niederschlägt.
b Deine Generation wird oft als „Spaß-Generation" bezeichnet. Siehst du Parallelen zu dem Lebensgefühl der Barockzeit? Begründe deine Position.

Text 6 Barockes Lebensgefühl

Mit dem Begriff *Barock* (wahrscheinlich von portug. *barocco*: unregelmäßige, schiefrunde Perle) bezeichnet man ein Jahrhundert (ca. 1600–1720), das herausragende Musiker (Bach, Vivaldi, Händel), Maler (Caravaggio, Rubens, Vermeer, Rembrandt), Schriftsteller (Corneille, Racine und Molière) und Meisterwerke der Architektur (Petersdom in Rom,
5 Schlösser wie Versailles bei Paris und Nymphenburg in München) hervorgebracht hat. Zum Glanz des höfischen Lebens gehörten die Künste, das Theater und die Musik.
Die Kehrseite von Pracht und Luxus war eine Not leidende Bevölkerung, zerrieben von den Glaubens- und Machtkämpfen der Zeit. Besonders das letzte Jahrzehnt des Dreißigjährigen Krieges stand im Zeichen von Raubzügen, Plünderungen und Seuchen, die
10 Deutschland verwüsteten und große Landesteile entvölkerten.
Angesichts von Massensterben, Hungersnöten, Verfolgung und Zerstörung überrascht es nicht, dass Todesangst und das Bewusstsein von Vergänglichkeit (lat. *vanitas mundi*: Vergänglichkeit alles Irdischen) zu den prägenden Gefühlen dieser Zeit wurden. Aus dieser Erfahrung erwuchs aber auch gieriger Lebenshunger und das Streben nach Genuss.
15 Diese Spannung zwischen Weltbejahung, Lebenslust und Daseinsfreude auf der einen Seite (lat. *carpe diem*: nutze/genieße den Tag) und Weltverneinung, Jenseitshoffnung und Erlösungssehnsucht (lat. *memento mori*: gedenke, dass du sterben musst) auf der anderen Seite verdeutlichen eindringlich die Literatur und Malerei des Barock.

Text 7 **Ehegedicht**   Günter Herburger (1977)

Geliebt haben wir uns,
dass das Gras um uns sich entzündete,
doch die Glut schadete uns nicht,
so selbstvergessen waren wir.

5 Verfolgt haben wir uns,
dass wir uns bis ins Mark trafen,
doch die Wunden schlossen sich wieder,
da kein Blut aus ihnen kam.

Seitdem wir uns aber geeinigt haben,
10 zusammen alt zu werden,
verwandelt sich die Liebe in Behutsamkeit,

und das Blut, das mitunter
nun aus Rissen quillt, schmerzt
Tropfen um Tropfen wie heißes Wachs.

9 **Zum ersten Textverständnis:**
a Worum geht es in dem Gedicht? Stellt es eine Variation von Text 5 dar? Begründe.
b Wie müsste das Gedicht vorgetragen werden? Berücksichtige die Einstellung des Sprechers und den Aufbau des Textes.

10 **Sprachliche Mittel:**
a Erzähle die Geschichte der Ehe, von der das Gedicht handelt, indem du den Inhalt jeder Strophe mit eigenen Worten wiedergibst.
  – Welche Schwierigkeiten ergeben sich dabei?
  – Wie wirkt diese Inhaltswiedergabe im Vergleich zu der Versfassung?
b Mit welchen Bildern wird die Veränderung beschrieben, die sich in der Ehe vollzogen hat? Wie deutest du diese Bilder? Die folgende Sachinformation bietet eine Hilfestellung.

Bildlichkeit in der modernen Lyrik

Sprachliche Bilder dienten Dichtern zu allen Zeiten zur Veranschaulichung abstrakter Aussagen. Bilder stehen dabei nicht für sich selbst, sondern bedeuten etwas anderes. Zu den Merkmalen **moderner Lyrik** gehört, dass die **Bilder häufig ihre einfache Verständlichkeit verlieren** und nicht immer einer bestimmten Bedeutung zugeordnet werden können. Stattdessen ist ihr **Sinn** oft **vieldeutig, dunkel** und **rätselhaft**. Darin drückt sich das **Lebensgefühl des „modernen" Menschen** aus, das nicht selten von Ungewissheit, Angst und Orientierungslosigkeit geprägt ist.

Grundwissen und Methode

11 Herburger verwendet in seinem Gedicht (Text 7) das Stilmittel des **Parallelismus**, d. h. mindestens zwei aufeinander folgende Sätze entsprechen sich im Satzbau.
a An welchen Stellen des Gedichts findet sich ein Parallelismus? Welche Aufgabe erfüllt er?
b Warum sind nicht auch andere Sinneinheiten des Gedichts parallel gebaut? Was kannst du daraus für die Aussage des Textes schließen?

12 Inwiefern könnte Text 7 als Fortsetzung von Text 5 verstanden werden? Lies die beiden Gedichte noch einmal hintereinander und überbrücke die 250 Jahre, die zwischen ihnen liegen,
  – indem du ein Gedicht oder einen Tagebucheintrag aus der Perspektive des jeweils Angesprochenen schreibst,
  – indem du eine Collage oder eine Bildergeschichte entwirfst, die die beiden Gedichte als Fortsetzungsgeschichte erzählt,
  – indem ihr die beiden Gedichte hintereinander als kleine Spielszenen darstellt, eventuell mit Musikuntermalung, die den Wechsel in den Beziehungen ausdrückt.

Das Sonett

13 Stelle abschließend schriftlich für eines der bisher behandelten Gedichte fest:
– das **Thema** des Gedichts (formuliere wie bei einem Einleitungssatz einer Inhaltsangabe),
– die **wichtigsten Stilmittel**, mit denen das Thema gestaltet wird,
– die **zentrale Aussage** des Gedichts,
– die **epochentypischen Merkmale**.

2. WELTENDE – das Sonett

Text 8 **Es ist alles eitel**   Andreas Gryphius (1643)

Du siehst, wohin du siehst, nur Eitelkeit auf Erden.
Was dieser heute baut, reißt jener morgen ein,
Wo itzund[1] Städte stehn, wird eine Wiese sein,
Auf der ein Schäferskind wird spielen mit den Herden.

5 Was itzund prächtig blüht, soll bald zertreten werden.
Was itzt so pocht und trotzt, ist morgen Asch und Bein.
Nichts ist, das ewig sei, kein Erz kein Marmorstein.
Itzt lacht das Glück uns an, bald donnern die Beschwerden.

Der hohen Taten Ruhm muss wie ein Traum vergehn.
10 Sollt denn das Spiel der Zeit, der leichte Mensch bestehn?
Ach, was ist alles dies, was wir vor köstlich achten,

Als schlechte Nichtigkeit, als Schatten, Staub und Wind,
Als eine Wiesenblum, die man nicht wiederfind't.
Noch will, was ewig ist, kein einig[2] Mensch betrachten.

1) jetzt
2) einziger

Abb. 2: *Hans Ulrich Franck: Memento mori*

Text 9 **Der Untergang der Welt in der Gaststätte zum Hasenberg**   Peter Maiwald (1984)

Als gestern die Vögel in der dicken Luft stehen blieben:
wussten wir: das ist das Ende. Und spuckten noch einmal
in unsere Hände und sagten: der Ort, wo wir sind,
sei unsere Gruft.

5 He, Wirt: riefen wir: nun aber weg mit dem Geld. Lass
laufen den Hahn. Es lebe das Bier. Und ließen uns gehen
und blieben doch hier. Das wär nicht gekommen, rief
Franz, wär besser die Welt.

Und gingen das Ganze noch einmal durch. Der Fritz
10 meinte, dass es die Atome sein müssen. Und einer rief: das
ist die Gottlosigkeit! Und einer rief: Nieder mit
                    Thyssen!
Und Kurti sagte: was soll's, am Ende überleben doch nur
Alge und Lurch.

15 Schluss: sagt auch der Wirt und: Sense und schiebt die
Gitter rauf. Wir geben ein Trinkgeld und heben das Ende
für morgen auf.

Lyrik im Wandel der Zeit

1 **Zum Inhalt:**
a Worum geht es in den Texten 8 und 9? Welche Stimmung erzeugen sie jeweils?
b Bereitet in Gruppen einen szenischen Vortrag der Gedichte vor. Überlegt zuvor:
  – Welche Rollen gibt es zu besetzen? Wer spricht welche Wörter, Verse, Sätze? Einzelne Teile des Textes können auch von mehreren Sprechern gleichzeitig gesprochen werden.
  – Wie wollt ihr euch im Raum verteilen? Ihr dürft den ganzen Raum benutzen und könnt auch mit Bewegungen, Gestik und Mimik arbeiten.
c Besprecht, welche Textstellen euer Vortrag besonders gut zur Geltung gebracht hat.
d Vergleicht, wie das Thema *Weltende/Untergang* jeweils dargestellt wird.
  – Was bedeutet „eitel" und „Eitelkeit" bei Gryphius?
  – Wie verhalten sich bei Maiwald die Menschen in der Gaststätte? Welche Ursachen machen sie für den bevorstehenden Untergang der Welt verantwortlich?
  – Geht es jeweils auch um Lebensgenuss? Begründe.
  – Wie lässt sich das Bild von Hans Ulrich Franck (Abb. 2, S. 190) auf die Gedichte beziehen?

2 **Zum Zusammenhang von Form und Inhalt:**
a Mit welchen sprachlichen Mitteln gestalten die Dichter jeweils ihr Thema?
Nenne Gestaltungsmittel, die dir besonders aufgefallen sind.
b Bei den beiden Gedichten handelt es sich jeweils um ein **Sonett**. In seiner Reinform folgt es strengen Regeln. Untersuche dazu Text 8 und ermittle
  – die Anzahl der Strophen insgesamt und die Anzahl der Verse pro Strophe,
  – die Anzahl und Anordnung der Reime im gesamten Gedicht.
c Erkläre in diesem Zusammenhang die Begriffe **Quartette** (von lat. *quattuor*: vier; *quartus*: vierter) und **Terzette** (von lat. *tres*: drei, *tertius*: dritter), die bei der Beschreibung des Strophenaufbaus eines Sonetts verwendet werden.
d Schreibe selbst eine Sachinformation zum *Sonett*. Ergänze folgenden Anfang in deinem Heft:

> Das **Sonett** (von ital. *sonetto*: Klinggedicht) kommt von Italien über Frankreich nach Deutschland und gehört im 17. Jahrhundert, in der Zeit des Barock, zu den beliebtesten Gedichtformen. Für die **kunstvolle Gestaltung** des barocken Sonetts gelten **feste Regeln**. ...

3 Untersuche das Barocksonett (Text 8) genauer:
a Fasse den Inhalt der Strophen in jeweils ein bis zwei Sätzen zusammen, um Folgendes zu ermitteln:
  – den Zusammenhang zwischen der Form des Sonetts und der gedanklichen Gliederung,
  – das Verhältnis, in dem die Quartette zu den Terzetten stehen,
  – die Aufgabe des Reimschemas.
Die folgende Sachinformation (S. 192) hilft dir bei der Antwort.
b Welche Gegensätze, d. h. **Antithesen**, sind im Gedicht deutlich benannt, welche musst du eher aus dem Zusammenhang erschließen?

Das Sonett

Grundwissen und Methode

Antithetik bezeichnet die **Gegensätzlichkeit von Vorstellungen** und entspricht besonders dem auf Spannung basierenden **Lebensgefühl der Barockzeit**. Typische Gegensatzpaare in der Literatur des 17. Jahrhunderts sind *Nacht – Tag, Tod – Liebe, Jammertal – Himmelssaal, Diesseits – Jenseits* und in der Malerei *dunkel – hell, unten – oben, Welt – Himmel*.

4 *Was dieser heute baut, reißt jener morgen ein* (Text 8, Z. 2):
Für die Antithetik eignet sich das Versmaß des Sonetts, der so genannte **Alexandriner**, besonders gut. Ein Vers, der typisch ist für die Barockdichtung. Alexandriner heißt er, weil er zuerst in einem Französischen Epos (12. Jh.) über Alexander den Großen verwendet wurde.

Die häufigsten **Versfüße**:
– der **Trochäus**
  x́ x
– der **Jambus**
  x x́
– der **Daktylus**
  x́ x x
– der **Anapäst**
  x x x́

a Mithilfe der Erinnerungsstütze zu den Versfüßen gelingt es dir sicher, das Versmaß des Alexandriners zu ermitteln. Bestimme dazu bei dem ersten Vers aus Text 8 den Versfuß und die Zahl der Hebungen pro Vers.

b Charakteristisch für den Alexandriner ist die **Mittelzäsur**, ein Einschnitt nach der sechsten Silbe, also in der Mitte des Verses.
Welche inhaltliche Aufgabe erfüllt die Mittelzäsur bei Gryphius? Am besten kannst du das an einem Beispiel erläutern:

Was itzund prächtig blüht, soll bald zertreten werden. (Text 8, Z. 5)

c Ergänze deine Sachinformation zum Sonett (S. 191, Aufgabe 2) mit einer Definition des Alexandriners, die Angaben über die Zahl der Hebungen, den Versfuß und die Mittelzäsur enthält.

5 Bei welchen der Texte 1–6 handelt es sich ebenfalls um Sonette? Prüfe vor allem die Form: Sind die Regeln eingehalten?

6 Überlege angesichts der Vergänglichkeitsklage in Text 7, warum sich ausgerechnet das Sonett mit seiner festen, kunstvollen Form im 17. Jahrhundert so großer Beliebtheit erfreut haben mag.

7 Untersuche das moderne Sonett (Text 9), das sich von einem Barocksonett erheblich unterscheidet.
– Welche Merkmale der strengen Form sind aufgegeben, welche beibehalten? Vergleiche Strophenbau, Reimschema, Versmaß, Metaphern, Satzbau und Wortwahl mit Text 8.
– Welche Wirkung erzielt Maiwald mit seinen Änderungen?
– Inwiefern entsprechen sich Form und Inhalt auch bei diesem Sonett?

8 **Zum Sonett heute:**
Obwohl die große Zeit dieser Gedichtform vorüber ist, entstanden auch in der „Moderne" noch reizvolle Sonette.

a Sucht, am besten arbeitsteilig, in Lesebüchern, Gedichtsammlungen oder im Internet Sonette z. B. von Hugo von Hofmannsthal, Rainer Maria Rilke, Georg Heym, Georg Trakl, Bertolt Brecht, Ernst Jandl, Gerhard Rühm oder Robert Gernhardt.

b Stellt sie in Kurzreferaten vor und erläutert dabei, in welchem Verhältnis sie zur traditionellen Form stehen und welche Merkmale moderner Lyrik sie aufweisen.

9 Vielleicht reizt es euch, eventuell auch zu zweit, selbst einmal ein Sonett zu schreiben. Ihr könnt dabei nach folgenden fünf Schritten vorgehen und eure Texte anschließend zu einem Gedichtband zusammenstellen.

1. Überlegt, welches Thema euer Gedicht haben soll.
2. Sammelt dazu Material: Gegensatzpaare, Bilder, Vergleiche.
3. Sammelt fünf Gruppen von Reimwörtern, am besten Verben und Substantive/Nomen.
4. Stellt euer Material zu Versen zusammen:
   – Setzt die Reimwörter nach dem Reimschema eines Sonetts.
   – Ergänzt Wortmaterial, um zur gewünschten Verslänge zu gelangen. Am leichtesten lassen sich ein- und zweisilbige Wörter bearbeiten.
   Um den Alexandriner zu erhalten, „feilt" an den Versen, z. B. durch:
   – Wortumstellungen,
   – Einfügen von „Füllwörtern" wie Artikel oder Pronomen,
   – Weglassen bestimmter Silben (z. B. *geht's* statt *geht es*).
5. Wählt eine Überschrift.

Text 10 **Weltende**   Else Lasker-Schüler (1905)

Es ist ein Weinen in der Welt,
Als ob der liebe Gott gestorben wär,
Und der bleierne Schatten, der niederfällt,
Lastet grabesschwer.

5 Komm, wir wollen uns näher verbergen ...
Das Leben liegt in aller Herzen
Wie in Särgen.

Du! wir wollen uns tief küssen –
Es pocht eine Sehnsucht an die Welt,
10 An der wir sterben müssen.

Text 11 **Weltende**   Jakob van Hoddis (1911)

Dem Bürger fliegt vom spitzen Kopf der Hut,
In allen Lüften hallt es wie Geschrei.
Dachdecker stürzen ab und gehn entzwei
Und an den Küsten – liest man – steigt die Flut.

5 Der Sturm ist da, die wilden Meere hupfen
An Land, um dicke Dämme zu zerdrücken.
Die meisten Menschen haben einen Schnupfen.
Die Eisenbahnen fallen von den Brücken.

10 Diese beiden Gedichte entstanden fast zeitgleich am Anfang des 20. Jahrhunderts.
   – Wie wirken die Gedichte auf dich? Welche Stimmung geht von ihnen aus?
   – Überlege, wie sie gelesen werden könnten.
   – Erläutere die jeweiligen Vorstellungen vom Weltende.
   – Welches der beiden Gedichte gefällt dir besser? Warum?

11a Um die Machart der beiden Gedichte zu verstehen, bieten sich zwei Verfahren der Bildenden Kunst an. Bildet am besten Kleingruppen und
   – zeichnet oder malt ein Bild, das für euch die Situation und die Stimmung von Text 10 ausdrückt;
   – erstellt eine Text-Bild-Collage (Zeichnungen, ausgeschnittene Zeitschriftenfotos; Sprechblasen), die zu Text 11 passt.
 b Vergleicht eure künstlerischen Darstellungen damit, wie das Weltende bei Lasker-Schüler und van Hoddis jeweils dargestellt wird. Berücksichtigt bei der Auswertung auch die folgende Sachinformation (S. 194).
 c Erläutere: Bei welchen sprachlichen Bildern, die Lasker-Schüler verwendet, handelt es sich um Chiffren? Inwiefern kann man das Gedicht von van Hoddis als sprachliche Collage beschreiben?

Das Figurengedicht

Grundwissen und Methode

Zwei typische Merkmale **moderner Lyrik:**
Unter **Chiffre** versteht man im Allgemeinen eine Geheimschrift. In der Literatur ist damit meist ein **verschlüsseltes Bild** gemeint, dessen **Bedeutung man nicht genau fassen kann**; sie geht allenfalls aus dem Textzusammenhang hervor.
In Anlehnung an die Klebebilder der Bildenden Kunst wird in der Literatur ein Text als **Collage** bezeichnet, der aus verschiedenem, **scheinbar unverbundenem Sprachmaterial** (z. B. Werbesprüche, Nachrichten, Redewendungen, Zitate) **zusammengesetzt** ist.

12 Geht es in den beiden Gedichten auch um Vergänglichkeit und Lebensgenuss? Begründe deine Ansicht.

3. VANITAS–SYMBOLE – das Figurengedicht

1 Ein **Symbol** ist ein Gegenstand, der für etwas Allgemeines, Geistiges, nicht Sichtbares steht. Welche Symbole der Vergänglichkeit (der *Vanitas*) entdeckst du auf dem Bild? Welche Symbole des Lebensgenusses? Welche weiteren kennst du?

Abb. 3: *Juan Valdés Leal: Vanitas (1672)*

Text 12 **Ein Sand-Uhr** THEODOR KORNFELD (1685)

2 Was ist das Thema des Gedichts? Welche Stimmung geht von ihm aus?
3a Wie **gestaltet** Kornfeld sein Thema?
– In welchem Verhältnis stehen Text und Druckbild?
– Wofür steht das **Symbol** der Sanduhr?
b Text 12 ist ein **Figurengedicht** – eine Gedichtform, die bis in die Antike zurückreicht, im Barock ihren Höhepunkt hat und in der **konkreten Poesie** der Gegenwart fortlebt. Zeige an Text 12: Wie könnte man den Begriff *Figurengedicht* definieren?
4a Was bedeutet die Metapher *Rechnungs-Tag*? Welche Stimmung erzeugt dieses Bild?
b Das Gedicht enthält noch weitere grafische und sprachliche Gestaltungsmittel. Entdeckst du sie? Wie unterstützen sie die Wirkung des Gedichts?
5 Zu welcher der beiden Richtungen des barocken Lebensgefühls (Text 6, S. 188) gehört Text 12?

Das Figurengedicht

Text 13 **Apfel** REINHARD DÖHL (1965)

ApfelApfelApfelApfel
ApfelApfelApfelApfelA
elApfelApfelApfelApfe
ApfelApfelApfelApfelApf
pfelApfelApfelApfelApfel
ApfelApfelApfelApfelApfe
pfelApfelApfelApfelApfelA
ApfelApfelApfelApfelApfe
felApfelApfelApfelApfel
pfelApfelApfelApfelApf
elApfelApfelWurmAp
felApfelApfelApfel
pfelApfelApfel
pfelApfel

Abb. 4: *Wilhelm Kalf: Stillleben mit Porzellankanne (1653)*

6 Text 13 ist ein Beispiel der **konkreten Poesie**, also ein Figurengedicht unserer Zeit.
– Inwiefern handelt es von der Vergänglichkeit?
– Geht es auch um Lebensgenuss? Worauf könnte das Symbol anspielen?
– Welcher Bezug besteht zwischen Döhls Gedicht (Text 13) und dem abgebildeten barocken Stillleben (Abbildung 4)?

7 Entwirf ein eigenes Figurengedicht zum Thema *Vergänglichkeit und Lebensgenuss*. Zeichne dazu die Umrisse eines Symbols, das dir geeignet erscheint, und schreibe einen passenden Text hinein. Vielleicht inspiriert dich eine der folgenden Redensarten:
– *mit einem Fuß im Grab stehen*
– *der Elefant im Porzellanladen*
– *das Wasser steht einem bis zum Halse*

8 Testet euch zum Abschluss gegenseitig, indem ihr
– die Rolle eines Barockdichters einnehmt und euch zu eurer Dichtung und/oder eurem Lebensgefühl interviewen lasst,
– Quizfragen zu den Fachbegriffen lyrischer Gestaltung entwickelt,
– indem ihr in Gruppenarbeit Kreuzworträtsel oder Brettspiele zum Barock entwerft,
– ein Expertengespräch spielt: Barock und Gegenwart, zwei gegensätzliche Welten?

Das hast du in diesem Kapitel gelernt:

Vergleichbare Themen der Literatur des Barock und anderer Zeiträume kennen:
- Gedichte im Spannungsfeld von Vergänglichkeit und Lebensgenuss erschließen
- historisches und kulturelles Hintergrundwissen zum Barock
- barocke Gedichtformen wie **Sonett** und Figurengedicht und deren Nachwirken in der Gegenwartsliteratur
- sprachliche Gestaltungsmittel wie Allegorie, Bildlichkeit, Antithetik, Alexandriner, Chiffre, Collage, Symbol
- Anwenden des Gelernten: Schreiben eigener Gedichte

Ideen und Projekte

- Stellt aus ausgewählten Gedichten, die ihr geschrieben habt, einen **Klassenband** zusammen. Besprecht in einer Redaktionskonferenz, welches Aussehen er haben soll. Jeder könnte z. B. für die grafische Gestaltung, d. h. für Texte und Bilder, einer/seiner Seite verantwortlich sein.
- Bereitet zu dritt eine **Multimedia-Show** vor, bei der ihr Texte, Musik und Bilder des Barock oder der Moderne präsentiert. Die Musik kann von einem CD-Player oder Rekorder stammen oder auch live gespielt werden.
- Begebt euch auf **barocke Spuren** in eurer Region. Sucht barocke Gebäude oder Parkanlagen auf, macht Fotoaufnahmen davon oder dreht einen Videofilm. Präsentiert eure Entdeckung – am besten mit barocker Hintergrundmusik.
- Gestaltet eine **Wandzeitung** mit den Porträts und Steckbriefen großer Persönlichkeiten des Barockzeitalters: Regenten, Philosophen, Wissenschaftler, Entdecker, Dichter, ...
- Wählt eines der großen **Dramen des Barock**, z. B. Molières *Der Geizige*. Informiert eure Mitschülerinnen und Mitschüler ausführlich über den Inhalt und spielt Schlüsselszenen daraus vor.

Erweitern · Vertiefen · Anwenden

DIE NOT DES DREISSIGJÄHRIGEN KRIEGES IM *SIMPLICISSIMUS*

Text 1 **Titelkupfer und Titelblatt**
Der abenteuerliche Simplicissimus Teutsch gilt nicht nur als der berühmteste Roman des Barock, er wird häufig sogar als der erste deutsche Roman überhaupt bezeichnet. Mit seinem Erscheinen im Jahr 1669 erregte er sofort großes Aufsehen und wurde oft nachgedruckt.

Worterklärungen:
Vagant: von lat. *vagari*: umherziehen; vgl.: Vagabund, Landstreicher
Monpelgart: Mompelgart (deutschsprachige Bezeichnung für den Ort Montbeliard)

1 Das so genannte **Titelkupfer** – ein Kupferstich, der als Titelbild dient – gibt schon zahlreiche Hinweise auf Inhalt und Form des *Simplicissimus*.
a Welche Erwartung weckt der Titel und was verrät der lateinische Name?
b Beschreibe, was du auf dem Bild siehst. Beantworte dazu folgende Fragen:
– Aus welchen Körperteilen ist das „Mischwesen" zusammengesetzt? Wie stehen sie in Verbindung mit dem Text unter dem Bild?
– Welche Bedeutung mag es haben, dass die Figur Masken zertritt, die auf dem Boden liegen?
– Welche Einzelheiten entdeckst du in dem aufgeschlagenen Buch, dem Titelblatt?
c Mit welcher Romanhandlung rechnest du aufgrund von Bild und Bildunterschrift?
2a Welche Spannung baut die Ankündigung des **Titelblatts** auf?
b Was erwartest du von einem Barockroman, der „überaus lustig" und „nutzlich zu lesen" ist? Berücksichtige, was du über das barocke Lebensgefühl weißt (vgl. Text 6, Seite 188).

Text 2 **I. Buch, 4. Kapitel**

> Simplicius, der Einfältige, wächst auf dem entlegenen Hof eines Spessartbauern in ärmlichen Verhältnissen auf, ohne die Welt außerhalb des Waldgebietes kennenzulernen. Die Wirren und die Grausamkeiten des Krieges dringen aber auch bis in diese Einöde vor.

Wiewohl ich nicht bin gesinnet gewesen, den freiliebenden Leser mit diesen Reutern[1] in meines Knans[2] Haus und Hof zu führen, weil es schlimm genug darin hergehen wird: So erfordert jedoch die Folge meiner Histori, dass ich der lieben Posterität[3] hinterlasse, was vor Grausamkeiten in diesem unserm Teutschen Krieg hin und wieder verübet worden,
5 zumalen mit meinem eigenen Exempel zu bezeugen, dass alle solche Übel von der Güte des Allerhöchsten, zu unserm Nutz, oft notwendig haben verhänget werden müssen: Dann lieber Leser, wer hätte mir gesagt, dass ein Gott im Himmel wäre, wann keine Krieger meines Knans Haus zernichtet und mich durch solche Fahung[4] unter die Leut gezwungen hätten [...].
10 [...] unser Magd ward im Stall dermaßen traktiert, dass sie nicht mehr daraus gehen konnte, welches zwar eine Schand ist zu melden! Den Knecht legten sie gebunden auf die Erd, steckten ihm ein Sperrholz ins Maul und schütteten ihm einen Melkkübel voll garstig Mistlachenwasser in Leib: das nenneten sie ein Schwedischen Trunk, wodurch sie ihn zwungen, eine Partei anderwärts zu führen[5], allda sie Menschen und Viehe hin-
15 wegnahmen und in unsern Hof brachten, unter welchen mein Knan, mein Meuder[6] und unser Ursele auch waren.
Da fieng man erst an, die Stein von den Pistolen, und hingegen an deren Statt der Bauren Daumen aufzuschrauben, und die arme Schelmen so zu foltern, als wann man hätt Hexen brennen wollen [...].
20 [...] es hatte jeder sein eigene Invention, die Bauren zu peinigen, und also auch jeder Bauer seine sonderbare Marter: Allein mein Knan war meinem damaligen Bedunken nach der glückseligste, weil er mit lachendem Mund bekennete, was andere mit Schmerzen und jämmerlicher Weheklag sagen mussten, und solche Ehre widerfuhr ihm ohne Zweifel darum, weil er der Hausvater war, dann sie setzten ihn zu einem Feuer, banden
25 ihn, dass er weder Händ noch Füß regen konnte, und rieben seine Fußsohlen mit angefeuchtem Salz, welches ihm unser alte Geiß wieder ablecken und dadurch also kützeln musste, dass er vor Lachen hätte zerbersten mögen: das kam so artlich, dass ich Gesellschaft halber, oder weil ich's nicht besser verstunde, von Herzen mitlachen musste: In solchem Gelächter bekannte er seine Schuldigkeit und öffnet den verborgenen Schatz,
30 welcher von Gold, Perlen und Kleinodien viel reicher war, als man hinter Bauren hätte suchen mögen [...].

1) **Reuter**: Reiter   2) **Knan**: Vater   3) **Posterität**: Nachwelt   4) **Fahung**: Gefangennahme
5) gemeint ist: die Gruppe dorthin zu führen, wo sich die Besitztümer (also in Ställen oder im Haus) befinden
6) **Meuder**: Mutter

3 **Zum Textverständnis:**
a Gib den Handlungsverlauf in heutiger Sprache wieder. Welche Grausamkeiten begehen die Reiter im Einzelnen?
b Worin liegt der Reiz der Ich-Form im *Simplicissimus*? Kläre dazu:
 – Simplicius berichtet als alter Mensch (**erzählendes Ich**), was er als Kind erlebt hat (**erlebendes Ich**). Wie hat der Ich-Erzähler die Ereignisse als Kind erlebt, wie kommentiert er sie im Rückblick?
 – Wie rechtfertigt der Erzähler die dargestellten Grausamkeiten?
 – Versteht Simplicius, wovon er berichtet? Begründe.

Erweitern · Vertiefen · Anwenden

4 Zur Darstellung des Dreißigjährigen Krieges:
Inwiefern ist die schaurige Darstellung der Kriegsgräuel „lustig" und „nutzlich zu lesen"?
Berücksichtige auch die folgende Sachinformation:

Grundwissen und Methode

Grimmelshausen *Der abenteuerliche Simplicissimus Teutsch*
Der **Kriegsroman** gehört zu einer großen Tradition, an deren Anfang mit Homers *Ilias* das erste Werk der abendländischen Literatur überhaupt steht. Der *Simplicissimus* lässt sich auch als **Antikriegsroman** bezeichnen, denn er prangert die Grausamkeiten des Dreißigjährigen Krieges schonungslos an. Bekannte deutsche Antikriegsromane, die vom Grauen der beiden Weltkriege berichten, sind z. B. *Im Westen nichts Neues* (1929) von Erich Maria Remarque und *Stalingrad* (1945) von Theodor Plivier.
Der **Schelmenroman**, Cervantes' *Don Quijote* ist das berühmteste Beispiel, stammt ursprünglich aus Spanien. Er erzählt meist in der Ich-Form die **Lebensgeschichte eines „Helden"**, der vielfältige Abenteuer zu bestehen hat. Häufig bedient sich der Schelmenroman der Mittel der **Satire**, d. h. er verspottet Missstände und Fehlverhalten in übertriebener Darstellungsweise. Damit will er **anprangern** und einen **Anstoß zu Verbesserungen** geben.
Bekannte deutsche Schelmenromane sind *Die Bekenntnisse des Hochstaplers Felix Krull* (1954) von Thomas Mann und *Die Blechtrommel* (1959) von Günter Grass.

5a Vergleiche Abbildung 1 mit Text 2: Welche Gemeinsamkeiten entdeckst du, welche Unterschiede?
b Schreibe eine Geschichte zu dem Bild: Schau durch den Bilderrahmen wie durch ein Fenster und erzähle, was sich ereignet. Bringe die stillstehende Zeit zum Laufen, bewege die Figuren, lass sie reden.

Abb. 1: *Jacques Callot: Die Großen Schrecken des Krieges* (Radierungen von 1632/33; Plünderung und Brandschatzung eines Dorfes (Blatt 7))

Lyrik im Wandel der Zeit

Text 3 **Zum Inhalt des Romans**

Simplicius wird nach seiner Vertreibung vom Hof seines Vaters von einem Einsiedler aufgenommen, der ihn zwei Jahre lang beherbergt und erzieht. Nach dessen Tod kommt Simplicius durch Zufall in die Obhut des Stadtkommandanten von Hanau, der sich die Einfalt des Jungen zunutze macht, indem er ihn mithilfe einer vorgegaukelten Höllenzeremonie in Wahnsinn versetzen lässt und zu einem närrischen Kalb macht. Der Knabe, der, ohne durch den Schock wahnsinnig geworden zu sein, diese Rolle gut spielt, wird eines Tages von umherstreifenden Soldaten entführt. Es gelingt ihm zwar, sich von seinem Narrenkleid zu befreien, er muss sich jedoch Frauenkleider anziehen, um unbehelligt zu bleiben. Von diesen ebenfalls befreit, verbringt er den Winter als Knecht eines Dragoners [schwer gerüsteter Reiter] im Kloster, stellt sich danach in den Dienst kaiserlicher Truppen und zeichnet sich als „Jäger von Soest" aus. Vom Feind gefangen, muss er ein halbes Jahr in Lippstadt verbringen, wird dort zu einer Ehe gezwungen und über Köln nach Paris verschlagen. Nach vielen Abenteuern hilft er sich als Quacksalber, also als angeblicher Arzt, weiter, dient als einfacher Musketier [mit einer Muskete, einem schweren Gewehr, ausgerüsteter Soldat], trifft einen alten Freund wieder, gewinnt und verliert ein Vermögen, unternimmt mit dem Freund eine Pilgerfahrt, kommt nach Wien, wird Hauptmann und lässt sich im Schwarzwald als Bauer nieder. Hier erfährt er seine adelige Herkunft – er war ein Findelkind – und unternimmt noch einmal eine Reise, die ihn nach Moskau führt. Ungünstige Zufälle jagen ihn abermals durch die ganze Welt, bis er schließlich als weltabgekehrter Einsiedler auf einer Insel zur Ruhe kommt.

6 Vergleiche die Handlung und den Schluss des Romans (Text 3) mit den Ankündigungen auf dem Titelkupfer und dem Titelblatt (Text 1).
a Deute den letzten Entschluss des Erzählers, ein Leben als Einsiedler zu führen.
b Wie wird der Leser unterhalten? Welche nützlichen Einsichten soll er gewinnen?
c Was kannst du daraus über die Weltsicht und die Wertmaßstäbe der Barockzeit erkennen?
d Besprecht, wie sie sich von denen unserer Zeit unterscheiden.

7 Simplicius erlebt auf seiner Lebensreise eine Fülle seltsamer Abenteuer. Gestalte selbst einmal eine der in der Inhaltsangabe (Text 3) angedeuteten Episoden zu einer Ich-Erzählung aus. Kläre zuvor:
– Wie erzähle ich zugleich „lustig" und „nutzlich"?
– Welche – komische – Wirkung kann man dadurch erzielen, dass der Ich-Erzähler aus der Rückschau ein Abenteuer eines einfältigen und naiven „Helden" erzählt?
– Deine Erzählung könnte so beginnen:

> *Eines Tages gelangte ich in meiner kaiserlichen Uniform nach Lippstadt, wo man mich – zum Schutze der Stadt – unbedingt behalten wollte. Mir jedoch stand der Sinn nach weiterer Wanderschaft und ich wollte meinen Abschied nehmen. Zum Lebewohl ward ich noch einmal in den Ratskeller eingeladen, wo ich mich ganz unverhofft einem merkwürdigen Weibsbild gegenübersah ...*

8a Informiere dich in einer Literaturgeschichte oder im Internet über Grimmelshausens bewegtes Leben.
b Vergleiche die Inhaltsangabe (Text 3) mit dem, was Grimmelshausen selbst erlebt hat.
– Wo schöpft der Autor aus eigener Erfahrung? Was dürfte erfunden sein?
– Was macht den *Simplicissimus* wohl zu einem Zeitdokument ersten Ranges?

Sachlexikon Deutsch

Hier findest du Sachinformationen, die du bei Bedarf nachschlagen und im Unterricht oder zu Hause nutzen kannst. Die Sachinformationen sind *alphabetisch geordnet*; Stichwörter, die *Grundwissen* betreffen, sind *rosa* unterlegt, Stichwörter, die *Methoden und Arbeitstechniken* darstellen, *grün*.
> bedeutet: Sieh (auch) unter dem folgenden Stichwort nach.

Adressat/Adressatenbezug
Ein Adressat ist die Person, an die man sich mündlich oder schriftlich richtet.
Damit du beim Adressaten die **beabsichtigte Wirkung** erzielen kannst, solltest du auf ihn eingehen, dich auf ihn beziehen, ihn sozusagen „richtig" **ansprechen**.
Dabei können dir z. B. folgende Leitfragen helfen:
– Was ist mein Anliegen? Welche Wirkung will ich erzielen?
– Wer ist mein Adressat? Welche Beziehung habe ich zu ihm?
– Auf welche Eigenschaften oder Einstellungen muss ich Rücksicht nehmen?
– Wie kann ich mich also am wirkungsvollsten an diesen Adressaten wenden?

Adverbiale > Satz/Adverbialsätze; Satzglieder
Aktiv/Passiv > Verb

Anekdote
(griech. *anékdota* = nicht Herausgegebenes, nicht Veröffentlichtes) Anekdoten sind **ursprünglich** hinter vorgehaltener Hand erzählte **Klatschgeschichten** über **berühmte Persönlichkeiten**.
Später entwickelten sie sich zu einer besonderen **Form kurzer**, objektiv wirkender **Erzählungen**, die sich in der Regel auf eine **Pointe**, d. h. eine lustige, oft überraschende Wende des Geschehens am Schluss, zuspitzen.
Die erzählte Begebenheit muss nicht wahr sein, aber möglich erscheinen.
Anekdoten wollen nicht belehren (wie z. B. Fabeln) oder Figuren bloßstellen (wie z. B. im Witz), sondern sie regen an, über allgemeines, **typisch menschliches Verhalten** nachzudenken.

appellieren
Wenn du jemanden zu etwas aufforderst, dann appellierst du.
Ein Appell kann eine kurze **Aufforderung** oder **Ermahnung** sein. Oft ist er das Ergebnis z. B. einer **Rede** oder eines **Leserbriefs**. Er kann aber auch durch eine **Einladung** oder auf einem **Flugblatt** mitgeteilt werden. Natürlich spielen Appelle auch in der **Werbung** eine große Rolle.
Wer erfolgreich appellieren will, muss sich geschickt auf seine Leser oder Zuhörer einstellen.
> Adressat

Argument > argumentieren

argumentieren
Wenn du begründet deine Meinung zu einem Sachverhalt oder Problem äußerst, dann argumentierst du. **Wer argumentiert, will andere von seiner Meinung überzeugen.**
Dabei geht er meist von einer **These** (Behauptung, Standpunkt) aus, stützt sie mit **Argumenten** (Begründungen) und kann sie zusätzlich durch **Belege** (Stützung der Argumente durch Beispiele) verstärken.
Wer auf Argumente verzichtet und stattdessen z. B. schmeichelt, bettelt, Scheinargumente verwendet, die sich leicht widerlegen lassen, oder sich auf zweifelhafte Beispiele stützt, der wirkt nicht überzeugend, sondern will lediglich überreden.

Stichhaltige Argumente dagegen halten „Stichen", d. h. Einwänden, stand. Sie lassen sich nicht so leicht widerlegen und sind deshalb geeignet, jemanden zu überzeugen.

> erörtern

Attribut > Satzglieder

Aussage eines literarischen Textes

Die Aussage eines literarischen Textes kannst du nur ganz selten bei der Autorin oder dem Autor erfragen, sondern musst sie durch eine genaue Untersuchung **aus dem Text erschließen**.
Du fragst also: Was „sagt" mir der Text, was ist seine **Grund- oder Kernaussage** und wie kann ich die von mir formulierte Aussage mit den Besonderheiten des Textes begründen oder belegen?
Thema bzw. Problem des Textes und Titel können dir dazu schon wichtige Hinweise geben.

> interpretieren

Ballade

Ursprünglich bezeichnete man volkstümliche Tanz- oder Erzähllieder als Balladen.
Heute versteht man darunter eine handlungsreiche **Geschichte in Gedichtform**.
Inhalt der Balladen sind oft **besondere Taten mit erstaunlichem Ausgang** (Heldenballade) oder **geheimnisvolle Naturereignisse** (naturmagische Ballade).

> Gedicht

Beleg, belegen > Textbeleg

Barock

Mit dem Begriff *Barock* (wahrscheinlich von portug. *barocco* = unregelmäßige, schiefrunde Perle) bezeichnet man ein Jahrhundert (ca. 1600–1720), das herausragende Musiker (Bach, Vivaldi, Händel), Maler (Caravaggio, Rubens, Vermeer, Rembrandt), Schriftsteller (Corneille, Racine und Molière) und Meisterwerke der Architektur (Petersdom in Rom, Schlösser wie Versailles bei Paris und Nymphenburg in München) hervorgebracht hat.
Zum Glanz des höfischen Lebens gehörten die Künste, das Theater und die Musik.
Die **Kehrseite von Pracht und Luxus war eine Not leidende Bevölkerung**, zerrieben von den Glaubens- und Machtkämpfen der Zeit. Besonders das letzte Jahrzehnt des **Dreißigjährigen Krieges** stand im Zeichen von Raubzügen, Plünderungen und Seuchen, die Deutschland verwüsteten und große Landesteile entvölkerten.
Angesichts von Massensterben, Hungersnöten, Verfolgung und Zerstörung wurden Todesangst und das Bewusstsein von Vergänglichkeit (lat. *vanitas mundi* = Vergeblichkeit alles Irdischen) zu den prägenden Gefühlen dieser Zeit. Aus dieser Erfahrung erwuchs aber auch gieriger Lebenshunger und das Streben nach Genuss. Diese **Spannung zwischen Weltbejahung, Lebenslust und Daseinsfreude** auf der einen Seite (lat. *carpe diem* = nutze/genieße den Tag) **und Weltverneinung, Jenseitshoffnung und Erlösungssehnsucht** (lat. *memento mori* = gedenke, dass du sterben wirst) auf der anderen Seite verdeutlichen eindringlich die Literatur und Malerei des Barock.

berichten

Beim Schreiben eines Berichts sollte man sich zunächst die Schreibabsicht, den Zweck und die Adressaten verdeutlichen.
Tipps für einen Bericht in der Schülerzeitung:
1. Ein Bericht dient der sachlichen Information.
2. Ein Bericht sollte so **genau wie nötig und so knapp wie möglich** sein. Konzentriere dich auf die wichtigsten **Tatsachen** und beantworte die **W-Fragen**.

3. Die **Einleitung** führt den Leser in die Situation ein. Am besten beantwortest du hier bereits die ersten vier W-Fragen: **Wer, was, wann, wo?** Oft genügt dafür auch schon ein einziger Satz.
4. Der **Hauptteil** sollte den Ablauf des Geschehens in zeitlicher Reihenfolge darstellen; dabei beantwortest du vor allem die W-Frage: **Wie** ist das Ereignis genau abgelaufen?
5. Der **Schluss** nennt meist das Ergebnis: **Welche Folgen** hatte das Geschehen?

beschreiben

Eine Beschreibung dient der **sachlichen Information** (Sachstil), Empfindungen gehören deshalb nicht in eine Beschreibung. Wichtig ist es, **genau zu beobachten** und Adressat und Zweck im Blick zu behalten. Tempus ist immer das **Präsens**.

Gegenstände beschreiben: Am besten beginnt man mit Informationen über den Gegenstand als Ganzes, erst dann folgen Einzelheiten, möglichst nach ihrer räumlichen Anordnung geordnet. Tempus ist fast immer das Präsens.

Personen beschreiben: Am besten beginnt man mit allgemeinen Informationen zur Person (Geschlecht, Alter, Größe, …), beschreibt dann die äußere Erscheinung (Gestalt, Kleidung) und anschließend weitere Merkmale, die diese Person von anderen unterscheidbar machen können (besonders das Gesicht, aber auch körperliche Besonderheiten).

In literarischen Texten finden sich oft Personenbeschreibungen, die mit persönlichen Eindrücken, Erfahrungen und Wertungen vermischt sind, um die Personen nicht nur äußerlich zu beschreiben, sondern sie zu **charakterisieren**.

bildliches Sprechen

In der Literatur und auch im Alltag sprechen wir oft in sprachlichen Bildern. Bilder machen Sachverhalte, Meinungen oder Forderungen anschaulich und erübrigen oft umständliche sachliche Erklärungen. Bildlich können wir mit einzelnen Wörtern, aber auch mit (Rede-)Wendungen oder sogar Sprichwörtern sprechen:

Metapher (Übertragung): Die Metapher benennt etwas im übertragenen Sinn; sie überträgt ein Wort auf eine Sache, auf die es auch passt (z. B. *Der Säugling kräht.* > übertragen von der Stimme des Hahns auf die Stimme des Säuglings).

Personifikation: Sie ist eine Sonderform der Metapher; Gegenständen, Pflanzen, Tieren oder Naturerscheinungen werden Eigenschaften und Verhaltensweisen von Menschen zugeschrieben (z. B. *Der Winter schläft.*).

Vergleich: Dabei wird etwas direkt mit etwas anderem verglichen (z. B. *Das Wasser glänzte wie Silber. – Er stand da wie ein begossener Pudel.*). Der Vergleich wird meist eingeführt durch: *wie, als ob, als wenn, von der Art/Farbe eines …*

Hyperbel (Übertreibung): Ein Vorgang wird übertrieben dargestellt (z. B. *Es goss aus Eimern.*).

Ein **Symbol** ist ein Gegenstand, der als Sinnbild für etwas Allgemeines, Geistiges, nicht Sichtbares steht, z. B. der Ring als Zeichen für treue Verbundenheit. Eine **Allegorie** (griech. *allegorein* = anders, bildlich reden) ist die bildliche Darstellung eines Gedankens oder abstrakten Begriffs, häufig durch eine Personifikation zum Ausdruck gebracht, z. B. *Gott Amor* für *Liebe*.

Unter **Chiffre** versteht man im Allgemeinen eine Geheimschrift. In der Literatur ist damit meist ein **verschlüsseltes Bild** gemeint, dessen Bedeutung man nicht genau fassen kann; sie geht allenfalls aus dem Textzusammenhang hervor.

Redensart: Eine allgemein bekannte sprachliche Wendung (Redewendung), die einen Sachverhalt bildlich benennt und meist nur im Satz- oder Textzusammenhang als bildlich gemeinte Wendung verständlich wird (z. B. *im Geld schwimmen, kalte Füße bekommen*).

Sprichwort: Ein Satz, der eine verbreitete Lebensweisheit enthält. Ein Sprichwort wird oft verwendet, um Alltagssituationen in einem Bild zu bewerten (*Lügen haben kurze Beine. – Wer zuletzt lacht, lacht am besten.*).

Diagramm > Präsentation

Dialekt

Mundart, eigentlich die zwanglose Sprechweise in der Umgangssprache im Gegensatz zur gehobeneren Schriftsprache (Hochsprache); später **die in Lautung und Wortschatz unterschiedliche Sprache einzelner Regionen** (z. B. *schwäbisch, westfälisch, ...*).

Dialog > Drama > Spielszenen
direkte Rede > Verb/Modus; Zeichensetzung

diskutieren/ Diskussion

In einer Diskussion wird eine Streitfrage in Rede und Gegenrede zur Entscheidung gestellt. **Ziel** der Diskussion ist es, den eigenen Standpunkt argumentativ zur Geltung zu bringen oder sich durch Argumente anderer von einem anderen Standpunkt überzeugen zu lassen. Oft bereitet eine Diskussion eine **Entscheidung in der Sache** vor (Abstimmung). Damit die Diskussion fruchtbar ist, ist es wichtig,
– **fair und sachbezogen** zu argumentieren,
– **genau zuzuhören,** an den vorherigen Beitrag **anzuknüpfen** und **aufeinander einzugehen,**
– die **Sache** und **nicht die Person** des Gegners „anzugreifen",
– sich **auf die Diskussion vorzubereiten** (Argumente und Belege zu sammeln, sich in den Gegenstandpunkt hineinzuversetzen, sich sachkundig zu machen, Notizen vorzubereiten, ...).

Podiumsdiskussion: eine besondere Form der Diskussion. Dabei diskutieren einige wenige Diskussionspartner – meist anerkannte Fachleute oder Vertreter von Parteien oder anderen gesellschaftlichen Gruppen – auf einem Podium (einer Bühne) vor dem Publikum über eine die Zuhörer interessierende Sachfrage.

Diskussionen leiten: Bei Diskussionen in größeren Gruppen (z. B. in der Klasse) ist eine Diskussionsleiterin oder ein Diskussionsleiter nötig, damit alle zu Wort kommen, Gesprächsregeln eingehalten und Gesprächsergebnisse möglich werden.

Tipps für die Gesprächsleitung:
1. Das Gespräch einleiten (*Es geht um die Frage, ob ...*),
2. nach der Reihenfolge der Gesprächsmeldungen aufrufen (*Als Erste hat sich Inga gemeldet.*),
3. auf die Einhaltung der Gesprächsregeln achten (*Lass Hilmar bitte aussprechen.*),
4. verbinden und überleiten (*Hilmar hat vorgeschlagen ...; wir haben bisher ...; sollten wir nicht auch überlegen, ob ...*),
5. zusammenfassen, eine Abstimmung einleiten (*Ich fasse den Gesprächsverlauf zusammen ... Beide Seiten haben ihren Standpunkt begründet ... Jetzt können wir abstimmen ...*).

> Gespräch > Zuhören

Drama

Das **Drama** (griech. *Handlung*) ist neben Lyrik und Epik eine der drei Grundformen der Dichtung. Dramen entfalten meistens einen **Konflikt** und seine Lösung. Ein Drama ist für die Aufführung im Theater bestimmt. Es ist in der Regel unterteilt in **Akte** (Aufzüge); ein Akt enthält häufig mehrere **Szenen** (Auftritte).

Der erste Akt eines Dramas erfüllt meistens die Funktion einer **Exposition** (lat. *Darlegung*), in der die **Hauptfiguren** (Protagonisten) vorgestellt und in den **zentralen Konflikt** eingeführt werden.

Der Dramentext enthält **Dialoge** und **Monologe**, die die Schauspielerinnen und Schauspieler sprechen, sowie **Regieanweisungen**.

Im Drama sind die Figuren direkt Träger der Handlung. Durch ihre Beziehung zueinander (**Figurenkonstellation**), ihr Verhalten und ihre Auseinandersetzungen (**Interaktion**) entstehen Konflikte, die Spannung erzeugen. Dem Zuschauer muss besonders das **innere Geschehen** (Gedanken und Gefühle) im Gegensatz zum **äußeren Geschehen** durch Sprache und andere Ausdrucksformen (z. B. Gestik, Mimik) verdeutlicht werden. Hierdurch erschließen sich für den Zuschauer die **Motive des Handelns** und somit auch die **Charakterzüge** der Figuren.

> Spielszenen > Theater

epische Kurzformen	(griech. *epikós* = zum Epos gehörig) Epische Kurzformen sind kurze Texte der epischen, also erzählenden Literatur (Prosatexte) wie Anekdoten, Fabeln, Kalendergeschichten, Kurzgeschichten, Märchen oder Sagen.
epische Texte erschließen	Wenn du einen epischen Text (Erzähltext) genauer verstehen willst, musst du den **Inhalt**, die beteiligten **Figuren** und auffällige sprachliche **Gestaltungsmittel** genauer untersuchen. Du fragst: WAS ist erzählt? WIE ist es erzählt? WARUM ist es gerade so erzählt (**Wirkung/ Aussage**)? Dabei kannst du folgende **Bausteine des Interpretierens** nutzen: 1. Zuerst solltest du **Fragen klären** und dein **Textverständnis** überprüfen. 2. Die **Überschrift** ist oft schon ein wichtiger Schlüssel für das Verständnis des Textes. 3. **Handlung, Aufbau:** Dazu kannst du den Text in Handlungsschritte gliedern (Aufbau) und z. B. **Ort, Zeit** und **Verlauf** des Geschehens erkennen und feststellen, was im Mittelpunkt steht (**Kern der Handlung, Problem**) und zu welchem Ergebnis die Handlung führt. 4. **Figuren/-gestaltung:** Welche Figuren kommen vor? Welche sind die Hauptfiguren (Protagonisten)? Erkläre **Lebensumstände** und Beziehungen der Figuren zueinander (Figurenkonstellation), beschreibe ihr **Verhalten** und untersuche die **Motive** (Beweggründe) für ihr Verhalten und ihren Charakter. 5. **Erzähler:** Welche Rolle hat der Erzähler? Welche Auswirkung hat das auf die Erzählung? 6. **sprachliche Gestaltungsmittel:** Achte auf Besonderheiten in Wortwahl und Satzbau: Wo und mit welcher Wirkung weicht die Erzählweise vom üblichen Sprachgebrauch ab? Wie passt das zur Handlung und zu den Figuren? 7. **Wirkung/Aussage:** Jetzt kannst du dein Ergebnis zusammenfassen: Wie wirkt der Text auf dich und warum? Was sagt er für dich aus (Aussage des Textes)? > Aussage eines literarischen Textes > Drama > interpretieren > Gedicht > Motiv/Motivgeschichte > Stoff/Stoffgeschichte
Epos	Ein Epos ist eine dichterisch gestaltete **Großform der Erzählung** über **Götter, Könige** und **Helden**. Das Epos erzählt von ihren **Kämpfen** und großen **Taten** und verherrlicht oftmals historische Ereignisse und Persönlichkeiten. Die **Haupthandlung** wird häufig **durch Episoden** und **Nebenhandlungen** erweitert, sodass in einer Vielzahl von Schauplätzen und Ereignissen **die bunte Fülle der Welt** dargestellt wird. Epen wurden **zunächst** Jahrhunderte lang **mündlich** überliefert, dabei verändert und immer wieder ergänzt; erst später wurden sie schriftlich festgehalten.

erörtern

Wenn du erörterst, argumentiert du und nimmst Stellung. Meistens ist bei einer Erörterung eine Streitfrage vorgegeben (z. B.: *Schönheit um jeden Preis?*).
Zu einer Streitfrage gibt es immer *zwei* Positionen, **These und Gegenthese**.
Führt man nur die **Argumente** *einer* Seite aus, Pro oder Kontra, spricht man von einer **einfachen, steigernden** bzw. **linearen Erörterung**.
Eine einfache Erörterung geht von einer **These** (Behauptung, Standpunkt) aus (z. B. *Schönheitsoperationen gefährden die Gesundheit.*), begründet die These mit **Argumenten** (Begründungen) und stützt diese mit **Belegen** (Beispielen, Fakten usw.).

Es ist auch möglich, **beide Seiten**, Pro und Kontra, abwägend zu beleuchten und sich in einer abschließenden Wertung **für eine Seite zu entscheiden** oder einen Kompromiss zu finden. Dann spricht man von einer **dialektischen Erörterung**.

Eine einfache Erörterung schreiben:
- Wenn du einen Standpunkt (These) fundiert vertreten willst, ist es zunächst nötig, zu **recherchieren**, die **Sache** (Thema, Fragegegenstand), um die es geht, zu **klären**.
- Fertige eine **Stoffsammlung** an und sortiere inhaltlich Zusammengehöriges z. B. in einer Mindmap. Die Hauptarme der Mindmap ergeben die Argumente, die Nebenarme enthalten Belege.
- Aus der Stoffsammlung wird eine **Gliederung** (Schreibplan), indem du die Argumente aus der Stoffsammlung so anordnest, dass sie den **Adressaten** überzeugen können. Die Gliederung sollte nach einem einheitlichen System nummeriert und einheitlich formuliert sein (Nominal- *oder* Verbalstil).
- Gestalte nun die Argumente aus. **Ausgestalten** bedeutet, zu den Argumenten **Belege** zu formulieren, die für den Leser die Überzeugungskraft erhöhen.
- Die Ausgestaltung wird meist vervollständigt durch eine **Rückführung**, die den Kreis schließt; dabei wird am Schluss der Ausgestaltung noch einmal ausdrücklich genannt, was „bewiesen" worden ist, oft eingeleitet durch *deshalb, es zeigt sich also* u. Ä.
- Vergiss nicht, deine Gliederung um einen **Einleitungs**- und einen **Schlussgedanken** zu ergänzen.
- **Schreibe** nun die Erörterung und **überarbeite** sie; achte besonders auf die Mittel der sprachlichen Verknüpfung.

> argumentieren > Nominalstil/Verbalstil > Sachtexte: Stellung nehmen

erzählen

Erzählen nach literarischen Mustern
Manche Erzählformen in der Literatur haben ganz typische Merkmale (z. B. Anekdote, Kurzgeschichte). Wenn du selbst nach solchen „literarischen Mustern" erzählen willst, musst du die Merkmale des literarischen Textes genau kennen. Mach dir also zunächst klar: Was ist typisch für eine Anekdote oder eine Kurzgeschichte?

Weitererzählen
Wenn du eine Geschichte **weitererzählst** (z. B. einen Anfang weitererzählen, einen Schluss erfinden), ist nicht nur deine Fantasie gefragt, sondern auch dein **Verständnis des bereits erzählten Teils der Geschichte**, die du weitererzählen willst. Dabei kommt es nicht darauf an, die Geschichte so weiterzuerzählen, wie sie die Dichterin oder der Dichter wirklich weitergeschrieben hat. Deine weitererzählte Geschichte muss allerdings möglichst gut zum bisherigen **Handlungsverlauf** und zu den **Figuren** passen.

> Texte umgestalten/ausgestalten

erzählen mit
schildernden
Elementen > schildern/Schilderung

Erzähler

Der **Erzähler**
- ist eine vom Autor **erdachte Gestalt**, die von ihrem Standort (Erzählerstandort) aus auf ihre Weise das Geschehen sieht und in der **Ich-Form** oder in der **Er-/Sie-Form** erzählt;
- kann **als Figur in Erscheinung** treten und den Leser direkt ansprechen, er kann aber auch **ganz hinter die Figuren** der Erzählung treten, sodass der Leser das Geschehen aus der Perspektive einer Figur wahrnimmt;
- kann in die Gedanken und Gefühle einer oder mehrerer Figuren hineinblicken (**Innenstandpunkt**) oder einen **Außenstandpunkt** einnehmen.

Sowohl in der Ich-Form als auch in der Er-/Sie-Form kann man **drei Erzählverhalten** unterscheiden:
- Beim **auktorialen Erzählverhalten** ist der Erzähler durch Kommentare, Vorausdeutungen, direkte Anrede des Lesers etc. deutlich in seiner Rolle erkennbar.
- Beim **personalen Erzählverhalten** tritt der Erzähler hinter eine Figur und wählt deren Sicht, erzählt das Geschehen also aus dem Blickwinkel der entsprechenden Figur.
- Beim **neutralen Erzählverhalten** berichtet der Erzähler wie ein außen stehender Beobachter, der sich weder einmischt noch hinter eine Figur zurücktritt.

Das Erzählverhalten kann in einer Erzählung wechseln. Ebenso kann der Erzähler aus der Sicht von verschiedenen Figuren erzählen.

Tipp zur Bestimmung des Erzählverhaltens:
Achte genau auf die Wortwahl des jeweiligen Textes.
- Sind Kommentare oder Wertungen des Erzählers erkennbar? (auktorial)
- Wird eher neutral berichtet? (neutral)
- Hat der Leser das Gefühl, das Geschehen aus der Sicht einer bestimmten Figur zu sehen? Kann er z. B. den inneren Monolog einer Figur hören? (personal)

Erzählzeit/
erzählte Zeit > Zeitgestaltung

exzerpieren

(lat. *excerpere* = herausziehen) Beim Exzerpieren schreibst du das Wesentliche bzw. das für deine Fragestellung **Wichtigste** aus einem Text heraus.
Voraussetzung für sinnvolles Exzerpieren ist ein genaues und konzentriertes Lesen des Textes.
Hilfen: klare, auch grafisch gestaltete Notizen, z. B. als Mindmap; Herausfiltern von Schlüsselbegriffen; Erklärung unbekannter Wörter; Verwendung einfacher Zeichen, z. B. !! = wichtig.

> Sachtexte erschließen

Figur, literarische

(lat. *figura* = Gestalt) Eine literarische Figur ist jede in der Literatur, besonders in epischen (Epik) und dramatischen (Drama) Texten, auftretende Person. Figuren sind ausgedacht, während Personen wirklich lebende Menschen sind.

Fünf-Schritt-
Lesemethode > Sachtexte erschließen

Gedicht	Gedichte leben oft von Stimmungen, Gefühlen, Eindrücken, die die Dichterin oder der Dichter durch **besondere sprachliche Gestaltungsmittel** ausdrückt und mitteilt.

Sprachliche Bilder (z. B.: **Metapher**, **Personifikation** und **Vergleich**) dienten Dichtern zu allen Zeiten zur Veranschaulichung abstrakter Aussagen. Bilder stehen nicht für sich selbst, sondern meinen etwas anderes. Zu den Merkmalen **moderner Lyrik** gehört, dass die **Bilder häufig ihre einfache Verständlichkeit verlieren** und nicht immer einer bestimmten Bedeutung zugeordnet werden können. Stattdessen ist ihr **Sinn oft vieldeutig, dunkel und rätselhaft**. Darin drückt sich das **Lebensgefühl des „modernen" Menschen** aus, das nicht selten von Ungewissheit, Angst und Orientierungslosigkeit geprägt ist.

Klangwirkung
Reim: Gleichklang mehrerer Wörter vom letzten betonten Vokal an (z. B. *Ráub – Stáub; erkánnte – sándte*). Gleiche Reime werden mit gleichem Buchstaben gekennzeichnet (z. B. ... *Hose* ... *Dose* ... *Mutter* ... *Butter* = a – a – b – b).
Die häufigsten Reimformen sind: **Paarreim** (aabb), **Kreuzreim** (abab) und **umfassender Reim** (abba).

Kadenzen: Wichtig für die Klangwirkung eines Gedichts sind auch die **Versschlüsse**, die Kadenzen. Endet ein Vers mit einer betonten Silbe, spricht man von einer stumpfen Kadenz; endet er mit einer unbetonten Silbe, spricht man von einer klingenden Kadenz.

Klangmalerei: Manchmal wird mit dem Klang der Wörter gespielt, um besondere Wirkungen zu erzielen, z. B. *wummtata, wummtata, spielt die Kapelle ...*

> bildliches Sprechen > Metrum > Rhythmus > Sonett

Gespräch	**Gesprächsanalyse:** Manchmal ist es wichtig, sich das eigene oder fremde Gesprächsverhalten bewusstzumachen, um Wirkungen einzuschätzen oder zu erzielen.

Du kannst Gesprächsverhalten untersuchen, indem du fragst:
– Wer sind die **Gesprächspartner**, wie ist die **Gesprächssituation**?
– Haben die Gesprächspartner die Gesprächssituation richtig eingeschätzt?
– Welches **Gesprächsziel** verfolgen sie? Sind sie taktisch geschickt vorgegangen und haben sie wirkungsvoll argumentiert?
– Sind die **Gesprächspartner** inhaltlich, partner- und situationsgerecht aufeinander eingegangen und haben sie sich an **Gesprächsregeln** gehalten?
– Haben sie wirkungsvoll **Körpersprache** eingesetzt und Möglichkeiten ihrer **Stimme** genutzt?

Gesprächsregeln > diskutieren

gestalterisches Schreiben	Wenn beim Schreiben deine Ideen und deine Fantasie gefragt sind und du sie **selbst gestalten** kannst, dann geht es um gestalterisches Schreiben.

Typische Beispiele sind: eine Erzählung schreiben, aus anderer Sicht erzählen, Weiterschreiben eines Textes, Umformen in eine andere Textart, selbst ein Gedicht, eine Kurzgeschichte usw. verfassen, einen inneren Monolog oder einen Tagebucheintrag entwerfen usw.

> Texte ausgestalten/umgestalten

Zum Nachschlagen

Glosse

Ursprünglich meint der Begriff **Glosse** einfach nur das Hinzufügen handschriftlicher Bemerkungen (erläuternd, weiter erklärend, deutend) an einen bereits bestehenden Text. Die Glosse als „**Randbemerkung**" im journalistischen Sinne ist **ein knapper, meistens polemischer Kommentar**, also ironisch, eher unsachlich angreifend, zu aktuellen Ereignissen.

> Kommentar > Zeitung

Hörspiel

Ein Hörspiel ist eine gespielte Geschichte, die man nicht sieht, sondern **nur hört** (Radio, Kassette, CD).
Wenn du z. B. eine Geschichte zu einem Hörspiel umgestaltest, musst du wie bei einem Theaterstück die Handlung in **Dialoge** (Dialogisierung) umschreiben. Die **Regieanweisungen** geben zusätzlich an, mit welchen **Geräuschen** du die Wirkung des Gesprochenen ergänzen oder unterstützen willst.

> Drama > Medien > Theater

Hypertext > Text/Hypertext

indirekte Rede

Wenn du wiedergeben willst, was jemand in direkter (wörtlicher) Rede geäußert hat, kannst du ihn entweder zitieren (wörtl. Wiederholung des Gesagten) oder das Gesagte in indirekter Rede wiedergeben.

Bei der indirekten Rede bleibst du einerseits sehr **nahe beim Wortlaut** der Aussage und gibst das Gesagte **inhaltlich korrekt** wieder, machst durch die indirekte Rede aber auch deutlich, dass du die Aussage **ohne Wertung** wiedergibst und das Gesagte nicht unbedingt deine eigene Meinung darstellt (**Distanz**).

Statt des Indikativs (*„Ich bin krank gewesen, aber ich komme morgen."*) benutzt du in der indirekten Rede den **Konjunktiv I** (*Er sagt, er sei krank gewesen, aber er komme morgen.*). Sofern der Konjunktiv I gleich lautend mit einer Form des Indikativs ist, verwendet man als Ersatzform den Konjunktiv II (*Er fragt, ob ich komme > käme.*).
Wenn auch diese Form mit einer Indikativform gleich lautend ist, kann man die **Umschreibung mit *würde*** wählen (*Er versprach, dass wir laufen > liefen > laufen würden.*).

Bei der indirekten Rede ist das **Tempus** des Nebensatzes, also des indirekt Wiedergegebenen, **unabhängig vom Tempus des Begleitsatzes** (z. B.: *Sabine sagte, sie spiele gerade Schach. – Sabine hatte gesagt, sie spiele gerade Schach. – Sabine wird sagen, sie spiele gerade Schach.*).

Verwende den
– Konjunktiv Perfekt für Vergangenes (*Sie sagt, sie habe gestern Schach gespielt.*),
– Konjunktiv Präsens für die Gegenwart (*Sie sagt, sie spiele gerade Schach.*),
– Konjunktiv Futur für die Zukunft (*Sie sagt, sie werde morgen Schach spielen.*).

> Verb/Modus

Infinitivgruppen > Satz/Satzglieder > Zeichensetzung

informieren

Informationen suchen: recherchieren
1. **Grundlage** erfolgreicher Informationsbeschaffung ist eine **gut überlegte Fragestellung**: Überlege dir sehr genau, was du wissen willst und welche Fragen du hast.
2. Nun kannst du dir geeignete **Informationsquellen** überlegen: Fachleute befragen (Interview), Lexikon (als Buch, CD oder online), Bibliothek oder Buchladen, Internet.

3. Suche dir aus den Informationsquellen nur die Informationen heraus, die ganz konkret **Antworten auf deine Fragen** enthalten.
4. Im **Internet** wird mithilfe von Suchmaschinen gesucht. Durch Austausch eurer Erfahrungen könnt ihr feststellen, welche **Suchmaschinen** am besten sind und welche vor allem Informationen für Jugendliche liefern.

Achtung: Manche Informationen aus dem Internet sind fehlerhaft oder falsch, auch bei Angeboten von fertigen Referaten und Hausaufgaben. Ebenso gibt es viele Internetanbieter, die den Kunden auf unseriöse Weise zum Abonnenten von teuren Angeboten machen, ohne dass dieser einem solchen Angebot zugestimmt hat.

Prüfe:
– Wer hat die Internetseite erstellt? Gibt es Zweifel, ob man dem Inhalt der Seite vertrauen kann?
– Wann ist die Seite erstellt? Ist sie veraltet?
– Für wen und zu welchem Zweck ist sie erstellt (Adressat)?
– Welchen Nutzen hat sie für mich?

Im Zweifelsfall kannst du die Informationen mit denen in anderen Informationsquellen vergleichen.

> Präsentation > Referat > Statistiken

Inhaltsangabe

Eine Inhaltsangabe informiert sachlich und knapp über den Inhalt eines Textes.
Im **Einleitungssatz** bietest du dem Leser die Grundinformationen: Text (Textart, Titel, wenn bekannt: Quelle, Erscheinungsjahr), Verfasser/-in, Thema/Problem/Ergebnis; z. B. *In der Kurzgeschichte „Notensprung" von Hanni Piepecker geht es um einen genialen Musiker, der nach einem Unfall nicht mehr Klavier spielen kann und zum Amokläufer wird.*
Im **Hauptteil** gibst du knapp die wesentlichen Handlungsschritte wieder, die zum Verständnis der Handlung und des Handlungsergebnisses wichtig sind.
In der Inhaltsangabe wird **keine wörtliche Rede** benutzt, du gibst den Text durchgehend in der **3. Person** wieder, das Tempus ist das **Präsens** bzw. das Perfekt für Ereignisse vor der wiedergegebenen Handlung (z. B.: *Der Musiker gerät in einen Nebelbank, die sich am Morgen gebildet hat, ...*).

Eine Inhaltsangabe schreiben

1. Zunächst musst du den Text **gründlich lesen**. Stelle Fragen zum Inhalt und mach dir klar, **worum es eigentlich geht**. Bei Sachtexten hilft dir z. B. die *Fünf-Schritt-Lesemethode*.
2. Verdeutliche dir den Aufbau des Textes, **gliedere ihn in Abschnitte** (z. B. Handlungsschritte) und überlege, was besonders wichtig ist.
3. **Kürze den Text**, indem du Textteile (Handlungsschritte, Details) weglässt, die für das Verstehen des Textes (oder für den Adressaten der Textzusammenfassung) nicht so wichtig sind.
4. Fasse den Text **mit eigenen Worten im Präsens** zusammen; achte auf **Satzverknüpfungen** (z. B. durch Konjunktionen und Adverbien), damit die **Zusammenhänge** sowie Grund und Folge eines Geschehens **deutlich** werden; lass direkte Rede weg oder forme sie in knappe indirekte Rede um.

> Textzusammenfassung

interpretieren	(lat. *interpretatio* = Erklärung, Auslegung) Wenn du interpretierst, **deutest du einen Text und klärst, wie du ihn verstehst**; dabei erschließt du den Text, indem du inhaltliche, sprachliche und formale Gestaltungsmittel analysierst und sie zur Begründung deiner Deutung nutzt. > Aussage eines literarischen Textes > epische Texte erschließen
Interview	Das Interview ist eine besondere Form des Gesprächs. Es ist eine Befragung von Personen (meist durch einen Journalisten), die zu einem Problem oder Ereignis lohnende oder fachkundige Aussagen machen können. Für eine erfolgreiche Befragung solltest du Folgendes beachten: 1. Überlege dir vorher genau, **was du erfahren willst** (Fragen vorher aufschreiben). 2. Stelle möglichst **keine Entscheidungsfragen,** die man einfach nur mit „ja" oder „nein" beantworten kann. 3. Notiere dir **stichwortartig die Antworten** – oder nutze, wenn die Gesprächspartnerin oder der Gesprächspartner einverstanden ist, ein Aufzeichnungsgerät. 4. Sei **höflich**. Sage zu Beginn, **worum es geht; bedanke dich** am Schluss für das Interview.
Inversion	> Rhythmus
Kolumne	Kommentierender Artikel, der regelmäßig an einer gleichbleibenden Stelle einer Zeitung oder Zeitschrift erscheint. > Zeitung
Komma	> Zeichensetzung
Kommentar	(lat. *commentarius* = Notizen, Tagebuch; *commentatio* = sorgfältiges Überdenken einer Sache) In den Medien: wertende, subjektive Äußerung oder Stellungnahme eines Journalisten zu (aktuellen) Ereignissen in Politik und Gesellschaft. > Glosse > Zeitung
Kommunikation	Kommunikation bedeutet, **sich** untereinander **verständigen.** Der Vorgang der Kommunikation lässt sich als Modell darstellen, z. B.: Der **Sender** „überträgt" seine **Sprechabsicht** in eine **sprachliche Äußerung.** Der **Empfänger** hört die sprachliche Äußerung, versteht die Sprechabsicht und reagiert darauf. Sprachliche Äußerungen werden fast immer – bewusst oder unbewusst – ergänzt oder unterstützt durch nichtsprachliche (nonverbale) Äußerungen, durch **Körpersprache**. Mit **Gestik** (Bewegungen der Hände), **Mimik** (Gesichtsausdruck, Blick) und **Körperhaltungen** und -bewegungen kann ein Sprecher seine sprachliche Äußerung unterstützen (z. B. die erhobene Faust bei einer Drohung), ihr aber auch widersprechen (z. B. Zittern bei der Behauptung, keine Angst zu kennen) oder die sprachliche Äußerungen ganz durch Körpersprache ersetzen (z. B. durch Kopfnicken für Zustimmung). > diskutieren > Gespräch
Komödie	Die Komödie ist eine besondere **Form des Dramas,** in der durch die dargestellten Figuren oft menschliche Schwächen und Unzulänglichkeiten wie z. B. Eitelkeit, Geiz u. a. bloßgestellt und lächerlich gemacht werden (**Charakterkomik**). Der Zuschauer soll die Handlungen und die Motive der einzelnen Figuren leicht durchschauen, deshalb arbeitet die Komödie oft mit Übertreibungen in der Darstellung.

Häufig geben die Figuren auf der Bühne untereinander die wahren Gründe ihres Handelns nicht zu erkennen, sodass Konflikte, Missverständnisse und Verwechslungen (**Situationskomik**) entstehen, die oft in heiterer Weise (**Happy End**) aufgelöst werden. Diese Komik kann auch in der Figurenrede durch Wortwitz, Missverstehen, besondere Sprechweise (**Wortkomik**) und durch das Aussehen der Figuren und ihre Körpersprache entstehen.

> Drama

Körpersprache	> Kommunikation
Konjunktiv	> Verb/Modus

kreatives Schreiben

Wenn du **kreativ schreibst**, bist du **Herrscher über Zeit, Raum und Handlung**. Du kannst dich in deiner Fantasie in jede beliebige Zeit, an jeden beliebigen Ort und in jede beliebige Situation versetzen.

Du kannst die Grenzen der Logik überschreiten und auch die formale Gestaltung deines Textes frei bestimmen.

Gerade ungewöhnliche, verrückte Einfälle führen dabei häufig zu einer interessanten Geschichte! Manchmal benötigt man jedoch konkrete Schreibanlässe, um seine Fantasie anzuregen, z. B. eine interessante Schreibaufgabe, ein Bild oder Musik.

Kriminalgeschichten

Allen **Kriminalgeschichten** ist gemeinsam, dass sich die um ein Verbrechen rankende Handlung in drei Schritte unterteilen lässt: die *Vorgeschichte*, den *Fall* selbst und schließlich dessen gelungene oder misslungene *Aufklärung*.

Meist unterscheidet man drei Arten von Krimis:
- den **Kriminalroman**, der in der Regel chronologisch erzählt, was bis zur Aufklärung geschehen ist,
- den **Detektivroman**, bei dem der Detektiv Zusammenhänge aufdeckt und den Täter entlarvt,
- den **Thriller**, der spannungs- und actionreich die Verfolgung eines meist bekannten Täters darstellt.

„Krimi" gilt dabei oft auch als **Sammelbezeichnung** für alle Erzählungen, in denen es um Verbrechen und die Aufklärung von Verbrechen geht.

Mischformen oder **besondere Formen** von Kriminalgeschichten sind z. B.:
- **Agenten-** oder **Spionagegeschichten**: Sie thematisieren die Tätigkeit von Geheimdiensten.
- In **Gerichtskrimis** erfolgt die Aufklärung, d. h. die Entlarvung des Täters, in einer spektakulären Gerichtsszene.
- Der **Rätselkrimi** ist eine Sonderform des Detektivromans: In ihm erhält der Leser dieselben Informationen wie der Detektiv, sodass er selbst den rätselhaften Fall lösen kann oder auch falschen Spuren folgt.

> epische Texte erschließen

Kurzgeschichte

In Kurzgeschichten wird meist eine **besondere Situation** im Leben eines Menschen erzählt. Alltagssituationen erweisen sich dabei plötzlich als **krisenhafte Wendepunkte im Leben der Hauptfigur**. Zumeist wird der Leser zu **Beginn unvermittelt** in eine bereits laufende Handlung hineinversetzt.

Der Erzähler wertet und kommentiert das Geschehen in der Regel nicht. Meist bietet die Kurzgeschichte auch **keine eindeutige Lösung** oder Deutung an; das weitere Geschehen bleibt häufig offen. Der Leser kann selbst Lösungsmöglichkeiten finden.

> epische Texte erschließen

Zum Nachschlagen

Medien

Mit Medien (Sing.: das Medium, lat. = Mittel, Mittler) bezeichnet man die „Mittel", die der Übermittlung von Informationen, zur Unterhaltung und Belehrung dienen (z. B. Film, Fernsehen, Radio, Zeitung, Buch, ...).
Man kann unterscheiden:
– **Printmedien** (zu lesen, durch Druck vermittelt, z. B. *Zeitungen, Bücher*),
– **akustische Medien** (zu hören, durch Tongeräte übermittelt, z. B. *Radio, Tonträger*),
– **visuelle Medien** (zu sehen, durch Bildgeräte vermittelt, z. B. Dia- oder Overhead-Projektor),
– **audiovisuelle Medien** (zu hören und zu sehen, durch Bild- und Tongeräte vermittelt, z. B. *Film, Fernsehen*) und
– **elektronische („neue") Medien** (zu lesen, zu hören, zu sehen („Multimedia") durch elektronische Bausteine bzw. Chips übermittelt, z. B. *Computer, Internet*).

> Text/Hypertext

Metapher > bildliches Sprechen

Metrum

(griech. *Metron* = das Maß) Metrum bedeutet (Vers-)Maß. In der Metrik, der **Lehre vom Versbau,** wird vor allem untersucht, in welcher Ordnung kurze und lange (in alten Sprachen, Antike) oder betonte und unbetonte Silben (in unserer heutigen Sprache) aufeinander folgen.
Das Versmaß lässt sich also bestimmen
– durch ein **Taktschema** (Wechsel von betonten und unbetonten Silben)
– oder durch **Versfüße,** die aus der griechischen Antike stammen und ursprünglich Länge bzw. Kürze einer Silbe kennzeichneten.

Taktordnung: Ein Takt besteht aus einer Hebung und einer oder mehreren Senkungen. Nach der Anzahl der zu einem Takt gehörigen Silben kannst du die Taktarten unterscheiden:
Zweiertakt: x́ x/ x́ x/ x́ x/ x́ x
     Tan - te Li - sa hat ein Mo - fa.
Dreiertakt: x́ x x/ x́ x x/ x́ x x
     Bald kommt der Kä - fer ans Ta - ges - licht.

Eine unbetonte Silbe vor dem ersten Takt nennt man Auftakt z. B.:
x/ x́ x x/ x́ x x/ x́ x ...
Ein Dra - che im Kel - ler be - droht mich ...

Versfüße: der Trochäus x́ x   Vógel
    der Jambus x x́   Gesáng
    der Daktylus x́ x x Kópfschmerzen
    der Anapäst x x x́ Paradíes

Mitschrift

Oft, z. B. bei einer Präsentation, einem Referat oder für ein Protokoll, ist es nützlich, mitzuschreiben; du kannst und solltest dabei **nicht wörtlich** oder in ganzen Sätzen mitschreiben, sondern musst eine **eigene Mitschreibtechnik** entwickeln, die sich **auf das Wesentliche konzentriert**.
Gut geeignet ist z. B. das Mitschreiben in Form einer **Mindmap** oder auf einem **in Spalten unterteilten Blatt**, auf dem du Stichworte gegliedert notierst und am Rand mit kommentierenden Zeichen, Fragen oder Anmerkungen vorsiehst.

> Präsentation > Protokoll

Sachlexikon Deutsch

Modalverben Die Verben *dürfen, können, mögen, müssen, sollen* und *wollen* bezeichnet man als Modalverben, da sie **in Verbindung mit einem Vollverb** dieses Verb **in der Bedeutung näher** bestimmen, **modifizieren**: *ich muss gehen, kann gehen* – statt: *ich gehe*.
An Modalverben schließt sich der Infinitiv (ohne *zu*) an.
Modalverben können manchmal auch als **Vollverben** gebraucht werden: *Ich kann das. Ich will nichts.*
> Verb

Modus > Verb
Monolog > Drama > Theater

Motiv/Motivgeschichte (mlat. *motivum* = Antrieb, Beweggrund) Der Fachbegriff *Motiv* wird in unterschiedlichen Bedeutungen verwendet:
1. **Beweggrund** für eine Entscheidung, ein Verhalten (Handlungsmotiv);
2. **literarisch**: bekannte, typische Situationen oder Figuren, die bestimmte Vorstellungen wecken (z. B. *erste Liebe, der Streber*) und die in verschiedenen Werken und Zeiten unterschiedlich gestaltet sein können (Motivgestaltung, Motivgeschichte). Beispiele: <u>Situation</u> *der unglücklichen Liebe, des Abschieds ...;* <u>Typen</u> *wie der Geizige, der Tyrann ...;* <u>Orte</u> *wie der Garten, der Wald ...;* <u>Zeiten</u> *wie der Herbst, der Morgen ... usw.*
> epische Texte erschließen > Stoff/Stoffgeschichte

Mundart > Dialekt
Nachricht > Zeitung

Nominalstil/Verbalstil **Nominalstil** meint ein Überwiegen von Substantiven/Nomen unter weitgehendem Verzicht auf Verben, oft in Form von Kurzsätzen ohne Prädikat, z. B.: *Steigerung des Selbstbewusstseins durch Schönheitsoperationen.*
Verbalstil meint dagegen Sätze mit beherrschender Stellung des Prädikats (der Verbformen), z. B.: *Schönheitsoperationen steigern Selbstbewusstsein.*
Vom Verbalstil zum Nominalstil gelangt man, indem man Verben substantiviert/nominalisiert, z. B.: *steigern* → *Steigerung*.

Objektsatz > Satz
Passiv/Aktiv > Verb
Personifikation > bildliches Sprechen
Prädikativ > Satzglieder
Präpositionalobjekt > Satzglieder

Präsentation Wenn du Ergebnisse deiner Arbeit – z. B. in einem Referat – vorstellst, dann präsentierst du sie. Medien, die du bei einer Präsentation nutzt, kann man in Präsentationsmedien und Impulsmedien unterteilen.
- **Präsentationsmedien** dienen meist der Visualisierung, wenn also etwas veranschaulicht werden soll; dazu gehören z. B.: *Tafel, Flipchart, Poster und Projektor* (vor allem *Tageslichtprojektor oder Beamer*).
- **Impulsmedien** dienen in der Regel der Gestaltung, wenn etwas betont, untermalt, genauer gezeigt werden soll; dazu gehören z. B.: *Video-Ausschnitte, DVDs, Musik auf CD, Gegenstände oder Bilder.*

Medien ergänzen, aber **ersetzen den gesprochen Text nicht**. Damit die Zuhörer leichter folgen können, ist es außerdem empfehlenswert, dass du
– von der Fragestellung ausgehst, die zu deinen Arbeitsergebnissen geführt hat,
– die Informationen gliederst und auf das Wesentliche kürzt,
– die Informationen am Schluss noch einmal zusammenfasst.

Diagramme dienen vor allem dazu, Zahlenverhältnisse darzustellen. Umfrageergebnisse lassen sich auf diese Weise anschaulich vermitteln. Man unterscheidet z. B. Torten- oder Kreisdiagramme bzw. Balken- und Säulendiagramme.

> Referat

Proben

Mit verschiedenen Proben kannst du die richtige oder wirkungsvolle sprachliche Gestaltung deiner Sätze oder Texte ausprobieren:
Umstellprobe: Satzglieder umstellen, um herauszufinden, welche Wörter zu einem Satzglied gehören und wie ein Satz am besten wirkt.
Ersatzprobe: Wörter oder Satzglieder ersetzen, um eine genauere Ausdrucksweise oder eine bessere Wirkung zu erzielen.
Erweiterungs- und Weglassprobe: Wörter oder Satzglieder hinzufügen (z. B. Attribute oder Adverbialien) oder weglassen, wenn sie überflüssig sind (z. B. beim Bericht).
Ableitungsprobe: Wörter ableiten, um die richtige Schreibung zu ermitteln (z. B. *bog* < *biegen*).

Projekt

Ein Projekt lässt sich meist in fünf Phasen aufteilen:
1. **Ideensammlung:** Welches Projekt soll es sein? Welche Ideen haben wir dazu?
2. **Auftrags-/Zielformulierung:** Was genau wollen wir machen (z. B. *ein Theaterstück schreiben und aufführen*)? Je präziser der Auftrag, um so geringer sind Missverständnisse bei der Durchführung; am besten Vereinbarungen schriftlich festhalten.
3. **Planen:** Einteilung in Teilaufgaben, Verantwortliche für Teilaufgaben festlegen, Termine festlegen, Arbeitsaufträge vergeben, Zeitplan festlegen.
4. **Durchführen:** Jeder/Jede Gruppe erledigt die zugewiesenen Aufgaben bis hin zur Präsentation der Ergebnisse.
5. **Bewerten:** Was lief gut, was sollte man beim nächsten Mal verändern? Alle Phasen (bis auf 4.) unterteilt man jeweils wieder in drei Phasen: sammeln, ordnen, bewerten (z. B. was ist wichtig/unverzichtbar, was nicht?).

Prosatext > epische Kurzformen

Protokoll

Unterrichtsprotokolle stellen eine Mischform von Ergebnis- und Verlaufsprotokollen dar:
– **Papierformat:** DIN A4, einseitig beschriftet, linksbündig (bei Handschrift), Blocksatz (bei PC)
– **Protokollkopf** mit den wichtigsten Daten: Ort/Schule, Name der Veranstaltung (Fach, Klasse), Zeit, Anwesende/Abwesende, Protokollant/-in
– **Thema bzw. Fragestellung** der Stunde und **Tagesordnung** (in Punkten), die sich an den Unterrichtsschritten orientiert.
– **Ausführung Tagesordnungspunkte:** Neben den **Unterrichtsschritten** (z. B. Erarbeitungsphase) werden auch die **Unterrichtsformen** (z. B. Gruppenarbeit), **Leitfragen**, **Zwischenergebnisse** sowie **Stundenergebnis** und **Hausaufgabe** benannt, sodass der „rote Faden" der Stunde nachvollziehbar ist.
– **Wichtige Beiträge** werden **in indirekter Rede** wiedergegeben, unwichtige Einzelheiten und Einzelbeiträge werden nicht erwähnt.
– **Tempus** des Unterrichtsprotokolls ist das **Präsens**.
– **Unterschrift der Verfasserin / des Verfassers**

Radio/Rundfunk > Hörspiel > Medien
recherchieren > informieren > Referat

Rechtschreibung

Groß- und Kleinschreibung

Zeit- und Tagesangaben: Großschreibung, wenn es um ein Substantiv/Nomen geht (*der Vormittag*), Kleinschreibung, wenn es um ein Adverb geht (*mittags, gestern*)

Anredepronomen: Großschreibung bei höflicher Anrede, z. B.: *Sie, Ihr, Ihnen, ...*; die Anrede *du, dein, euer, ihr, ...* wird kleingeschrieben, in Briefen kann man sie auch großschreiben.

Ableitungen von geografischen Namen: Alle Orts- und Länderangaben mit der Endung *-er* (z. B. *der Schweizer Käse*) schreibt man groß. Aber: **Kleingeschrieben** werden Ableitungen von geografischen Namen mit der Endung *-isch* (z. B. *der holländische Käse*).

Eigennamen: Alle Bestandteile von Eigennamen werden **großgeschrieben** (z. B. *Zur Alten Post, die Chinesische Mauer*). Die von Personennamen abgeleiteten Adjektive werden in der Regel kleingeschrieben (z. B. *platonische Schriften*).

historische Ereignisse od. Epochen: In mehrteiligen Eigennamen mit nichtsubstantivischen Bestandteilen schreibt man auch diese Bestandteile groß, z. B.: *der Zweite Weltkrieg, der Westfälische Frieden, ...*

Adjektive in substantivischen Wortgruppen: Großschreibung bei besonderen Kalendertagen, z. B.: *der Erste Mai,* und bei fachsprachlichen Begriffen, z. B.: *Erste Hilfe.*

Sprachbezeichnungen: Sprachbezeichnungen werden großgeschrieben, wenn sie als Substantiv/Nomen verwendet werden (z. B.: *etwas auf Deutsch sagen; er versteht kein Deutsch; eine Zwei in Deutsch*).

feste Verbindungen aus Adjektiv und Substantiv: Großschreibung, wenn eine neue Gesamtbedeutung entsteht, z. B.: *das Schwarze Brett* (= Anschlagtafel); ansonsten Kleinschreibung, z. B.: *die schöne Bescherung, das autogene Training.*

Desubstantivierung/Denominalisierung: Wörter, die aus Substantiven/Nomen entstanden sind: Adverbien (*anfangs*), Präpositionen (*dank, angesichts*), Indefinitpronomen (*ein paar*), Adjektive (*angst und bange*). Man schreibt sie klein.

Zusammen- und Getrenntschreibung

Zusammensetzungen schreibt man zusammen, Wortgruppen getrennt:
Manche Wortkombinationen schreibt man je nach gemeinter Bedeutung als Zusammensetzung oder als Wortgruppe, z. B. *freisprechen – frei sprechen.*
Wenn es keine überzeugende Begründung für die Zusammen- oder Getrenntschreibung gibt, kann man zusammen- *oder* getrennt schreiben. Sieh also im Zweifel im Wörterbuch nach. Wortkombinationen mit einer Form von *sein* schreibt man getrennt (z. B. *fit sein, zurück sein*).

Zusammengesetzte Verben:
Substantive/Nomen, Adjektive, Präpositionen oder Adverbien können mit Verben untrennbare Zusammensetzungen bilden (z. B. *schlussfolgern, er schlussfolgerte, .../frohlocken, sie frohlockte, .../hintergehen, er hinterging sie ...*). Sie können als Verbzusatz aber auch trennbare Zusammensetzungen bilden: *mitlaufen, er lief mit, ...*

Verbpartikel und Verb
Zur Unterscheidung von Verbpartikel und selbstständigem Adverb: Getrenntschreibung erfolgt immer dann, wenn zwischen Adverb und Verb ein oder mehrere Satzglieder einge-

schoben werden können. Z. B. *dabei sitzen – dabeisitzen*: *Sie wollte* dabei *nicht immer sitzen, sondern auch ab und zu mal stehen* (Adverb). *Aber:* Dabeisitzen *wollte sie nicht immer.* (Verbpartikel).

Adjektive und Partizipien können mit anderen Wörtern Zusammensetzungen bilden:
Lässt sich der linke Bestandteil als Verkürzung einer Wortgruppe auffassen, handelt es sich um eine Zusammensetzung, z. B. *Herz+erfrischend = herzerfrischend* ← *das Herz erfrischend*; der Artikel *das* ist **notwendig**, denn der Infinitiv heißt: *das Herz erfrischen*.

Rechtschreibtipps
– Wörter **deutlich aussprechen.**
– Wörter mit den **Suffixen** (Nachsilben) *-ig, -isch, -lich, -bar, -sam, -haft, -los* sind **Adjektive**.
– Wörter mit den **Suffixen** (Nachsilben) *-keit, -schaft, -heit, -ung, -tum, -nis, -ling* sind **Substantive/Nomen**.
– **Stammschreibung:** Bilde den Wortstamm: *Ge-fahr – ge-fähr-lich; Haus – Häus-er.*
– Wörter **ableiten** oder **verlängern:** *Kälte – kalt, Tag – Tage, gelb – gelbe, gibt – geben.*

> Zeichensetzung

Referat

Damit dein Referat „ankommt", solltest du folgende Tipps beachten:
1. **Grenze** dein Thema präzise **ein:** Mach dir klar, zu welcher **Sachfrage** du informieren willst und welche Informationen für die **Zuhörerinnen und Zuhörer** wirklich wichtig sind.
2. Formuliere zu deiner Sachfrage konkrete Einzelfragen und **recherchiere gezielt (Stoffsammlung)** in Sachbüchern (Bibliothek) und im Internet (Suchmaschinen).
3. **Sichte** das gefundene Material und werte es aus: Was trägt wirklich zur Beantwortung deiner Sachfrage bei?
4. Fertige dir einen **Stichwortzettel** an: In der linken Spalte notierst du in Stichworten, was du sagen willst, in der rechten Spalte „Regieanweisungen" zum Vortrag und zur Präsentation deiner Ergebnisse (z. B.: *Bild zeigen; nächste Folie; Text austeilen; Buch herumreichen*).
5. Sprich deutlich und möglichst **frei.** Sieh beim Vortrag die Zuhörerinnen und Zuhörer immer wieder an (**Blickkontakt**), damit sie sich angesprochen fühlen. Gib ihnen **Gelegenheit zum Nachfragen.**

> informieren > Präsentation

Regie > Theater
Regieanweisung > Theater

Reportage

Die **Reportage** verbindet den Tatsachenbericht mit persönlichen Eindrücken.
– Ein Reporter, der eine Reportage schreibt, beginnt oft mit einem **Aufhänger**, einer originellen Einleitung, die den Leser neugierig machen soll.
– Seine eigenen Beobachtungen und Empfindungen kann er durch zusätzliche **Recherchen** (Hintergrundinformationen) untermauern.
– Die Reportage wird **anschaulich**, wenn erzählerische und schildernde Elemente verwendet werden. Eine gute Reportage vermittelt dem Leser das **Gefühl, selbst dabei zu sein**.
– Dabei wird das Wichtigste in der Regel zunächst nicht genannt, sondern der Leser wird immer wieder durch neue, interessante Sachverhalte zum Weiterlesen angeregt.

> Medien > Zeitung

Rhythmus	(griech. *rheïn* = fließen) „Rhythmus" kann man mit „Fluss des Sprechens" übersetzen. Wenn du ein Gedicht wirkungsvoll **vorträgst**, liest du nicht schematisch nach Takt oder Metrum, sondern achtest auf – **Betonung** nach der **Stimmung** und dem **Sinn**, – den **Klang** und die **Bedeutung** der Wörter, – das **Sprechtempo**, auf **Pausen** und Zeilensprünge (**Enjambement**), – veränderte (umgekehrte) Satzstellungen (**Inversion**), durch die eine besondere Betonung entsteht (z. B. Vertauschung von Subjekt und Objekt: *Nebel schickt der Fluss herauf.*). > Gedicht
Sachtexte erschließen	Im Gegensatz zu „erfundenen" literarischen Texten (Dichtung) geht es in Sachtexten um die **Darstellung** oder **Auseinandersetzung mit Sachverhalten und Problemen** der wirklichen, „nicht erfundenen" Welt. Wenn du einen Sachtext genauer untersuchst (analysierst), gehst du meist von einer Sachfrage aus, die durch den Sachtext zu beantworten ist. Dabei kannst du dich an der **Fünf-Schritt-Lesemethode** orientieren: 1. **Den Text überfliegen** (orientierendes Lesen): Überschriften, Anfänge von Absätzen, Hervorhebungen beachten. **Ziel**: Überblick gewinnen. 2. **Fragen an den Text stellen**: Um welche Fragen geht es im Text? An wen ist er gerichtet? Zu welchem Zweck oder mit welchem Ziel wurde er geschrieben? **Ziel**: Eignung für mein Interesse prüfen. 3. **Intensives Lesen**, unbekannte Wörter klären: Zeile für Zeile lesen, unbekannte Wörter markieren und nachschlagen, kleine „Sekundenpausen" machen, damit sich der Inhalt „setzt". **Ziel**: Textverständnis sichern. 4. **In Abschnitte einteilen**: Überschriften zu den Abschnitten finden, Schlüsselbegriffe markieren, Abschnitte in Stichwörtern zusammenfassen. **Ziel**: Textinhalt langfristig verfügbar machen. 5. **Wiederholen**: Fragen an den Text (Nr. 2) wieder aufgreifen und genauer beantworten. **Ziel**: Textinhalt im Gedächtnis sichern. > exzerpieren
Sachtexte: Inhaltsangabe	> Inhaltsangabe
Sachtexte: Stellung nehmen	In argumentierenden Sachtexten werden Standpunkte vertreten, zu denen der Leser Stellung beziehen kann oder sollte. Dazu analysierst du den Text zunächst und arbeitest heraus, welche These vertreten wird und wie sie begründet ist. Der Text liefert die Grundlage für deine eigene Stellungnahme, in der du deinen Standpunkt argumentativ vertrittst (These, Argumente, Belege). > argumentieren > erörtern

Satz	**Nebensätze** lassen sich einteilen in:
	– **Gliedsätze**: Sie entstehen aus einem Satzglied:
	  a) **Adverbialsätze**: *Er kam zu spät, weil es regnete.* (aus: *Er kam wegen des Regens zu spät.*)
	  b) **Subjektsätze**: *Wer traurig ist, weint.* (aus: *Der Traurige weint.*)

c) **Objektsätze:** *Er bedauerte, dass er zu spät gekommen war.* (aus: *Er bedauerte sein Zuspätkommen.*)
- und **Attributsätze:** Sie entstehen aus einem Attribut: *Das Mädchen, das eine rote Jacke trug, lachte.* (aus: *Das Mädchen mit der roten Jacke lachte.*)

Sonderformen:

Infinitivgruppen (Infinitivsätze): Infinitive mit *um zu, ohne zu, (an-)statt zu* oder mit einer Erweiterung können **einen Gliedsatz ersetzen.**
Erweitert ist ein Infinitiv, wenn zum Infinitiv eine weitere Angabe hinzukommt (*König Artus bat energisch, ihm das Schwert* (Erweiterung) *zurückzugeben* (Infinitiv).

Partizipialgruppen (Partizipialsätze): Verkürzte Relativ- oder Adverbialsätze ohne eigenes Subjekt. Auch sie können wie Infinitivgruppen **einen Nebensatz ersetzen.**
Man kann sie mit dem Partizip I (*lachend, weinend*) oder dem Partizip II (*gelacht, geweint*) bilden.
Partizip I: *Ausgehend von den Wünschen der Eltern, beschloss die Konferenz ein Verkehrstraining.*
Partizip II: *Angeregt von den guten Ergebnissen, wird die Schule das Training wiederholen.*

Adverbialsätze

Gliedsätze, die Adverbialien ersetzen, kann man wie die Adverbialien nach ihrem Inhalt ordnen:
- **Temporalsätze** (Zeit) antworten auf die Frage **wann?** und werden z. B. durch *als* oder *nachdem* eingeleitet.
- **Kausalsätze** (Grund) antworten auf die Frage **warum?** und werden z. B. durch *weil* oder *da* eingeleitet.
- **Konditionalsätze** (Bedingung) antworten auf die Frage **unter welcher Bedingung?** und werden z. B. mit *wenn* oder *falls* eingeleitet.
- **Konsekutivsätze** (Folge) antworten auf die Frage **mit welcher Folge?** und werden z. B. mit *sodass* oder *dass* eingeleitet.
- **Adversativsätze** (Gegensatz) antworten auf die Frage **im Gegensatz wozu?** und werden z. B. mit *wohingegen* oder *während* eingeleitet.
- **Lokalsätze** (Ort) antworten auf die Frage **wo, wohin, woher?** und werden z. B. durch *wo, wohin* oder *woher* eingeleitet.
- **Finalsätze** (Zweck, Ziel) antworten auf die Frage **wozu?** und werden z. B. durch *damit* oder *dass* eingeleitet.
- **Modalsätze** (Art und Weise) antworten auf die Frage **wie?** und werden z. B. durch *indem* oder *dadurch, dass* eingeleitet.
- **Konzessivsätze** (Einschränkung) antworten auf die Frage **unter welcher Einschränkung?** und werden z. B. mit *obgleich* oder *obwohl* eingeleitet.

> Satzglieder > Satzreihe/Satzgefüge

Satzglieder

Die Satzglieder sind dir bekannt, hier findest du Erläuterungen zu Satzgliedern, die etwas schwerer zu bestimmen sind.

Präpositionalobjekt: Es gibt manchmal feste Verbindungen zwischen Verb und Präposition (z. B. *gehören zu*, *warten auf*, *sprechen mit*, *stehen zu*). Das dem Verb zugeordnete Objekt heißt **Präpositionalobjekt** (z. B. *Der Text handelt von einem Detektiv.* – ***Von wem** handelt der Text?* ***Von einem Detektiv*** = Präpositionalobjekt).

Nicht verwechseln: *Ich sitze auf dem Pferd.* **Wo** *sitze ich? Auf dem Pferd* = Adverbiale.
Aber: *Du setzt auf das richtige Pferd.* **Auf wen** *setzt du? Auf das richtige Pferd* = Präpositionalobjekt.

Das **Adverbiale** (Plural: die Adverbialien) gibt an, unter welchen Umständen (z. B. Zeit, Ort, Grund, Art und Weise) ein Geschehen vor sich geht.
– Adverbiale der **Zeit**: Wann? Wie lange? *Gestern kam Lina an.*
– Adverbiale des **Ortes**: Wo? Bei wem? *Er sah das geheimnisvolle Buch auf dem Tisch.*
– Adverbiale der **Art und Weise**: Wie? *Aufgeregt rief er Sabine an.*

Das **Prädikativ** (Gleichsetzungsnominativ, Prädikatsnomen): Substantiv/Nomen im Nominativ oder Adjektiv. Das Prädikatsnomen kommt nur im Zusammenhang mit den Verben *sein, bleiben, werden* vor (z. B. *Petra ist Sandras Freundin. Sandra wird Tierärztin. Petra bleibt ihre Freundin.*)

Satzgliedteil Attribut

Attribute sind keine eigenen Satzglieder, sondern **Teile von Satzgliedern**. Durch Attribute kann der Bedeutungsinhalt von Wörtern (Bezugswort) innerhalb eines Satzglieds eindeutiger bestimmt oder erweitert werden. Bei der Umstellprobe bewegt sich das Attribut immer zusammen mit dem Bezugswort.

Die häufigsten Attribute sind:
1. das vorangestellte, deklinierte Adjektiv (z. B. *das **hellbraune** Haar*)
2. mehrere vorangestellte, deklinierte Adjektive oder adjektivisch gebrauchte Partizipien, durch ein „und" oder ein Komma getrennt (Aufzählung) (z. B. *eine **blaue, schmutzige und geflickte** (Partizip) Jacke*)
3. das nachgestellte Substantiv/Nomen mit Präposition, manchmal auch zusätzlich mit Adjektiv (z. B. *Haare **mit einem abscheulichen Haarschnitt***)
4. der nachgestellte Ausdruck mit einem Substantiv/Nomen im gleichen Kasus wie das Bezugswort (Apposition), durch ein Komma vom Bezugswort getrennt (z. B. *seine Jacke, **ein Kleidungsstück aus billigem Leder**, ...*)
5. das Genitivattribut (z. B. *die Augen **des Diebes***)
6. der Relativsatz (z. B. *Der eine Mann, **der sich verdächtig verhält**, ist ziemlich dünn.*)

Bei drei Attributformen werden Kommas gesetzt:
– Die Glieder der **Aufzählung** werden durch Komma getrennt, wenn sie nicht durch „und" oder „oder" verbunden sind.
– Die **Apposition** wird durch Kommas eingeschlossen.
– Der **Relativsatz** wird, wie andere Nebensätze auch, durch Komma(s) vom Hauptsatz getrennt.

> Proben > Satz > Satzreihe/Satzgefüge > Zeichensetzung

Satzreihe/Satzgefüge

In einer **Satzreihe** werden Hauptsätze „aufgereiht": Hauptsatz + Hauptsatz ...
(*Mein Freund kaufte sich ein neues Fahrrad, er wollte damit in den Urlaub fahren, er war sehr unternehmungslustig.*)

In einem **Satzgefüge** sind Haupt- und Nebensätze „zusammengefügt": Hauptsatz + Nebensatz ... (*Mein Freund kaufte sich ein neues Fahrrad, weil er damit in den Urlaub fahren wollte und weil er sehr unternehmungslustig war.*)

> Zeichensetzung

Zum Nachschlagen

Satzverknüpfung	Um Sätze in einem Text logisch miteinander zu verknüpfen, brauchst du vor allem **Konjunktionen**, aber auch **Adverbien**. Im Deutschen gibt es **nebenordnende** Konjunktionen, die zwei aneinandergereihte Hauptsätze miteinander verbinden (*Sie tanzte, **denn** sie mochte seinen Gesang*), und **unterordnende** Konjunktionen, die den Nebensatz einem Hauptsatz oder einem anderen Nebensatz unterordnen (*Er sang, **damit** sie tanzte*). Auch mit einigen **Adverbien** lässt sich das gedankliche Verhältnis zwischen zwei Sätzen ausdrücken (*Sein Gesang war mitreißend. **Deshalb** tanzte sie.*). > Satz/Adverbialsätze
schildern/ Schilderung	Erzählen mit schildernden Elementen Wer **beim Erzählen schildert**, lässt den Zuhörer oder Leser eine Situation noch intensiver miterleben, er verzögert durch das anschauliche Ausmalen die Handlung und kann damit auch die **Spannung erhöhen**. Beim Schildern versetzt man sich in die Situation und schreibt auf bzw. erzählt, was man sieht, fühlt, denkt, riecht, hört, schmeckt, … > erzählen > Reportage
Schreibkonferenz	Bei einer Schreibkonferenz setzt ihr euch in Gruppen zusammen, lest euch gegenseitig eure Texte (z. B. Geschichten) vor und besprecht, was ihr gut findet und was noch nicht. **Tipps zur Schreibkonferenz** – Schreibe deinen Text zur leichteren Überarbeitung möglichst am Computer. – Drucke ihn mittig auf die Seite (am besten durch Absatz- oder Seitenformatierung oder durch Einfügen eines Textfeldes), sodass rundherum ausreichend Platz für Kommentare bleibt. – Setzt euch am besten in Gruppen mit sechs Teilnehmern zusammen und gebt eure Texte reihum weiter. Jeder schreibt Fragen, Anregungen und Kommentare zu Aufbau, Inhalt und sprachlicher Gestaltung an den Rand. Dabei kann man sich auch auf Bemerkungen der anderen Kritiker beziehen. – Überarbeite deine Geschichte, indem du die Anmerkungen aufgreifst, die dir sinnvoll erscheinen.
Schreibplan	Wenn du etwas in einer bestimmten Absicht oder Form schreiben willst, ist es wichtig, dass du dir vorher Gedanken dazu machst. Ein wichtiges Hilfsmittel ist ein **Schreibplan**, hier einige Tipps dazu: – Zur Ideensammlung kannst du **Cluster** oder **Mindmaps** nutzen. – Was ist dir selbst besonders **wichtig**? Was willst du unbedingt schreiben? – Achte auf den **Adressaten**: Was will/soll er erfahren? Welche Interessen hat er? Was ist für ihn uninteressant? – Beachte die **Form**: Was gehört z. B. zu einer Erzählung, zu einem Bericht? – Bringe deine Ideen in eine sinnvolle **Reihenfolge (Gliederung), streiche,** was überflüssig ist, **ergänze,** wo es dir sinnvoll erscheint. Du kannst nun den Text – oder Textabschnitte – **vorschreiben,** ihn **überprüfen** und dann die **Reinschrift** anfertigen. Schreibe aber nur vor, wenn du Zeit genug hast, deinen Text vor der Reinschrift zu verbessern.
Sonett	Das **Sonett** (von ital. *sonetto* = kleines Klinggedicht, lat. *sonare* = tönen) kommt von Italien über Frankreich nach Deutschland und gehört im 17. Jahrhundert, in der Zeit des Barock, zu den beliebtesten Gedichtformen.

Für die kunstvolle **Gestaltung** des barocken Sonetts gelten **feste Regeln:**
- Das Sonett besteht aus 14, meist 12-silbigen, Versen, oft sechshebige Jamben mit deutlicher Mittelzäsur (Sprechpause), der Versform des Alexandriners.
- Für das Sonett galten zunächst strenge, später wechselnde Reimfolgen.
- Die Verse sind in **vier Strophen** aufgeteilt: zwei Vierzeiler (**Quartette**) zu Beginn und zwei Dreizeiler (**Terzette**).

Antithetik: In den einzelnen Versen (Mittelzäsur) und im Gesamtaufbau (Quartette/Terzette) ist das Sonett der Barockzeit meist geprägt durch eine antithetische Darstellung. Antithetik bezeichnet die **Gegensätzlichkeit von Vorstellungen** und entspricht besonders dem auf Spannung basierenden **Lebensgefühl der Barockzeit**. Typische Gegensatzpaare in der Literatur des 17. Jahrhunderts sind *Nacht – Tag, Tod – Liebe, Jammertal – Himmelssaal, Diesseits – Jenseits* und in der Malerei *dunkel – hell, unten – oben, Welt – Himmel.*

> Barock > Gedicht > Metrum

Spielszenen

In Spielszenen (Theater) stellt ihr eine **Handlung** vor einem **Publikum** dar. Spielszenen können **mit festgelegtem Text** (z. B. Theaterstück) oder spontan aufgrund einer **vorgegebenen Situation** (z. B. Rollenspiel) vorgespielt werden.

Pantomime
Darstellung einer Handlung oder Stimmung ohne Worte. Mit Mimik (Gesicht), Gestik (Händen) und Körperhaltungen und -bewegungen stellst du dar, was du tust oder empfindest.

Stegreifspiel
Theaterspiel ohne festgelegten Text und ohne genaue Vorabsprachen; spontanes Spiel oder Nachspiel von Situationen.

Rollenspiel
Die Mitspieler versetzen sich in andere Rollen (Mutter, Lehrerin, Bruder, Zeitungsbote usw.) und sprechen und spielen an ihrer Stelle. Dabei kann man z. B. spielend erkennen, wie sich Konflikte entwickeln oder sich lösen lassen.

> Standbilder > Theater

Sprechabsicht

Sprechabsichten sind z. B. etwas **aussagen**, zu etwas **auffordern**, etwas **fragen**, aber auch **bitten, überreden, überzeugen** usw.
Sprechabsichten hängen von der Gesprächssituation ab. Aussagen wie „*Es zieht.*" können z. B. Aussage oder Aufforderung sein.

sprechen > diskutieren > Gespräch
Sprichwort > bildliches Sprechen

Standbilder

Ein Standbild ist eine **szenische Interpretation** (Deutung), die deutlich macht, wie die Figuren eines Textes zueinander stehen.
Bei einem Standbild kommt es deshalb darauf an,
- eine genaue Textstelle festzulegen, zu der ein Standbild erstellt werden soll,
- sich in die Figuren hineinzuversetzen und darzustellen, wie sie einander zugeordnet sind (sitzen, stehen, abwenden, umarmen usw.) und wie Gedanken und Empfindungen in Gestik und Mimik zum Ausdruck kommen können,
- die dargestellte Situation zu beurteilen und Korrekturen zu besprechen, bis die Darstellung als gelungen gelten kann.

> Spielszenen > Theater

Zum Nachschlagen

Statistiken

Unter **Statistiken** versteht man die **Darstellung von Daten aus einer Erhebung** (z. B. zur Lieblingsmusik der 14-Jährigen) in Tabellen (zahlenmäßige Übersichten) und Grafiken (Veranschaulichung durch Schaubilder oder Diagramme).
Statistiken wirken durch die „Autorität der Zahlen" **objektiv** und **korrekt,** obwohl sie die Meinung des Lesers durch die vielleicht einseitige Fragestellung der Erhebung, die Auswahl der Daten oder deren Präsentation in eine bestimmte Richtung lenken können.

Stegreifspiel > Spielszenen

Stoff/Stoffgeschichte

Unter **Stoff** versteht man das, was eine Dichterin oder ein Dichter als **Handlungsgerüst** vorfindet und zu einem literarischen Werk – vor allem in Erzähltexten, Dramen oder Balladen – **ausgestalten** kann.
Stoffe für ein literarisches Werk können z. B. Lebensgeschichten berühmter geschichtlicher Personen sein (Napoleon, ...) oder auch überlieferte ungewöhnliche Ereignisse (Dracula, ...).
Oft gestalten Dichterinnen oder Dichter einen Stoff, der mündlich überliefert ist oder schon einmal gestaltet worden ist, noch einmal neu.
Dadurch ergibt sich die **Stoffgeschichte,** die vergleichende Untersuchung der unterschiedlichen Bearbeitungen eines Stoffes im Laufe der Literaturgeschichte.

> epische Texte erschließen > Epos > Motiv/Motivgeschichte

Subjektsatz > Satz
Symbol > bildliches Sprechen
Szene/
Szenenfolge > Drama > Spielszenen > Theater

Text

Man unterscheidet **literarische** (fiktionale, poetische) Texte, z. B. Erzählungen (Epik), Gedichte (Lyrik), Theaterstücke (Drama), und **nicht literarische** (nicht fiktionale, nicht poetische) Texte (Sachtexte).

Literarische Texte (Dichtung) erfinden eine „erdichtete" Welt, in die sich der Leser, Zuhörer oder Zuschauer hineinversetzen und mit der er sich auseinandersetzen kann (z. B. Ballade oder Kurzgeschichte).

Sachtexte enthalten die Darstellung von oder die Auseinandersetzung mit „Sachen" oder Sachverhalten (z. B. Beschreibung oder Stellungnahme).

Vernetzte Texte: Hypertexte
– Wie in einem Lexikon lassen sich im Computer Texte durch Textverweise miteinander verknüpfen (vernetzen).
– In einem solchen Text, **Hypertext** genannt, sind Begriffe markiert, zu denen man an anderer Stelle durch Anklicken weitere Informationen finden kann.
– Diese markierten Verweise nennt man **Link** oder **Hyperlink**. Sie sind meist farbig von dem Gesamttext abgehoben. Klickt man einen Link an, ruft man eine andere Datei (interner Link) oder Webseite (externer Link) auf.
– Die meisten Schreibprogramme ermöglichen es dir, selbst einen Hypertext mit Links zu weiteren Informationen zu erstellen (z. B. über EINFÜGEN → HYPERLINK)

Textbeleg

Wenn du Aussagen über einen Text machst, dir z. B. ein Urteil zum Verhalten der Figuren bildest oder den Sinn eines Gedichts bestimmen willst, musst du zeigen, dass deine Aussagen dem Text angemessen sind.

Dazu suchst du Textstellen, die als Belege (Beweise) für deine Aussagen dienen können oder sie glaubhaft machen, und gibst an, wo sie zu finden sind (Seiten- und Zeilenzahl). Textbelege sind vor allem dann wichtig, wenn deine Aussagen strittig sind.

Textbuch > Theater

Texte ausgestalten/umgestalten

Texte, vor allem literarische, können eine Anregung zu ganz neuen Gestaltungsideen und eigenen Texten sein (**kreatives Schreiben**).
Eigene Gestaltungen können aber auch dazu dienen, einen literarischen Text noch besser zu verstehen (**gestaltendes Interpretieren**).
Beim gestaltenden Interpretieren muss deine Gestaltung zum Ausgangstext passen, denn sie soll zeigen, dass oder wie du den Text verstanden hast.
Wenn du deine Gestaltung begründen sollst, berufst du dich also auf wichtige Informationen und Signale (Textsignale) des Ausgangstextes.

> erzählen > gestaltendes Schreiben > kreatives Schreiben

Texte überarbeiten > Schreibkonferenz

Textsignale

Beim Lesen eines literarischen Textes werden **Erwartungen des Lesers** geweckt. Denn einzelne Textstellen, z. B. Andeutungen, sprachliche Bilder, Informationen, wirken wie „Signale", die deine Einschätzungen und Erwartungen steuern (Leserlenkung).
Meist geschieht diese Lenkung unbewusst, man kann sich aber seine Erwartungen auch bewusstmachen, sie äußern und mit Textsignalen, durch die sie geweckt wurden, begründen.
Das bewusste Wahrnehmen von Textsignalen ist besonders wichtig, wenn du z. B. einen literarischen Text weiterschreiben willst, denn dann muss deine Fortsetzung genau zum bisherigen Text, zu den Textsignalen passen.

Textzusammenfassung

Wenn du den Inhalt eines Textes **knapp und sachlich** wiedergibst und dich auf **das Wichtigste** konzentrierst, dann fasst du ihn zusammen.
Grundlage einer Textzusammenfassung ist ein begründetes Textverständnis; du kannst nur Texte zusammenfassen, die du verstanden hast.
Die häufigste Art, Texte zusammenzufassen, ist die Inhaltsangabe.

> Inhaltsangabe

Theater

Kleines Theaterlexikon

Rolle: Eine Schauspielerin oder ein Schauspieler versetzt sich in eine Figur eines Spieltextes und übernimmt ihre Rolle, sie oder er „spielt" die Figur.

Rolleninterview: Ein Interview mit den Darstellern einer Rolle führt man manchmal bei Theaterproben durch, damit sich die Schauspieler **einer Rolle annähern** bzw. sich **in sie hineinversetzen** können. Sie setzen sich dazu auf einen Stuhl (**hot chair**) und beantworten aus der Sicht der Figur Interviewfragen. Erlaubt sind alle Fragen, die dabei helfen, die Figur besser zu verstehen.

Dialog: Gespräch zwischen zwei oder mehreren Figuren (Personen) in Rede und Gegenrede
Monolog: Selbstgespräch; eine Figur spricht, ohne dass – außer den Zuschauern – die anderen Figuren (Mitspieler) das Gesprochene hören.

Regieanweisung: in den Spieltext eingefügte Anweisung zum Aussehen der Bühne (Bühnenbild) und zur Sprechweise, zur Gestik oder zu Bewegungen der Schauspieler

Requisiten: Gegenstände, die auf der Bühne zur Darstellung der Handlung gebraucht werden

Akt: Dramentexte, vor allem ältere, sind meist in 3–5 Akte unterteilt; jeder Akt ist wiederum in Szenen (Auftritte) gegliedert.

Szene: kleiner Handlungsabschnitt. Meist wechseln Ort oder Figuren zu Beginn einer neuen Szene.

Szenenfolge: Abfolge von Szenen, durch die sich ein größerer Zusammenhang darstellen lässt

inszenieren: ein Theaterstück wirkungsvoll „in Szene setzen", es für die Aufführung vorbereiten

Regie: Spielleitung; der Regisseur entscheidet z. B., wie die Schauspieler sprechen und sich bewegen sollen.

Textbuch: das „Drehbuch" für das Theater, also den Regisseur, mit dem Sprechtext, aber auch mit Notizen zu den Figuren, zum Bühnenbild, zur Aufführung usw.

> Drama > Spielszenen > Standbilder

überarbeiten > Proben > Schreibkonferenz

Verb

Handlungsarten des Verbs: Aktiv und Passiv
Aktiv (Tatform): Das Subjekt handelt (*Ich springe über den Tisch.*).

Passiv (Leideform): Dem Subjekt geschieht etwas, es ist von der Handlung betroffen (*Die Tische wurden umgeworfen.*).
– Mit dem Passiv kann man den Vorgang betonen (*Die Tat wurde bestraft.*),
– den Betroffenen hervorheben (*Lisa wurde von der Lehrerin bestraft.*) oder
– den aktiv Handelnden unerwähnt lassen (*Lisa wurde bestraft.*).

Bildung des Passivs: Personalform von *werden* + Partizip II (z. B. *Er wird geschubst.*); im Perfekt und Plusquamperfekt: Personalform von *sein* + Partizip II + *worden* (z. B. *Er ist/war geschubst worden.*).

Neben diesen Passivformen (**Vorgangs-** oder **Handlungspassiv**) gibt es im Deutschen das **Zustandspassiv,** das fast nur im Präsens und Präteritum vorkommt; Bildung: Personalform von *sein* + Partizip II (Vorgangspassiv: *Der Apfel wird gegessen. Der Apfel wurde gegessen.* Zustandspassiv: *Der Apfel ist gegessen. Der Apfel war gegessen.*).

Modus (Plural: die Modi)
– Man unterscheidet die Modi **Indikativ, Konjunktiv** und **Imperativ**.
– Der **Konjunktiv I** wird meist benutzt zur Wiedergabe der direkten (wörtlichen) Rede in **indirekter Rede:** *Sie sagt, sie sei gelaufen.* **Konjunktiv II** wird benutzt, um **Wünsche, Unwirkliches,** nur **Gedachtes** auszudrücken: *Er brächte es ja gern, aber ...; Ich wäre gern Bundestrainer.*

Ersatzformen für den Konjunktiv I
In einigen Fällen ist die Form des Konjunktiv I gleich mit einer Form im Indikativ (*ich lache* = Indikativ und Konjunktiv I). In diesen Fällen benutzt man als Ersatzform den Konjunktiv II (*ich lachte*). Ist auch die Form des Konjunktiv II mit einer Indikativform zu verwechseln (*ich lachte* = Indikativ und Konjunktiv II), benutzt man als Ersatz die Umschreibung mit *würde* (*ich würde lachen*). Die Ersatzformen sind in der folgenden Tabelle unterstrichen.

Formentabelle Konjunktiv I

Numerus		Person	*lachen*	*springen*	*sein*
Präsens	Singular	1	ich würde lachen	ich spränge	ich sei
		2	du lachest	du springest	du seiest
		3	er, sie, es lache	er, sie, es springe	er, sie, es sei
	Plural	1	wir würden lachen	wir sprängen	wir seien
		2	ihr lachet	ihr springet	ihr seiet
		3	sie würden lachen	sie sprängen	sie seien
Perfekt	Singular	1	ich hätte gelacht	ich sei gesprungen	ich sei gewesen
		2	du habest gelacht	du seiest gesprungen	du seiest gewesen
		3	er, sie, es habe gelacht	er, sie, es sei gesprungen	er, sie, es sei gewesen
	Plural	1	wir hätten gelacht	wir seien gesprungen	wir seien gewesen
		2	ihr habet gelacht	ihr seiet gesprungen	ihr seiet gewesen
		3	sie hätten gelacht	sie seien gesprungen	sie seien gewesen
Futur	Singular	1	ich würde lachen	ich würde springen	ich würde sein
		2	du werdest lachen	du werdest springen	du werdest sein
		3	er, sie, es werde lachen	er, sie, es werde springen	er, sie, es werde sein
	Plural	1	wir würden lachen	wir würden springen	wir würden sein
		2	ihr würdet lachen	ihr würdet springen	ihr würdet sein
		3	sie würden lachen	sie würden springen	sie würden sein

Formentabelle Konjunktiv II

Präsens	Singular	1	ich würde lachen	ich spränge	ich wäre
		2	du lachtest	du sprängest	du wärest
		3	er, sie, es würde lachen	er, sie, es spränge	er, sie, es wäre
	Plural	1	wir würden lachen	wir sprängen	wir wären
		2	ihr lachtet	ihr spränget	ihr wäret
		3	sie würden lachen	sie sprängen	sie wären
Perfekt	Singular	1	ich hätte gelacht	ich wäre gesprungen	ich wäre gewesen
		2	du hättest gelacht	du wärest gesprungen	du wärest gewesen
		3	er, sie, es hätte gelacht	er, sie, es wäre gesprungen	er, sie, es wäre gewesen
	Plural	1	wir hätten gelacht	wir wären gesprungen	wir wären gewesen
		2	ihr hättet gelacht	ihr wäret gesprungen	ihr wäret gewesen
		3	sie hätten gelacht	sie wären gesprungen	sie wären gewesen
Futur	Singular	1	ich würde lachen	ich würde springen	ich würde sein
		2	du würdest lachen	du würdest springen	du würdest sein
		3	er, sie, es würde lachen	er, sie, es würde springen	er, sie, es würde sein
	Plural	1	wir würden lachen	wir würden springen	wir würden sein
		2	ihr würdet lachen	ihr würdet springen	ihr würdet sein
		3	sie würden lachen	sie würden springen	sie würden sein

> indirekte Rede > Modalverben

Verbalstil > Nominalstil/Verbalstil
Vergleich > bildliches Sprechen

Werbung

Ziel der **Werbung** ist es, ein Produkt so darzustellen, dass es gekauft wird (Werbung in der Wirtschaft), oder ein Ereignis oder eine Aktion so darzustellen, dass die Angesprochenen zur Teilnahme bewegt werden.
Dabei lässt sich die **Werbetechnik** z. B. mit der Formel **AIDA** beschreiben:
- **A**ttention = Aufmerksamkeit erregen
- **I**nterest = Interesse in einer bestimmten Zielgruppe wecken
- **D**esire = Wunschvorstellungen ansprechen
- **A**ction = Handlungsimpuls geben

Eine wirkungsvolle Werbesprache (z. B. Adjektive im Superlativ, Wortneuschöpfungen, veränderte Sprichwörter), Werbeslogans und wirkungsvolle Bilder und Werbespots sind für den Erfolg der Werbung meist sehr wichtig.

> bildliches Sprechen

Wortarten

Veränderbar (deklinierbar, konjugierbar) sind:
Verb, Substantiv/Nomen, Artikel, Adjektiv, Pronomen, Numerale
Unveränderbar sind die Partikeln: Adverb, Präposition, Konjunktion

Ergänzungen zu deinem Grundwissen über die Wortarten:

Das Pronomen
- **Personalpronomen** (*ich, du, wir, ...*)
- **Possessivpronomen** (*mein, dein, unser, ...*)
- **Reflexivpronomen** (bezieht sich auf den Handelnden zurück: *Sie freut **sich**.*)
- **Relativpronomen** (bezieht sich auf ein Substantiv/Nomen zurück und leitet einen Nebensatz ein: *Ich suche **das** Buch, **das** Julia mir geliehen hat.*)
- **Demonstrativpronomen** (weist auf etwas hin: *Nimm **diese** Tüte.*)
- **Indefinitpronomen** (steht für etwas Unbestimmtes: ***Keiner** ruft mich an.*)
- **Interrogativpronomen** (leitet eine Frage ein: ***Wer** hat angerufen?*)

Das Numerale (Zahlwort)

Kardinalzahl	Ordinalzahl	unbestimmtes Zahlwort
(Grundzahl)	(Ordnungszahl)	
eins, zwei, dreißig	*das Erste, das dritte Kind*	*viele, mehrere, wenige, einzige, übrige*
aber: *eine Million*		

Das Adverb (Plural: die Adverbien) macht Angaben
- zum Ort: *hier, oben, überall, nirgends, ...*
- zur Zeit: *dann, da, gestern, jetzt, oft, immer, ...*
- zur Art und Weise: *so, gern, vielleicht, ...*
- zum Grund/zur Art der gedanklichen Verknüpfung: *deshalb, folglich, dennoch, auch, ...*
Frageadverb: *wohin, wann, wo, wie, wozu, ...*

Die Konjunktion
Nebenordnende Konjunktionen verbinden Satzglieder oder Hauptsätze (*und, oder, aber, denn, sondern, ...*).
Unterordnende Konjunktionen verbinden Haupt- und Nebensatz (*dass, weil, als, wenn, nachdem, ...*).

Die unterordnenden Konjunktionen lassen sich nach Art der gedanklichen Verknüpfung einteilen, z. B. temporal, modal usw.

Nicht verwechseln: Die Konjunktion steht **vor** dem Satz und kann nicht verschoben werden, das Adverb kann seine Position ändern (*Koalas sind kaum zu sehen,* **denn** *sie sind scheue Tiere. Koalas sind scheue Tiere,* **deshalb** *sind sie kaum zu sehen. – ... sie sind* **deshalb** *kaum zu sehen.*).

> Verb

Wortkunde

Zusammensetzung (Kompositum, Plural: Komposita)
- Neue Wörter werden in der deutschen Sprache oft durch das Zusammenfügen selbstständiger Wörter (**Zusammensetzung:** *Haus + Tür = Haustür*) oder durch unselbstständige Wortanhänge (**Ableitung:** *ver + brauchen = verbrauchen*) gebildet.
- Eine Zusammensetzung besteht aus **Bestimmungswort** und **Grundwort**.
- Das Grundwort gibt an, worum es „im Grunde" geht (z. B. *Tür*); das Bestimmungswort bestimmt die Bedeutung des Grundwortes genauer (z. B. *Haus-tür*).
- Das Grundwort bestimmt die Wortart des neuen Wortes und damit auch die Groß- oder Kleinschreibung (z. B. *Schönschrift* = Substantiv/Nomen, denn das Grundwort *Schrift* ist ein Substantiv/Nomen).
- Zwischen Bestimmungs- und Grundwort sind manchmal auch Fugenbuchstaben nötig: *Bestimmung-**s**-wort, Tasche-**n**-geld*

Ableitung

Eine Ableitung besteht aus Wortstamm und voran- (**Präfix**) oder nachgestellten (**Suffix**) Wortbausteinen:

Präfix	Wortstamm	Suffix
	heil-	sam
ver-	heil-	en

Präfixe werden auch **Vorsilben** und Suffixe **Nachsilben** genannt.
Präfixe verändern oft die Bedeutung eines Wortes (*finden – er-finden*), Suffixe meist die Wortart (*finden – Er-find-ung*).

Wortbedeutung

Im Laufe der Geschichte kann sich die Bedeutung von Wörtern verändern:
Der **Wortkörper** bleibt gleich, die **Wortbedeutung** verändert sich (**Bedeutungsveränderung**) (z. B. *Fräulein:* früher *eine hoch gestellte unverheiratete Frau* – später: *eine unverheiratete Frau* – heute: *kaum noch benutztes Wort*)
- Die Bedeutung eines Wortes kann sich erweitern oder verengen (**Bedeutungserweiterung** oder **Bedeutungsverengung**), z. B.: *Erweiterung:* Mit *Frau* war im Mittelalter nur die adelige Frau gemeint. *Verengung:* Mit *Maere* meinte man im Mittelalter eine erzählende Dichtung, heute bezeichnet das *Märchen* nur Geschichten mit bestimmten Merkmalen.
- Die Bedeutung kann sich verbessern (**Aufwertung**) oder verschlechtern (**Abwertung**), z. B.: *Aufwertung:* Der *Marschall* war im Mittelhochdeutschen die Bezeichnung für einen Pferdeknecht, heute versteht man darunter einen Offizier im Generalsrang.
- **Bedeutungsübertragung:** Der **Wortkörper** bleibt gleich, typische Bedeutungsmerkmale werden übertragen (z. B. *Feder: Feder eines Vogels – Schreibfeder – Kamm: Hahnenkamm – Gerät zum Kämmen*).

Zum Nachschlagen

Fremdwort, Lehnwort, Erbwort:
- Wörter, die aus einer fremden Sprache übernommen wurden, nennt man **Fremdwörter**. Man erkennt sie an Merkmalen, die typisch für die Fremdsprache, aber ungewöhnlich für das Deutsche sind, z. B.:
  - an Buchstaben(-kombinationen), z. B. *y, ik, ine, in*: Handy, Informatik, Maschine, Magazin.
  - an der fremden Aussprache von Buchstaben, z. B. [æ] für *Gangway*, [u] für *Crew*.
  - an der Betonung, die nicht auf der ersten Silbe (z. B. *áufnehmen*) oder der Stammsilbe (z. B. *unternéhmen*) liegt, sondern z. B. auf der dritten Silbe (z. B. *Qualitä́t*).
- Wörter aus einer anderen Sprache, die sich in Schreibung, Aussprache und Grammatik dem Deutschen angepasst haben, wie z. B. *Straße* (von lat. *strata*), nennt man **Lehnwörter**, weil sie aus einer anderen Sprache ausge„liehen", ent„lehnt" sind.
- Die Wörter, die wir auf das Germanische zurückführen können und aus dieser Sprache geerbt haben, nennt man **Erbwörter**, z. B. *Mutter, Schwester, Haus, Kuh*.

Die indoeuropäische Sprachfamilie
- Sprachen, die sich historisch (genetisch) auf einen gemeinsamen Grund- bzw. auf eine Ursprache, aus der sie sich entwickelt haben, zurückführen lassen, bilden eine **Sprachfamilie**.
- Das Lateinische und das Germanische z. B. gehören zu derselben Sprachfamilie. Man nimmt an, dass die **Urform dieser Sprachfamilie vor etwa 6000 Jahren** von einem Volk im Mündungsgebiet der Donau und nördlich des Schwarzen Meeres gesprochen wurde. Von ihrem Ursprungsgebiet aus hatte sie sich im 1. Jahrtausend v. Chr. zu Sprachen wie Keltisch, Germanisch, Illyrisch, Armenisch, Altpersisch und Griechisch weiterentwickelt.
- Alle Sprachen, die sich aus dieser Ursprache entwickelt haben, fasst man unter dem Oberbegriff **indoeuropäische Sprachfamilie** zusammen, innerhalb derer die romanischen Sprachen eine eigene Gruppe bilden. Zu ihr zählen alle Sprachen, die unmittelbar von der lateinischen Sprache abstammen, wie z. B. Französisch und Italienisch.

Zeichensetzung

Zeichensetzung bei direkter Rede
Die direkte Rede (wörtliche Rede) wird in Anführungszeichen gesetzt und durch Komma abgetrennt. Der Begleitsatz (Redeeinleitung) kann vor, nach oder mitten in der direkten Rede stehen.
Jannik sagte: „Das verstehe ich nicht." – „Ist das nicht ein Adjektiv?", fragte er. – „Ich finde es toll", meint Jannik, „dass jetzt alles klar ist."

Zeichensetzung bei Infinitivgruppen (Infinitivsatz) und Partizipialgruppen (Partizipialsatz)
Infinitivgruppen muss man nur in bestimmten Fällen mit einem Komma abgrenzen:
- Einleitung der Infinitivgruppe mit: *um, ohne, statt, anstatt, außer, als* (z. B. *Sie beeilte sich, um den Zug rechtzeitig zu erreichen.*).
- Die Infinitivgruppe hängt von einem Substantiv/Nomen ab (z. B. *Er fasste den Entschluss, künftig wieder mehr zu reisen.*).
- Die Infinitivgruppe hängt von einem Verweiswort ab (z. B. *Darüber, viel Gewinn zu machen, dachte sie lange nach.*

Partizipialgruppen muss man nur dann durch ein Komma abgrenzen, wenn sie durch ein hinweisendes Wort vorher angekündigt oder nachher wieder aufgenommen werden (z. B. *Aus vollem Halse lachend, so kam sie auf mich zu.*). Auch der nachgestellte Partizipialsatz wird durch Komma abgetrennt.
In den anderen Fällen kann ein Komma gesetzt werden, um Missverständnisse zu vermeiden bzw. die Gliederung des Ganzsatzes deutlich zu machen.

Das Komma bei Aufzählungen

Das Komma trennt **gleichrangige Wörter, Wortgruppen und Teilsätze**, wenn sie nicht durch *und, oder, beziehungsweise, sowie (= und), wie (= und), entweder ... oder, nicht ... noch, sowohl ... als (auch), sowohl ... wie (auch)* oder durch *weder ... noch* verbunden sind.
K e i n Komma steht allerdings zwischen n i c h t gleichrangigen Adjektiven: *ein altes bayerisches Fest* (*bayerisches Fest* wird als Einheit angesehen, die durch *altes* oder durch andere Adjektive wie *neues, schönes* näher bestimmt werden kann).

Bei der **Aufzählung selbstständiger** (vollständiger) **Sätze**, die durch *und, oder, beziehungsweise, entweder ... oder, nicht ... noch* oder durch *weder ... noch* verbunden sind, setzt man in der Regel kein Komma; man k a n n es aber setzen, um die Gliederung des Ganzsatzes deutlich zu machen (z. B. *Er traf sich mit meiner Schwester(,) und deren Freundin war auch mitgekommen*).

In allen Fällen steht das Komma bei folgenden Konjunktionen bzw. Bindeadverbien: **Gegensatz:** *aber, jedoch, kein, nicht (nur) ... sondern (auch), teils ... teils, bald ... bald, je ... desto, einerseits ... andererseits;* **Grund:** *denn, deshalb, demnach, daher, darum, nämlich, also*

Einschübe und Hervorhebungen

Kommas trennen **Einschübe** und **Hervorhebungen** ab, die den Fluss des Satzes unterbrechen:
– Ausruf, Kurzantwort: *ja/nein*
– Anrede
– nachgestellt: Apposition (Substantiv/Nomen im gleichen Kasus)
– nachgestellte Erläuterung, oft mit: *und zwar, z. B., d. h., nämlich, insbesondere*
– Datums- und Zeitangabe
– Begleitsatz der direkten Rede

Zeitgestaltung

Die Gestaltung der Zeit hat eine besondere Bedeutung in der erzählenden Literatur (**Erzähltempo**):
– **Erzählzeit** (Dauer des Erzählens oder Vorlesens) und **erzählte Zeit** (Dauer des erzählten Vorgangs) können in etwa gleich lang dauern.
– Oft aber umfasst das erzählte Geschehen eine längere Zeitdauer als das Erzählen selbst (**Zeitraffung**).
– Manchmal ist es auch umgekehrt: Das Erzählen dauert länger als das erzählte Ereignis (**Zeitdehnung**).
Durch das gewählte Erzähltempo verändert sich die Wirkung auf den Zuhörer oder Leser.

Zeitung

Arten von Zeitungen:
– Die **Boulevardzeitung**/das **Boulevardblatt** hebt sich durch ihre auffällige äußere Gestaltung (Bilder, Schlagzeilen, Farben ...) deutlich von der Abonnementzeitung ab. Damit versucht man an den Kiosken der Boulevards (frz. für *große, breite Straßen in der Stadt*) und anderswo, die Passanten zum Kauf zu verlocken.
– Die unauffälliger gestaltete **Abonnementzeitung** ist zwar auch frei erhältlich, verkauft sich aber hauptsächlich durch Abonnements, wird also den Leserinnen und Lesern täglich nach Hause geliefert.
– Je nach Verbreitungsgebiet unterscheidet man **lokale**, **regionale** und **überregionale** Zeitungen. Außerdem gibt es noch **Wochen-** und **Sonntagszeitungen**.
– Bei **Zeitschriften** kann man Wochen- und Monatszeitschriften unterscheiden. Die meisten Zeitschriften sind sowohl am Kiosk als auch über ein Abonnement zu haben.

Aufbau, Teile einer Zeitung:
- Die Bezeichnungen „Politik", „Sport", „Feuilleton" oder „Wirtschaft" stehen für die **Ressorts** (Sparten, Fachbereiche) einer Zeitung. Jedes Ressort ist in größeren Zeitungen mit einer eigenen Redaktion vertreten.
- Die Redakteurinnen und Redakteure schreiben und bearbeiten alle Nachrichten, die in ihr Ressort fallen. Die Namen der leitenden Redakteurinnen oder Redakteure sind im **Impressum** (von lat. *imprimere*: auf-, eindrücken) verzeichnet, ohne das kein Presseerzeugnis gedruckt werden darf.
- **Aufmachung:** Gestaltung von Zeitungs- oder Zeitschriftenseiten, ursprünglich nach der Wichtigkeit der einzelnen Artikel geordnet.
Aufmacher einer (Titel-) Seite: Der wichtigste oder interessanteste und am besten Platz stehende Beitrag (umgangssprachlich auch: der „Knaller")

Textarten in der Zeitung:
- Meist unterscheidet man in Zeitungen **informierende Texte** (Meldung, Nachricht, Bericht) und **kommentierende Texte** (Kommentar, Glosse).
- Einige Texte in heutigen Zeitungen sind – dem Lesergeschmack entsprechend – **Mischformen**, in Abonnementzeitungen weniger, in Boulevardzeitungen mehr; so finden sich in einem Text z. B. informierende und unterhaltende oder informierende und kommentierende Aspekte.
- Eine Grundform der Zeitungstexte ist die **Nachricht**; sie ist eine objektive und verständliche Information über Tatsachen, die dem Leser oder Hörer erstens **neu** sind (vgl. das engl. Wort für die Nachrichten: *news*), und zweitens entweder **wichtig** (z. B. *neuer Präsident im Irak*) oder **interessant** (z. B. *Mann beißt Hund*), selbst wenn das Ereignis den Leser nicht direkt betrifft (z. B. *Tsunami in Südostasien*).

Die Nachricht sollte Antworten auf die **7 W-Fragen** geben: Sie teilt dem Empfänger mit, *wer was wann wo wie warum* getan hat oder tun wird. Dabei beruft sie sich auf eine **Quelle**, gibt also auch das *Woher?* an.

> berichten > Glosse > Kolumne > Kommentar > Reportage

Zuhören

Zuhören können und Gehörtes verarbeiten, das ist eine wichtige Fähigkeit, die man trainieren kann.
Gute Zuhörer halten Blickkontakt; zeigen durch die Körperhaltung, dass sie mitdenken; lassen den Redner zu Ende sprechen; urteilen erst, wenn sie alles Wichtige erfahren haben; erkennen das Wesentliche der jeweiligen Aussage; machen sich Notizen und schreiben Wichtiges mit; vergleichen das Gehörte mit eigenen Erfahrungen; gehen auf das Gehörte ein und stellen Fragen.

> Mitschrift

Kleines Autorenlexikon

Bernstein, F.W.
*1938 in Göppingen; dt. Lyriker, Grafiker und Satiriker; befreundet mit Robert Gernhardt; begründete mit diesem das Satiremagazin „Titanic"; lebt und arbeitet in Berlin
➔ „Der Baum nadelt: Schwäbisch", S. 180

Bienek, Horst
*1930 in Gleiwitz/Schlesien; lebt als freier Schriftsteller in München; Lyriker und Prosaist
➔ „Wörter", S. 56

Döhl, Reinhard
*1934 in Wattenscheid; Vertreter der konkreten Poesie in Lyrik und Prosa; spielerisch-schöpferische Experimente mit grafischem Sprachmaterial
➔ „Apfel", S. 196

Doyle, Sir Arthur Conan
*1859 in Edinburgh, † 1930 in Crowborough/Sussex; studierte Medizin und praktizierte 1882–1890 als Arzt; beeinflusst durch E.A. Poe und die Lehren der Psychiatrie schuf er Gestalten wie Sherlock Holmes und Dr. Watson; Begründer des modernen Detektivromans
➔ „Spuren im Moor", S. 53f.

Gablé, Rebecca
*1964 am Niederrhein; Lehre als Bankkauffrau, dann Studium der Germanistik/Mediävistik; Autorin von historischen Kriminalromanen, mehrfach ausgezeichnet
➔ „Gottesurteil", S. 74f.

Goethe, Johann Wolfgang von
*1749 in Frankfurt/M, † 1832 in Weimar; berühmtester und bedeutendster deutscher Dichter; begründete gemeinsam mit Schiller die „Weimarer Klassik", schuf neben dramatischen Stücken, philosophischen Schriften und Romanen auch zahlreiche Balladen
➔ „Erlkönig", S. 96

Grimmelshausen, Hans Jakob Christoffel von
*um 1622 in Gelnhausen/Hessen, † 1676 in Renchen/Baden; bedeutendster Erzähler des 17. Jh.; Volksschriftsteller von realistischer Anschaulichkeit und hintergründigem Humor; verfasste in Anlehnung an span. Schelmenroman und aus eigener Erfahrung des 30-jährigen Kriegs den ersten deutschen Prosaroman von Weltrang, den „Simplicissimus"
➔ „Simplicius Simplicissimus" (Auszüge), S. 199ff.

Gryphius, Andreas
*1616 in Glogau/Schlesien, † 1664 dort; bedeutendster Dichter des deutschen Hochbarock; geprägt in seiner Jugend durch den 30-jährigen Krieg, Religionsverfolgungen und viele Krankheiten; seine Lyrik ist gekennzeichnet durch tiefen Pessimismus und vom Grunderlebnis der Vanitas
➔ „Es ist alles eitel", S. 190

Günther, Johann Christian
*1695 in Striegau/Schlesien, † in 1723 in Jena; bedeutender Lyriker des Spätbarock
➔ „Als er der Phillis einen Ring mit einem Totenkopfe überreichte", S. 187

Heidenreich, Elke
*1943 in Korbach; Journalistin, Talkmasterin und Schriftstellerin; schrieb Hörspiele und Drehbücher, moderiert TV-Sendungen wie z.B. „Lesen!"; tritt ebenso als Kabarettistin in Erscheinung
➔ „Mutter lernt Englisch – Ein Drama", S. 166

Herburger, Günter
*1932 in Isny/Allgäu; lebt als Schriftsteller in München; Erzähler von Zeitromanen; Hörspiel- und Fernsehautor; realistische Skizzen aus modernem Alltagsmilieu und Arbeitswelt
➔ „Ehegedicht", S. 189

Herder, Johann Gottfried
*1744 in Mohrungen/Ostpreußen, † 1803 in Weimar; wuchs in ärmlichen Verhältnissen auf; bildete sich autodidaktisch durch Pfarrbibliothek. Hatte sehr großen Einfluss auf Goethe, den er dem Volkslied und Shakespeare näher brachte; Übersetzer zahlreicher fremdsprachiger Texte, z.B. Shakespeares Dramen
➔ „Erlkönigs Tochter", S. 97

Heyne, Isolde
*1931 in Böhmen; lebte bis 1979 in Leipzig, übersiedelte dann in die BRD; Autorin von Kinder- und Jugendbüchern; mehrfache Auszeichnungen
➔ „Hexenfeuer" (Auszüge), S. 100ff.

Kleines Autorenlexikon

Hoddis, Jakob van
*1887 in Berlin, † 1942 in Koblenz während Deportation; Lyriker des Frühexpressionismus; teils schwermütige, teils ironisch-sarkastische Gedichte vom Weltende; seit 1912 zunehmend geisteskrank; als Jude von den Nationalsozialisten getötet
➔ „Weltende", S. 193

Hofmann von Hofmannswaldau, Christian
*1616 in Breslau, † 1679 dort; mit Opitz befreundet und von diesem zu Dichtversuchen angeregt; seine Lyrik ist gekennzeichnet durch ausgeklügelte Wortspiele, blumig schwelgende Metaphern und feine gedankliche Pointierung
➔ „Vergänglichkeit der Schönheit", S. 186

Hohler, Franz
*1943 in Biel/Schweiz; verfasst Theaterstücke, Hör- und Fernsehspiele; schreibt Geschichten für Kinder und Erwachsene
➔ „Die Reinigung", S. 108

Lasker-Schüler, Else
*1869 in Elberfeld, † 1945 in Jerusalem; Tochter eines jüdischen Bankiers und Architekten; Lyrikerin, Erzählerin und Dramatikerin des Expressionismus; auch Zeichnerin und Illustratorin ihrer Gedichte
➔ „Weltende", S. 193

Maiwald, Peter
*1946 in Nördlingen/Bayern; lebt und arbeitet als Schriftsteller und Essayist in Düsseldorf
➔ „Der Untergang der Welt in der Gaststätte zum Hasenberg", S. 190

Molière
*1622 in Paris, † 1673 dort; franz. Komödiendichter; stand ab 1661 in der Gunst Ludwigs XIV.; seine Stücke nehmen Bezug auf die Zustände in der zeitgenössischen Gesellschaft; die Figuren sind Träger bestimmter Eigenschaften, wie z.B. Geiz, Heuchelei, Hypochondrie, Egoismus etc.; starb während einer Vorstellung als „eingebildeter Kranker" an einem Blutsturz auf der Bühne
➔ „Der eingebildete Kranke" (Auszüge), S. 155ff.

Müller, Hanns Christian
*1949 in München; Regisseur, Drehbuchautor und Musiker; Zusammenarbeit mit Gerhard Polt; bekanntester Film „Man spricht deutsh"
➔ „Der Baum nadelt: Bairisch", S. 180

Novak, Helga Maria
*1935 in Berlin; Lyrikerin und Erzählerin, die hauptsächlich sozialkritische Themen aufgreift; arbeitete als Monteurin, Laborantin und Buchhändlerin; kam durch Heirat 1961 nach Island; arbeitete dort in Teppichweberei und Fischfabrik; lebt seit 1967 in Frankfurt/M
➔ „Eis", S. 62f.
➔ „Schlittenfahren", S. 111

Novalis (Georg Philipp Friedr. v. Hardenberg)
*1772 Gut Oberwiederstedt bei Mansfeld, † 1801 Weißenfels/Saale; studierte Philosophie bei Schiller und Fichte in Jena; größter frühromantischer Lyriker und Erzähler; Erfinder des Symbols der Blauen Blume
➔ „Walzer", S. 187

Opitz, Martin
*1597 in Bunzlau, † 1639 in Danzig; maßgeblicher Dichter des Barock; erstrebte Regelmäßigkeit und Klarheit der Form und Gattung; reformierte die bislang provinzielle deutsche Dichtung und verschaffte ihr den Anschluss an die westeuropäische Literatur; starb an der Pest
➔ „Ach Liebste, lass uns eilen", S. 184

Preußler, Otfried
*1923 in Reichenberg/Böhmen; bis 1970 Volksschullehrer, seitdem lebt er als freier Schriftsteller in Haidholzen bei Rosenheim (Oberbayern); Autor zahlreicher Kinder- und Jugendbücher (Kleine Hexe, Räuber Hotzenplotz, Krabat etc.)
➔ „Krabat" (Auszug), S. 112f.

Rowohlt, Harry
*1945 in Hamburg; dt. Schriftsteller, Übersetzer und Rezitator; Sohn des Verlegers Ernst Rowohlt
➔ „Der Baum nadelt: Hamburgisch", S. 180

Storm, Theodor
*1817 in Husum/Schleswig, † 1888 Hademarschen/Holstein; Lyriker und Erzähler; seine Texte zeichnen sich durch starke Stimmungshaftigkeit aus; Themen vorwiegend norddeutsche Landschaft, Natur, Meer, Leidenschaft, Liebe und Ehe; verfasste 58 Novellen
➔ „Der Schimmelreiter" (Auszug), S. 109f.
➔ „Lied des Harfenmädchens", S. 186

A

Abonnementzeitung 132f., 135, 145
Adressat 38, 138, 145, 120, 159, 202
Adverbien 20f.,125, 127
Adverbiale 221
Adverbialsatz 37, 129, 219
adversativ/Adversativsatz 220
Akt 155, 163
Aktiv 41, 139, 148f., 226
Alexandriner 193, 197
Allegorie 188, 197
Anapäst 192
Anekdote 108, 202
Anglizismen 87
Antithesen (Literatur) 191f., 197
Apposition 93, 221
appellieren 202
Argument, Argumentation 9, 28f., 30, 32f., 34, 36f., 38, 40f., 202
Artikel (Zeitung) 134, 139, 147, 150
Attribut/-satz 221
Aufbau 35f., 98, 102, 150
Aufführung 165, 167
Aufmachung, Aufmacher 132, 135
Auftritt > Szene
Aufzug > Akt
auktoriales Erzählverhalten 102, 109f.
Außenstandpunkt 102, 108
Aussage (eines literarischen Textes) 98, 111, 190, 203

B

Ballade 96ff., 99, 203
Barock 188ff., 195ff., 201, 203
Bedeutungswandel 176, 181
Bedeutungswörterbuch 85, 176
Beleg 32f., 34, 38, 43, 150
berichten 136, 138f., 141, 145, 148, 203
beschreiben 49, 51, 81, 117, 166, 204
Bilder/Personen 49f., 75, 94, 96, 99, 106, 112, 204
Gegenstände/Wege 31-34, 37, 88, 113, 204
Bild-/Bildergeschichte 48ff., 189
bildliches Sprechen 51, 56f., 104, 113, 151, 189, 197, 204
Boulevardzeitung 132f., 134f., 145
Bühne, Bühnenbild 156, 163, 166, 187

C

Charakter/charakterisieren 63, 154, 157f., 166f.
Charakterkomik > Komik
Chifre 193f., 197
Cluster 28, 184
Collage 47, 98, 189, 193f., 197

D

Daktylus 192
Detektivroman 51f., 61
Diagramm 29, 122f., 182
Dialekt 169ff., 176ff., 181ff., 205
Dialog 52f., 161f., 167
Diphthong 178

direkte Rede 48, 75, 93, 101, 123, 127f., 150
diskutieren 9f., 68, 106, 134, 138, 205
Diskussionsregeln/-leitung 9, 14f., 205
Drama/Dramatik 52, 152ff., 156, 158, 163, 166f., 205

E

Eindruck, erster > Textverständnis
Epik 52, 108, 206
Epische Texte erschließen 206
Epoche 190
Epos 206
Erbwort 82f., 230
erörtern, Erörterung 25ff., 34ff., 43 207
erschließen > Texterschließung
Er-/Sie-Form 49, 102, 109
Erzählen 207
Erzähler (-rolle/-verhalten) 64, 102, 108ff., 111, 158, 167, 208
Erzählerstandpunkt > Außensicht; Innensicht
Erzählform 51, 109ff.
etymologisches Wörterbuch 83, 181, 176, 181
Exposition 163
exzerpieren 208

F

Feature 141
Figur (literarische) 49, 52, 63, 73, 75, 98, 101, 106, 154, 156f., 158, 161ff., 164, 166, 187, 208
Figurengedicht 194ff., 197
Figurenkonstellation/-rede/-register > Figur
final/Finalsatz 220
Fremdwort 80ff., 83ff., 86, 230
Fünf-Schritt-Lesemethode 27
Futur (I und II) 48, 75, 149

G

Gattung 52
Gedicht 48, 56f., 99, 184, 187ff., 209
Gespräch 14f., 209
Gesprächsanlass 9, 14, 18
Gesprächsregeln < Diskussionsregeln
Gestalterisches Schreiben 209
Geste, Gestik 7, 12f., 157, 158, 166f., 191
Gliederung 18, 30f., 32, 38, 40, 68, 120
Gliedsatz 219
Glosse 141, 143, 210

H

Handlung (äußere/innere) 47, 49ff., 54, 63, 68, 75, 113, 156f., 158, 161, 163f.
Handlungsentwurf/-stränge 47, 104, 110, 154, 161, 164
Handlungsschritte, -verlauf 63, 73, 68, 73, 98, 104, 106
Hauptsatz 20f., 92f., 125, 129, 134
Herkunftswörterbuch > etymologisches Wörterbuch
Hochdeutsch 178f., 181
Hörspiel 210
Hyperlink 52, 54
Hypertext 52ff.

I

Ich: erzählendes, erlebendes 199
Ich-Erzähler 52, 199
Ich-Form 49, 102, 109, 199f.
Impressum 135
Impulsmedien 18
Indikativ 48, 75
indirekte Rede 48, 60, 74f., 123, 127f., 210
Infinitivgruppe 93, 220
Information, informieren 17f., 27, 51f., 133, 138, 121, 123, 181, 210f.
Informationsquellen 27, 134, 136, 145
Inhaltsangabe 68ff., 72f., 123ff., 126ff., 201, 211
Innenstandpunk 102, 106
innerer Monolog 48
Interaktion 158
Internet 23, 51, 134, 168, 192, 201
interpretieren 212
Interview 14, 141, 144f., 121, 158, 196, 212
Ironie 143
Irrealis 41

J

Jambus 192
Journalismus, Journalist 134, 141, 143f., 146f.
Jugendbuch 99ff.

K

kausal, Kausalsatz 21, 125, 129, 220
Klappentext 100
Kolumne 144, 212
Komik 162f., 166
Komma > Zeichensetzung
Kommentar 102, 141, 143, 162
Kommunikation 9, 212
Komödie 152ff., 157, 159, 163f., 212f.
konditional, Konditionalsatz 21, 40f., 220
Konflikt 158ff., 161f., 163ff.
Konjunktiv 40, 48, 75, 226, 227
konkrete Poesie 195f.
Konsekutiv, Konsekutivsatz 21, 129, 220
konzessiv/Konzessivsatz 220
Körperhaltung 7 ,157, 166f.
Körpersprache 7f., 12f., 14f., 18, 23, 153, 157, 163
Korrespondent 136
kreatives Schreiben 45ff., 213
Kriminalgeschichte/-roman 51ff., 61, 68, 74, 213
Kurzgeschichte 62ff., 64, 111, 213
Kurzvortrag > Referat

L

Layout 138
Lead, Leadstil 137f.
Lehnwort 81, 83
Link > Hyperlink
lokal/Lokalsatz 220
Lyrik 52, 52, 186ff.
lyrisches Ich 56

M

markieren 117
Medien 18, 136
Meldung 136, 141
Metapher 151, 192, 195
Metrum 188, 192, 214
Mimik 7, 157, 166f., 191
Mindmap 12, 33, 38, 47, 51, 77, 152, 158, 184
Mitschrift 23, 62f., 214
Modalverben 215
modal/Modalsatz 220
Modus 40f., 60, 62, 75f., 226
Monolog 152, 157, 161
Motiv (Beweggrund) 44, 52, 63, 72, 75, 101, 156ff., 160 163, 166, 215
Motiv/Motivgeschichte (literarisch) 184, 215
Mundart < Dialekt

N

Nachricht 136f., 141
Nachrichtenagentur 136
Namenlexikon 171ff.
Nebensatz 20f., 92f., 125, 129
neutrales Erzählverhalten 102, 109f.
Nominalisierung/Nominalstil 31f., 87ff., 215
Novelle 64

O

Oberbegriff 51, 77
Objektsatz 220

P

Pantomime 13, 153, 157
Parallelismus 189
paraphrasieren 117
Partizip 220
Partizipialgruppe 93, 220
Passiv 41, 139, 148f., 226
Personenbeschreibung > beschreiben
personales Erzählverhalten 102, 109f.
Personifikation 151
Pointe 167
Porträt 141
Potentialis 41
Prädikativ 221
Präpositionalobjekt 220
präsentieren 17f., 133, 215
Presse 146
Proben 216
Projekt 216
Pronomen 228
Protagonist 163
Protokoll (Ergebnis-/Verlaufs-/Unterrichts-) 60ff., 70, 216

R

Radio 136, 146, 210, 214
Realis 41
recherchieren 17f., 27, 134, 168, 210f., 218
Rechtschreibregeln 80ff., 217f.

Redaktion 135, 138, 146
Redewendung 196
Referat 17f., 152, 164, 192, 218
Regieanweisungen 9, 157, 164, 166f.
Reim/Reimschema 98, 188, 191ff.
Relativpronomen/-satz 93, 221
Reportage, Reporter 139, 141, 150f., 218
Requisiten 157, 166
Ressort (Zeitung) 135
Rhythmus 219
Rolle (szenisches Spiel) 14, 153, 166, 191
Rolleninterview/-karte/-spiel 9, 14
Roman 64, 101ff., 100ff., 106, 112ff.
Rückführung (Argumentation) 33, 36
Runen 174ff., 181

S
Sachtext (erschließen) 12, 27, 115ff., 121, 219
Satire 200
Satz/-art/-bau 125, 192, 219
Satzgefüge 125, 151, 221
Satzglied 175f., 220
Satzreihe 151, 221
Satzverknüpfung 20f., 35, 37f., 40, 117, 119, 127, 129, 222
Schelmenroman 200
schildern 56, 112f., 151, 222
Schlagzeile 137, 151
Schlüsselwort 120
Schreibabsicht 28, 38
Schreibanlass 50f.
Schreibideen 45, 49, 51
Schreibkonferenz 43, 48f., 51, 113, 127, 137, 139, 151, 222
Schreibprogramm 52
Schreibplan 30, 47, 49, 51, 222
Schrift, Schriftzeichen 169, 174
Sinnabschnitt 12, 63, 68, 117, 119, 121, 127
Situationskomik > Komik
Sonett 190ff., 197, 222
Sparte (Zeitung) 135
Spielszene 9, 19, 53, 86f., 156, 158, 164, 187, 189, 223
Sprachfamilie (indoeuropäische) 173ff., 181, 230
Sprachgeschichte 169ff.
sprachliche Bilder > bildliches Sprechen
sprachliche (Gestaltungs-) Mittel 36, 40, 48, 51, 64, 98, 101, 111, 150, 187ff, 191, 195, 197
Sprechabsicht 223
Sprechtempo 14
Standbild 223
Standpunkt, Gegenstandpunkt 9, 26, 29f.
Statistik 122f., 224
Stellung nehmen 23, 43, 219
Stichhaltigkeit 9
Stichpunkte/-worte, Stichwortzettel 18
Stil, stilistische Mittel 134, 143, 147, 190
Stoff/Stoffgeschichte 224
Stoffsammlung 28f., 30, 32 f., 38

Streitfrage 28, 36
Strophe 191f.
Subjektsatz 219
Substantivierung > Nominalisierung
Suchmaschine 23, 51
Symbol 194ff., 204, 224
Szene 152f., 155, 162ff., 165ff., 187
szenisches Spiel > Spielszene

T
Tageszeitung 132, 147
temporal/Temporalsatz 37, 220
Tempus 62, 98, 111, 128, 148
Text 224
Textbeleg 104, 113, 161, 224
Texte ausgestalten/umgestalten 225
Texterschließung 63ff., 101, 117ff., 121, 123
Textsignal 100ff., 104, 106, 225
Textverständnis (erstes/begründetes) 63, 67, 97, 118, 189
Textzusammenfassung 225
Theater 152ff., 165, 225
Thema (Problem) 28, 100f., 133, 190
These, Gegenthese 9, 28f., 30, 32, 34, 36f.
Thriller 60
Titel/-blatt/-kupfer 99ff., 106, 112, 123, 154, 157, 164, 198
Trochäus 192

U
überarbeiten 38, 47f., 113, 117, 124, 127ff., 145, 151, 167
Unterbegriff 51, 77

V
Verbalstil 31f.
Vergleich 151
Verknüpfung < Satzverknüpfung
Vers/-fuß 44, 57, 191ff.
Versmaß < Metrum
Vorgangsbeschreibung > beschreiben
vortragen 98

W
Werbung 87, 131, 228
Wortarten 228
Wortbedeutung 166, 176, 229
Wortgeschichte 176
Wortkomik > Komik
Wortkunde 229
wörtliche Rede > direkte Rede

Z
Zäsur 192
Zeichensetzung 92f., 129, 230f.
Zeitgestaltung 231
Zeitschrift 130, 134
Zeitung 87, 130ff., 136, 138, 145, 147, 167, 231
Zitat 138, 151
Zuhörer, zuhören 14f., 18, 22f., 232

Textquellenverzeichnis

Die Rechtschreibung der Fremdtexte ist der neuen Rechtschreibung angepasst. Bei Texten, die in der bisherigen Rechtschreibung abgedruckt sind und deren Schreibung nicht bedingt ist durch die Entstehungszeit oder schöpferische Eigentümlichkeiten, haben die Rechteinhaber einer Umstellung nicht zugestimmt. Diese Texte sind mit * gekennzeichnet. Hier nicht aufgeführte Texte sind Originalbeiträge der Verfasserinnen und Verfasser.

S. 6: dpa: Kurzer Unterricht im Mini-Rock. In: Süddeutsche Zeitung, 17.06.2003.
S. 10f.: Werner Stangl: Die Deutung von nonverbaler Kommunikation. In: http://arbeitsblaetter.stangl-taller.at/KOMMUNIKATION/ KommNonverbale.shtml © Werner Stangl, Linz 2004.
S. 17: afp, Kabul. 29.03.2001.
S. 22: Gute/schlechte Zuhörer. In: Vohland, Ulrich: Hören, Sehen, Behalten – Welcher Lerntyp bin ich? München: Humboldt-Taschenbuchverlag, 1994, S. 70ff. Aus: www.koeln-kolleg.de/lernen/uebungen.htm (06.11.2003).
S. 26f.: Piel, Edgar: Bodycheck – Wie viel Körper braucht der Mensch? Eine Allensbach-Umfrage für den Deutschen Studienpreis [Wettbewerb 2000/ 2001 der Körber-Stiftung]. In: http://archives.arte-tv.com/societe/koerper/dtext/umfrage.htm zum arte-Themenabend „Was uns auf den Nägeln brennt: Der perfekte Körper" vom 16.08.2001.
S. 29: hub: Schönheit ist das Wichtigste (offenbar). In: http://weblog.kult.kurier.at/eintrag.php?id=216 (07.10.2004).
S. 42f.: Tätowierungen – Voll im Trend. In: http://www.tk-scoolz.de/gut_drauf/tattoos.php? © 2004 by Techniker Krankenkasse, Hamburg.
S. 46: „Und wer selbst nicht schreibt, ...": Überschrift aus: Lieber ein Spatz in der Hand. Hg. v. der Christlichen Arbeiterjugend Bayern. München 1988, S. 54.
S. 50: Egner, Eugen: Hausierer werden immer dreister / Sommerabend. In: Sowa, Michael: Das Huhn und die Tänzerin. Dreißig phantastische Stücke. Mit Texten garniert von Bernstein, Egner und Haucke. Reinbek bei Hamburg: Rowohlt Taschenbuch Verlag, 1997, S. 38 / 42. (= rororo rotfuchs. Hg. v. Ute Blaich und Renate Boldt.)
S. 53f.: Doyle, Sir Arthur Conan: Spuren im Moor – Sherlock Holmes und seine größten Erfolge. Übersetzt von Hans Herlin. Berlin: Ullstein, 1993, S. 9f.
S. 54: Jackson, Steve / Livingstone, Ian: Der Hexenmeister vom flammenden Berg. Übersetzt von Irene Hess. Stuttgart: Thienemann, 1983, o. S.
S. 56: Wörter. In: Bienek, Horst: Gleiwitzer Kindheit. Gedichte aus zwanzig Jahren. München: Carl Hanser Verlag, 1976, o. S.
S. 58f.: Brose ist wieder da! In: Crummenerl, Rainer: Schnell wie Kommissar Hell. München: arsEdition, 1999, S. 53–56.
S. 64f.: Novak, Helga M.: Eis. In: Kürzestgeschichten. Hg. v. Hans-Christoph Graf von Nayhauss. Stuttgart: Reclam, 1995, S. 50f. (= Arbeitstexte für den Unterricht. Reclam Universal-Bibliothek, 9569).
S. 66–69: Müller-Felsenburg, Alfred: Wasserdichtes Alibi. In: Loewes Detektivmagazin. Hg. v. Andrea C. Busch. Hildesheim: Gerstenberg Verlag, 1999, S. 181–187.
S. 74: Neri, Kris: Das richtige Timing. In: Mord zwischen Messer und Gabel. Hg. v. Andrea C. Busch. Hildesheim: Gerstenberg Verlag, 1999, S. 66–70.
S. 76f.: Gablé, Rebecca: Gottesurteil. In: Abrechnung bitte! Eine mörderische Kneipentour. Hg. v. Peter Gerdes. Reinbek bei Hamburg: Rowohlt Taschenbuch Verlag, 2002, S. 99–100.
S. 83: Duden. Bd. 7: Das Herkunftswörterbuch. 3., völlig neu bearbeitete und erweiterte Auflage. Hg. von der Dudenredaktion. Mannheim/Leipzig/Wien/ Zürich: Dudenverlag, 2001, S. 513, S. 638, S. 742, S. 834, S. 848, S. 949, S. 953.
S. 95: Der kleine Brockhaus: Aberglaube. In: Der Kleine Brockhaus, erster Band. Eberhard Brockhaus: Wiesbaden 1949, S. 95
S. 96: Der Erlkönig. In: Goethe, Johann Wolfgang von: Werke. Bd. 1. München: C.H. Beck, 1974, S. 70.
S. 97: Herder, Johann Gottfried: Erlkönigs Tochter. In: Herders Werke. Leipzig: Bibliographisches Institut, o. J., S. 72.
S. 100-106: Heyne, Isolde: Hexenfeuer. Lizenzausgabe. Ravensburg: Ravensburger Buchverlag, 1997, Klappentext, S. 7–9, S. 29–33, S. 278f., S. 130f. (= Ravensburger Taschenbuch, 8015). © 1990 by Loewes Verlag Bindlach.
S. 104f.: Justiz in alter Zeit. Bd. VI. Rothenburg o. d. T.: Mittelalterliches Kriminalmuseum, 1984, (= Schriftenreihe des Mittelalterlichen Kriminalmuseums Rothenburg ob der Tauber). Bearbeitet von Karin Comfere.
S. 108: Hohler, Franz: Die Reinigung. In: Hohler, Franz: Ein eigenartiger Tag. Lesebuch. Sammlung Luchterhand 699. München: Luchterhand Literaturverlag, 1985, S. 75.
S. 109f.: Storm, Theodor: Der Schimmelreiter. Stuttgart: Reclam Verlag, 2001, S. 3–9 (= RUB, 6015).
S. 111: Novak, Helga M.: Schlittenfahren. In: Novak, Helga M.: Geselliges Beisammensein. Prosa. München: Luchterhand Literaturverlag, 1968, S. 128f.
S. 112f.: Preußler, Otfried: Krabat. Stuttgart: Thienemann Verlag, 1981, S. 14f.
S. 115: www.juniorbotschafter.de: „Schule anderswo/Denk mal", (http://www.unicef.de/2256.html)
S. 116, 118, 119: „Bericht zur Situation der Kinder in der Welt 2003", hrsg. von UNICEF, Fischer TB, S. 30ff.
S. 120f.: KinderAnsichten. Hg. v. Carola Brezlanovits. Göttingen: Lamuv Verlag GmbH, 1994, S. 62–66.
S. 121f.: Zur Situation der Kinder in der Welt 2003 – Kinder zuerst. Hg. v. Deutschen Komitee für UNICEF. Frankfurt a. M.: Fischer Taschenbuch Verlag, 2003, S. 134, 136, 140 bzw. 133, 135, 137, 139, 141. © United Nations Children's Fund 2002.
S. 126: Die Kinder von Liberia nehmen ihr Schicksal in die eigene Hand. In: Bericht zur Situation der Kinder in der Welt 2002, hrsg. von UNICEF, Fischer TB, S. 99.
S. 133: Hai stirbt vor Schreck. In: Bild, 14.06.2003 – dpa: Hai soll vor Schreck gestorben sein. In: SZ, 14./15.06.2003. – Nackt-Bad tötet Hai. In: tz, 14./15.06.2003.
S. 134: Nacktsprung ins Aquarium: Hai starb angeblich vor Schreck. In: Abendzeitung, 14.06.2003 © Abendzeitung online – dpa, 13.06.2003.
S. 136: dpa: Nach Tod bei Bungee-Sprung will Betreiberfirma Anlagen schließen. In: http://www.glaubeaktuell.net/portal/nachrichten/nachricht.php?IDD=1058763790 (07/2003) (bearbeitet von Christine Debold). (Diese Internetadresse ist nicht mehr aufrufbar.)
S. 137: APA: Stradivari-Cello auf Mülldeponie gefunden. In: http://derstandard.at/?url=/?id=1669399 (20.05.2004) (gekürzt).
S. 137f.: Obduktion des Toten bringt keine neuen Erkenntnisse.

Textquellenverzeichnis

In: http://www.wdr.de/themen/panorama/unfall/do_tod_bei_bungee/index.jhtml (22.07.2003) © WDR 2003.
S. 139f.: Herbke, Stefan: Drei, zwei, eins, Bungee! In: http://www.sueddeutsche.de/reise/artikel/877/10867 (21.05.2003) © sueddeutsche.de GmbH/Süddeutsche Zeitung GmbH.
S. 141f.: Simeoni, Evi: Die Seele des Sports. In: Frankfurter Allgemeine Zeitung, 05.08.2004, S. 29.
S. 143: Mattes, Silke: Athen ruft die Jugend. Badische Zeitung, 12.08.2004.
S. 143: http://www.pfeilinfo.de/STILKUNDE/GLOSSE/glosse.html (05/2005) © Rainer Liesenfeld. (kostenpflichtiges Download.)
S. 144: E-Mail-Interview mit Christoph Biermann, geführt von Christine Debold am 18.08.2004.
S. 146f.: Journalist/-in werden: Berufsbild. In: http://www.djv.de/journalist/berufsbild/index.shtml (05/2005) © Deutscher Journalisten-Verband (DJV).
S. 155f., 159f., 161f.: Molière: Der eingebildete Kranke. Übers. u. Nachw. v. Doris Distelmaier-Haas. 2. Aufl. Stuttgart: Reclam, 1986, S. 7–9, 12f., 18–21 (= Reclam Universal-Bibliothek, 1177).
S. 166: Heidenreich, Elke: Mutter lernt Englisch – Ein Drama. In: MiniDramen. Hg. v. Karlheinz Braun. Frankfurt a. M.: Verlag der Autoren, 1987, S. 173.
S. 168: http://www.beliebte-vornamen.de (05/2005) © Knud Bielefeld, Ahrensburg.
S. 171: Duden – Das große Vornamenlexikon. Hg. v. Rosa u. Volker Kohlheim. 2., vollständig neu bearb. Aufl. Mannheim/Wien/Zürich: Bibliographisches Institut, 2003, S. 207f.
S. 173: Schießl, Hubert: Die indoeuropäische Sprachenfamilie. In: Verstehen und Gestalten B8. Hg. v. Dieter Mayer und Gerhard Schoebe. 2. Aufl. München: Oldenbourg Schulbuchverlag, 1997, S. 151 (bearbeitet von Gerhard Schoebe).
S. 174: Tacitus: Germania. Übersetzt von Manfred Fuhrmann. Stuttgart: Philipp Reclam jun., 1971, S. 9 (= Reclam Universal-Bibliothek, 726).
S. 176: Schülerduden Wortgeschichte. Bearb. v. Jürgen Folz. Mannheim/Wien/Zürich: Bibliographisches Institut, 1987, S. 471.
S. 176f.: Haberer, Robert: oa Oa, oa Oa – ein Ei. In: http://www.merkur-online.de/regionen/muenchenstadt/art51,257540.html (23.03.2004).
S. 178: Der Oachkatzlschwoaf. In: http://www.br-online.de/land-und-leute/thema/dialekte/oberniederbayern.xml (08.01.2004) © Bayerischer Rundfunk.
S. 179: Babylonische Sprachvielfalt. In: http://www.br-online.de/land-und-leute/thema/dialekte/index.xml und http://www.br-online.de/land-und-leute/thema/dialekte/oberniederbayern.xml (08.01.2004) © Bayerischer Rundfunk.
S. 180: Müller, Hanns Christian / Bernstein, F. W. / Rowohlt, Harry: Der Baum nadelt. In: Gernhardt, Robert / Eilert, Bernd / Knorr, Peter: Erna, der Baum nadelt! Frankfurt a. M.: Fischer Taschenbuch Verlag, 2003, S. 46, 72, 77.
S. 182: Beliebtheitsgrad deutscher Dialekte. In: Werner König: dtv-Atlas Deutsche Sprache. Grafiker: Hans-Joachim Paul. © 1978, 1994 Deutscher Taschenbuchverlag, München.
S. 183: Silvester singt man platt. In: Dass ihr euch ja nich' schietig macht! Hg. von Peter Unbehauen. Bearb. v. Till Martin. Hamburg: Dölling und Galitz Verlag, 1999, S. 136f.
S. 183: SMS im Dialekt. Aus: Isler, Thomas / Puntas Bernet, Daniel: Die Globalisierung von Siemens, Beispiel Schweiz. In: Die Zeit, 21.10.2004, S. 42.
S. 184: Opitz, Martin: Ach Liebste, lass uns eilen. In: Das große deutsche Gedichtbuch. Hg. v. Karl Otto Conrady. Frankfurt a. M.: Athenäum, 1987, S. 73.
S. 186: Lied des Harfenmädchens. In: Storm, Theodor: Sämtliche Werke in vier Bänden. Hg. v. Peter Goldammer. Bd. 1. Weimar: Aufbau Verlag, 1991, S. 116.
S. 186: Hofmann von Hofmannswaldau, Christian: Vergänglichkeit der Schönheit. In: Das große deutsche Gedichtbuch. Hg. v. Karl Otto Conrady. Frankfurt a. M.: Athenäum, 1987, S. 136.
S. 187: Walzer. In: Novalis: Werke, Tagebücher und Briefe Friedrich von Hardenbergs. In drei Bänden. Hg. v. Hans-Joachim Mähl u. Richard Samuel. Bd. 1. München/Wien: Hanser, 1978, S. 108.
S. 187: Oberländer, Harry: liebeserklärung. In: die horen 111, S. 38. Aus: Liebeslyrik. Ein Arbeitsbuch. Hg. v. Margret und Karlheinz Fingerhut. Frankfurt a. M.: Diesterweg, 1983, S. 114.
S. 187: Günther, Johann Christian: Als er der Phillis einen Ring mit einem Totenkopf überreichte. In: Werke in einem Band. Hg. v. Hans Dahlke. Berlin: Aufbau Verlag, 1977.
S. 189: Herburger, Günter: Ehegedicht. In: Ziele. Gedichte. Reinbek bei Hamburg: Rowohlt Verlag, 1977.
S. 190: Gryphius, Andreas: Es ist alles eitel. In: Das große deutsche Gedichtbuch. Hg. v. Karl Otto Conrady. Frankfurt a. M.: Athenäum, 1987, S. 110.
S. 190: Der Untergang der Welt in der Gaststätte zum Hasenberg. In: Maiwald, Peter: Balladen von Samstag auf Sonntag. Stuttgart: Deutsche Verlags-Anstalt, 1984, S. 80.
S. 193: Lasker-Schüler, Else: Weltende. In: Gesammelte Werke in drei Bänden. Band 1: Gedichte 1902–1943. Hg. von Friedhelm Kemp. Frankfurt a. M.: Suhrkamp Verlag, 1997.
S. 193: Hoddis, Jakob van: Weltende. In: Weltende. Hg. von Paul Raabe. Zürich/Hamburg: Arche Verlag, 2001.
S. 195: Kornfeld, Theodor: Ein Sand-Uhr. In: Experimentelle und Konkrete Poesie. Vom Barock zur Gegenwart. Textausgabe mit Materialien. Auswahl von Peter Reichartz. Stuttgart: Ernst Klett Verlag, 1981, S. 12.
S. 196: Döhl, Reinhard: Apfel. In: Gomringer, Eugen: Konkrete Poesie. Stuttgart: Reclam, 1972, S. 38.
S 199: Grimmelshausen, Hans Jacob Christoph von: Der abenteuerliche Simplicissimus Teutsch. Durchgesehene Ausg. Stuttgart: Philipp Reclam jun., 1996, S. 25–27.
S. 201: Oehl, Rolf: Zum Inhalt des Romans. In: Verstehen und Gestalten B9. Hg. v. Dieter Mayer und Gerhard Schoebe. 2. Aufl. München: Oldenbourg Schulbuchverlag, 1997, S. 107 (bearbeitet von Christoph Schappert).

Trotz entsprechender Bemühungen ist es nicht in allen Fällen gelungen, den Rechteinhaber ausfindig zu machen. Gegen Nachweis der Rechte zahlt der Verlag für die Abdruckerlaubnis die gesetzlich geschuldete Vergütung.

Bildquellenverzeichnis / Impressum

Bildquellenverzeichnis

Seite 6: Peter Wirtz, Dormagen – Seite 8: Das Fotoarchiv/John Powell – Seite 9: Peter Wirtz, Dormagen – Seite 11: images/Lars Reimann – Seite 13: Ernst Klett Verlag (aus: Marco Polo, Italienisch, Fotos Wolpert & Strehle Fotodesign – Seite 16: akg-images – Seite 17, 18.1: Peter Wirtz, Dormagen – Seite 18.2+3: A. Roth – Seite 19: Bilderbogen Dokumentationszentrum Neuruppin – Seite 24.1: akg-images, 24.2: picture-alliance/akg-images; 24.3: Hipp-Foto; 24.4: Corbis/Bettmann; 24.5: akg-images, 24.6: Visum/Björn Göttlicher; 24.7: Ullstein-Bild – Seite 26: The Body Shop Deutschland, Neuss – Seite 27.1: Caro/Oberhäuser; 27.2: Picture Press/Frank Wartenberg – Seite 33: dpa, Frankfurt – Seite 37.1: Bildagentur/online; 37.2 Achim Norweg, München – Seite 42.1: Picture Press/Klaus Westermann; 42.2: Peter Wirtz; 42.3: Inter-Topics/Cesare Bonazza – Seite 48: Johanna Pörtner, Georgsmarienhütte – Seite 49: VG Bild-Kunst, Bonn © 2005/Michael Sowa, Titel: Tafelrunde, Katze mit Armbinde; Frohe Ostern; Gegen den Strom – Seite 53: Corbis/Hulton-Deutsch Collection – Seite 54: K. Thienemanns Verlag, Umschlaggestaltung Reinhard Michl 1983 – Seite 56: Wolfgang Maria Weber/TV yesterday – Seite 64: Renate von Mangoldt, Berlin – Seite 84: bpk, Berlin – Seite 89: Karlheinz Oster – Seite 94/95: Bridgeman Art Library – Seite 96.1: pb-Verlag (aus: Literaturformen im Unterricht Lyrik); 96.3: akg-images – Seite 97: Ullstein-Bild – Seite 99.3: Ravensburger Buchverlag Otto Maier GmbH, Isolde Heyne. Hexenfeuer, Umschlaggestaltung Klaus Steffens © 1997 ; 99.2: Corbis/Burstein Collection – Seite 105: Arena Verlag; 105.5: Interfoto – Seite 108: Franz Hohler – Seite 109: akg-images – Seite 111: Renate von Mangoldt – Seite 112.1: K. Thienemanns Verlag; 112.2: Ullstein-Bild – Seite 114.1: UNICEF Deutschland; 114.2+3: KNA-Bild; 114.4: Corbis/Graham Tim-Sygma – Seite 118: UNICEF Deutschland – Seite 119: KNA-Bild – Seite 126.1: Focus/Tim Hetherington; 126.2: Das Fotoarchiv/Sebastian Bolesch – Seite 130: DIZ Süddeutscher Verlag, München – Seite 136: argum/Christian Lehsten – Seite 139: picture-alliance/ASA – Seite 141: ddp/Jacques Demarthon – Seite 143: Sven Simon, Mühlheim – Seite 152.2: akg-images – Seite 159: Harenberg Lexikon-Verlag, Dortmund (aus Lexikon der Weltliteratur, Bd. 2, S. 821, ©1989) – Seite 166: Ullstein-Bild – Seite 169 u., 174, 178, 182: Deutscher Taschenbuch Verlag, München (aus: Werner König, dtv-Atlas Deutsche Sprache, Grafiker Hans-Joachim Paul © 1978) – Seite 173: Achim Norweg, München – Seite 180: S. Fischer Taschenbuch Verlag (aus: Erna der Baum nadelt) – Seite 185: Bridgeman Art Library – Seite 186: RMN, Paris – Seite 194: akg-images – Seite 196.1: Reinhard Döhl; 196.2 Artothek, Weilheim – Seite 198, 200, 201: akg-images

Umschlag: Ifa-Bilderteam, Monika Horstmann, A. Roth, akg-images

Trotz entsprechender Bemühungen ist es nicht in allen Fällen gelungen, den Rechteinhaber ausfindig zu machen. Gegen Nachweis der Rechte zahlt der Verlag für die Abdruckerlaubnis die gesetzlich geschuldete Vergütung.

Illustrationen

Elisabeth Brinkmeier (Berlin): 7, 8, 13, 15, 16, 23, 58, 59, 60, 61, 65, 67, 68, 69, 72, 76, 96, 100, 101, 103, 104, 108, 110, 113, 152, 153, 154, 155, 156, 157, 160, 161, 163, 164, 184, 187, 188, 191

Monika Horstmann (Hamburg): 25, 28, 29, 34, 40, 41, 44, 45, 46, 52, 54, 56, 78, 79, 81, 82, 85, 86, 90, 92, 115, 117, 123, 129, 130, 134, 142, 145, 149, 150, 168, 170, 172, 177, 178, 182, 183

Das Papier ist aus chlorfrei gebleichtem Zellstoff hergestellt, ist säurefrei und recyclingfähig.

© 2006 Oldenbourg Schulbuchverlag GmbH, München, Düsseldorf, Stuttgart
www.oldenbourg-bsv.de

Das Werk und seine Teile sind urheberrechtlich geschützt. Jede Nutzung in anderen als den gesetzlich zugelassenen Fällen bedarf der vorherigen schriftlichen Einwilligung des Verlages. Hinweis zu § 52 a UrhG: Weder das Werk noch seine Teile dürfen ohne eine solche Einwilligung eingescannt und in ein Netzwerk eingestellt werden. Dies gilt auch für Intranets von Schulen und sonstigen Bildungseinrichtungen.

Der Verlag übernimmt für die Inhalte, die Sicherheit und die Gebührenfreiheit der in diesem Werk genannten externen Links keine Verantwortung. Der Verlag schließt seine Haftung für Schäden aller Art aus. Ebenso kann der Verlag keine Gewähr für Veränderungen eines Internetlinks übernehmen.

1. Auflage 2006 R 06
Druck 09 08 07 06
Die letzte Zahl bezeichnet das Jahr des Drucks.

Alle Drucke dieser Auflage sind untereinander unverändert und im Unterricht nebeneinander verwendbar.

Umschlagkonzept: Mendell & Oberer, München
Umschlag: groothuis, lohfert, consorten GmbH, Hamburg
Umschlagillustration: Monika Horstmann, Hamburg
Lektorat: Anne-Kathrein Schiffer, Cornelia Franke (Assistenz)
Herstellung: Johannes Schmidt-Thomé
Illustration: Elisabeth Brinkmeier, Berlin; Monika Horstmann, Hamburg
Satz und Reproduktion: Oldenbourg:digital GmbH, Kirchheim
Druck: J. P. Himmer GmbH & Co. KG, Augsburg

ISBN 3-486-**87808**-5
ISBN 978-3-486-**87808**-0 (ab 1.1.2007)
ISBN 978-3-637-**87808**-2 (ab 1.1.2009)